本书出版获得国家社科基金重大项目“西南各民族水文化调查与研究”及湖北大学人才项目资助

水的历史、文化与文明维度

Water in the Dimensions of History, Culture and Civilization

郑晓云◎著

XiaoYun.Zheng

中国社会科学出版社

图书在版编目(CIP)数据

水的历史、文化与文明维度／郑晓云著. —北京：中国社会科学出版社，2024. 3

ISBN 978-7-5227-3323-4

Ⅰ. ①水… Ⅱ. ①郑… Ⅲ. ①水—文化—中国—文集 Ⅳ. ①K928. 4-53

中国国家版本馆 CIP 数据核字(2024)第 058019 号

出 版 人　赵剑英
责任编辑　宫京蕾
责任校对　秦　婵
责任印制　郝美娜

出　　版　中国社会科学出版社
社　　址　北京鼓楼西大街甲 158 号
邮　　编　100720
网　　址　http：//www. csspw. cn
发 行 部　010-84083685
门 市 部　010-84029450
经　　销　新华书店及其他书店

印刷装订　北京君升印刷有限公司
版　　次　2024 年 3 月第 1 版
印　　次　2024 年 3 月第 1 次印刷

开　　本　710×1000　1/16
印　　张　26
插　　页　2
字　　数　440 千字
定　　价　148. 00 元

凡购买中国社会科学出版社图书，如有质量问题请与本社营销中心联系调换
电话：010-84083683

目　　录

学术问题研究

发展问题研究

海外水历史文化研究

专 访

附录：中国水历史文化与海外比较研究（英文论文）

Contents

Academic Issues Study (in Chinese)

Developmental Issues study (in Chinese)

The Abroad Water History and Culture Study (in Chinese)

The Interviews (in Chinese)

Water History and Water Culture Study (in English)

学术问题研究

水文明：内涵及当代构建理念

水是人类赖以生存的必需物质。人类从早期社会发展阶段就和水产生了互动，通过水资源的利用去满足自身的生存需要和发展需求。在这个过程中，也产生了和水相关的精神、社会和物质的文化现象，构成了人类社会丰富多彩的文化世界。与水相关的文化不仅是人们生存的重要支撑，同时也影响到人们对待水的价值取向、利用水资源的方式和途径。因此在不同的社会中，人们总是基于自己对水的认知、价值、宗教观、审美、政治和经济意图、社会关系等去利用水资源、管理水资源，这是人类社会中的一个普遍现象，即水文化。[①] 而在一些社会中，则通过水的利用构建起了一种基于水、较之水文化现象更为系统宏大、能够对一个文明体系起到支撑作用、影响到社会发展进程的亚文明体系，这就是水文明。水文明体现了人类和水的一种更高级的关系，不仅对人类社会和人类文明能起到重要的支撑作用，同时对于保持人类和自然之间的平衡关系、应对人类面临的共同的环境困惑也有重要的价值。因此今天我们仍然有必要通过水文明的建设去应对人类面临的全球性环境危机、构建人和水的友好关系、实现人类社会的可持续发展。那么水文明是什么，为什么要构建水文明，在当代的发展环境中应该秉持什么样的理念去构建等，都涉及当代水文明构建的重要话题。本文拟就水文明的概念和内涵、构建水文明的必要性以及水文明构建需要秉持的理念展开探讨。

一　关于水文明的内涵

对水文明的探讨在国内学术界目前仍然处于近乎缺失的状态。有学者结合生态文明建设探讨了水文明，认为水文明实质上是人们的水生活文明，即在人们的生活用水中所表现出来的文明形态。水文明贯穿于整个人

① 郑晓云：《水文化的理论与前景》，《思想战线》2013 年第 4 期。

类社会的发展进程之中。同时作者认为在当代的生态文明建设过程中涉及的水治理、保护都属于水文明建设的范畴，应该从理念、制度和社会等层面加强水文明的建设。① 和本文主题相关的一个概念是水生态文明，近年来有了较多的探讨研究，包括其理论内涵、实际的应用等。② 笔者也有文章论述水生态文明，认为水生态文明建设是将生态文明建设的理念贯穿到水的利用与治理全过程中，构建起一种正确对待水的意识、行为、科学管理水资源的制度、合理利用水资源的生活与生产方式、有效提高水资源利用率的能力、平衡人类生存与水资源环境之间关系的能力、实现水资源可持续利用的人水友好型社会的人类文明形态。③ 总之，学术界关于水生态文明的主要基点是建立在水生态环境之上的文明形态，并且主要是为服务水利行业。2013 年国家水利部印发了《关于加快推进水生态文明建设的工作意见》，正式将水生态文明这个概念通过官方的文件明确下来。但水生态文明在总体上来说，和本文所探讨的水文明这样一个宏大的基于水而构建起来的人类文明形态相比较，还是有较大差别的。

水文明在国际学术界不仅是一个被经常提起的学术术语，同时已经有了很多的实证研究，在探讨水文明作为一种文明形态存在的同时，也探讨水和人类文明形成发展的关系。例如水在人类文明形成和发展过程中的动力作用，尤其是人类文明如何因水而被塑造；④ 水文明如何在一个社会中被构建，并且对社会管理起到控制性作用；⑤ 水文明的兴衰与国家的兴衰，例如对水与罗马帝国的兴衰的典型研究；⑥ 地域性的水文明研究，等等。⑦ 同时，

---

① 陶火生：《生态文明建设中的水文明与水哲学》，《自然辩证法研究》2014 年第 8 期。

② 左其亭：《水生态文明建设几个关键问题探讨》，《中国水利》2013 年第 4 期。

③ 郑晓云：《生态文明建设如何化解当代水危机——水生态文明建设的背景、理念和途径》，《社会科学家》2019 年第 8 期。

④ 代表性的著作如［英］史蒂文·米森、休·米森《流动的权力：水如何塑造文明?》，岳玉庆译，北京联合出版公司 2014 年版，第 5 页；Steven Solomon. *Water*, *The Epic Struggle for Wealth*, *Power*, *and Civilization*, Harper Collins, 2010.

⑤ Water and Ritual: The Rise and Fall of Classic Maya Rulers, University of Texas Press, 2006. 并参见［美］卡尔·A·魏特夫《东方专制主义——对于极权力量的比较研究》，徐式谷等译，中国社会科学出版社 1989 年版。

⑥ Alexander. Bell. *Peak Water*: *Civilization and the World's Water Crisis*, Edinburgh: Luath, 2009.

⑦ Yoshinori Yasuda. *Discovery of the Yangtze River Civilization*, in Yoshinori Yasuda Editor Water Civilization From Yangtze to Khmer Civilizations, Springer Japan, 2013.

也有一些专家对于当代水文明的状态和构建进行了研究。水和文明之间的关系，也是包括国际水历史学会等有影响力的国际学术组织所关注的主题。水文明作为一种水和人类互动过程中所形成的文明形态，是一种客观的文明形态，同时也是一种理解人类社会发展过程的视角。因此水文明作为一种视野和研究范式，有助于我们理解水和人类文明的关系，而水文明作为一种人类文明的形态的存在，则是人和水之间构成的一种高级关系，不仅有利于人类自身的发展，同时也有利于对水这一珍贵资源的保护和可持续利用。

那么什么是水文明？现代文明语境中的“文明”在中国是一个外来词。“文明”较早出现在法语中，在西方学术界也有不同的解释，包括了法国、英国、德国等较早使用“文明”一词的国家，文明都有不同的含义。[①] 文明的概念适用于各种各样的细节：宗教思想的层次、文化的层次、技术的层次、礼仪的层次、知识的层次，等等。它可以指城市的类型，也可以指家庭、部落或社会中男女之间的关系。一种法律及其应用也反映了文明。[②] 可见，文明在人类社会中有多层次性。在人类社会发展的视野中，文明是一种形态，或者说是一种人类集合的基本形式。美国学者卡罗尔·奎格利在其名著《文明的演化》中指出人类社会由社会群体(包括种族、民族)、多样的社会和文明三个基本形式构成。[③] 因此文明是人类社会中的一种基本形态，人类可以在文明的维度中集合在一起。

水文明同样可被理解为一种人类社会中的文明形态。人类在利用水资源、改造水环境以满足自身生存需要、发展生产力、防范水灾害的过程中形成了人与水的互动关系。在这种互动过程中，促进了相关文化的形成和发展，包括人类对水的认识、价值、观念、审美、文化艺术、社会关系、制度、生活方式以及相关物质结果等。当这些文化现象和人类自身生存形成了一种依存关系，同时形成了一种社会控制力量、成为社会发展的标志，进而影响到水资源利用的可持续性，事实上水和人类的关系就已经从一种互动关系演化到了人类社会中的一种形态，在人类文明的视野中，即水文明。水文明是人类文明的一种形态，但是在整个人类文明体系中，应

① Femand Braudel. *A History of Civilizations*, New York: The Penguin Press, 1993: 3.

② Andrew Targowski. *A Grand Model of Civilization*, Dialectics and Humanism, 2004: (1-2).

③ Carroll Quigley. *The Evolution of Civilizations*, Liberty Fund Inc. 1979: 71.

该被理解为一种人类文明的亚形态。水文明既是人类文明的重要构成部分，同时也作为一种独立的亚文明形态而存在，对人类文明起到支撑的作用。

水与人类文明有直接关系。首先它是一种文明的构建要素。人类文明的构建和发展离不开水。人类的历史发展已经证明了人类文明形成和发展、人类社会的进步往往都是由对水资源的利用而推动的。古苏美尔文明起源于底格里斯河和幼发拉底河两河流域，中国的文明起源于长江和黄河两条大河流域，这都证明了水与人类文明起源和社会发展的重要关系。在幼发拉底河和底格里斯河两河流域，由于水资源的利用和管理，形成了先进的农业灌溉系统，促进了农业发展，同时也催生了辉煌的苏美尔文明。在古代埃及，由于尼罗河水的泛滥为农业发展提供了良好的条件，因此对河流水资源的利用带来了经济和社会发展，创造了灿烂的古埃及文明。南美洲古代玛雅文明，尽管它起源和消亡的原因有不同的争论，“但是水——如何获得水和管理水——是任何可行的解释中都必不可少的因素”。[①] 水是这个文明形成的基石。古代吴哥文明的兴盛，与湄公河带来的季节性洞里萨湖流域泛滥、对雨水资源的利用及大规模的水利发展直接相关。吴哥就是一个水利城市。[②] 在古代希腊和罗马帝国、印加帝国、玛雅文明、吴哥王国时代，水资源管理都是这些文明和国家起源、强盛的基础、标志和成就。[③] 中国作为一个水利大国，治水是中华文明的重要标志之一，没有历史上很多成功的水利工程，例如郑国渠、都江堰、京杭大运河等，就不会有今天中国的样式。因此水在历史上对于人类的文明起源和发展及政治制度、社会关系、生活方式的形成、经济发展都起到了至关重要的作用。

其次，当水与人类的关系发展到一定的阶段时，人类可能在利用水的基础上构建起一种水文明，即基于水而构建起来的文明形态，如古代中国、古代埃及、古代罗马帝国的水文明等。但是水文明并不是每一个民

① ［英］史蒂文·米森、休·米森：《流动的权力：水如何塑造文明?》，岳玉庆译，北京联合出版公司 2014 年版，第 268 页。

② Groslier. *Indochina*, London: Methuen and Co, 1966: 75.

③ 关于水对不同文明的构建，参见［英］史蒂文·米森、休·米森《流动的权力：水如何塑造文明?》，岳玉庆译，北京联合出版公司 2014 年版。

族、国家都可以构建起来的，它的构建和形成具有诸多的社会和自然环境条件限制。但一个总的特征是水文明往往都是在一个国家的主导下得以构建的。水文明被构建起来以后，对于水的利用又产生了新的影响。

在此特别需要指出的是水文化与水文明的概念并不等同，甚至存在明显的差别。

人类不论生活在什么样的自然环境中，都离不开和水的互动。在这种互动过程中，产生了对于水的认知、知识，对水的感悟、信仰，利用水的技能和相应的社会关系、利用方式和利用水的物质建设结果如水利设施等。从人类文化发展的角度讲，这一切都是因为水而形成的文化现象，可以称之为水文化。① 水文化具有广泛性，构成的因子或多或少，可以以不同的形态存在于人类社会的任何群体中。也就是说任何人类群体中都会有对水的知识、利用水的方式以及因水而形成的相关文化现象，这些文化现象可以是分散的，也可以形态化的状态存在于人类社会中。人类不论是生活在湖泊边还是河流边，不论是生活在水资源稀少的干旱、半干旱地区，还是水资源丰富的河流湖泊流域，都会形成不同的和水相关的文化。这些文化现象不论是复杂的还是简单的，在人类社会中都具有存在的普遍性。这是水文化的特性。

然而水文明却与此不同。水文明是一种体系性的文明，具有文明特征的形态，对人类社会的发展具有支撑作用，对社会运行有一定的控制作用，同时也体现了人和水之间关系的进步。水文明具有包括精神层面、社会层面、制度层面和物质建设层面等多重的支撑要素。水文明并不存在于所有的社会中，在人类社会中并不具有广泛性，这一点从历史到今天都一样。人类社会发展的历史证明，水文明只存在于人类社会的某些水与人类文明深度交织、水在文明中起到重要的构建和支撑作用、水甚至作为一种社会重要控制力量的社会中。水文明存在于某些文明、某些社会中，同时还有一个重要的特征是即使存在于一种文明中或一个社会中，也不一定能贯穿始终，往往也只存在于某个发展阶段。因为随着一个文明或者社会的变迁乃至于崩溃，相应地，水文明也将消失。因此我们可以说，在人类历史上能够称得上水文明的社会屈指可数，有的只在这些社会发展的某些阶段存在，典型的水文明社会包括了古代两河流域的苏美尔文明、古代埃及

① 关于水文化的概念，参见郑晓云《水文化的理论与前景》，《思想战线》2013 年第 4 期。

文明、古代中华文明、古代希腊和罗马帝国时期文明、古代玛雅文明、吴哥文明等。在这些文明中，水都是文明社会构建的重要基础，对文明的起源、延续产生了重要的作用，水被作为一种推动社会发展的动力物质，作为一种社会控制的资源。尽管如此，毋庸置疑的是水文化是水文明的重要基础，二者并不能剥离开来。人类关于水的价值知识、管理水的制度、因水而生存的生活方式以及生产方式等水文化要素都是水文明重要的支撑。水文化更多的是作为一种现象而存在的，例如世界上各个民族都要取水和储存水，有的用竹筒，有的用陶罐，有的用金属器皿，都是基于当地的实际情况。对水的信仰和祭祀，也都是基于不同民族的宗教信仰体系之上的，这一切往往不足以左右社会或者文明进程。而水文明更多显示的特征是作为一种文明和社会驱动力量、作为一种人类文明的亚文明形态而存在。

因此水文化自始至终存在于人类任何社会中，而水文明只存在于某些社会或者某些社会的某个发展阶段中，这是水文化和水文明截然不同的特征。

水文明既然是一种人类社会中涉及人和水关系的更高级形态，它可以衡量一个社会或者一个文明形态和水的交织关系。这种关系越复杂、因水延伸出来的社会文化关系越宽广，越能看到水在一个社会中的能动作用。因此一个社会如果拥有了水文明，那么这个社会必然是一个和水有深度交织，各种社会关系、文化、制度等的构建都深受水的影响的社会。在一个水和社会交织程度不深、水不足以深刻影响到人们的精神世界、生活方式、社会关系和制度等的社会中，是不可能产生水文明的。因此水文明也可以成为衡量水和社会发展关系的一种尺度。

二　构建水文明的当代意义

水文明有利于人类不断提升可持续利用水的能力，构建对水的正向价值、保护水环境和水资源、进一步提升人类和水的友好关系，并以此支撑人类文明的发展。如上所述，水文明并不是必然地存在于每一个社会中，但却是可构建的。水文明的可构建性这一重要特征也就提示了我们在当代构建水文明的可行性。因此推动人和水之间的关系从一个水文明构建的过程到水文明被构建起来的范式转变，进而通过水文明支撑整个文明体系的发展，维持人类的长期生存利益，是当代构建水文明的重要意义所在。

今天人类面临着严峻的水问题。由于气候变化的影响，全球可用淡水资源总量总体上在减少，尤其是很多河流流域水资源都在减少，直接影响到工农业生产和社会生活。全球性干旱、洪涝灾害频发，在很多国家随着城市化进程的加快，城市供水、污水问题加剧、水安全形势持续恶化。在很多地区人类也面临着水资源的公平分配、冲突、水资源管理跨国合作等问题。在一些国家内部地区和国家之间，水资源的冲突直接导致了不稳定和冲突。根据联合国《2018 年世界水发展报告》，目前世界有 19 亿人口生活在严峻的水安全无保障的地区，2050 年这个数字可能提高到 30 亿。在水质量方面，全球有 18 亿人口使用没有经过任何处理的饮用水，对于水相关疾病没有任何防范。全球所产生的污水有 80%都没有进行任何处理或经过再利用而直接排放到自然环境中。由于气候变化的影响，人类到 2030 年将面临 40%的全球水资源赤字。随着水污染的加剧，地表水和沿海地区水环境的富营养化将遍及全球。这一切将会对全球社会经济产生重要影响，不仅影响全球经济发展，也将导致贫困、社会不公平程度的加深和水资源冲突等矛盾的加剧。① 最值得注意的是，尽管近年来从联合国到不同国家层面上对应对水危机都做出了艰巨的努力，但是人们面临的这些水安全问题并没有得到缓解，反而有加剧的趋势。在未来的几十年中，人类将面临更加严峻的水困扰，水将成为制约全球发展最重要的因素之一，这一点已经没有悬念。在今天全球性的水危机环境中，并没有一个国家能够独善其身，都会受到其直接或者间接影响，如因为水问题而导致的疾病流行、贫困、粮食减产、经济衰退甚至战争冲突等。②

笔者认为人类对水的利用经历了三个大的发展阶段。第一个阶段是对水资源的自然性利用阶段。这主要反映了人类早期对水的利用。在这个阶段人们主要是为了生活和生产寻求可以利用的水资源并且加以利用，例如通过河流、湖泊和降雨获得并且利用水资源。该阶段对于水资源的利用没有社会性约束和目的。

第二个阶段是对水资源的社会性利用阶段。在这个阶段，水资源不再是一种自然状态下的利用，而是基于经济、政治、社会、文化、宗教、价

① 参见 http：//unesdoc. unesco. org/images/0026/002614/261424e. pdf。

② 郑晓云：《论社会科学在应对当代水危机中的作用》，《清华大学学报》（哲学社会科学版）2020 年第 1 期。

值观等因素去利用水资源。水资源的利用受到这些因素的影响，同时也可能以这些因素为目的。例如为了农业灌溉、工业生产、改善卫生条件而利用水资源。水资源的利用也会受到文化、宗教和价值观等的影响。人们对水资源的利用有明确的理念引导和目的，并且可能导致水资源状态的不同结果。这个阶段是人类利用水资源最漫长的一个阶段，也是影响最广泛的一个阶段。自从人类进入文明社会以后有目的地利用水资源开始，直到今天，人类社会大多数时期和状态都处在这个阶段。

第三个阶段是对水资源的文明性利用。这个时期对水的利用是一种在文明的理念之下，将水作为文明构建和延续的支撑要素，通过水友好的社会行为、文化、制度、技术等途径寻求水的永续利用。让水在人类社会发展中发挥最大效能的同时，又能使水在数量和质量上和人类需求保持最大化平衡。人类在这个时期构建起的一个以水为核心的文明形态，同时又基于这种文明形态去利用水。

总体而言，以上三个阶段在人类历史上是一个递进发展的阶段，然而在时间和空间上并不是同时发展的，也不一定具有必然性。在人类历史发展的同一时间段上，有的社会可能处在第一个阶段，有的社会可能已经进入第二个阶段，而有的社会可能已进入了第三个阶段。因此以上三个阶段在人类社会发展过程中互相交织，在同一时间各空间上并存。第二个阶段是人类与水相伴最漫长的阶段，而第三个阶段则是最没有必然性的阶段，但却是人类与水相伴最重要的阶段。在当代的发展环境中更是如此。

因此，在当代我们仍然需要构建水文明，一方面助力于化解我们所面临的水危机，实现人类的可持续发展，另外一方面，也支撑人类的文明延续和发展。化解当代的水危机，绝对不能仅仅依靠某些方面的改变，而应该是一个基于人类文明高度的体系化应对，通过水文明建设实现从过程到结果、进而发挥水文明的能动性，实现对于水危机的应对，再到支撑人类文明全过程的目标达成。水文明作为生态文明建设的重要支撑，对于生态文明的建设也具有重要的作用，将使生态文明体系的建设更加完善，夯实生态文明建设的基础。而在全球视野中，水文明的建设不仅有助于化解当代的水危机、应对气候变化、实现人类的可持续发展，同时也是一种跨越国家、区域、文明，为全人类共享的发展支撑途径。

三　当代水文明构建的理念

在当代构建水文明具有重要的现实意义，并且也有迫切性。在今天构建水文明的技术层面支撑条件已经不是大的问题，我们控制水资源的技术能力已经远远超过了历史上的任何时期。在中国，我们也有建设水文明必需的物质基础。在当代构建水文明最重要的还是我们必须要秉持一些什么样的理念。针对应对全球水危机、推动生态文明建设的需要，我们所要构建的水文明必须具有切合时代需要的特征。水文明虽然在人类社会中的某些发展阶段中曾经存在过，但是在新的时代发展环境中，并不可能复制或回归过去的文明，而是要顺应时代的要求去构建起新的水文明，也就是一种新时代的水文明，这就需要有新的理念。笔者认为下面四个方面的理念是我们今天构建水文明应秉持的基本理念。

第一，要彰显水文明核心支撑要素的时代性。水文明是一个系统性的文明形态，是一个人类基于水从认知、价值、社会生活、制度、技术到建设成就所构成的系统。水文明的建设是一个系统过程。然而在这个系统中，不同的时代有一些不同的要素在水文明中起到核心的支撑作用。这也是为历史所证明了的。例如关于基于水的价值导致的宗教力量对水的控制，或者因国家治理理念、经济变革等所推动的水文明构建，等等。这一点在历史上已经被证明，在当代也同样有意义。在当代建设水文明，必须要系统性设计规划、推进建设。在这其中既要有核心要素的构建，也同样要有其他系统要素的相互支撑，尤其是契合这个时代特征的核心要素构建。例如在中国，目前从技术层面上来说对水的治理和利用已经达到了历史最高的水平，然而我们今天更需要的是治理和利用水的正确理念。在过去由于没有正确的理念引导，导致了对水资源、水环境过度利用；缺乏保护的意识而在社会经济发展的过程中导致水环境污染，形成了和水文明相悖的诸多恶果。因此，党从十八大以来高度重视生态文明建设，把生态文明建设写入了党章，作为中国的基本国策加以全面推进。习近平总书记对于污染防治，包括水污染防治高度重视。在 2018 年 5 月 18 日召开的全国生态环境保护大会上，习近平总书记指出要“加大力度推进生态文明建设、解决生态环境问题，坚决打好污染防治攻坚战，推动我国生态文明建设迈上新台阶”[①]。对于水污染的防治也提出了明确的要求：“要深入实施水污染防治行动计划，保障饮用水安全，基本消灭城市黑臭水体，还给老百姓清水绿岸、鱼翔浅底的景象。”[②] 正是在这些理念的引领下，近年来，中国在包括水环境治理、水资源利用方面取得了举世瞩目的成就。因此，理念的正确性和引导性成为今天中国构建水文明、实现可持续发展的核心支撑要素。我们今天建设水文明，需要将理念的构建作为核心的支撑要素。在正确的理念支撑下，加强构建包括制度、水友好的社会环境，高效、节约、可持续利用水资源的生产方式和消费模式，实现水文明的系统性构建。这就是水文明核心支撑要素的时代性。

第二，要把构建人水和谐相处的关系作为水文明建设的基础。水文明的根基就是人和水相处的关系。只有构建起人水之间的友好关系，才能成功构建水文明。首先，在当代文化水文明构建过程中，我们要平衡水文明体系中各种支撑要素之间的关系。对水文明构建起到支撑重要作用的一些要素如果缺失或者不足，就应该补足并且加强。例如我们是否有符合水文明建设要求的价值观、完善的制度、水友好的社会环境、治理水环境与管理水资源的能力等，这些都要立足于水文明建设的要求进行衡量，补足缺失、强化不足，这样才能建起一个水文明建设的有效支撑系统。与此同时，我们强调平衡，也就意味着人类要在水文明建设的基点上平衡水资源的开发利用。对水资源的利用能力是水文明建设的重要基础，但不意味着能力的提高就可以对水资源进行无节制地利用，如果导致这样的结果恰恰是和水文明构建背道而驰的。因此水资源利用能力的运用，应该和水资源状况、水资源的可持续利用相适应，有必要时甚至要限制这种能力的发挥。如果无序开发利用，甚至是掠夺性的水资源，任意打乱大自然的水循环系统，那么这种能力的提升对于水文明的建设和延续来说起到的将是相反的作用。在今天，对水资源的利用需要新的能力建设，那就是绿色利用、循环利用、精细化利用水资源的能力。例如，近年来在国际上较为流行的水 4.0 观点，也就是通过更为集成化、智慧化、科学化、综合化的方

① 《习近平出席全国生态环境保护大会并发表重要讲话》，新华社，2018 年 5 月 19 日。

② 《习近平在全国生态环境保护大会上强调　坚决打好污染防治攻坚战　推动生态文明建设迈上新台阶》，《党建》2018 年第 6 期；习近平：《坚决打好污染防治攻坚战　推动生态文明建设迈上新台阶》，《人民日报》2018 年 5 月 20 日 1 版。

式去建设一个更为科学的、能够不断适应人口增多和气候变化的城市水系统，改变传统粗放的、不断通过扩大供给来满足需要的水资源利用状况，这就是一种契合水文明建设的新的能力建设。①

其次，要探索新的人类和水环境和谐共处之道，构建人水和谐关系。在对待自然的过程中，尽量顺应自然、保持自然、有序利用自然，而不是把对自然的开发和掠夺作为与自然相处的方式。习近平总书记在中国共产党第十九次全国代表大会上的报告中指出，“人与自然是生命共同体，人类必须尊重自然、顺应自然、保护自然。人类只有遵循自然规律才能有效防止在开发利用自然上走弯路，人类对大自然的伤害最终会伤及人类自身，这是无法抗拒的规律”。② 在人和水的相处过程中，在当代的发展环境中，保持和水环境相应的距离、让水环境尽量保持自然状态、通过水的自然回归来化解当代发展中的水问题，就是一种新型的人水关系。这种人和自然相处的关系，就是人类文明的体现。2018 年，联合国教科文组织把当年的世界水日主题定为“水的自然之道”（Nature for Water），鼓励探索基于自然的解决方案（Nature-Based Solutions，简称 NBS）去应对 21 世纪人类面临的水危机，让河流重新回归流动甚至有泛滥的空间、让水保存在湿地中、平衡性水循环、软化水岸环境、保持人和水的距离等。③ 基于自然的解决方案也是近年来在国际上受到较高关注的保护环境的理念。总之，这一切就是要求人类在对待水环境过程中是一种有距离的关系，让水能够尽量保持自然状态。应该说这不是人类和自然关系的一种简单回归，而是在当代的发展环境中建立一种基于尊重自然、顺应自然、保护自然的人和自然的和谐关系。

再次，当代的水文明建设应基于建设人类命运共同体的视野之上。水文明虽然具有民族性和区域性的特征，但同时也有跨越民族国家和区域的特征，成为一种更宏大的文明形态。在当代，人类的水问题既表现为区域性问题，同时也是全球性问题。化解水危机，必须基于全球合作。因此水

① 参见郑晓云《水 4.0：管理水的历史智慧和现实的挑战》，《中国水利报》2015 年 12 月 24 日，现代水利版。

② 《习近平在中国共产党第十九次全国代表大会上的报告》，新华社，2017 年 10 月 27 日。

③ 习近平：《决胜全面建成小康社会夺取新时代中国特色社会主义伟大胜利——在中国共产党第十九次全国代表大会上的报告》，《人民日报》2017 年 10 月 28 日第 1 版。

文明的构建也应和这个时代特征相契合。一方面基于国家的发展现实去构建水文明，另一方面更应该有宏大的视野，把水文明的建设置身于建设人类命运共同体之中。让水文明成为人类文明的共同支撑，这对于实现全人类的可持续发展至关重要。这一方面将水文明作为人类共同努力的目标和共同建设的文明，另外一方面通过人类的共同努力、通过水文明的建设去应对当代的全球水危机。因此我们可以提出这样的宏观构想：构建一个当代的人类水文明共同体。构建人类水文明共同体的路径笔者将另文讨论，但是一些基本的准则可以做这样的简单描述：一是构建人类共同的水价值和水伦理。人类有不同的关于水的价值和伦理，然而今天应对全球的水危机，为保障人类共同的发展利益，需要有新的水价值和水伦理，因此水伦理在当代有重要能动意义。通过共同的水的价值和伦理去正确引导人类的水资源利用、平衡水资源冲突、善待水环境。[①] 二是要促进超越国家的区域和全球合作，通过全球合作来促进水资源的管理。包括基于应对全球气候变化国际合作、国际河流合作、国际水教育合作、清洁水源和节水技术合作等。三是要构建全球性的水友好社会，使全人类都持有共同的水价值、有利于水资源可持续利用的绿色生活方式、节约用水的生产方式、关爱水环境的社会行为等。四是利用水资源、保护水环境的能力提升，让水资源在全球范围内得到更高效、更绿色的利用。五是全人类要共同努力提高水在提升人类福祉、改善人居环境、消除贫困、减少疾病传播、促进发展等过程中的贡献率。

最后，水文明建设要注重历史的传承。任何文明都有传承性。就水文明而言，每个民族、每个国家历史上都经历了和水长期的互动过程，都形成了相关的文化传统，虽然不是每个民族和国家都形成了系统的水文明形态，但有关水地从精神、社会到物质的传统，都是水文明的构成要素。每个民族，每个国家都是基于自己的传统价值、经验、制度和居住环境特征去进行水资源和水环境的利用的，这是全球地方性水资源管理的总体特征。在今天，世界上每一个国家仍有很多的民众在延续着他们的文化传统对水资源和水环境进行管理利用，地方性传统被证明在当代的水管理中仍然是有效的。今天的水文明建设虽然是为了契合当代的发展现实而展开

---

① David Groenfeldt. *Water Ethics*：*A Vales Approach to Solving The Water Crisis*，New York：Routledge，2013：3.

的，但并不是重构一套对水的认知和价值、管理制度、生活方式等，不可能是割裂传统的重构，而应该是一种文明的延续。因此，水文明的建设应该从历史上吸取养分，对于人类历史上有益的文化、水文明要素进行传承，与现代的发展相结合。在构建当代的水文明过程中，不同的民族、国家和文化传统背景下的民众在传承延续自己传统的同时，也应该加强不同文明之间相互借鉴，互相吸取共同的智慧，这也应该是当代水文明建设的一条重要途径。不同的民族和国家继承自己的文化传统，吸收其他民族相关的智慧和文化，同时形成契合人类共同利益的水文明共同性，这应是当代水文明建设的最佳状态。

四 结 语

水文明是人类和水的关系发展到一个较高层次所形成的一种人类文明的亚形态。在人类历史上曾经在一些社会或某些社会的一定发展阶段被构建起来，对人类社会的文明发展产生了重要的作用。水文明反映了人类社会和水的复杂关系，水和人类文明的交织程度越是广泛深入，水文明的发展程度越高。水文明和水文化有较大的差别，水文化在人类社会中无所不在，而水文明并不存在于所有的人类社会中以及整个人类发展历史进程中，这是水文明的重要特征。尽管如此，水文明具有可构建性，是可以被构建起来的。在古代社会中，由于人类社会发展的有限性，对于水资源的利用总体上没有超越自然的承载能力，因此水文明更多地彰显了它对人类社会发展的支撑作用。在当代，人类面临着严峻的水危机，化解水危机、实现人类的可持续发展、建设生态文明，都需要使水成为一种能够满足人类发展需求的、可持续的资源。当代水文明的建设有双重的意义：一方面是支撑我们当代社会的发展，满足当代发展的需求；另一方面有利于生态环境的可持续，起到保护自然环境的作用。因此水文明的构建在当代有重要的意义，是生态文明建设的有力支撑。在当代构建水文明必须要有先进的理念作为引领，要彰显其时代特征、把人类和自然的和谐作为社会文明建设的重要基石。同时也要具有人类命运共同体的宏观视野，将水文明的建设作为人类共同的利益追求，全球协力推动水文明的构建。

（本文载于《云南师范大学学报》（哲学社会科学版）2021 年第 4 期）

水文明的形态范式演进与构建意义

水文明是一个在中国学术界目前还没有被深入讨论的话题。水文明在人类历史上不仅存在，更起到过重要的能动作用，在当代人类可持续发展过程中仍然有重要的价值。中国目前正在积极推动生态文明建设，这不仅需要进行系统性的理念构建和实践，更要深入研究构建支撑这个系统的不同要素，尤其是和水、土、空气等自然物质相关的要素，以夯实生态文明建设的基础。水是生态文明重要的支撑要素，而与水相关的文明现象更是生态文明重要的构成。因此，水文明的构建对于建设生态文明有重要的意义。

人类在利用水资源、改造水环境以满足自身生存需要、发展生产力、防范水灾害的过程中形成了人与水的互动关系。在这种互动过程中，促进了相关文化的形成和发展，包括人们对水的认识、价值、观念、审美、文化艺术、社会关系、制度、生活方式以及相关物质结果等。当这些文化现象和人类自身生存形成了一种依存关系，同时形成了一种社会控制力量、成为社会发展的标志，进而影响到水资源利用的可持续性，事实上水和人类的关系就已经从一种互动关系演化到了人类社会中的一种形态，在人类文明的视野中，即水文明。水文明不仅对于水的状况（如水量、水质等）有着直接的影响，同样也涉及人类的生存安全。因此，它不仅仅在历史上影响到人类社会，在当代更有着重要的价值。研究水文明的形成机理和内涵，进而促进水文明的构建，对于水安全和人类的长期生存利益十分重要。通过水文明的构建，对于支撑生态文明建设、化解全球性水危机在当代亦有重大的现实意义。本文拟就水和人类文明的互动关系，水文明的形成机理、结构、属性及其当代构建的意义等问题展开探讨，以期对推动中国水文明的研究与建设起到抛砖引玉的作用。

一　关于文明与水文明

水文明是一个从理论构建到实践都还有较大空间的概念。尽管水文明一词在国际学术界常被提及，学者们也认可在人类历史上水文明是曾经存在过的一种重要文明形态，由此来强调水在人类历史发展过程中对某些社会所产生过的构建作用。然而水文明从概念、内涵、结构到和人类文明的关系等问题，都还需要进行深入的研究，从而使水文明的概念和内涵更加清晰化，有助于我们理解其在人类历史上的状况及当代的价值。水文明作为人类文明的一种形态，必然有文明构成的一般要素与规律，我们可以通过对一般意义上的文明概念的理解来介入对水文明的理解。水文明是在文明概念之下基于水而形成的一种文明形态。这是水文明的特性。因此它既具有一般文明形态的内涵，同时又有自身基于水而被构建起来的一种文明形态的内涵和结构。

（一）文明的一般内涵与水文明概念的理解

在探讨水文明之前，我们有必要厘清水文明和文明之间的关系，故而，有必要对文明的内涵做出一些归纳探讨。

文明在中国是一个外来词。“文明”较早出现在法语中，在西方学术界也有不同的解释，包括了法国、英国，德国等较早使用“文明”一词的国家，文明都有不同的含义。[①] 文明的概念适用于各种各样的细节：宗教思想的层次，文化的层次，技术的层次，礼仪的层次，知识的层次，等等。它可以指城市的类型，也可以指家庭、部落或社会中男女之间的关系。一种法律及其应用也反映了文明。[②] 可见，文明在人类社会中有多层次性。文明也被一些学者看作是人类社会聚合的基本形式，指出人类社会由社会群体（包括种族、民族）、多样的社会和文明三个基本形式构成。[③] 这也就是说，人类集合在一起的基本形式表现为一种种族或民族形态、跨越种族和民族的社会以及文明。这一分类的重要价值在于它指出了文明也是人类集合并且能够发展出相关的文化体系的一种形式，包括某一种区域的文明或宗教等。在这种文明的概念之下，人们超越各种传统的社会组织

① Femand Braudel. *A history of civilizations*, New York : The Penguin Press, 1993, p. 3.

② Andrew Targowski. *A Grand Model of Civilization*, Dialectics and Humanism, Comparative Civilizations Review, Vol. 51, No. 1-2 (2004), pp. 81-106.

③ Carroll Quigley. *The Evolution of Civilizations: an Introduction to Historical Analysis*, Indianapolis: Liberty Fund Inc, 1997, p. 71.

形式而聚集在一起。文明可以作为集合人们的形式，不同的民族和社会的人们可共享一种文明。人类可以以某种文明的方式聚合在一起，也包括了我们探讨的水文明。

文明可以从不同的层面来加以理解。法国学者 F. 布拉戴尔提出文明可以从地理区域、社会、经济、思维途径四个方面加以理解。文明既是一个地理范围内的地域特色所形成的人类集合体，同时也是不同的社会组织和存在方式，是人类的生产方式驱动的社会，也是由不同思维、思想和相关的现象所形成的人类集合体。①

美国学者安德鲁-塔高斯基对文明的定义在当代较有代表性。他将文明定义为一个由人类实体（Human Entities）、文化和基础构成（Infrastructure）构成的复合体。人类实体是一种生存驱动的人类共同体（Existence driven human community），因为生存需要而形成，包括群体、种族、民族、国家、超越民族和国家的人类共同体等。文化是一种价值驱动的连续过程（Value-driven continuum process），包括了宗教、政治、经济、知识、语言、风俗、技术、教育、生活方式、文学艺术、音乐和表演艺术不同门类的文化。基础构成是个技术驱动的叠加过程（Technology-driven additive process），包括了组织机构、经济、军事、交通、通信、信息、医疗、知识以及城市、农村等从核心到基础的、综合的结构。他建立的这个模型也被称为“文明的社会发生模型”。② 在这个模型中，把人类社会的组织形态、人类的精神活动和社会文化现象、保障人类生存发展基础性要素三者结合在一起，有助于理解文明作为一个从人类自身到人类社会、人类的创造的宏观综合体的存在，尤其是和过去关于文化和文明二个术语上理解上的冲突。在他的模型中文明的内涵比文化要大得多。我们需要从多要素、多层面来理解文明。当然，他也提出了人类文明发展的阶段性，这些要素在不同的发展阶段上是有较大差异的。因此他提出文化是一种价值驱动的连续性的过程，是被不断构建的。文明也不会中断，而是在历史的发展过程中不断得到延续。人类文明的融合和发展有可能在文化驱动之下、也有可能在基础构成的驱动及相互间的交融中产生。上面三个要素之

① Femand Braudel. *A History of Civilizations*, New York: The Penguin Press, 1993, p. 9.

② Andrew Targowski. *A Grand Model of Civilization*, Dialectics and Humanism, Comparative Civilizations Review, Vol. 51, No. 1-2 (2004), pp. 81-106.

间可能相互作用而驱动文明的发展，也可能由某一个要素驱动文明的发展和交融。

总之，上面的论述都表明了人类的文明既是一种体系性形态，也是由不同的层面构成的。文明的体系性、形态性、层次性和延伸性是其重要的属性。总体而言，文明反映了人类社会构建起来的一种精神、社会、物质的，具有社会进步标志和特定形态特征（地域、宗教、技术、社会等）、要素组织结构的综合体系。亦即文明具有多层面的支撑要素、发展的渐进过程和阶段、不同的形态。

人类社会构建起来的一种文明会成为人类社会生活的一种规范，人们遵从这种文明中的价值去生活，而一种文明的体系代表并保障了人们的某种生存和发展标准，这种标准是可以被衡量并且进行对比的。文明标志着人类生存状态的改善和进步。

水和人类文明的关系可以从两个方面来加以理解。一是在人类文明的形成和发展过程中，水是重要的支撑物质。二是人类社会发展到一定程度的时候，将因水而形成相关的文明，人类与水的关系据此而发生了实质性的改变，水不再仅仅是一种自然物质，也是一种文明理念中的物质，围绕着水可形成相关的有文明体系特征的一种亚文明，即水文明。水文明既是人类文明构成的一部分，有着文明的一般内涵，同时又自成体系。水文明也因为与不同地域和社会、甚至是一些其他的文明形态相交织而形成不同的形态特征。我们可以从系统性、层次性、地域性、形态性四个方面来理解水文明的特性。

首先，是水文明的系统性。水文明和其他文明一样，也具有系统性的构成，而不是某些单一的要素。水文明的构成包括了人类社会中和水相关的精神、信仰、价值、社会关系、生活方式、风俗习惯、技术、制度、物质建设成就等系统性的要素。这些要素相互支撑而构成水文明。

其次，是层次性。水文明可分为不同的层次，包括精神层次、社会层次、制度层次和物质层次等。亦即包括水的观念、认知、信仰、艺术等精神层次；国家、民族、地方社会等社会层次；制度、技术、管理、社会组织等制度层次；以及物质建设为核心的物质层次。

再次，是地域性。水文明往往是构建在不同的地域之上的，不同地域的水环境决定了水资源的状况和水文明的特征，包括河流、湖泊以及平原、高原、干旱或半干旱地区等不同的地域特点对水文明的形成都产生了影响，形成了水文明的地域性特征。

最后，是形态性。水文明的形态性反映了文明的形态性特征。水在不同的文明及很多宗教中都具有鲜明的特征。在一种文明形态中可能形成反映了这种文明形态中的价值、文化基准和社会关系，尤其是宗教文明形态之下的水文明，如基督教、伊斯兰教、道教、佛教等宗教对水的理解、使用并形成了的相关文明现象。

（二）水文明的构成

水文明既然是一个自成体系的文明形态，那么它必然有相应的构成要素，只有了解了水文明构成的要素，才能使水文明的内涵清晰化。目前，学术界对于水文明的内涵探讨还非常少，使水文明的概念有一定的不确定性，这就会影响到对水文明的把握。如何才能算得上一种水文明在一个社会中得以构建，并且形成了一种明确的文明形态等，这都是涉及对水文明认知的重要问题。对水文明的模型化，将有助于我们清晰地理解水文明构成和内涵。

水文明作为一种亚文明形态，和一种包括了水文明在内的文明必然有相同的构成特征，同时也有其构成因子和机制。笔者认为，水文明的构成应包括以下三个大的层面。

文化层面。这个层面主要是因为水而形成的相关文化现象。这包括了关于水的认知、知识、价值观；宗教信仰和崇拜；艺术；社会习俗；节日等。

社会方面。这个层面主要是指和水相关的社会行为；水在社会中的关联性与延伸度；水在社会中的影响力和友好度；水对社会经济发展的贡献力；水管理制度；水控制和利用能力；生活方式；水供应量和可持续性；水科学技术等。

物质层面。这个层面是改造和治理水环境、提升人类生存发展状况的物质成果。包括了农业灌溉工程；城市供水工程；城市排水设施；水景观设施、旅游、运动休闲场所；水相关生活设施；水资源利用技术设施等。

我们可以从图一中看出这个模型更直观的表达。

水文明包括了以上要素。但是水文明并非在人类社会中都存在。不论历史上还是今天，水文明只在某些社会某一个阶段成为一种文明形态。因为水文明的存在需要要素支撑。水文明的要素不论历史上还是今天在人类

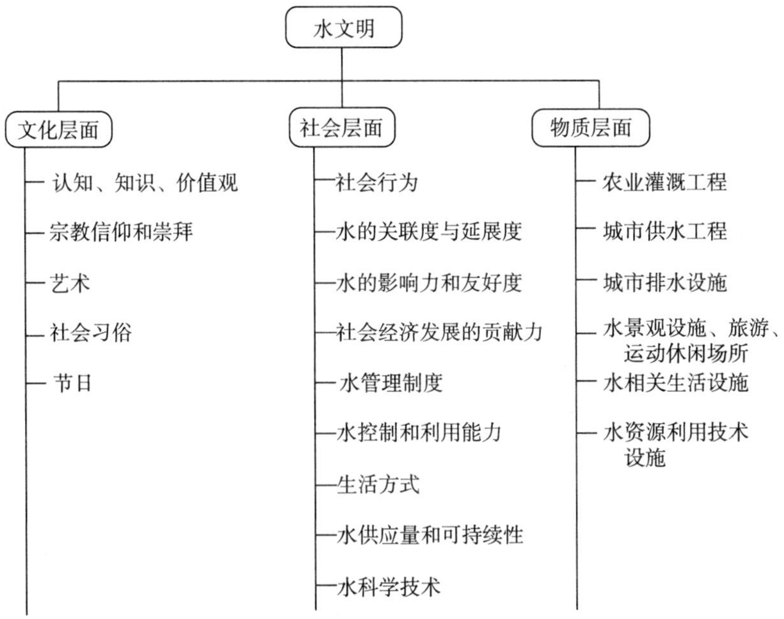

图一　水文明构成层面及要素

社会中分布都是不均衡的。一些水文明要素可能在一个社会中拥有，但是在另外一个社会中却可能不拥有。同时一个社会中一个时期拥有这些文明要素，但是另外一个时期可能会丧失，那就有可能预示着这种水文明的崩溃和消失。这一点是可以进行测量的。因此，水文明的构成有两个重要基点。一是作为支撑水文明的要素全面性，二是水文明支撑要素的发展程度。这两个基点是衡量水文明的重要标准。只有在这两个标准同时进行衡量的时候，才能够对水文明的构建和发展程度作出判断。

第一个基点，作为支撑水文明的要素是衡量水文明是否成立的重要标准。理论上来说构成水文明的要素越全面，水文明越完整。水文明的要素越是全面，说明水在人类社会中的贯通性越复杂，人和水的关系也密切，人们也就有可能和水建立起更广泛的文化、社会和物质联系，产生相应的成果。这些成果就是水文明的表现。当然，水文明的要素构成也允许有一定的缺失度，因为在不同的时代、社会环境和地理环境条件下，水文明的构成要素也会有差异。因此只要拥有以上指出的水文明构成的三个大的层面中的大多数要素，一个水文明就是成立的。如果一个社会并不拥有以上大多数的水文明的要素，或者说有某一个层面完全欠缺，都构不成水文明。例如，一个社会中基本没有对于水的可持续利用价值观、没有因水而构成的社会文化，或者没有提升水资源利用的能力和成就，这样的社会中就不存在水文明。从对水资源的无序开发和滥用、污染，到有序科学地可持续管理利用，就可能是一个社会从不具有水文明到水文明的转变。

第二个基点，是水文明的衡量标准，这可以通过支撑水文明的各种要素的发展程度进行衡量。一个社会虽然已经有了水文明的必要要素，形成了水文明形态，但是水文明的发展程度也是有差异的。根据我们上面的模型，我们就可以测定一个水文明发展的高度和哪些核心的要素在支撑着一个水文明。水对于政治、经济和社会影响力、一个社会中对水的认知程度、水的友好度、水的能力、科学技术水平、工程建设能力和建设成就等等指标都可以衡量一个社会中水文明程度的发展高低。因此水文明体系总体上是可以进行量化的，其中各种要素的指标从弱到强、从低到高、从少到多都可以设置指标进行量化。总体而言，一个社会中以上要素的发展指标越高，水文明发展程度越高。相反，如果很多指标都不高，那么表明一个社会中的要么处在发展较低程度，甚至已经走向衰落。尤其是某些核心支撑要素的指标一旦彻底滑落，那么就可能预示着一个水文明的衰落。因此，水文明可以通过构建一个指标体系而得到衡量。有了这样的标准，我们就能够客观地把握水文明的存在和发展程度。同时，也可以根据一种水文明的支撑要素指标状况来对水文明进行构建和持续性的维持。这对于我们建设和发展当代的水文明尤其重要。

二 从水与文明到水文明的范式转变

水是水文明的核心要素，没有水也就谈不上水文明。水和水文明之间的关系是一个从过程到结果的逻辑关系。作为一个过程是水文明由水而得到构建的过程，而在水文明形成之后，水文明就有其自身的形态性和能动功能。因此从水到水文明的过程和作为结果水文明，都有不同的意义。我们可以把这个范式的转变称之为水文明的构建过程和水文明的能动过程。

（一）作为水文明构建过程的水与文明关系

水是一种文明构建的动力因素。对水文明来说，这首先是一个过程关系，还不是其结果——水文明。人类的生存和发展离不开水，从而也使得水在人类社会中产生了广泛的影响。水和人类社会的方方面面都有密切的关系，从人类对水的认识和喜好、自然崇拜、宗教信仰、文学艺术等精神世界构成，到人类的生产活动、生活方式、社会关系、行为模式、社会组织、权力结构等都有直接互动关系。人类历史上的诸多重大事件，包括了人类的迁移、冲突和战争、文明的消亡也同样和水有直接关系。没有任何一种物质如水一样能够在人类社会之中无所不在地贯通。因此，当一些学者要选择一个词来描述水的本质的时候，“贯通性”（connectivity）被认定是一个最恰当的词。水贯通了人类社会的方方面面。水通过不同的方式将社会生活的各个领域相互连接起来，这种直接连接并不是偶然的，因为它们都是互相依存的。贯通性的达成与社会组织的复杂程度有关，越是复杂的社会中水的贯通性越强。[①] 这也就是说，人类社会越发达，水和人类社会的关系就越密切，复杂程度越高，水对人类社会影响也就越大。在人类社会的早期，只是简单地利用水资源来满足人类的生存。而随着人类社会的发展，利用水资源的方式、技术和社会关系都趋于复杂化，诸多社会关系都是构建在水的管理之上的。水资源的管理被工程化、技术化、制度化，并且人类社会不断提高这些特性以满足不断延伸出来的不同的需求，人类社会也因此受到更广泛的影响。美国学者哈斯特拉普使用“水世界”（Water World）这个概念来描述水在人类社会中的功能，形象地表明水在人类社会中无所不在，无所不有，人类的生存状态和行为都是在水世界中的互动。[②] 这一切就是水对人类文明产生构建作用的动力基础。因此我们也可以说，一切人类文明中的基础关系中，至少有一方面是和水的关系。这种关系往往体现为一种动力关系。

笔者在解释水和文化之间的关系中所建立的双向动力模型，有助于我们理解水和人类之间的关系。这个模型中人类和水的动力关系是双向的动力关系。双向中的一向是需求动力。为了满足人类不断增长的需求，人类要不断地获取更多的水资源、控制和管理水，从而产生对水的动力作用。另一项是文化动力，水的管理驱动了人类社会的发展，人类社会中因水而

① Hannerz U. *Cultural Complexity: Studies in the Social Organization of Meaning*, New York: Columbia Univ ersity Press, 1992, p. 62.

② Hastrup K, ed. *The Question of Resilience: Social Responses to Climate Change*, Copenhagen: University of Copenhagen Press, 2009, p. 71

形成的关系又反之而成为一种对待水的动力。为了获得生存资源、改善生存环境、提高生存质量、防范生存风险等，必须要改善水环境，提高使用水的技能，发展和水资源利用相关的科学技术、管理制度和相应的社会关系，等等，在这个过程中，促进了人类社会的发展，使人类形成了新的社会关系、生活方式、文化、科学技术和水利建设的成就。人类的很多文化和思想包括欣赏和审美，也因水而形成。这一切又成为人类管理水的基础与动力，因为在人类历史上有很多水管理是因文化而展开的。需求驱使人们去管理（management）水，[①] 而水的管理又促进了社会的改变，形成了相关的社会文化，推动了人类社会的进步。这就是说人类对水的需求推动了对水资源的开发与水管理能力的提升，而水的利用又反向促进了人类社会的进步。这两种动力互相作用，推动了人类社会的进步。[②] 就水与文明的关系而言，因为对水的需求而产生了水管理的相关社会文化，促进了人类社会的构建，甚至形成一个基于水的社会文化体系，使人与水的关系衡定在一个相对稳定的形态中。我们可以将这种基于水的社会形态理解为水文明。因此水与文明的关系作为一个过程，水是一种文明的构建物质。当水文明被构建起来以后，它又将对水的管理产生能动作用，这一点我们将在后面探讨。

事实上，人类的历史发展已经证明了人类文明形成和发展、人类社会的进步往往都是由对水资源的利用而推动的。古代苏美尔文明起源于底格里斯河和幼发拉底河两河流域，中国的文明起源于黄河和长江两条大河流域，这都证明了水与人类文明起源和社会发展的重要关系。在幼发拉底河和底格里斯河两河流域，由于水资源的利用和管理，形成了先进的农业灌溉系统，促进了农业发展，同时也催生了辉煌的苏美尔文明。在古代埃及，由于尼罗河水的泛滥为农业的发展提供了良好的条件，因此对河流水资源的利用带来了经济和社会发展，创造了灿烂的古埃及文明。南美的古代玛雅文明，尽管它起源和消亡的原因有不同的争论，“但是水——如何

---

① 在西方学术语景中，水管理是一个包括了水治理、工程建设和水资源管理过程、管理制度等的综合性术语。

② Xiao Yun. Zheng, “Water Culture, Cultural Dynamics and Water Management: Theoretic Exploring and Practical Demonstration,” in Xiao Yun. Zheng ed, *The Cultural Dynamics of Water: from the History to Present Age*, London: IWA Publishing, 2021, p. 5.

获得水和管理水——是任何可行的解释中都必不可少的因素”。[①] 水是这个文明形成的基石。古代吴哥文明的兴盛，与湄公河带来的季节性的洞里萨湖流域泛滥、对雨水资源的利用及大规模的水利发展直接相关。吴哥就是一个水利城市。[②] 在古代希腊和罗马帝国、印加帝国、玛雅文明、吴哥王国时代，水资源管理都是这些文明和国家起源、强盛的基础、标志和成就。[③] 中国作为一个水利大国，治水是中华文明的重要标志之一，没有历史上很多成功的水利工程，例如郑国渠、都江堰、京杭大运河等，就不会有今天中国的样式。因此水在历史上对于人类的文明起源和发展及政治制度、社会关系、生活方式的形成、经济发展都起到了至关重要的作用。

水对于区域文明的构建作用，在近当代仍然延续着。在美国西部，河流的管理带来了美国西部的繁荣。尤其是 20 世纪上半叶以来西部河流的一系列重大水利工程，又特别是对科罗拉多河、大格兰特河的治理推动了美国西部的繁荣，不仅促进了农业的发展、沙漠中的绿洲城市的形成，也促进了社会的繁荣。因此不论这其中的争议有多大，但是它对推动地方发展的作用是无可置疑的。“就工程的规模以及所产生的财富而言，至 1980 年代美国西部已然成为历史上曾经建造的最伟大的治水社会”，从而也形成了新的治水文明。[④]

水不仅是文明构建的重要推动力，也是文明延续的重要纽带。古代希腊通过发达完善的城市水利系统，推动了其文明的构建。而古代希腊贤哲对水的自然物质属性、尼罗河泛滥和埃及文明之间关系的探索，触动了对埃及文化的借鉴和文化重构，打通了埃及文明和希腊文明之间的脉络。罗马帝国建立后，一方面继承了希腊水文明的要素并发扬光大，创造了人类历史上水利的奇迹，实现了国家治理；另一方面也借此显示对先前的文明包括希腊文明和埃及文明的超越，达到构建国家认同、显示国家强大的目的，水成为构建国家权力的重要途径。罗马帝国的水利文明也对其后的世

① ［英］史蒂文·米森、休·米森：《流动的权力：水如何塑造文明?》，岳玉庆译，北京联合出版公司 2014 年版，第 268 页。

② Groslier. *Indochina*, London: Methuen and Co, 1966, p. 75.

③ 关于水对不同文明的构建，参见［英］史蒂文·米森、休·米森《流动的权力：水如何塑造文明?》。

④ ［美］唐纳德·沃斯特：《帝国之河：水、干旱与美国西部的成长》，侯深译，译林出版社 2018 年版，第 325 页。

界文明产生了广泛影响，包括城市大规模调水和供水原理、水利技术、沐浴设施、冲水厕所、喷泉等，从理念到技术层面上的遗产仍然惠及当代。水成为沟通埃及文明、希腊文明、罗马文明以及后世社会的一种重要动力因素。[①]

（二）作为一种亚文明形态的水文明

水文明事实上是一种水和人类社会互动的结果。水在人类的文明构建和进程中产生了重要的作用，那么作为一种构建要素和动力，它就会有结果。水与人类文明的构建结果就有可能形成一种基于水之上的亚文明形态——水文明。人类在利用水资源、治理水环境以及和水相伴的过程中，必然会导致人类从精神世界、社会到物质建设的结果。如果这些结果达到了文明构成的基本标准，就可以被认定是形成了一种水文明。这样，水和文明的关系就从一种互动关系，尤其是水在文明的构建中扮演着一种动力角色过程进入了水文明的形成阶段。因此，水作为文明的构建要素和驱动力量，是一种促使文明形成的过程，最终形成文明形态则是它的结果。这是水和人类文明关系的基本规律。

在人类发展历史上，因水而构建起来一种文明形态并不鲜见，例如古代罗马帝国时期就建立起了一个影响广泛的水文明。从公元 1 世纪开始，在将水作为一种塑造帝国权力、宣示帝国的强盛的途径的理念之下，罗马帝国时期修建了大规模的水利，来满足城市、农村的用水需求。这不仅表现在工程的庞大上，也表现在其对国家治理及国家的文化的深刻影响上，水在罗马帝国的兴盛中刻上了深深的印记，从而也构建起了罗马帝国的水文明。古代罗马帝国水文明有鲜明的特征，主要反映在以下几个方面：一是修建了人类历史上最大规模以城市供水为代表的水利工程。这些水利工程的主要特征是修建引水渠进行长距离引水供水，创造了人类历史上最大规模的长距离调水的奇迹。目前遗存的罗马引水渠遗址超过 1600 处。[②]引水渠不仅数量庞大，同时工程也前所未有地浩大，短的几十公里，最长的君士坦丁堡大引水渠长达到 500 余公里。大规模的引水渠的修建，使城市供水有了极大的增加，据测算，在公元 3 至 4 世纪罗马帝国的主要城市

① 郑晓云：《早期西方水文明的构建及其影响》，《光明日报》2018 年 5 月 8 日，第 14 版。

② Welcome to the Atlas Project of Roman Aqueducts，http：//www. romap. org/.

中，平均每个居民每天用水量可以达到 200—500 升，[①] 甚至超过了今天世界许多大城市的供水量，这一切成为经济与社会变革发展的动力。罗马帝国水利工程的修建也体现了前所未有的国家动员能力和工程技术创新能力。罗马帝国在大兴水利的过程中也创造了前所未有的水利工程技术成就，这些成就对于后世有着广泛的影响。因此英国学者亚历山大·贝尔在其著作《水的巅峰：文明与世界的水危机》一书中指出：罗马帝国的水利“其组织程度和技术成就，在人类文明史上只有到了 19 世纪英国工业革命时期才得以再次出现”，[②] 也就是说，在 19 世纪以前罗马帝国的水利成就从来没有被超越。

二是形成了以水为基础的罗马化生活方式。由于拥有充裕的水资源，罗马城市建设了各种与水相关的生活、生产、娱乐和景观设施，包括大量的水磨、浴场、冲水厕所、花园、城市喷泉等，极大地提升了城市生活品质和文明程度。这其中最为突出的是修建了人类历史上最大规模的浴场和水冲厕所，使沐浴成为罗马帝国推行国家教化的途径。同时，使大规模修建的城市喷泉和花园等以水为基础的设施成为国家符号。

三是通过水来构建起帝国的文化认同，实现国家治理的政治意图，同时宣示罗马文明对于过往文明，也就是古代埃及、希腊文明的超越。作为一个领土型的帝国，罗马帝国成功地通过水来构建一种国家统一的理念、标志和文化纽带，使水利成为罗马帝国统治的标志。因此水利是“罗马化”（Romanisation）的核心内涵，大规模有效的水资源管理成为罗马文明的一个主要特征。甚至可以说没有水的有效供给也就没有伟大的罗马文明。[③]

罗马帝国大规模的水利之所以能够构建起一种水文明，是因为庞大的水利工程是在国家的治理理念和政治意图驱使之下所展开的，在满足民众生活、城市供水、城乡经济需要等基本的水需求的同时，更体现了国家治理的意图，水在政治、社会教化、帝国文化标志和认同的构建、宣示国家

① Dragoni W.，Cambi C.，“Hydraulic Structures in Ancient Rome,” in Proceedings of 42nd IAH CONGRESS：HYDROGEOLOGY：BACK TO THE FUTURE，Rome：IAH conference committee，2015，p. 1.

② Alexander. Bell. *Peak Water ：Eivilisation and the World's Water Crisis*，Edinburgh：Luath Press，2009，p. 47.

③ Dragoni W. Cambi C.：Hydraulic Structures in Ancient Rome，p. 1.

力量等方面扮演着重要的角色，使国民通过水的精神、社会和物质创造成果来感受罗马帝国的存在和价值。① 因为这些意图而通过水构建起一个具体的从精神、社会生活到物质的文明形态。从罗马帝国的例子我们可以看出，由于大规模的显示国家政治意图的水利工程的修建，支撑了罗马文明的成长，最终也成了罗马文明的一个部分，即罗马水文明。②

古代罗马帝国的例子表明了水参与了文明的构建，成为文明构建的重要要素和驱动力量。水在满足基本生计和经济发展需求下得到开发利用的同时，也作为一种实现政治、文化和社会意图的资源而被利用，这将导致相关的系统性结果，即水文明的形成。因此人类和水互动的结果有可能促进水文明的形成。

在人类社会中，水文明对整个文明进程和体系都有广泛的影响。尽管它只是作为一个亚文明形态而存在的，但却可能是整个文明的重要支撑。当我们从整个人类社会发展的历史过程中来审视水文明的时候，事实上不论哪一种文明，尽管它的标志多种多样，但是水一定在其中扮演着重要的角色，一定是这种文明的重要支撑。③ 因此水文明既可能参与整个文明的构建，同时它也作为一种自成体系的亚文明形态得到构建并且存在，对整个文明体系产生影响。

然而水文明的形成并作为一种亚文明形态而存在还不是它发展过程中的最后环节。作为一种文明形态，它不仅仅是作为一种结果而存在，而是有着重要的能动作用。一方面它作为文明体系的重要支撑而发挥着作用，诸多的文明都是建立在成功的水管理之上的。另一方面，水文明本身有其社会控制功能和在水管理中的能动性。当水的某一种认识和价值被人们所秉持，人类的社会生活和经济活动与水产生密切关联的时候，人们会基于这些价值和关联关系去对待水，这也有可能决定了水管理的模式和水的命运。在一个水文明体系中，水的利用必然遵从相应的价值准则，对待水的行为必然限制在某一种从道德到制度的模式中。人

① 郑晓云：《权力、认同与国家治理：水在罗马帝国兴盛中的角色》，《社会科学战线》2019 年第 7 期。

② 参见郑晓云《罗马帝国的水文明及其政治文化含意》，郑晓云主编《水历史与水文明研究》（第 1 辑），社会科学文献出版社 2021 年版。

③ 关于和人类文明发展的关系，参见［英］史蒂文 · 米森、休 · 米森《流动的权力：水如何塑造文明?》。

们的精神活动、生活方式和社会关系必然基于水，例如对水的崇拜、水的祭祀活动，基于宗教的水观念、水的审美观念和文化艺术创造活动、和水相关的生活方式、因此而形成的社会关系等。因为水在这些方面的构建作用和影响力，使人们形成了对水的敬重。因此一种文明也会不断提升利用水资源的能力、控制社会对水的利用走向，如对水资源的规则性、高效性、可持续性利用，以使水和人类社会的关系得到延续，最终持续性地维持社会的发展，使人类的生存状况不断得到改善。在这个基点上来说，水文明本身又成为一种新的动力，在推动着对水文明的不断的自身构建的同时，也推动着整个文明体系的发展。这样水文明可能再一次推动人和水的互动，促进文明的不断重构和发展。如果这种文明可以延续的话，那么它就是一个构建水文明、形成水文明、驱动水文明不断重构的过程，实现了从水利用到水文明的范式转变。水从一种文明构建要素、驱动力量发展成为一种文明形态的核心构成。这种文明形态有可能进一步影响到水管理，影响到文明的延续。

三　水文明的特性与意义

（一）水文明的特性

水文明有三大特性，即能动性、可构建性、有条件延续性。对这些特性的认识，不仅能够帮助我们理解历史上水文明形成和延续，同样也有助于我们把握这些特性，在当代构建水文明。

第一，水文明的能动性。水文明是一种人类社会发展的标志、现象，还是一种生存需要？纵观人类历史，我们可以看到水文明作为一种亚文明的形态存在在人类社会中，包括古代埃及文明、两河流域文明、希腊罗马文明、中华文明、印度河文明、吴哥文明、玛雅文明等，都可以看到水在其中扮演了重要的构建角色，同时也因水而产生了重要的社会文化现象。这一切使水成为这些文明中难以割裂的亚文明形态，一方面支撑着整个文明的构建和发展。另一方面自成文明体系，成为历史发展中的一种现象和标志。然而我们仅仅从现象来理解水文明，那就没有看到水文明的本质和它在人类社会发展中的根本价值。事实上，文明并不仅仅是一种现象，更有其功能。文明能够对一个社会的可持续起到支撑的作用，使社会变得更有利于人类的生存和发展。因此一些学者也指出，文明有它的使命，那就是改善人类生存。① 在这个基点上来说，水文明是一样的。一个社会中之所以有一种水文明能够被构建起来，就表明这个社会中具有构建这种文明的支撑要素，包括对水资源的控制和利用能力、利用水实现社会的控制、构建有效社会组织关系、因水而形成的生活方式和文化、信仰等。这一切的形成和固化，必然成为一个社会运行发展的支撑力量。例如对水的认知可能影响到一个社会中水的价值观、人们可能愿意固守因水而构建起来的生活方式和文化、利用水的科学技术成就可提高水资源的利用能力以支撑经济发展，这一切可以支撑社会的发展需要，不断产生驱动作用。水文明可以支撑整个文明体系的发展，为文明的存在和发展提供重要的动能。水文明的存在，将保障一个社会的经济获得支撑，例如农业灌溉、水能、航运等，对推动社会的发展起到积极的作用。由于水文明强调的是人类和水之间的正向关系，因此水文明对于维持人类与水环境的友好关系有重要的价值。水文明能够促进人类可持续利用水资源、不断提升利用水的能力、保持水环境的良好状态、维持人类发展需要和水资源水环境的平衡关系，对于一个文明的延续能够起到重要的支撑作用。这是水文明重要的价值和功能。

第二，水文明的可构建性。水文明是人类管理水的结果，同时也是可以被构建起来的，这是水文明一个非常重要的特性。在人类历史上，对于水的利用往往是基于人们的文化、政治和社会理念的，这些理念的实施就有可能建立起一个基于水的文明形态，水的利用和追求要达到的目标往往带有了更多的文化和政治、社会内涵。这种例子在人类历史上并不鲜见。例如在上面论述到的古代罗马帝国时期，构建起了人类历史上最庞大的城市供水工程，同时也构建起了相关的社会和文化体系，构建起了举世公认的罗马帝国水文明，其技术成就和工程成就一直到 19 世纪英国工业革命之前都没有被超越，一些理念和实践一直到当代仍然产生着广泛的影响。这种文明的出现，是满足水资源需求的结果，更是构建的结果。是在一种企图超越古代埃及、希腊文明，显示国家强大、构建国家认同、实现国家

① Andrew Targowski. *A Grand Model of Civilization*, *Dialectics and Humanism*, *Comparative Civilizations Review*, Vol. 51, No. 1-2 (2004), pp. 81-106.

疆域治理的理念之下进行的构建。[①] 卡尔-魏特夫在分析东方专制主义产生时指出水利在构建政治制度和相关的社会文化，形成水利文明过程中产生了重要的影响。[②] 也就是说，相应的水文明现象是在特定条件下被构建的。因此在人类历史上，水的治理利用以及文化、社会和工程成就产生，往往都是在特定的理念和文化、政治、经济等意图之下而产生的。在文明的视野中，水文明产生也是相同的，也是基于相应的理念和意图之上而构建起来的。因此水文明有可构建性。把握了水文明的这个特性，我们不仅可以理解历史上水文明形成的内在动力因素，更可以传承历史水文明的要素，在今天构建新的水文明，支撑人类的可持续发展。

第三，水文明的有条件延续性。在人类历史上，曾经有过诸多水文明的存在，然而这些文明大多数都没有得到延续。这也同样说明了水文明有可持续与不可持续特性。并不是所有的水文明都可以得到延续，最典型的当属古代埃及、罗马帝国、玛雅等文明中的水文明。纵观历史，水文明的延续受到多诸多因素的影响，包括自然和非自然的因素。自然的因素主要可以归结于气候变化等带来的自然环境变化，而非自然的因素主要是社会因素，是和水文明相辅相成的社会环境因素导致了水文明的不可持续。因此，水文明的可持续与不可持续我们可以从以下几个方面加以理解。

一是水文明和相应的文明体系能否相互支撑。水文明是植根于一定的社会环境中。这个社会如果有支撑水文明的理念、信仰、制度、生产方式、社会生活模式、水资源的利用能力存在，那么就可以使水文明得到延续。

二是一个社会中水文明的支撑要素是否有效。水文明的构建是在一系列的核心要素支撑之下得以完成的。这些要素包括了水的价值观、水供给利用和控制的能力、社会中的水友好度，来自宗教、政治对水的控制力等。在历史上，这些因素都对水文明的构建和延续产生了重要的影响。以水资源获得可持续利用为例：一个水文明的存在和延续，需要人们有相应的能力去开发利用水资源，不断满足社会发展的需求，这包括了科学技术

---

① 参见郑晓云《权力、认同与国家治理：水在罗马帝国兴盛中的角色》，《社会科学战线》2019 年第 7 期。

② 参见［美］卡尔·A. 魏特夫《东方专制主义——对于极权力量的比较研究》，徐式谷等译，中国社会科学出版社 1989 年版，第 9 页。

的进步、水利建设能力的提升、满足水利建设的经济资源等。因此，在历史上很多水文明往往是在国家的基础上得以构建的，只有国家才有维持水文明的能力。政治因素、宗教因素都直接影响到了人们对水的认识和使用，同样是支撑水文明的重要因素。水文明的构建有可能是政治需求的结果，例如卡尔-魏特夫所持的东方水利社会观点。在古代玛雅文明中水是祭祀活动的核心，水的祭祀活动直接影响到国家的政治，因此治水在社会中不仅仅是生存需要，更是信仰和政治的需要。① 与此同时，世界上其他教包括佛教、基督教和伊斯兰教等对水的理解和使用都有重要的引导甚至以控制作用，对水文明的构建和延续产生了重要的影响。总之，水文明的延续往往基于这些要素之上。如果这些要素发生变化不足以成为水文明的支撑，那么就可能导致水文明的不可持续。同时，也需要这些要素平衡关系。例如对水资源控制和利用能力是水文明的重要支撑，然而过度的水资源利用则可能导致其枯竭，进而导致文明的崩溃。

三是一个社会或者一个文明的整体崩塌，将导致与之相辅相成的水文明的崩溃。与此同时，一个社会和一个文明的崩溃往往也有可能因为其文明中的一些关键要素发生变化有直接关系。当水文明不可延续的时候，同样也会导致一个文明的崩溃。因此，一个文明可能因水而获得兴盛，也可能因水而衰败。这也是历史上诸多例子所证明了的。典型的例子就是玛雅文明、吴哥文明等。专家们指出，引起这些文明的衰败有多种解释，但是其水资源的利用控制失调，是导致这些文明衰败的重要原因，这是最有认同度的解释。②

（二）水文明的意义

笔者认为，人类对水的利用经历了三个大的发展阶段。第一个阶段是对水资源的自然性利用阶段。这主要反映人类早期对水的利用。在这个阶段人们主要是为了生活和生产寻求可以利用的水资源并且加以利用，例如通过河流、湖泊和降雨获得并且利用水资源。对于水资源的利用没有社会

① Lisa J. Lucero. *Water and Rituals: The Rise and Fall of a Classic* Maya Rulers: University of Texas Press, 2006, p. 5.

② Jerome Delli Priscoli. *Water and Civilization: Using Hhistory to Reframe Water Policy Debates and to Build a New Ecological Rrealism*, *Water Policy*, Vol. 1, No. 6 (1998), pp. 623-636.

性约束和目的。第二个阶段是对水资源的社会性利用阶段。在这个阶段，水资源不再是一种自然状态下的利用，而是基于经济、政治、社会、文化、宗教、价值观等因素去利用水资源。自从人类进入文明社会以后有目的地利用水资源开始，直到今天人类社会中的大多数时期和状态都处在这个阶段。第三个阶段是对水资源的文明性利用阶段。这个时期对水的利用是一种在文明的理念之下，将水作为文明构建和延续的支撑要素，通过水友好的社会行为、文化、制度、技术等途径寻求水的永续利用。

总体而言，以上三个阶段在人类历史上将是一个递进发展的阶段，然而在时间和空间上并不是同时发展的，也不一定具有必然性。在人类历史发展的同一时间段上，有的社会可能处在第一个阶段、有的社会可能已经进入到第二个阶段，而有的社会可能已进入了第三个阶段。因此以上三个阶段在人类社会发展过程中互相交织，在同一时间和空间上并存。第二个阶段是人类与水相伴最漫长的阶段，而第三个阶段则是最没有必然性的阶段，但却是人类与水相伴最重要的阶段。① 因此我们应该积极推动水文明的构建，使人类和水相伴的关系进入到水文明的阶段。

水文明既然是一种人类社会中涉及人和水的关系的更高级的形态，它可以衡量一个社会或者一个文明形态和水的发展关系。这种关系越复杂、因水延伸出来的社会文化关系越宽广，使我们越能看到水在一个社会中的能动作用。因此一个社会如果拥有了水文明，那么这个社会必然是一个和水有深度交织，各种社会关系、文化、制度等的构建都深受水的影响的社会。在一个水和社会交织程度不深、水不足以深刻影响到人们的精神世界、生活方式、社会关系和制度等的社会中，是不可能产生水文明的。因此水文明也可以成为衡量水和社会发展关系的一种尺度。

尽管在人类历史上水文明并不存在于所有的社会问题一起发展时期和社会中，在今天可构建水文明的要素在人类社会中也并不均衡的，世界上的很多地区和社会中水文明的构建要素甚至十分欠缺。在当代的发展社会中，人类面临的严峻的水危机，这种危机既是与水文明构建背道而驰的，但与此同时也是构建水文明的时代呼唤。今天人类面临着严峻的水问题。由于气候变化的影响，全球水资源量总体上在减少，尤其是很多河流流域

① 郑晓云：《水文明：内涵及当代构建理念》，《云南师范大学学报》（哲学社会科学版）2021 年第 4 期。

水资源都在减少，直接影响到工农业生产和社会生活。全球性的干旱、洪涝灾害频发，在很多国家随着城市化进程的加快，城市供水、污水问题加剧、水安全形势持续恶化。在很多地区人类也面临着水资源的公平分配、冲突、水资源管理的跨国合作等问题。在很多国家内部地区和国家之间，水资源的冲突直接导致了不稳定和冲突。根据联合国《2018 年世界水发展报告》，目前世界有 19 亿人口生活在严峻的水安全无保障的地区，2050 年这个数字可能提高到 30 亿。在水质量方面，全球有 18 亿人口使用没有经过任何处理的饮用水，对于水相关疾病没有任何防范。全球所产生的污水有 80%都没有进行任何处理和再利用而直接排放到自然环境中。由于气候变化的影响，人类到 2030 年将面临 40%的全球水资源赤字。随着水污染的加剧，地表水和沿海地区水环境的富营养化将遍及全球。这一切将会对全球社会经济产生重要的影响，不仅影响全球经济发展，也将导致贫困、社会不公平程度的加深和水资源冲突等矛盾的加剧。① 最值得注意的是，尽管近年来从联合国到不同国家层面上对应对水危机都做出了艰巨的努力，但是人们面临的这些水安全问题并没有得到缓解，反而有加剧的趋势。在未来的几十年中，人类将面临着更加严峻的水困扰，水将成为制约全球发展最重要的因素之一。在这样的背景之下构建水文明，通过一种文明的路径去应对水危机就显得十分迫切。

如上所述文明并不仅仅是一种现象，更有其功能。文明能够对一个社会的可持续起到支撑的作用，使社会变得更有利于人类的生存和发展。在当代构建水文明，一方面有助于化解人类面临的水危机、构建人水和谐关系、改善人类的福祉，另一方面，也将支撑人类的文明延续和发展。因此，构建水文明对于支撑和改善人类生存、实现可持续发展有重要的意义。化解当代的水危机，绝对不能仅仅依靠某些方面的改变，而应该是一个从人类文明高度的体系化应对，通过水文明建设实现从过程到结果、进而发挥水文明的能动性，实现对于水危机的应对到支撑人类文明全过程的目标达成。中国正在推进生态文明的建设，水文明作为生态文明建设的重要支撑，对于生态文明的建设也具有重要的作用。而

---

① UNESCO IHP，*The United Nations world water development report 2018*：*nature-based solutions for water*，2018，http：//unesdoc. unesco. org/images/0026/002614/261424e. pdf，accessed in q Fub，2022.

在全球视野中，水文明的建设不仅有助于化解当代的水危机、应对气候变化、实现人类的可持续发展，同时也是一种跨越国家、区域、文明，为全人类共享的发展支撑途径。

尽管在人类社会中水文明并不是一种普遍的存在现象，但是从水文明可构建性、能动性特征出发去积极主动构建水文明。只要我们在水文明的构建过程中彰显水文明建设的时代性、把构建人水和谐关系作为水文明建设的基础、把水文明建设置于人类命运共同体的视野之下、在建设过程中注重历史的传承和文明的延续，[①] 我们就可以在构建一个国家水文明的基础上、推动全球水文明的建设，通过水文明的构建去实现全球水文明构建要素的逐渐均等化，进而应对全球水危机，使全球在水文明的构建过程中都能够受益。如果能够推动水文明构建的全球合作并且产生效果，也将极大地服务于人类命运共同体的建设。

最后还必须指出的是，水文明作为一种文明形态，应被理解为一种正向的社会控制力量，是对人类与水的关系的正向理解，这是理解水文明的一个重要基点。所谓的正向关系，反映的不仅仅是人类对水资源的控制和利用，也反映在如何利用水来构建一个繁荣发展、可持续的社会，在今天更应该反映在对水资源的友好型、可持续利用上。作为水文明一个核心要素，对水资源的利用和控制能力是十分重要的衡量标准。随着人类社会的发展，人类能够控制河流湖泊等水环境、防范水带来的自然灾害，包括修筑大坝、运河、引水渠等水利工程来实现对水资源的控制，可以控制一些大江大河的自由流动，改变水资源的原始状态。作为人类社会的发展过程，对水资源的控制利用是不可避免的。这种能力正是人类生存能力的一种体现，是水文明的重要表现。因此能力的提升是一种正向的表现。然而从文明的基点出发，我们仅仅有控制和利用水资源的能力是不够的，我们还应该做到另外两个方面才能使这种能力归入水文明的范畴之中，成为支撑文明的正向能力。一是利用水资源、改造水环境的过程中不造成对水资源的过度利用、不过度改变自然状态，使人类和水资源之间保持一种平衡和谐状态，并且有可能让水更多地保持它的自然状态。因此，在一个高效利用水资源的社会中，能否保持和

---

① 郑晓云：《水文明：内涵及当代构建理念》，《云南师范大学学报》（哲学社会科学版）2021 年第 4 期。

水资源的平衡和谐状态，应是衡量水文明的一个重要价值尺度。如果一个社会中有较高的水资源控制和利用能力，但是造成的是对水资源的过度利用，甚至滥用而导致水资源利用的不可持续，那么这种能力不能够归入水文明的价值范畴中。二是水资源在一个社会中得到高效广泛利用，对社会的繁荣发展产生了重要的构建作用。通过水资源利用，对人类社会发展产生促进作用，同样体现了水文明的发展程度。水在人类社会繁荣发展中的积极作用越大，因水而构建起来的社会文化体量越大，水文明程度越高。因此水文明体现的是一种人类利用水的能力、因水而促进社会的发展，同时保持和水的自然相平衡的文明形态。水文明不仅仅是开发利用水资源的能力体现，也体现在这种能力的正向提升和结果上，这是水文明重要的价值基点。尽管在历史上这种价值基点有一定的局限性，但是在今天应该强调这种价值基点。

四　结语

人类在满足自身生命延续和发展需求和水的互动过程中有可能构建起一种以水为中心的亚文明形态，这就是水文明。水文明是一种系统性的文明形态，包括人们对水的认识、价值、观念、审美、文化艺术、社会关系、制度、生活方式以及相关物质结果等。水文明可能形成一种社会控制力量、成为社会发展的标志，进而影响到水资源利用的可持续性。和人类社会中广泛存在的水文化不同的是，水文化存在于任何社会中，只要和水产生互动，都可能产生相关的文化现象。而水文明并不存在于人类发展的整个历史阶段或者所有的社会中，在历史上仅仅在一些社会中被构建起来。水文明的构建经历了水和文明到水文明的形态范式的转变。在任何文明中水都是重要的支撑物质，构成了水和文明之间的简单关系，而人类却有可能在这个过程中进一步构建起一种以水为中心的文明形态。因此，在人类历史上，水文明都是被构建的。水文明具有系统性、层次性、地域性、形态性四个特征，反映了水文明从结构到属性的不同特征。水文明作为正向的水资源控制力量，一方面反映了人类利用自然的进步，另外一方面也反映了人类和水之间的平衡关系，水文明必然地应该成为人类社会中实现水资源可持续和水安全的保障，而非随着人类利用水资源能力的提升而无节制地利用水资源的标志。由于水文明有可构建性特征，因此在今天建设生态文明、应对全球水危机和气候变化的过程中，应该积极加强水文明的构建。基于一个国家或者一个地区进行水文明的构建，进而推动全球性的水文明构建，使水文明的构建成为全球应对水危机和气候变化的强劲动力。

（本文发表于《中国社会科学内部文稿》2020 年第 3 期“理论前沿”专栏，本次收入保留了发表时因字数限制被压缩的约 6000 字内容）

长江水文化：时代命题及其构建

长江延绵6300余公里，是地球上的第三大河流、中国的第一大河流。长江不仅有自己的自然演化历史，也有着在其自然生命过程中并不长但却十分生动的与人类的互动史。长江哺育了人类生命、塑造了人类生活家园、推动了人类社会和文化的发展，成为长江流域人类的生命之河、文化创造源源不断的动力之河。长江水文化，简言之就是居住在长江流域的人类和水密切互动而形成的和水相关的文化现象。长江水文化不仅仅是长江流域的人们和长江生存互动的结果，也是人类一笔重要的生存财富，人们依赖于以长江水资源为中心的地理环境多样性和生物多样性的认知和知识、水资源的管理和使用技能以及因水而生的生活方式、社会习俗、人际关系、文化艺术等去支撑自己的生存，满足生存与生活需要。今天，长江流域各民族的水文化不仅仍然在造福人类，也影响到流域中人类对待水资源、水环境的态度和行为，进而影响到长江的状态。水文化对于保护长江水资源、做好长江大保护有重要的价值，对于长江水文化的内涵、机理和传承的认识，也将为通过水文化保护大江大河提供一个范例。长江水文化是否有作为一种独特的水文化类型存在的价值、长江水文化的内涵和特征是什么、在当代长江大保护的背景下水文化能够起到什么样的积极作用，如何结合当代的发展加以构建等，这都是目前还没有得到深入探讨的重要问题。本文将就以上这些问题展开探讨。

一　长江水文化的内涵

近年来，随着国家长江大保护战略的实施，长江流域文化的保护传承也进一步受到重视。习近平总书记2020年11月14日在全面推动长江经济带发展座谈会上提出“要保护好长江文物和文化遗产，深入研究长江文化内涵，推动优秀传统文化创造性转化、创新性发展”。他同时指出，在长江大保护中要“统筹考虑水环境、水生态、水资源、水安全、水文化和岸线等多方面的有机联系”。[①] 习近平总书记的以上论述充分肯定了长江文化的重要价值，同时也将水文化提升到重要的位置上。因此在长江经济带建设和长江大保护过程中，水文化作为长江文化的重要组成部分，也同样将展现出其重要的价值。

长江流域自古就有丰富的水文化，而“长江水文化”作为一个新的学术概念是笔者在2020年以来才提出并展开讨论的，笔者已在武汉、西安和重庆组织了三次主题学术研讨会。[②] 结合历史和当代的发展现实，我们可以这样定义长江水文化：长江水文化是人类和长江水环境长期互动过程中所形成的文化现象，是长江流域各民族人民在感悟和适应水状态、利用水资源、改造水环境、依水构筑自己的生计模式和生存家园过程中所形成的以水为核心的文化，是长江不同流域段水文化的聚合体和整体概念。事实上，长江流域早已存在千万年来人类和水互动过程中所形成的丰富的水文化，但是由于长江是绵延6300多公里的长河，造成今天人们对长江水文化的理解往往是地域性的，只注意到长江不同流域段文化存在，忽略了从整体上理解长江的水文化。长江水文化这一新概念的提出，旨在充分认识长江水文化的整体性，把长江水文化作为一个整体的概念，通过构建长江水文化服务于长江流域的生态文明建设和长江大保护。因此，长江水文化是一个关于长江水文化的整体概念，是长江整体性的水文化符号。

那么我们为什么要整体性地理解长江水文化，需要一个长江水文化的整体概念呢？这可以从以下几个方面来理解：一是长江流域地域广阔、地貌形态多样，在此基础上也形成了多元的地域文化，例如青藏文化、滇黔文化、巴蜀文化、荆楚文化等，以及支流文化和湖泊文化等更细部的地域文化。作为人类文化的一个组成部分，水文化和这些地域文化是互相交织的。这样就使我们在理解长江水文化的时候容易从地域角度理解水文化，从而缺少思考长江水文化的整体视角。二是尽管长江自然和文化具有丰富的多样性，但是长江作为一个完整的生态系统所孕育的文化系统却有着诸多的共同特征和相互之间的贯通性，水文化也是相同的。塑造长江水文化

① 《习近平在全面推动长江经济带发展座谈会上强调　贯彻落实党的十九届五中全会精神　推动长江经济带高质量发展》，《人民日报》2020年11月16日，第1版。

② 参见郑晓云《构建“长江水文化”，助力长江大保护》，《新华每日电讯》2021年11月19日，第7版。

这样一个整体概念，目的就在于提炼长江不同流域段文化之上能够反映这条大江共同特征的文化概念，成为长江的水文化的整体符号。三是在今天的发展过程中，不论是推进长江经济带建设和长江大保护等国家战略，还是长江流域不同区域的社会经济文化创新发展，都需要有统一的发展理念、思维和规划。对待长江的水资源和水环境同样需要有一致的价值观、保护思维和行动计划，因此构建整体性的长江水文化，使之成为长江当代发展的一致的文化基础，就显得十分重要。四是构建整体性的长江水文化有利于体现长江水文化在中华水文化体系中的独特位置。长江文化是中华文化的重要组成部分，长江水文化也同样是中华水文化体系中的重要构成，只有整体性的长江水文化构建才能体现其在中华文化中的构成价值，而不仅仅是某些水文化因子。

总之，长江水文化的构建既体现了长江水文化多元性和一体性的统一、历史与现实的统一，也对应了当代发展的需求。长江水文化概念的确立，将有助于我们从长江流域的整体性视野中来理解长江的水文化、应用长江水文化。长江水文化作为一种文化，包括了以下几个方面的内涵。

第一，系统性内涵。长江水文化是一个系统。水文化是人类在长期生存发展过程中和水互动而形成的相关文化现象，水文化包括了人们对于水的认识、有关水的价值观、信仰，管理水的方式、社会规范和法律制度，对待水的社会行为，因水而形成的生活方式、社会关系、风俗习惯等，以及和水的互动的过程中所产生的物质性结果。水文化可以通过和水相关的价值、认同、宗教、文学艺术、制度、社会行为、生活方式、物质创造和建设等得以表达。水文化广泛存在于人类社会中，但是由于自然环境和社会发展的差异性，水文化具有鲜明的地域性、民族性和时代性。[①] 由此可见，水文化是一个包括了从精神、社会、制度到物质建设层面的系统性概念。然而由于人类居住环境的差异，也导致了不同水环境基础上人类水文化的差异，形成了水文化的多样性。这也是探讨不同地域和水环境特征之上的水文化的意义所在，同时也是构建基于不同水环境之上的水文化的价值所在。长江水文化也正是由长江的地理及社会特性所孕育出的一种水文化，和长江流域的自然和社会特征密不可分。因此从水文化的系统结构上来说，长江水文化也包括了上述一般水文化系统的各个方面，是一个基于

① 参见郑晓云《水文化的理论与前景》，《思想战线》2013 年第 4 期。

水的文化系统，可以从以下四个方面加以理解：一是长江水文化的精神内涵。这包括了对长江的认知、有关长江自然规律和水资源利用的知识系统、对长江环境的认知、价值取向、宗教信仰和崇拜，和长江水环境相关的文学艺术、历史记忆、文化认同等。二是社会层面的内涵。包括因长江水环境和水资源利用而形成的社会组织、居住方式和社会关系、社会活动、民众的生活方式、节日、风俗习惯等因长江水资源状况而形成的生计方式。三是行为及技术层面的内涵。包括长江流域民众对待水的行为模式，利用水资源、治理水环境的方式、技术等。四是物质层面的内涵。包括利用和治理水资源、水环境等的物质创造建设成果，例如居住环境中的供水、排水工程、水环境整治建设、水景观建设及农业灌溉设施、生产生活中的用水工具等具有文化内涵的物质建设成果。

第二，历史和当代发展要素统一的内涵。长江水文化虽然是今天才提出来的一个概念，但是支撑长江水文化的要素并非今天才出现。长江和人类有上万年的互动关系，在历史上已经形成了丰富的水文化现象。尤其是在农耕时代，长江流域作为中国面积最广阔的水稻种植区域，在此基础上形成了包括水的崇拜、社会关系和社会生活、习俗、水利灌溉工程和管理制度等水文化。这些水文化中很多要素在今天仍然充满活力，有的尽管在今天由于社会经济环境的变化而不再具有实用价值，但仍然是一笔重要的文化遗产，诸如一些历史上形成的水利工程、历史文献等，因此，历史上所形成的水文化是今天构建长江水文化不可割裂的脉络。长江水文化的内涵中理所当然地包括了长江流域在历史上形成的各种水文化现象，在今天构建长江水文化，更重要的是要适应当代发展的要求，注入新的要素，尤其是适应长江经济带建设、长江大保护等国家战略需要以及长江流域社会经济发展需要的水文化要素，实现历史的水文化要素和当代发展需要的水文化要素的统一。

第三，地域多元和全流域统一的内涵。长江流域存在着地理环境的多样性。在这种多样性之上所形成的水文化也同样是五彩斑斓、丰富多样的，包括了在上游青藏高原、云贵高原生态系统之上所形成的水文化以及在中下游地区平原、湖泊生态系统上形成的水文化，除了长江干流生态系统对水文化形态形成的影响，长江还有众多的支流，同样形成了多样的生态系统，影响着长江流域水文化的形成，因此长江流域的水文化呈现出鲜明的地域多样性，但是长江作为一条流动的河流，也有生态系统整体性特征，也同样造就了水文化的诸多整体性要素，例如稻作农业中的水文化，就是一个可以反映长江水文化整体特征的要素，因此今天构建长江水文化，不仅要基于长江流域地域多元基础上的水文化丰富性，同样也要考虑长江作为一个整体生态系统对于水文化的影响，更多地彰显出长江水文化在其整体生态系统上的共同特征。要在地域多元和流域生态系统整体性相统一的基础上构建长江水文化。

第四，民族水文化的多样性与长江水文化整体性统一的内涵。少数民族众多是长江流域人文环境的重要特征，尤其是长江中上游地区，自古以来就是很多民族活动的走廊，今天则是包括了藏族、纳西族、彝族、白族、土家族、苗族等在内的很多少数民族和流域内汉族人民共同生存的家园。各民族所创造的水文化构成了长江流域水文化最光彩夺目的图景。长江水文化在构建的过程中将包括各民族丰富多彩的水文化，但是今天更重要的是要构建起一种各民族共同拥有的水文化，包括各民族共同拥有的精神文化、保护长江生态环境的观念和行为模式、制度等在内的水文化，

总之，长江水文化将是一个被不断构建的文化，在长江既有的水文化基础上，随着时代的发展以及对于长江的保护开发利用、长江水资源和水环境与人类生存关系的变化，乃至于应对气候变化、保护长江流域的生物多样性等时代需求，都将注入更多新的要素，使长江水文化不断获得新的活力。

二　长江水文化的构成

作为一种文化必然有其核心的构成要素，长江水文化也不例外。根据我们前面所论述的长江水文化的内涵，长江水文化是一个在历史上形成的既有文化基础上注入新的要素所形成的文化体系。因此长江水文化构成的基础首先是长江流域在历史上所形成的水文化要素。

水文化具体到一个区域的视野中，包括了一个地区或者一种水环境形态中最能够反映其特征的水文化的核心要素。这些核心要素除了具有普遍性以外，更具有其他区域不具备的特征或者说其独特性更为鲜明，这也决定了一种区域性的水文化是否能够成立。长江水文化也不例外，作为一条河流的水文化，最重要的还是反映这种水文化的核心构成要素。这些构成要素是其他区域不典型或者没有的，这是长江水文化能够确立的重要基

础，笔者认为，从历史以及整体性的角度来看，可以构成长江水文化的既有核心要素至少在以下五个方面是独特的。

第一，长江的水崇拜。长江流域的人民自古以来构筑起了基于长江水资源和水环境的庞大而鲜明的信仰系统，长江流域的民间信仰既有涉及整个长江概念下的，也有地域性的。例如在汉代就以江渎为长江大神，并在蜀地设立江水祠进行官方祭祀。① 随后历朝历代都对江渎进行祭祀，并不断加封王号，除了官方统一的长江水神外，在长江流域各地还有地方性的神灵崇拜。在长江上游地区，藏族、纳西族等诸多少数民族人民都把水看作是有灵性的，河流、湖泊都有神灵主宰，由此构建起了当地人对于水的信仰。关于江河、湖泊的大量神话传说、对水神灵的信仰和相关祭祀活动、因水崇拜而形成的社会生活习俗等，构成了丰富的水文化现象。② 地处长江上中游结合部的重庆地区，对于大禹的祭祀是当地重要的水崇拜现象，人们崇拜大禹，称之为禹王，修建寺观加以祭祀，据不完全统计，重庆地区的禹王宫有 26 座之多，③ 在长江的中下游地区，水的崇拜现象更加丰富，人们在历史上构建了庞大的河流及湖泊的水神灵体系、创作了丰富多彩的神话传说、建设了大量的相关的崇拜场所、形成了丰富的社会生活习俗。仅在洞庭湖就有以柳毅、杨泗为中心的复杂的水崇拜体系，同时还有对屈原、水母等的崇拜，屈原在《九歌》中描述的湘君、湘夫人也作为水神话在洞庭湖流域广为流传。④ 在这些水崇拜之上，构建起了一个集自然观、文学艺术、社会生活习俗为一体的水文化体系，与此同时，道教信仰在长江流域有着重要的地位，著名的道教圣地武当山、青城山都在流域内，和水文化直接相关。武当山供奉的真武大帝就是道教中的水官，因此武当山道教建筑格局和文化内涵都充分地显示了和水的关联性，在长江中游地区，由于降雨的时空分布不均，古代民间广泛修建祈雨场所，进行祈雨祭祀活动，祈雨成为当地社会生活中重要的崇拜内容。

第二，民族水文化。长江流域是诸多少数民族居住的家园和迁徙地走

---

① 班固：《汉书》卷 25 上《郊祀志》，中华书局 1962 年版，第 1206 页。

② 王晓松：《藏区神山崇拜与生态保护》；杨福泉《藏族、纳西族的人与自然观以及神山崇拜的比较研究》；马建忠、陈洁主编，美国大自然保护协会、迪庆州藏学研究院编《藏族文化与生物多样性保护》，云南科技出版社 2005 年版。

③ 涂师平等：《重庆水文化遗产保护》，中国水利水电出版社 2019 年版，第 58 页。

④ 李琳：《洞庭湖水神信仰的历史变迁》，《民俗研究》2010 年第 4 期。

廊，居住和活动于长江流域的少数民族种类之多是其他江河流域不可比拟的，从而也形成了基于民族的丰富多彩的水文化，[①] 长江流域的上游地区是少数民族居住和活动最密集的区域，4500 余公里的上游地区已经占了长江干流的 2/3 强，可见少数民族文化在长江水文化中所占有的重要地位，这是长江水文化的独特性之一，上游地区主干河道多穿越崇山峻岭，虽只有较少的盆地、湖泊周边和山地可供人类发展农业生产，但这一地区植被丰富、生态良好，适宜人类生存，在长江上游地区居住着藏族、彝族、羌族、回族、土家族、傈僳族、哈尼族、白族、傣族、壮族、苗族、布依族、侗族、毛南族、水族、景颇族、佤族、阿昌族、布朗族等三十多个世居民族。各个民族在长期的历史迁徙和定居生活中，都形成了和水相关的从精神、社会到物质方面丰富的水文化，使长江上游地区成为中国民族水文化种类最富集的地区。长江中下游地区主要分布的民族是汉族。汉族人民在长期和长江相伴的生存发展过程中，同样形成了丰富的水文化，尤其是和湖泊、城市、水上运输、长江河道（例如长江矶头、码头）相关的水文化，在很多地方形成了承载着丰富水文化的水岸社会。

第三，湖泊水文化。在长江流域分布着众多的湖泊，是中国独一无二的，全流域现有面积大于 1 平方公里的湖泊 648 个，总面积 17276.96km^2，其中中下游区共有湖泊 598 个，[②] 这种地理特征造成的人类和自然之间的特殊关系，包括开发利用湖泊和其他水资源、发展农业生产和渔业生产，水文化也和人们在这些自然特征基础上利用水资源直接相关。在长江流域，湖泊周边是人类最早的家园，因此形成了和湖泊相关的水文化现象，包括人们关于湖泊的精神信仰、生计方式和生活方式、因为湖泊而形成的社会关系等，从而构成了湖泊水文化现象。例如前文所提到的长江上游湖泊在人们精神世界中的价值和神湖文化现象，总之，长江流域不仅湖泊众多，对中国社会的影响之大也是其他地方不可比拟的。湖泊周边的生产方式、社会关系、经济关系、社会生活和文化，乃至于很多社会冲突都围绕着湖泊环境而展开。在这些人湖互动关系过程中都孕育了丰

---

① 郑晓云：《云南少数民族的水文化与当代水环境保护》，《云南社会科学》2006 年第 6 期。

② 中国科学院南京地理与湖泊研究所编《中国湖泊调查报告》，科学出版社 2019 年版，第 647 页。

富的水文化。

第四，稻作文化基础上的水文化。长江流域是中国最大的水稻种植区，面积广阔，除青海之外的大多数流域都种植水稻。历史悠久的水稻种植对长江流域文明产生了重要影响。考古学家在浙江浦江县发现的陶片有谷壳印痕，距今约 1 万年，在距今 7000—6000 年以前的宜都红花套遗址、杭州河姆渡遗址也都发现了种植水稻的证据。[①] 水稻种植形成了长江相关的文明现象，一些专家甚至提出由于水稻的种植而形成的长江文明早于黄河文明 1000 年，并在后期向中国南方及中南半岛扩散。[②] 生产方式是人们利用水资源的直接动力。种植水稻使人们开发利用、管理水资源，建立人类和水资源之间的精神、社会、文化、物质联系，从而也构建起水文化体系。长江流域稳定的农业生产环境、以水稻种植为核心的农业使居住在长江流域的人类有较之于黄河流域更为稳定的生活生产环境。人们的居住方式、生计方式、社会关系都和流域丰沛稳定的水资源水环境有直接关系，由此展开社会生活的不同层面，同时也形成相应的水文化，包括水的信仰、知识、价值观、文学艺术、水相关的节日、利用水的风俗习惯、管理水的制度和社会规范、水利灌溉工程建设等，这些水文化围绕着稻作农业形成，打上了稻作农业的烙印。

第五，长江城市水文化。长江流域城市之多是中国其他河流流域不具有的，仅仅长江主干道上地级城市就有 40 余个。长江流域现有县级城市 843 个，占全国县级城市的 30%有余，且大多数的城市在古代就已存在，长江流域城市的形成，不论是城市的格局还是发展的支撑，都和长江有直接的关系，印刻着长江的文化烙印，使这些城市和其他地方的城市有明显的差别。[③] 长江流域的城市往往因为水利便利而形成了繁荣的水上交通和贸易，这对于城市的格局、面貌和生计方式都产生了广泛的影响，其中也同样富含水文化。城市的形成必不可少地包括了城市的水环境治理、供水和排水、生活用水以及水景观建设等涉及水的物质建设，城市中的人们使

---

① 严文明：《长江文明的曙光》（增订版），文物出版社 2021 年版。

② Yoshinori Yasuda. *Water Civilization From Yangtze to Khmer Civilizations*, Springer Japan, 2013.

③ 郑晓云：《城市化与河流生命：构建中国长江上游的河流文化》，参见郑晓云《水文化与水历史探索》，中国社会科学出版社 2015 年版，第 88—97 页。

用水资源、享受城市水环境过程中也形成了丰富的社会生活层面上的水文化，例如杭州的西湖、南京的秦淮河相关的文化现象都是城市水文化的典型，包含了水景观、文化艺术、信仰及日常用水等丰富的内容。

以上所举是长江水文化的一些典型构成要素，是数千年来长江流域人类和水互动所形成的、是中国大江大河水文化中具有一定独特性、为其他大江大河所不具有的典型要素。这些足以成为支撑长江作为一个独特的水文化系统存在的理由，也是我们今天构建长江水文化的重要基础。新的构成要素注入，是长江水文化构建的重要支撑，这主要依据国家的发展战略、长江流域各民族人民的福祉、生态环境保护和社会经济发展的需要而进行筛选。笔者认为长江水文化新要素至少应该包括以下几个方面。

一是对待长江共同的认识和价值观。今天如何看待长江在中华民族生存发展中的地位，长江水资源、水环境与中华民族可持续生存之间的关系，如何平衡保护和发展间的关系等方面都需要有一致的认识和价值取向，都需要进行明确和培育，使长江流域的民众都拥有共同的有利于长江大保护、有利于平衡人类的生存发展和长江水环境可持续之间关系的认识和价值观。目前在国际上，水伦理和水价值被列为水文化的核心要素，就在于水的伦理和价值在水文化中处于核心地位。①

二是关爱长江水环境的共同行为模式。包括长江流域民众在日常生活中建立的各种水环境友好的行为模式，爱护长江的水环境。生产、建设和日常生活中都有爱护水环境的强烈意识，做到不破坏、污染水环境。通过行为模式的构建，做到不破坏长江的水岸环境、不污染长江水体，同时形成保护长江环境的良好行为。

三是共享长江水环境的美好生活家园，拥有更多的亲水享水空间。在长江流域基于水资源丰富的特征，更多地将水资源丰富的优势融入长江流域人民生活家园的建设中，保护和建设更多让长江流域民众能够亲近水、享受水的空间，保护建设各种水景观，包括河流景观和湖泊景观等，使水成为提升人民生活品质的动力，与此同时，人民享有安全的水环境，在保障清洁用水的同时，减少污水排放对环境的影响。

四是与长江自然共处的方式。长江大保护的议题源于长江所受到的人

① 参见 D. Groenfeldt. *Water Ethics, A Values Approach to Solving the Watern Crisis*, New York: Routledge, 2013。

为干预及其导致的不良后果，如果没有人为的干预和对长江自然状态的改变，也就无所谓保护，因此长江的自然状态应该是长江保护所追求的重要目标之一。国际上目前也非常重视以自然之道解决自然问题的理论和实践，也就是所谓的基于自然的解决方案 NBS（Nature-Based Solutions）受到越来越多的关注和重视。世界自然保护联盟于 2020 年 7 月 23 日发布了首个基于自然的解决方案的全球标准，将基于自然的解决方案定义为："通过保护、可持续管理和修复自然或人工生态系统，高效和适应性地应对社会挑战，并为人类福祉和生物多样性带来益处的行动。"①在今天，长江流域的人类都要思考如何和自然相处，尤其是让水环境能够较多地保持自然状态，或者通过价值塑造、制度建设、行为养成、工程建设等途径，去维持长江水环境的自然状态。尽管在今天不可能使长江的水环境完全维持在自然状态，但是我们必须学会和长江自然相处的新方式，中国正在实施的长江流域十年禁渔行动，就是保护长江流域生物多样性自然状态的重要的实践。

五是绿色水生活。在生活中形成关爱水资源、水环境的生活方式。这其中的核心是节约用水和循环用水的有关习俗养成。形成全民参与的节水意识和行动，在这个过程中总结形成生活中用水的有效方式、开发节约用水的工具、形成节约用水的制度，摒弃浪费水资源的不良生活方式，使这一切成为一种新的社会习俗，从而形成绿色水生活。

六是水情教育传播体系。在国际社会，水情教育传播体系也是公认的水文化要素。② 因此长江水文化中也应该包括水情的教育传播体系，通过构建起一个包括学校、展览馆博物馆、社会教育场所、公众媒体在内的水情教育传播体系，确定要传播的知识内容、达到的目的、传播的方式等等，让长江流域的民众能够进一步提升对长江的认知以及保护长江水资源、水环境的意识和能力，主动融入长江保护和发展过程中。

以上列举的这些方面尽管不能全面囊括长江水文化新的构建要素，但

---

① Pam Berry, et al. *Impacts of Climate Change on Biodiversity: The Role of Nature-based Solutions*. Cynthia Rosenzweig, ed. Climate Changes: *Our Warming Planet*, Singapore: World Scientific Publishing, 2021. pp. 173-197.

② Eriberto Eulisse, *Unveiling Venice's Waterways Heritage*. From the Digital and Open-Air Water Museum of Venice to UNESCO's Global Network of Water Museums. in XiaoYun Zheng. *The Cultural Dynamics of Water from history to the present age*, IWA Publishing, 2021, p. 213.

是我们也可以看出这些要素和当代长江所面临的保护和发展要求是一致的。这些要素往往也是当代江河保护的共同内容，但是只要和长江具体的历史传统和自然状态相结合，就能够形成反映长江自然和人文状况的新的水文化，依此我们可以展现长江水文化的构建前景：长江水文化是融合了长江历史发展过程中所形成的水文化传统，同时又结合了满足当代社会发展需要和长江保护的新要素的一种水文化复合体。这个复合体包括了长江流域不同民族、流域段人民的长江水知识、关爱水的价值观、因水而形成的文化艺术，有利于水环境保护的社会生活习俗、社会行为，和长江水环境相伴的生活方式、生活环境，保护水环境的习俗和制度，传承长江水文化传统和当代的保护理念以及技能的教育体系、长江知识的传播体系等。为了更直观地理解长江水文化的构成，我们以图一作为示意，未来随着时代的发展和需要，我们还可以不断增加各个层面上的要素，使长江水文化的构成更加丰富。

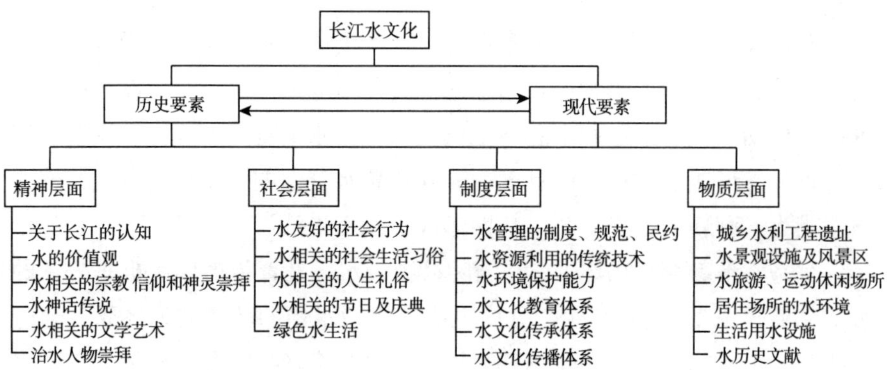

图一　长江水文化结构图

三　长江水文化的价值

既然长江流域在历史上已形成了丰富多彩的水文化，我们今天为什么还要提出长江水文化的概念，并且构建长江水文化呢？这涉及长江水文化构建的必要性和水文化自身价值两个层面，可从以下几个方面来理解。

第一，长江水文化概念的提出和构建，针对的是目前长江流域水文化的分散、非系统性状况。目前长江水文化资源十分丰富，但总体上体现在不同流域段的特征上，例如长江流域的水文化可以划分为荆楚水文化、川渝水文化、金沙江水文化等地域性鲜明的水文化，也可以划分出汉江、乌江、岷江等长江支流流域的水文化等，因此传统意义上的长江水文化主要反映了不同流域段或支流流域的文化特征，整体性不足。从系统性的角度来说，目前的长江水文化处在一种以长江流域不同区域为承载的状态中，包括目前的研究和应用也主要体现在不同区域水文化上。这就难以形成长江整体性的文化概念，这也包括了水文化。因此，通过长江水文化的构建，将长江不同流域段和支流流域的、相互割裂分散的水文化资源整合为一个整体概念。

第二，长江水文化的构建是对长江自然和人文生态系统整体性理解的应对。长江虽然有不同流域段的地理特征和人文特征，但是作为一条大江，它的整个自然生态系统和人文系统都有内在的联系性，这个系统中的核心要素之间的关联性是不可以割裂的。例如，长江上游地区的自然状态，尤其是水资源状态（包括水量和水质等）对中下游地区的影响、长江流域以水稻种植为生计的整体性特征、长江流域作为古代诸多民族生存和迁徙的走廊等，都决定了长江流域自古以来所形成的自然和人文的系统性。因此长江自然生态和人文系统的关联性，也决定了长江水文化构建的必要性。长江水文化尽管有不同的地域特征，但也必然有系统性的特征，以反映长江流域自然和人文的系统性联系。尤其是在今天，强调这种系统性更具有现实价值，对于谋划长江的整体性开发利用和保护是必不可少的。

第三，长江水文化的构建是实施长江大保护等国家战略的需要。在今天长江的开发利用过程中，已经出现了明显伤害长江水资源、水环境的状况，对于长江的大保护和高质量发展都造成了不利影响，人类和自然之间的关系和过去相比已经有了较大改变，2018 年 4 月 26 日习近平总书记在深入推动长江经济带发展座谈会上指出：目前长江“生态环境形势依然严峻，流域生态功能退化依然严重，长江‘双肾’洞庭湖、鄱阳湖频频干旱见底，接近 30%的重要湖库仍处于富营养化状态，长江生物完整性指数到了最差的‘无鱼’等级，沿江产业发展惯性较大，污染物排放基数大，废水、化学需氧量、氨氮排放量分别占全国的 43%、37%、43%，长江岸线、港口乱占滥用、占而不用、多占少用、粗放利用的问题仍然突出”。[①] 可见，今天长江生态环境的保护面临着巨大挑战，存在的问题触目惊心，如果放任下去，长江的自然变化会越来越有悖于人类的生存利益。尽管近几年来生态环境保护与治理已进入了一个前所未有的强化阶段，但是要取得根本的成效仍然需要做出艰巨的努力，需要多方位发力，水文化在这个过程必将有广泛的运用前景，在今天的生态文明建设过程中，文化作为一种重要的基础，其价值已经越来越成为一种共识。[②] 在长江大保护过程中，关爱长江水资源水环境的共同意识、共同的水友好行为模式、共同的制度、全流域的参与，同时也让长江水环境成为人民美好家园、幸福生活的重要组成部分，将长江和流域人民的幸福融为一体，这些都是长江大保护重要的基础性文化，都将有力地助推长江流域的大保护，构建一种长江和人类长期和谐共存的新型文化关系，这不论在长江大保护战略实施的今天，还是在未来都是必不可少的。

第四，在国家大战略推行过程中，尤其是在长江经济带建设和高质量发展过程中，水文化有其特殊的价值。长江经济带建设的首要任务是把长江经济带建设成生态文明的示范带，推动长江的大保护、修复长江生态环境、把长江建设成生态更优美的黄金经济带。因此在长江经济带建设中，一是要修复和保护长江生态环境，二是要从源头上治理、要加强协调互动，尤其是推动上中下游地区的互动协作，三是要建设人与自然和谐共存的绿色发展示范带。从构建长江水文化的角度来讲，长江水文化的重要功能首先是构建一种人水和谐关系，实现绿色发展及人与自然的和谐；其次，在修复、保护长江环境中，人是重要的源头因素，只有人们拥有了保护长江自然环境的意识和行为模式、保护的能力，才能从根本上实现长江的保护；最后，长江的保护需要上中下流地区的互动协作，就长江水文化而言，也提出了全流域整体性的要求。因此，构建长江水文化也是实现长江经济带建设目标的需要，只有把长江经济带建设成一条人与自然和谐相处的文化带，才能成功建设长江经济带。

---

① 习近平:《在深入推动长江经济带发展座谈会上的讲话》,《人民日报》2018 年 6 月 14 日，第 2 版。

② 参见郑晓云《用文化的力量助推生态文明建设》,《光明日报》2018 年 10 月 29 日，第 6 版。

总之，长江水文化构建的目的就在于整合长江流域分散、分割和不系统性的水文化资源，使之成为一个整体。与此同时，构建长江流域整体性的水相关的文化体系，让水友好的价值观更深入地融入长江流域居民的精神世界、社会生活、生产和物质建设过程中，成为长江人与自然和谐的文化基础，从而也对保护长江自然环境、促进长江经济带建设等国家大战略的实施发挥积极作用。因此长江水文化的构建，一方面是保护长江自然环境的需要，一方面也是社会经济发展的需要。

四　长江水文化构建中的几个重要关系

长江水文化建设是一个系统性工程，涉及其概念的提炼、结构的构建、构成要素的凝练组合、政策环境建设、实施的战略途径选择等，仍然需要进一步撰文探讨，然而处理好其中的一些重大关系十分重要。本文仅基于长江水文化的底蕴和当代的发展需求，就长江水文化的建设中应处理好的一些重大关系提出以下思考。

第一，要处理好长江水文化的地域性和整体性的关系。长江流域不同的地域地理特征各有不同，也影响到不同的水文化形态形成，构建起地域性的水文化，在当地发挥着作用，显示着不同的价值。因此在今天的长江水文化构建过程中，地域性的水文化仍然是重要的支撑，仍然应该基于不同的地域特征进行水文化建设，服务于地方。与此同时，长江水文化是一个整体性概念，涉及长江流域整体保护和发展，因此在地域性水文化传承发展的基础上，努力构建能够反映整个长江流域保护和发展、反映长江自然和人文整体特征的水文化，才是构建长江水文化的最终目标。

第二，要处理好水文化的历史继承和创新的关系。如前所述，在长江流域人类和水环境千万年的互动过程中已经形成了丰富的水文化，既是流域社会生活中重要的组成部分，也是长江文明重要的构成内容。在今天历史上形成的水文化仍然具有重要的价值，应该获得传承。但是传统水文化的形成与当时的时代背景、自然环境直接相关，很多要素在当代社会发展环境中不一定有延续的价值和可能。当代的发展环境也需要和发展目标相适应的水文化。因此构建长江水文化，既要传承传统水文化，也要注入新的水文化，对传统水文化中于长江水文化有历史价值、时代价值的要素加以传承保护。例如历史上流域人民爱护水、保护水的观念、价值、历史记忆和文化传说、自然崇拜和信仰、节日、水景观、居住群落、水利工程遗迹等等，都是传统的生活方式构成要素和精神情结。这些宝贵资源对于长江水资源水环境保护有重要作用，同时也可以转化为发展旅游业等的经济资源。在今天，当代的发展需要建设新的水文化。长江水文化在当代最大的价值就是在保护长江生态环境、推动长江流域高质量发展中发挥作用，因此水文化的建设要和长江大保护紧密联系起来，依照发展的需要加以构建，例如关于水资源水环境保护的价值观、民众的水友好行为、水友好产业、节水文化、水友好的人居环境发展等，都是长江水文化建设的重要内容，因此，长江水文化的构建应是在继承传统上的创新。

第三，要处理好水文化和长江大保护不同要素之间的关系。习近平总书记指出："统筹考虑水环境、水生态、水资源、水安全、水文化和岸线等多方面的有机联系，推进长江上中下游、江河湖库、左右岸、干支流协同治理，改善长江生态环境和水域生态功能，提升生态系统质量和稳定性。"① 亦即要求在长江生态环境保护和发展过程中要有机统筹水文化和水环境、水生态等要素之间的关系，同时也要考虑到上中下游、江河湖库、两岸、干流和支流等不同地域环境的协同关系。因此，长江水文化的建设不应是独立的，而是整体工作中的一个环节，水文化建设必须要考虑到与长江大保护中不同要素的统合协调，照顾不同地域的特殊性，在这些不同的多维关系和功能区块特殊性之上构建新的水文化。与此同时，也要深入考虑将水文化融入长江保护和发展的特殊性中，水文化在长江保护发展过程中的融入度越高，长江保护和发展的质量也会越高。

第四，要处理好长江水文化的环保功能和人民受用之间的关系，构建长江水文化的主要目的是平衡人和水之间的关系，既要保护好长江的自然，更要让水文化建设成为人民的福祉。因此长江水文化的构建一方面要强调它的环保功能及在长江大保护中的积极作用，同时也要注重让它造福于流域的人类，成为流域人民的福祉。在保护好长江的同时，让人民享受到高水平的水生活。例如享受高品质的饮用水和生活用水、享受水安全，让充足的水资源、河岸和湖泊成为构筑人类美好家园的重要素，创建更多的亲水环境，让人民能够享受长江带来的自然恩赐。

---

① 《习近平在全面推动长江经济带发展座谈会上强调　贯彻落实党的十九届五中全会精神　推动长江经济带高质量发展》，《人民日报》2020 年 11 月 16 日，第 1 版。

第五，处理好水文化和生物多样性保护之间的关系。河流的生物多样性和文化多样性之间有直接的关系，河流的生物多样性支撑着文化多样性的存在，同样文化多样性也影响到生物多样性的状态。[①] 在河流文化中，水文化是重要的构成部分，同样水文化因为河流不同流域段自然地理特征也可能形成多样性，尤其是基于民族的多样性特征。河流水文化的多样性是河流生物多样性的一种反映，河流流域的森林、自然和驯化植物、动物等都影响到水文化的形成，例如长江流域的水稻、莲藕等种植以及森林植被状况、水生动物状况等，都会影响到人们的生计和水文化的形成和特征。与此同时，水文化状况也同样会影响到生物多样性的状况，尤其是水文化价值所支配的人类行为。因此，水文化和生物多样性保护之间有密切的关系，今天的水文化构建也应该考虑到水文化和生物多样性保护之间的关系。如果不注重水文化和生物多样性保护之间的关系，不仅可能使水文化丧失基础，同样也会影响到生物多样性。假如我们能够有让水环境更多地处于自然状态的文化，就十分有利于生物多样性的保护。

第六，要处理好长江水文化与中华水文化的关系。长江是中华民族的母亲河之一。因此，长江水文化也必然是中华水文化的一个重要组成部分。我们今天在构建长江水文化的同时，也必须要思考让长江水文化成为推动中华文化发展源源不断的动力，成为新时代中华水文化构建和发展的重要支撑，而不仅仅是以构建长江这条河流的水文化为最终目的。因此，长江水文化的构建必须要契合当代中华水文化构建的新要求。这就要求长江水文化的构建要和包括黄河等其他大江大河的水文化构建有较好的统筹，反映出当代中国江河文化建设的一致性目标和特征，思考在不同的江河水文化构建的基础上，共同构建当代中国大河水文化。当然，这是一个更高层次的目标，需要进一步探索，但是长江水文化的构建一定能够为此提供一个范例，这也是长江水文化构建的题中之义。

五　结语

长江水文化的构建是一个时代性的话题。滔滔不绝的长江千万年来为

① Karl Matthias Wantzen, et al. *River Culture: An Eco-social Approach to Mitigate the Biological and Cultural Diversity Crisis in Riverscapes*, *Ecohydrology&Hydrobiology*, Vol. 16, No. 1, 2016.

流域的人类提供了精神创造和生存的动力，流域人类在和长江相伴的过程中形成了丰富多彩的水文化，形成了包括稻作农业、江岸城市、民族、信仰等因子之上构成的长江水文化的独特特征，成为人们精神世界和现实社会的重要组成部分。由于长江延绵6300多公里，支流众多、流域广阔、流域自然地理环境变化多样等，也形成了长江水文化的地域性和多样性特征。然而今天立足于整个中华文明及国家大战略的视野来审视长江水文化，就可以看出我们仍然缺乏对于长江水文化系统、整体的认识，缺乏一个能够反映长江整体性的水文化概念。因此，长江水文化的构建是时代的呼唤，对于长江大保护、长江经济带建设和长江流域的高质量发展都有重要的意义。今天构建长江水文化，是在长江流域人类千万年来所形成的丰厚水文化遗产基础上加以创新，在传统的基础上融入反映时代性特征的水文化要素、适应新的发展需要而进行构建。因此，我们仍然要传承、保护好传统的水文化，重视不同流域段地域性的水文化传承和建设。在今天，我们要注重水文化在当代发展中的应用，使其显现出在保护长江流域生态环境和生物多样性中的价值、在提升长江流域人民的福祉中发挥作用、在共同构建中华水文化、建设生态文明中作出贡献。当然长江水文化的构建是一项系统工程，仍然需要大量的调查研究，进行整体性的规划，例如如何创建亲水文化，构建水友好型社会，做好水文化的资源调查、传承、保护及水文化的传播、教育等，都是长江水文化建设和发展中的重要环节，都有待于进一步的探索。

（本文载于《湖北大学学报》（哲学社会科学版）2022年第49卷第3期）

关于水历史

所谓水历史，简言之是人类与水互动的历史，是人类使用水、管理水与治理水环境的过程及其对水环境和人类社会产生影响的历史。水历史研究是一门研究人类在历史上与水互动的过程、结果与影响的科学。从学科的角度而言，水历史是基于历史的视野、用多学科的方法对历史上人类与水的互动关系进行研究的学科。在这一点上，国际视野中的水历史学科与中国学术界传统的水利史有很大的差别。

水历史受到广泛关注并形成国际上的一个学术热点大致始于 20 世纪 70 年代，而在此之前水历史研究大多局限于水科技史及水利史。在 20 世纪 70 年代以后，随着全球环境问题的突出，尤其是水危机的加重与气候变化的影响，人们不仅关注人类在历史上的水利工程发展与相关技术进步，也更关注水在历史上与人类生存和发展之间的互动关系，并从中吸取经验教训，从而促进了水历史研究与运用在全球层面上的发展。水历史学科的活跃，一方面反映了在国际层面上人们对于继承人类水管理和治理传统的重视，另一方面也反映了在当代化解水危机、实现水的可持续利用过程中学习历史经验、汲取历史智慧的迫切性。

水历史作为一门学科，国内学术界对此了解并不多，那么它的主要研究内容与关注点是什么呢？概括而言，目前国际上水历史的研究领域主要有以下几个方面：水的社会史，包括水在历史上如何影响国家与地方社会关系和制度的形成、水和人类生活方式的进化、治理水环境的技术进步及其影响、历史上的水冲突及其影响等；水利用史，包括水供给史、灌溉史、排水史以及水环境的变迁史等；水管理的制度史，包括历史上人们利用水和管理水的过程中形成的相关制度、社会规范及其影响等；水利史，包括历史上水利工程及其影响；水的文化史，包括水如何影响人类的精神活动和产品生产、宗教等相关现象的形成等；水权史，包括水在历史上的形成与权属关系演变等；水的治理史，包括人类在历史上治理水环境、水灾害的历史；水经济史，包括历史上水是如何影响人们的经济生活、经济发展、水作为商品的历史和角色等。

除此之外，学科的细分也是一个趋势，一些方面可以有更细的分野，包括目前很多专家关注的水灾害史，又可以细分为干旱史、暴雨水管理史、洪灾史、污水管理史等。对水历史的研究还可以细分到地域性研究，例如河流史、湖泊史、泉水史等。总而言之，水历史是一个大的学术平台，历史学家可以从不同的层面和角度切入研究。

目前国际上对水历史的研究主要表现在几个方面：一是对水在人类文明形成和发展中的作用的关注，注重探讨水和人类社会发展之间的关系、历史上的水事件、水工程对后来社会的影响等，这一点在最近几年来表现得特别突出。二是注重探讨人类历史上在使用水和管理水中的历史智慧，经验、教训对于当代水管理的启示作用。注重水历史研究成果的应用，较为前卫的研究包括了利用水历史研究成果去探讨如何适应气候变化，解决当代一些国家和地区存在的水争端等问题。三是水工程、水技术史的研究，这是水历史研究的发端领域，目前仍然有较多学者在研究，并产生很多科研成果，除了重大的水利工程研究之外，还包括与水相关的卫生设施的演化历史，例如厕所、沐浴设施、自来水和其他生活设施的演化历史，历史上的污水、暴雨排洪管理，城市下水道史等。这些研究的特点在于：一是切入领域较广，人们从政治、社会、经济、文化、技术等角度去开展水历史的研究；二是注重研究成果的运用，将研究与解决当代面临的问题紧密结合起来。

国际水历史的研究、教学与活动不仅受到学界的关注，近年来也得到了联合国教科文组织等政府间组织的积极推动。1999 年在联合国教科文组织国际水文计划政府间理事会的倡导和协调下成立了国际水历史学会，为协调各国相关学术组织，开展全球性水历史研究与教育提供了平台。国际水历史学会由水利专家、水环境工程师、关注水话题的艺术家、历史学家、人类学家、政府官员和民间组织的人士共同构成了一个以水的历史研究和对话为主题的国际空间。学会所关注的话题不仅是人类改造水环境的历史过程，更关注水在人类文明形成中的作用、水与不同民族、不同国家、不同文化背景下人们的社会、经济、文化发展之间的关系。

国际水历史学会成立以来已先后与联合国教科文组织以及有关国家政府和科学组织合作，在英国、挪威、埃及、法国、丹麦等国举办了八次全球性国际会议以及一系列的地区性会议，通过提供奖学金、短期培训、出版《水历史》杂志、拍摄影视片等方式推动水历史研究和普及。与此同时，水历史的研究成果也颇为丰硕，7卷本的鸿篇巨制《水与人类文明》目前已经完成编撰工作；由挪威学者特吉-特活蒂教授主编的《水与历史》丛书集合了数十位国际专家，目前9大卷也已出版。总之，在联合国教科文组织等国际组织及一些国家组织的推动下，水历史从研究到教学、实践等活动都进入了一个前所未有的活跃时期。

国际社会对水历史的重视和关注与我们时代面临的问题息息相关，这也成就了水历史这门学科，使其拥有广阔的发展前景。因此，在国际上水历史并不仅仅作为一门历史学科进行研究，而且更注重它的应用，诚如国际水历史学会前任主席约翰-台蒙荷夫所指出的那样："历史，具体到水历史，不再是叙述或谈论过去的成就，而是一个历史学家潜心为帮助世界上所有地区提升可持续生计战略以及为了未来的社会生态系统而探索过去的领域。"今天化解人类面临的水危机、保护水这一地球最珍贵的资源、实现人类的可持续生存，我们需要学习历史，从历史中获取智慧、经验、教训，在此基础上谋划今天、规划未来，这已成为国际上的一种共识。

（本文发表于《光明日报》2014年1月8日第16版）

国际水历史科学的进展及其在中国的发展探讨

水历史是一门20世纪70年代在国际上被重新认识和推动的历史科学分野。客观而言，无论中外，对水的相关历史研究已经有一个长期的过程，但是在20世纪70年代以后，随着全球环境变迁的加快和气候变化带来的影响不断加剧及水资源冲突不断显现，人类面临着应对当代发展中的环境问题，尤其是全球水资源危机的挑战，促使人们认识到不仅要提升当代的科技应对能力，同时也要从历史上获得经验教训，牢固树立一种水可持续的观念。在这个过程中，对于水在人类文明发展过程中所扮演的重要角色的理解、从历史中汲取经验教训去思考水的可持续利用并避免当代水资源管理的失误、保护水相关的历史遗产以造福当代及未来等，就成了重要时代命题。这样的背景促使人们在国际层面上形成共识，共同推动水历史科学的发展，使水历史科学近年来在国际层面上成为一个活跃的科学领域，并且直接得到了联合国教科文组织等政府组织的推动。那么，近年来，在国际层面上水历史有了一些什么样的进展，这门科学在中国发展的意义何在，与国际学术界的差距何在，如何促进其在中国的发展？这些问题不仅涉及水历史作为一门科学在中国的发展，同样也关系到中国构建人水和谐关系、应对水危机并实现水可持续利用的大局。本文将结合国际上水历史科学的进展对促进这门科学在中国的发展进行一些探讨。

一　水历史科学的背景与内涵

（一）水历史科学的背景和推动

所谓水历史（Water History），简言之是人类与水互动的历史，是人类使用水、管理水与治理水环境的过程及其对水环境和人类社会产生影响的历史。水历史是一门研究人类在历史上与水互动的过程、结果与影响的科学，即人类在历史上认识水、利用水、管理水与治理水的过程、结果、影响，包括人类与水互动过程中形成的相关制度、社会关系、生活方式、技术、工程等及其历史影响以及人类活动造成的水环境变化和后果。从学科的角度而言，水历史是基于历史的视野、用多学科的方法对历史上人类与水的互动关系进行研究的学科。[①]

水历史受到广泛关注并形成国际上的一个学术热点大致始于 20 世纪 70 年代，而在此之前水历史研究大多局限于水科技史及水工程史，这应当是水历史发展的初期阶段。人们注重研究水利工程的历史过程，而对水利工程与社会的关系，尤其是水对人类社会的影响关注不够。在 20 世纪 70 年代以后，随着全球环境问题的突出，尤其是水危机的加重与气候变化的影响，人们不仅关注历史上的水利工程发展与相关技术进步，也更关注水在历史上与人类生存和发展之间的互动关系，并从中吸取经验教训，从而促进了水历史研究与运用在全球层面上的发展。因此，水历史的研究“除了有明确的技术视野中人类和水环境之间互动的范式之外，同样也探讨人类过去的行为以及人类在过去表现出来的与所有形态的水之间通过文化动力学途径所进行的互动等问题”。[②] 水历史学科的活跃，一方面反映了在国际层面上人们对于继承人类水管理和治理传统的重视，另一方面也反映了在当代化解水危机、实现水的可持续利用过程中学习历史经验、汲取历史智慧的迫切性。

在 20 世纪 70 年代，敏锐地意识到水历史对认识人类社会发展史和化解当代环境危机重要性的人们还不完全是历史学家，在这个时期推动水历史科学发展的参与者往往都是有着政治科学、国际研究、外交研究、经济研究和国际法研究等背景的专家学者，[③] 他们通过水历史研究来认识当代和水相关的政治、经济、文化和法律冲突问题，寻求化解之道。正因为这样，最近几十年来对水历史这门科学的推动和参与者，并不完全是专业的历史学家。从笔者过去近二十年所接触过的数以千计地涉及水历史国际学

① 郑晓云：《关于水历史》，《光明日报》2014 年 1 月 8 日，第 16 版。

② ［南非］约翰·台蒙荷夫：《关于水历史的思考》，郑晓云译，《云南社科动态》2015 年第 3 期。

③ ［南非］约翰·台蒙荷夫：《关于水历史的思考》，郑晓云译，《云南社科动态》2015 年第 3 期。

术活动的参与者来说，应当说其中大部分是工程师、政府行政和水管理部门的官员、企业的管理人员、艺术家、作家等以及从事社会科学研究的很多领域的专家，真正终身从事水历史研究教学的专业人员只占三分之一。他们对水历史的热衷和参与，是基于对水历史重要性的理解以及将水历史作为自己的基础素养和必备的知识，他们认识到水历史对于理解人类的环境困境、思考当前的人类发展难题是不可缺少的。很多在水历史科学领域内作出了突出贡献的大家，包括前爱尔兰总理、水文学家詹姆斯·杜基、欧盟前任供水和污水服务联合会主席安德莱斯·安吉拉克斯、埃及考古学大家、英国伦敦大学教授富克瑞·哈桑等，教育背景和主要的专业都不是历史学，但是他们在推动水历史的研究中成就斐然。从这个角度来说水历史已经具有了作为一种公共知识的功能特征。因此，前任国际水历史学会主席马茹兹指出："第一，水历史作为一门学科它不仅是历史学家在致力；第二，水历史和世界政治紧密关联"，"世界上很多学者认为今天的水危机都可以被证明与全球水历史有关"。①

谈到近年来水历史科学在国际层面上的发展，就不能不提到联合国教科文组织的推动和国际水历史学会的贡献。如上所述，在 20 世纪 70 年代后，包括历史学家在内的很多科学家都在积极推动水历史科学发展，尤其是这门科学在应对当代环境问题和更广泛的国际和地方社会经济问题中的应用。正是有了这样一个大的背景，联合国教科文组织涉及水科学的相关机构采纳了专家学者的忠告，开始将探索水在整个人类历史中所扮演的角色作为一项重要工作内容纳入工作的实施过程，希望通过更深入地了解水在整个人类文明中所扮演的重要角色，理解不同时期水在社会经济文化各个层面所起到的作用和对今天持续性的影响，尤其是总结历史的经验教训、继承历史遗产以服务于当代的水可持续，通过这样的途径将今天的水危机和化解危机的途径与其历史过程作为一个整体来加以思考，进而进入一种更好的政策设计和实践过程中。这就是联合国教科文组织关注水历史科学的一个基本背景。因此，联合国教科文组织国际水文计划（UNESCO-IHP）设立了"水与文明的历史项目"（HWC）。"这

① Maurits W. E. Book Review, *Water History*, 2011, 03 (1), p. 67.

是一个必须被正视、但是今天在水历史领域内很少被提及的工作”,[①] 在这个项目之下，开展了一系列推动水历史科学发展的工作，包括推动国际水历史学会的成立，推动包括国际水协会、联合国教科文组织水教育学院等非政府组织在内的机构对水历史的研究、教学和交流工作，组织编写了《水与文明的历史》七卷本丛书，提供了一个跨越不同文化的宏大历史视野；同时积极实施了世界各地水历史相关国际会议、科研和出版工作。值得注意的是，联合国教科文组织对水历史科学推动的主要致力点是水与人类文明关系的全球性跨文化理解，这一点对于树立人类正向的水价值观是十分重要的。

学术组织是开展学术活动重要的平台，是学术活动有规律、可持续开展、促进学术交流的重要保障。联合国教科文组织在推动国际水历史科学的发展过程中的一个重要贡献是协调成立了国际水历史学会，并且对这个学会的工作给予了长期的支持。在国际上，水历史研究有较长的历史，这还反映在注重学术组织的建设上，因此在欧洲以及一些国家如德国、英国、美国、芬兰等国家都有水历史学会，或者在历史学学术组织中有水历史的分科组织。1999 年国际水历史学会的成立被提上议题,[②] 2001 年在联合国教科文组织国际水文项目的协调下在挪威正式成立，成为推动国际水历史研究和交流的重要组织平台，也成为今天国际水科学研究最有影响力的组织之一。该学会出版学术刊物《水历史》，目前已组织了九次全球性双年水历史国际会议和其他一系列区域国际会议，以爱尔兰前总理、著名水文学家詹姆斯·杜基之名设立了“国际水历史贡献奖”，和相关机构合作开展了一系列的水历史教学和科研工作。由于国际水历史学会的有效工作，使全球的水历史科研、教育、普及应用都有了一个更大的平台。目前活跃的涉及水历史科学的组织还有国际水协会古代文明中的水与污水技术专业委员会、国际灌溉和排水组织历史专业组等组织。

水历史在国际层面上受到积极的推动，其重要性何在呢?

由于水和人类的互动历史是一部和人类历史不可分割的历史，因此今天对水问题的思考和应对不可能割裂人类和水相伴的整个历史进程，不可

---

① ［德］亚历山大·奥特:《联合国教科文组织在水历史领域的努力》，郑晓云译，《云南社科动态》2015 年第 3 期。

② 参见 International Water History Association，http：//www. iwha. net/。

缺少历史的视野、知识和依据，尤其是从历史上获得对水的认知和管理水的经验教训，这是国际上关于水历史的一种普遍的认知。当代水历史科学的代表人物富克瑞·哈桑指出了水历史的五个重要性：一是它能指引我们去评估长期具体的水管理策略的后果，历史可以使我们知道是什么造成了当前的困境以及在涉及未来时做出正确选择。“只有在我们决定冒险时才可以忽略历史”。二是历史研究能提供我们在今天感知到水短缺并寻求解决之道的背景下对深入植根于人类社会的水价值的理解。三是在今天这样一个充满争议及不协调的时代，全球水历史揭示了水的观念与水事实践是如何在不同时期、不同发展方向、不同文化中来回传播，同时通过改进修正而将人类聚合成一个单一的水社会，尤其是水技术在不同文明、地域中的传播对人类产生的贡献。四是口述史与民族志研究能与传统的历史学方法相结合以拓展我们关于传统的或是更边远的历史水管理系统的知识，如坎儿井。五是水历史能澄清水管理的政治、实践与技术如何在一个社会中互动性地与政治、意识形态、经济因素关联在一起，同时提示一个社会对外在的气候与环境事件的影响的回应。① 哈桑的这一总结提示了水历史对于认识水在人类文明中的角色以及水在人类社会构建中的功能性作用、总结历史经验以思考未来、拓展我们的水管理知识等能起到的作用。联合国教科文组织水科学局专员亚历山大·奥特指出：“通过历史研究去理解和分享过去我们和水的关系将是维持人类记忆和遗产的一种重要手段，包括物质的和非物质的两个方面。水历史是一种途径，它可以保持一代又一代人的合作、去创造和传播知识并且尊重那些涉及未来的开放的看法。非常具体地来说，历史可以验证在过去所有时期关于水管理的缺陷和成功，帮助我们去创造一些新的技术和新的解决方案，以及在古代知识之上的社会回应。”② 对历史经验的总结以及在历史经验的基础上思考未来、传承水的历史遗产，是水历史研究强调的重要功用之一，这与当代众多水事活动造成了巨大的负面影响有关系。因此专家们指出：“历史显示出过去什么是对的什么是错的，什么应该做什么不应该做，以及什么是化解今天面临

① 参见 Fekri Hassan. *Water History for Our Times*, IHP Essays on Water History, No. 2, Paris: UNESCO, 2007, pp. 19-20。

② ［德］亚历山大·奥特：《水历史与联合国 2013 水国际合作年》。组委会编：《国际水历史学会昆明国际会议论文集》，昆明，2013。

的问题的最佳途径。历史作为一门科学深化了我们对于更为复杂的现实的理解。”① 不仅对于远去的历史，对于我们过去几十年管理、治理水的经验，都有必要站在历史的角度上进行经验总结，这一点联合国教科文组织水历史项目就已进行了充分的探讨。② 同时，水是人类不可缺少的生存资源，水和人类社会的方方面面都有密不可分的关系，由此而产生的影响力植根于人类社会的每一个方面，因此人类社会中的水历史也就是一部人类和水相互关联互动的历史，这也决定了水历史这门学科的研究具有广泛性，涉及人类社会生活的方方面面。③ “由于自然资源是大自然的一种延伸这一事实，水历史同样也具有使我们能够理解世界不同地区跨国界及全球历史的真实面目的功能。因此水的研究和水这一种有价值的、人类缺之不可的自然资源的历史，是一部我们需要关注与交流想法的历史”。④ 因此，从水的角度去认识人类的历史，我们将打开的不仅是一扇全新的学术大门，也是一扇通向人类可持续发展的大门。

（二）水历史的内涵与关注

那么，水历史的研究主要包括一些什么内容呢？事实上水历史研究目前在国际层面上已初步形成了一个体系，概括而言，其内涵主要包括以下方面：水的社会史，包括水在历史上如何影响到国家和地方社会关系和制度的形成、水和人类生活方式的进化、治理水环境的技术进步及其影响、历史上的水冲突及其影响等；水利用史，包括水供给史、灌溉史、排水史等；水环境的变迁史，考察在人类活动中水环境的变化变迁；水管理的制度史，包括在历史上人们利用水和管理水的过程中形成的相关制度、社会规范及其影响等；水利史，包括历史上水利工程及其影响；水的文化史，包括水是如何影响到人类的精神活动和产品生产、宗教的相关现象的形成等；水权史，包括水在历史上的形成与权属关系演变等；水的治理史，包

① Maurits W. E. Book Review, *Water History*, 2011, 03 (1), p. 66.

② 参见 Michel Batisse. *The UNESCO Water Adventure: From Desert to Water…1948-1974*, *IHP Essays on Water History*, No. 1. Paris: UNESCO, 2005。

③ 参见 Fekri Hassan. *Water History for Our Times*, IHP Essays on Water History, No. 2, Paris: UNESCO, 2007。

④ ［南非］约翰·台蒙荷夫：《关于水历史的思考》，郑晓云译，《云南社科动态》2015 年第 3 期。

括人类在历史上治理水环境、水灾害的历史；水经济史，包括在历史上水是如何影响到人们的经济生活、经济发展、水作为商品的历史和角色等；水文献史，研究历史上的水文献搜集与利用等；水利遗产，研究水在历史上形成的物质与精神遗产及其保护。

事实上由于水和人类社会的关系密不可分，因此从人类社会历史发展的各个侧面切入探讨水和人类之间的相互关系，都是水历史研究的内容。可以有更细的分野，包括目前很多专家关注的水灾害史，又可以细分为干旱史、暴雨水管理史、洪灾史、污水管理史等。再如水卫生史，包括水厕所史、水浴史、水疗史、自来水史等。对水历史的研究还可以细分到地域性研究，例如河流史、湖泊史、泉水史等。以上这些方面的研究都已产生了大量成果。总而言之，水历史是一个大的学术平台，历史学家可以从不同的层面和角度切入研究。①

目前，国际上对水历史的研究关注主要有以下几个方面：一是对水和人类文明形成和发展中的作用、水对人类社会发展进步的推动作用较为关注，注重探讨水和人类社会发展之间的关系；水与人类社会结构与制度形成之间的关系，历史上的水事件、水工程对后来社会的影响等，这一点在最近几年来表现得特别突出。二是注重探讨人类历史上在使用水和管理水中的历史智慧、经验、教训对于当代水管理的启示作用。注重水历史研究成果的应用，较为前卫的研究包括利用水历史研究成果去探讨对气候变化的适应，解决当代一些国家和地区存在的水争端等问题。三是水工程、水技术史的研究，这是水历史研究较早的发端领域，但目前仍然有较多科学家在研究，产生很多研究成果，除了重大的水利工程研究，如大江大河治理的历史、大坝史等，也包括水相关的卫生设施的演化历史，如厕所、沐浴设施，自来水和其他生活设施的演化历史，历史上的污水，暴雨排洪管理，城市下水道史等。四是水的历史遗产，包括物质与精神遗产的研究与传承保护。五是水历史理论的构建，很多专家都提出并运用不同的理论去解释水与人类社会的互动关系，构建水历史的理论体系。拥有自己的理论分析工具，是国外水历史研究的一个重要特点，因此近年来水历史理论发展也较快。六是水的精神史，主要是宗教信仰与水的关系、对水的崇拜等。如水在基督教、伊斯兰教中的角色、世界各地不同民族的水崇拜等。

① 郑晓云：《关于水历史》，《光明日报》2014 年 1 月 8 日，第 16 版。

七是水文艺史，一些专家专门研究历史上涉及水的文学、音乐、绘画、设施造型等，通过水去理解历史上人类的精神世界。

二 国际上水历史科学的进展与成果

（一）水历史科学的学术活动

水历史目前已成为国际上一个较为活跃的学科，这从近来的学术活动及成果中可以反映出来。近年来在国际层面上涉及水历史研究的相关国际会议不断增多，不仅为不同国家共同致力于水历史研究的学者交流学术搭建了平台，同时也推动了这个学科的发展。2011 年来本人所参与的涉及水历史和文化的重要国际学术会议就有 12 次之多。[①] 根据笔者对历次国际会议的参与，发现国际水历史研究已呈现出一些发展的新特点。

一是国际合作不断提升，越来越多的国际学者通过国际会议等活动的平台相互了解，进而形成合作关系，提出合作项目，使水历史研究的空间不断扩大。近年来国际合作项目越来越多，成果不断涌现，使水历史研究从地域的个案研究上升到国际层面的规律性研究和比较研究。例如，近年来对坎儿井的研究就是通过国际会议的平台吸引了越来越多国家的学者的关注和参与，影响力不断提升。

二是越来越多的学者在关注如何将水历史知识应用到现实中来，如何汲取历史经验教训应对气候变化和全球水危机，如何保护水历史文化遗产，使之更好地服务于水可持续利用。这一点除了学术研究的发展之外，政府组织的推动也是十分重要的。2009 年国际水历史学会第五次大会在法国巴黎联合国教科文组织总部召开，明确提出了推动水历史应用的问题。2011 年由日本政府内阁办公室主办，在东京召开的“水与历史：我们如何确保在水历史背景下的流域的可持续发展国际研讨会”中，如何看水历史，如何运用水历史科学知识以应对水危机是这次研讨会探讨的重点，同时，由一个国家政府直接出面主办水历史专题会议实属少见。2016 年 9 月在葡萄牙召开“古代文明中的水与污水技术”国际研讨会期间，

① 参见郑晓云《近年来国际水历史科学的发展及其挑战》，中国水利水电科学研究院水利史研究所编《水利的历史与未来——水利史学术研讨会论文集》（上），2016 年，第 9 页。

联合国环境规划署设置了“全球暴雨和污水管理创新：过去、现在和将来”专题会议，重点探讨历史经验教训和当代的结合创新。

三是专题化的国际研讨成为一个新的发展趋势，专题性的国际会议不断出现，集合了更多的国际学者关注重大的水历史问题。例如，2013 年在摩洛哥召开的第一次坎儿井研究国际研讨会、2015 年召开的“中国与希腊古代文明中的水智慧和成就”国际研讨会等，不仅吸引了国内外学者聚焦东西方两大古代文明中水历史问题，也开启了中西方古代水文明比较研究的先河，产生了重要影响。

四是多学科交叉明显。由于水是一种广泛地涉及人类社会历史方方面面的物质，历史学家需要吸收不同学科的理论方法进行研究。因此在近年来水历史发展过程中，不同学科的交叉成为明显的趋势，政治学、经济学、法学、社会学、考古学、水文学、工程学、宗教学、艺术学、档案学等不同学科的理论和方法都应用入水历史研究中，大大增强了这门学科的科学内涵及解决问题的能力。

（二）水历史的学术成果

在国际会议活跃的同时，水历史研究也产生了大量的研究成果。仅就英语发表的研究成果而言，据不完全统计，仅上面提及的历次国际会议就已经发表相关研究论文近 2000 篇。国际水历史学会的会刊《水历史》每年编辑发表学术论文近 60 篇，近 5 年来已发表近 300 篇。同时，近年来一些知名的国际学术期刊也开始刊载水历史方面的研究论文，如由郑晓云与希腊学者安得莱斯·安吉拉克斯（Andreas. N. A）主编的《水科学与技术：水供给》（英国）、《水》（瑞士）等国际著名刊物的“水历史特集”均已发表。越来越多的国际学者开始进行合作，创作发表涵盖地域更大的学术成果。近年来在安得莱斯·安吉拉克斯先生的主持下展开的全球水历史系列大型论文的撰写发表工作起到了积极的成效，目前已经发表了全球引水渠、水供给、污水管理、喷泉、雨水利用、水厕、蓄水池、下水道和排水史等十余篇长篇论文，目前农业灌溉、农地排水、水坝、水井、水与战争史等论文都已经形成初稿。

除了学术论文外，也出版了一系列重要的学术著作，反映了水历史研究的空前繁荣。由富克瑞·哈桑主编的联合国教科文组织“水与文明丛书”6 卷本目前已经完成编撰工作，即将出版发行。挪威伯尔根大学教授特吉·特沃蒂主编的又一鸿篇巨制《水与历史》丛书，集合了数十位国际专家共同完成这一项目，目前9大卷已出版。其他代表性的学术著作包括：安得莱斯·安吉拉克斯等著《跨越数千年的水供给演化》、特吉·特沃蒂教授著《不列颠时代的尼罗河》《后殖民时代的尼罗河》、特叶·欧斯蒂嘎著《水、基督教和资本主义的上升》、安·布拉得莱著《水的精神史》、特拉沃·洪吉著《罗马引水渠与水供给》、派特瑞·朱蒂等主编《水、时代与欧洲城市》、国际水历史学会编著的《世界景观中的喷泉》等。这些学术著作不仅研究了很多国家水利工程的历史和成就，同时研究水与人类社会发展、城市建设、水和人类精神世界的关系，将水历史研究拓展到一个广阔的时空中。从上述简单的成果概述，我们已可看出近年来国际上水历史研究已结出累累硕果，不仅反映在数量上，同样也反映了学术研究的深度与广度。

三 水历史在中国的问题

在中国，水历史科学总体上被表述为“水利史”，笔者认为这并没有大的矛盾，因为中国学者的研究也基本包括了水历史研究的很多内容。但是在科学的内涵中，水历史显然包含更广泛的内容，尤其是水的社会层面。水历史的研究重点关注人类如何在历史上通过工程和制度手段利用水、管理水、治理水、建设宜居的水环境，同时也关注在这个过程中如何导致了人类社会关系的改变、政治和社会制度的形成、生活方式的变化和科学技术的进步，研究在人类历史上水权关系、水冲突，水相关灾害对人类社会的历史影响和治理的过程、经验等。中国的水利史主体是围绕历史上水事活动、水利工程而展开的，这是中国及涉及水的历史研究的主流。在这一点上，国际上“水历史”学科与中国学术界“水利史”学科在概念上是有很大差别的。

这几年笔者也致力于搜集检索中国关于水历史的出版物及论文文献，相关的分析将另文论述，仅就中外水历史研究的差别而言，主要表现在以下几个方面：一是中国学者研究的角度仍然较为单一，视野不开阔，大多数的研究集中在水利工程史上，对水和历史上社会、经济、文化、制度、技术发展的关系的研究较为薄弱，即便是水工程技术史的研究，分野也不多，例如城市供水史、水卫生史、城市下水道史、水灾害、水权史、专题水技术史等研究仍然薄弱。二是在中国这门学科的交流平台仍然较少，涉及水历史研究的专门学术会议和学术刊物较少，很多学术会议往往局限于水利部门，学术界的参与性不够广泛，尤其是高校、科研院所学者的参与不足。三是不注重历史研究的应用问题，如水历史与水环境治理、水可持续利用、气候变化适应、减灾防灾、水权冲突等之间的关系研究。四是没有形成广泛的、社会性的研究群体，在综合性大学中很少有终生从事水历史研究的专家、综合性大学也极少有相关的专业。虽然目前很多水利行业外的专家也开始关注水历史问题的研究，一些高校也有学者从社会、经济史的角度研究水，但从研究群体到成果都还较为分散，没有形成大的气候。五是行业特点明显；在中国，与水历史研究相关的大多数专家、研究活动和研究成果多集中在水利相关的部门，主流的水历史研究带有明显的行业特征，科研的社会化程度较低，造成了这门学科明显的行业封闭性。而在国外，大多数的研究群体都分布在各种综合性大学和社会研究机构中。六是缺少必要的研究理论构建、范式与分析工具，除了一些研究基于社会史的研究成果外，其他的成果所运用的理论与分析工具还是较少的。七是国际化程度较低，水历史研究的科研与国际交流较少，中国丰富的水历史资源没有得到应有的国际传播，学科发展没有跟上最近几年国际发展的步伐，这反映在国内相关国际会议不多、中国学者参与国际学术活动少、在国际上发表论著少等方面。一个鲜明的事实是很多在国外涉及中国水历史的论著往往都是外国人写的。

以上这些差别，一方面反映的是目前中外水历史的科研从视野、研究方法、学术活动到发展势态上的差别，也可以看作是中国这门学科与国际上的差距。中国作为一个有着悠久的治水历史、丰厚的水历史文化资源的大国，没有形成与之相匹配的、有中国气派的水历史研究学科势态、研究群体和研究成果。例如至今中国还没有一部全面厚重的《中国水历史》或《中国水利史》[①] 问世。作为一个治水大国，我们也还没有一部全面阐释水与中华文明的关系或治水与中国历史发展关系的著作。此外，中国几千年的水文明没有在世界文明史中被充分认识与传播。这一切与中国这样

① 目前已出版的水利史仅有姚汉源著《中国水利史纲要》，水利电力出版社 1987 年版；武汉水利电力学院、水利水电科学研究院编写组编《中国水利史稿（上、中、下）》，水利电力出版社 1979 年版；陈绍金主编《中国水利史》，中国水利水电出版社 2007 年版；等等。

一个治水大国是不相称的，是值得我们思考的。

事实上，近几十年来中国关于水的历史研究成果也可谓硕果累累，包括地方各类志书、江河史、水利科技、灌溉、防洪等专门史、水利史典、水利文献汇编、历史上水与地方社会研究著述等。但这门学科之所以没有成为国内的显学，主要的问题还是在学科的定位、整合方式与发展方向不明确及人才队伍不强等方面。首先，在学科的定位上，水的相关历史，不论是水利史还是水历史是否能够成为一个学科，这一点没有解决。如果不是一个学科，就没有发展的明确方向、学科构架、相关的理论建设。其次，没有明确的学科定位，也就没有明确的学科建设，没有将科研人员集中到这一个研究领域的有效途径和方式，例如专门的机构、学科点、学术组织和学术活动去集合各种学术资源，使这个学科不能形成一个整体发展的势态。目前中国很少有水相关历史研究的专门机构。最后，没有明确的发展方向，目前水相关的历史研究要解决什么问题，目的何在，有什么价值取向，未来向什么方向发展，都还不是很明确。这些状况使得中国水的相关历史研究缺乏学科的整体性、研究资源分散、队伍建设的稳定性和专业性不强。

形成以上问题还有一个重要的原因，那就是中国整个社会对于水和人类文明关系的认识、水在中国历史上所扮演的角色、水的历史知识对我们今天构建人水和谐的文化基础的重要性的理解严重不足，水知识的社会性非常低，对水的重要性的理解和时代的发展有较大的距离，这种状况和很多发达国家形成了鲜明的对比。这一切也是造成水的相关人文社会科学研究，包括水历史在当代仍然较弱的重要原因。今天我们面临着全球性水危机，中国也深受水危机的困扰，水在中国已成为一个关系到国家可持续发展的重大问题，从人文社会科学领域加强对水的研究，包括水历史的研究都应该受到重视。

四 促进水历史科学在中国发展的思考

（一）发展的必要性

水历史研究的积极作用决定了这门学科存在的价值。当代水历史研究的积极作用可以从以下几个方面加以理解。

第一，有助于加深我们对于水和人类生存、发展之间的关系的理解。在今天，人们对于水对人类社会发展产生的作用的理解仍然是远远不够的，从大处讲，事实上人类社会的进步往往都是因水而推动的，人类在利用水和治理水环境的过程中推动社会进步、技术进步和生活方式的进步，因而水并不是一种被动的资源。对于人类和水之间的历史互动关系的理解，不但有助于我们深层次地认识人类自身的历史，或者说从一个新的角度去认识人类的社会历史，认识很多历史事件的深层次因素，同时也有助于认识历史上一些重大的水事件和水利工程所产生的历史影响。从细部讲，人类在社会生活中利用水、管理水产生了诸多的影响，包括水的利用带来的生活方式变化，例如厕所、沐浴、饮用水、生活洗涤的发展演化。因此从人类社会不同层面的发展变化都可以看到水在其中所扮演的角色。这种理解的加深，有助于我们注重处理水和人类生存的关系，实现水资源的可持续利用，这也是人类可持续生存的基本保障。

第二，水历史的研究也是对经验的总结，总结人类在历史上利用水、管理水、治理水的过程中的历史经验和教训，探索其中的智慧，为今天实现可持续的水利用和水管理提供有益的借鉴。人类在和水的长期互动关系中，有诸多的历史经验教训可以总结，例如在中国当代的城市化进程中，很多城市的传统水环境被改变，城市河流被破坏、覆盖，填湖造田等破坏水环境的事例比比皆是。在当代城市发展中，古代城市系统化的水环境设计，尤其是城市排涝设计和建设是十分值得借鉴的。因此我们在思考今天的水利用和治理的过程中总结历史经验教训、汲取智慧，避免对水环境造成不利影响是非常重要的，至少在很多发达国家是非常重视这一点的。

第三，水历史研究的成果可以被直接应用到现实生活中。在国际前沿的研究中，历史上的水灾害和水环境研究对于今天应对气候变化有重要的价值，因此很多国家的水历史研究直接参与了气候变化应对工作。在一些国家和地区，历史上使用水的权属关系对于今天的水权争端有直接的影响，因此相关的研究直接被利用于水谈判、水外交。水与人类社会发展的关系的研究成果对于今天的环境教育十分重要。地域的水环境史研究包括河流史、湖泊史等，对于今天的环境保护有重要的参考价值。

第四，水历史研究可以丰富科学研究，推动科学发展。水历史研究作为历史学的一个分野，吸引了不同学科的学者进入这个领域共同研究，成为历史学发展的一个新的前沿领域。水历史研究的繁荣发展不仅有益于科学发展，对化解当代的水危机，实现水的可持续利用也同样有积极的作用。

（二）促进水历史在中国发展的一些思考

第一，关于学科的定义问题，是水历史还是水利史。首先，水历史研究在国际上成为一门科学已经形成明显的态势，当然我们也可以将之理解为历史学的一门学科分野。那么在中国，我们应不应当使用“水历史”这一个概念来定义水与人类社会历史发展关系研究这门学科呢？我认为是应该的，作为一个学科应当使用“水历史”这一概念。首先，它的概念和内涵比水利史有更广泛的包容性，它使人们能够有比水利工程史更广阔的视野，从整个人类社会和人类文明去认识水。其次，由于水历史这门学科在国际上已有了相应的发展，水历史在中国的发展可以和国际接轨，共同关注水和人类文明过程的关系和共同的未来。最后，由于水利史在中国的特殊景境，也就是行业的特殊背景，给这门学科的社会化带来了一定的局限性。在更广泛的学术空间内，使用水利史这一个概念，例如在综合性大学中设立水利史学科，或者让很多非水利行业的学者终身从事水利史研究，都会有制约，这已是一种事实，但是水历史这一概念就可能有更广泛的社会认同度。因此，将水历史作为一门学科来发展，必将会具有更广阔的空间，更大的发展前景。而水利史是已经有了长期发展基础的学科，也同样具有不可替代性，可以维持现有的学术空间，这两者之间并不矛盾，各有千秋。

第二，学科建设是推动一门学科发展的重要基础，因此推动水历史在中国的发展，也必须要加强学科建设。目前水历史在中国还没有明确的学科建设，致使这门学科目前仍然处于分散的状态。因此有必要将水历史的学科建设作为发展这门学科的重要前提。加强学科建设首先是要进行一个学科的构建和发展规划，明确水历史学科在中国的基本科学构架，包括和水相关的工程、社会、精神、经济、制度、文化等方面的历史，如水利工程史、水社会史、水精神史、水文化史、水经济史、水制度史、水卫生史、水环境史、河流史、湖泊史、泉水史等，使得水历史目前分散的状态能够集合在一个学科体系中，进一步培育水历史学科的理论体系和方法，使这门学科发展壮大。其次是要制订协调发展的规划，目前水历史的学科规划已经是当务之急，需要通过规划明确水历史研究的发展方向、学科布局和相关的人才培养等计划，将分散的资源有效进行整合，支持相关的科研和教学机构成立专业研究机构，尤其是要鼓励水利行业之外的教学科研机构加强水历史的学科建设。这项工作应该得到全国哲学社会科学规划办公室和国家相关部门的统一规划领导。再次，要加强重大项目的攻关。通过重大项目的攻关，产生体现中国历史特色和时代气魄的重大成果，才能对这门学科的发展起到引领作用。应当尽快启动诸如《中国水历史》《水与中华文明》《中国水历史文献汇编》《中国区域水历史大系》等项目，作出具有中国气派，反映中国水历史发展历程的研究成果。最后，要加强全国性学术交流平台建设，推动中国水历史的学术发展，凝聚研究资源。应当由有关单位牵头成立中国水历史研究会等全国性的学术组织作为全国性的学术交流平台，牵头指导全国性的科研发展协调、学术活动等。这样从学科的规划、学术活动的平台建设、研究资源整合到重大项目的攻关，才能够有效推动中国水历史科学的发展。[①]

第三，关于人才队伍建设，这是涉及水历史学科在中国的发展是否能够取得成效的关键。这一点中国水利史研究的泰斗姚汉源先生在 20 世纪 80 年代就已经指出，中国水利史研究队伍单薄，专业人员少，很多都是将之作为业余爱好。[②] 目前在中国综合性大学和相关研究机构中，终身致力于水历史研究的人也非常少，很多学者的研究属于“客串”性质。在国外，有大量的专家都是终身致力于水历史相关领域研究的，国际水历史学会设立的“詹姆斯·杜基水历史贡献奖”的一个基本要求是参评者必须有 30 年以上持续不断的水历史研究经历。加强人才队伍建设，形成结构合理的专业人才队伍，尤其是要鼓励科研人员终身从事水历史研究和教学，成为真正的专家，使一个稳定的水历史专家群体成为这个学科的支撑。

第四，要积极加强国际交流。由于水历史科学的发展已经形成一个国际化发展势态，同时水危机是需要人类共同应对的发展危机，中国的水历史研究也理所应当和国际接轨，因此必须加强国际交流。一方面通过国际交流学习国际上的研究和应用经验，提升中国水历史学科发展的水平；另

---

① 参见郑晓云《水历史学科发展反思与建构》，《中国社会科学报》2016 年 12 月 27 日，第 1 版。

② 参见姚汉源《中国水利史纲要》，水利电力出版社 1987 年版，第 6 页。

一方面对外宣传中国博大精深的水历史，提升中华文明的对外影响力，同时提供中国治水的历史经验教训。我们应该积极主办水历史主题国际会议，鼓励科研人员参加国际学术活动，推动科研成果在国外发表、出版，尤其是应有计划地将中国水历史的案例及科研成果翻译成外文，介绍到国际学术界。

第五，水历史这门学科在国际上受到重视并且得到积极的推动，很重要的一个原因是其服务现实的功能。因此将水历史的研究成果应用到现实中来，是水历史科学的重要责任。最近几年在国际层面上关于如何将水历史科学的发展和现实发展结合起来、让水历史的研究成果服务于现实已受到广泛重视，并取得了很多成就。水历史研究的成果在当代的生态文明建设、城市规划建设、文化遗产保护、旅游业开发、城乡水环境建设等领域中都有广阔的应用空间，重要的是相关的研究需要加强运用意识。其次，应当特别强调提升水历史的公众教育。将水历史的知识普及到公众中是水历史科学的重要责任，是彰显这门学科的时代价值的重要途径，让这门学问具有更广泛的社会性和应用性。提升公众对水和人类生存关系的理解、构建水价值，是构筑人水和谐关系的重要环节，这一点很多西方发达国家都做得很好。应当争取让水历史更多地进入不同层面的教育体系中，使水历史成为学校教育的重要内容。同时通过知识性丛书的编写、教材编撰、影视作品制作、举办各种讲座和报告会等方式，向大众普及水历史知识。这样不仅能够彰显这门学科的时代价值，同时也会给水历史学科发展带来更广阔的前景。

第六，如同联合国教科文组织在国际层面上对这门学科的推动一样，应该由国家有关机构从国家层面上来推动其发展。

五　结语

纵观全球水历史科学发展的过程，我们可以看到这门学科走过了从水工程技术史、环境史分野到水和人类社会发展的关系史，再到水的文明史这样一个宏大的发展过程。它的重要性也已受到国际社会的广泛认同，成为联合国教科文组织及一些从国家政府到民间组织层面高度重视的科学，成为公认的人类应对水危机的一项重要基础工作。今天的水历史已经是一门包括了水和人类社会方方面面关系的历史研究的科学。今天，我们有条件将水这样一种人类生存的基本物质的文化属性在不同时代、不同文明、不同地域中贯穿起来，历史也证明了水在人类的发展历史中走过了这个过程，成为一种穿越时空与文明的物质。今天应对全球性水危机，实现水资源的可持续利用是人类共同的使命，水的问题已经不仅是某个国家或者某一个地区的问题，是关系到全球利益的问题。同样，水科学，包括水历史科学的研究从一个国家、一个地区的致力，都符合人类共同的科学使命，这些因素决定了水历史是一门世界性的学问。因此，积极推动水历史科学在中国的发展已经是一个时代的命题。我们必须充分地认识到这门学科发展的重要性和特殊性，积极推动这一门科学在中国的发展，积极缩小与国际学术界的差距。通过学科规划、学科建设、人才队伍建设、重大项目攻关、国际交流、科研成果的推广应用等工作，水历史科学在中国必然能够获得大的发展。这不仅是一门学科的发展机遇，同时也必将为中国的可持续发展作出积极的贡献。

（本文载于《清华大学学报》（哲学社会科学版）2017 年第 6 期）

近年国外水文化的发展与创新

水文化的研究与应用目前在国际上越来越受到关注。它已经不仅仅是一个概念，而是被越来越多地在实践中应用并创新，尤其是在一些发达国家中。同时，水文化领域已成为一个从人文科学角度综合研究水和人类文明关系的重要领域。那么，在国际上水文化是在一种什么样的背景上发展起来的？它的理念是什么？发展的动向与关注方向是什么？这些都值得我们关注，也对我国水文化建设具有借鉴意义。

一　当代水文化发展的背景

在过去的 20 多年中，我本人和国际上水文化研究的相关领域专家有广泛的接触，参与了大量和水文化相关的国际活动，对一些国家的水文化进行了实地考察研究，目睹了海外水文化在当代的发展历程。虽然从人文社会科学的角度对水的研究已经有很长的历史，但是受到重新认识和积极的推动发展大都是在 20 世纪 70、80 年代以后，包括从历史学、社会学、经济学、文化学等学科角度对水进行研究，因此当代的水文化研究和建设都还是一个年轻的领域。尽管如此，水文化在国际上目前已形成了很多共同的理念、相关的有理论和有针对性地应用，并取得了瞩目的成就。

水文化之所以受到越来越多的关注，在于它是一种人类和水之间关系的表达，更是一种人类如何理解水、关爱水、使用水、保护水，实现水资源可持续利用，构建人水和谐社会的重要基础。在 20 世纪 60 年代以后，全球经济进入了新的增长期，尤其是西方发达国家在寻求经济增长的过程中对资源的大量开发、城市化的迅速提升、人口增长等因素都促成了对水资源的巨大需求，水资源的供给矛盾、过度利用、水环境污染等问题不断显现，带来了显见的水危机。人类不仅需要工程措施去应对水问题，更需要从自身与环境的关系中去思考水问题，寻求新的解决方法。因此，重新认识人类在历史上形成的有利于水资源保护的价值观念、行为，构建一种人类与水和谐的关系、完善水资源管理制度，寻求人类经济社会发展与水资源之间的平衡关系，都成为人们化解水危机的重要途径和手段。时至今日，全球水危机仍然没有得到明显的逆转，在全球气候变化加剧和城市化扩张等因素的影响下，甚至还有加重之势。因此，从人文社会科学的角度关注水、通过价值观念的强化和提升影响人类的水行为、水事决策，已成为化解水危机、实现水资源可持续利用不可缺少的环节。正是在这样的背景下，水文化被重新认识和重视，兴起和发展。

今天，水文化作为一种化解水危机的重要手段，已经在国际上得到了越来越广泛的认同。这就是为什么国际上很多人文社会科学领域的水问题学术活动有很多水文学背景的科学家、企业家、工程师或者市政官员积极参与的原因。在国际层面上，水科学不仅包括自然科学的层面，同样也包括了人文社会科学层面，已经成为包括自然科学和社会科学在内的交叉性、综合性学科，这已成为一种共识。因此，水文化也理所当然地将会成为当代水科学重要的构成因子。

二　国际上对水文化的理解

国际上对水文化的理解可以从水文化的内涵、水文化的多样性、水文化在社会中的核心价值及其现实影响三方面加以论述。

（一）关于水文化的内涵

总体上认可水文化由精神层面、行为层面、制度层面和物质层面构成。

在精神层面上，每一个民族，每一种文化，尤其宗教文化都有关于水的理解。例如在文化意义上，任何一个民族、宗教中对水的理解都远远超越了水的自然属性，具有更多文化意义上的属性和内涵。例如在基督教、伊斯兰教、佛教三大宗教中，对水的理解就是不一样的，有不同的含义。今天，水的文化内涵仍然是国际学术界饶有兴趣讨论的一个话题。与此同时，不同的民族和文化基于对水的不同理解，也形成了不同的关于水的价值观，这种价值观直接影响人们对水的伦理判断和行为。在精神层面上有一个重要的内容是关于水的不同知识，包括使用水和管理水的土著的、非土著的知识。

在行为层面上，人们对待水的行为，包括如何认识水、使用水、保护水等，受价值观的直接影响。不同的价值观影响到人类不同的水行为，进而影响到水的状况，这种状态主要表现在水和人类生存的平衡关系上。水的不良状态，包括水短缺、水环境污染等，都直接影响人类的生存。

制度层面上，主要是不同民族、不同国家、不同文化利用水、管理水的各种制度。

物质层面上，主要是具有文化内涵的水利工程，或者说历史上建设的水利工程，今天已形成了一种文化现象，成为一种文化遗产，例如古罗马时期的引水渠、喷泉等。

水文化的产生与水和人类社会生活方方面面不可分割的联系是一致的。人类的一切，包括自然属性和社会属性都离不开水，因此人类必然产生和水相关的文化现象，对这种现象的深入认识也是我们认识水文化的重要途径。英国学者 V. 斯川指出："在一个社会中的任何群体以及不同层面都与水有一种文化上的结合关系（Engagement），这种人与水的结合关系可以通过水文化的形式得到证实，即相关的知识、传统习俗、支撑发展的行为等，或不同社会中的政治组织对水资源的管理与保护。"另一名英国学者 N. 马特鲁斯也指出："水是生命的一个基本部分，因此生命固然地与水联系在一起，水通过宗教、生计以及人们与环境的关系而与文化融合在一起。我们如何管理水与环境直接关联到我们如何保护文化。"也就是说，由于水文化是人类和水之间复杂关系的表达，因此通过水文化我们可以反过来认识人类和水之间复杂的关系。这一点也是水文化的一个重要价值点。

（二）关于水文化的多样性

水文化的多样性是国际上对水文化理解的重要内容。在人类社会中，由于人们居住的地域环境、社会环境和文化状况的差异，形成了水文化的多样性现象，也就是在传统社会中不同的民族、不同的文化背景下的人们都拥有自己的水文化。这一点不难理解，但是在国际上更强调的是把尊重不同民族的水文化、弘扬传统的水文化价值作为当代水资源可持续利用和治理的重要基础。与此同时，水的文化多样性之所以被理解为水文化的一个核心要素，是因为水文化也被理解为一种文化权，一方面是各个民族的水文化有获得尊重和保护的权利，另一方面不同的民族有根据自己的传统利用和保护水的权利。在很多社会中，水文化权也被视为一种人权，因为在当代社会发展过程中，越来越多的土著社会丧失了自主管理水资源的权利，导致了很多复杂的水问题，也使水资源管理过程中丧失了当地民众的参与和土著智慧的支持，导致了很多复杂的水问题，尤其是当代的水资源管理成为没有文化基础的管理，不利于水资源的可持续利用。

（三）水文化在社会中的核心价值及其现实意义

这一点在国际相关领域内是非常受重视的。水文化在人类社会中究竟扮演一种什么样的角色，发挥什么样的作用，直接关系我们对水文化价值的认识，以及如何看待水文化、建设水文化。事实上，水文化在人类社会中是一种核心性的文化，也是一种影响力最广泛的文化。2006 年世界水日的主题是“水与文化”，在联合国教科文组织的主题宣言中这样论述：“全世界有多少种文化传统就有多少看待、使用、赞颂水的方式……世界上每一个地区都有一种崇敬水的途径，但是共同的是都认可它的价值及其在人类生活中的核心地位。文化传统、土著的实践及社会价值决定了世界不同地区的人们如何理解与管理水。”“人们在不同的国家、地区总是基于他们对水的理解、价值、宗教、习俗、政治、经济去认识与管理水，这就是一种水管理的文化基础。”这些论述一方面表达了一种国际社会对水文化价值权威的理解，同时也说明在人类社会中水文化所具有的核心文化地位，尤其是世界各地的人们总是根据自己的文化价值去管理水，使水文化成为水管理的重要基础。这一点是非常重要的，对于今天和未来都有重要的启示，那就是水的使用、管理和治理都离不开文化。对水的认识和相关的文化价值、文化环境的不同往往在现实中影响水的管理方式，并直接影响水资源的状态，这一点在世界各地都有大量鲜活的例子。如果我们把水资源仅作为一种消费品，那么就会仅仅从商品价值的角度去认识水，就做不到对水资源的终极关爱和保护。因此联合国教科文组织前任总干事松浦晃一郎指出：“自从人类降生以来，水就使我们获得灵感、从精神上、物质上、智慧上与感知上赋予我们的生命力。分享与运用我们知识系统中包括传统的与本土社会中的丰富内容，同时学习我们在历史上与水互动中形成的经验，将极大的贡献于寻求应对今天水挑战的解决方法……说到底，我们必须更好地理解社会、水、环境之间的复杂互动关系，这些互动是植根于社会与文化过程中的，确实地，水管理自身理应被理解为一个文化过程。”从这些论述中我们可以看出，在国际层面上十分认同水文化在一个社会中的核心价值以及它在水管理过程，包括水的利用、治理、保护中的根本意义，那就是将水管理作为一种文化过程来看待。我们可以这样理解：离开了文化的水管理将不是终极意义上的水管理，也就是体现有效解决当代问题又较好顾及未来、顾及人类关切和感受的水管理。

三　国际上水文化发展的现状

水文化是一个庞大的领域，我们只有深入到不同的层面才能加以把握，在此，我们从科学研究、文化继承和保护、应用和建设三个层面来考察国际上水文化发展的状况。

（一）从科学研究层面看，水文化在当代的发展离不开科学研究的推动，同时科学研究也是水文化领域内最活跃的一个层面

由于水文化的构成中有很大的比例是对历史的继承，同时水文化也涉及人类文化的方方面面，因此水文化是一种和人类社会文化紧密交织的文化。在国际上，关于水和人类的精神文化，包括宗教文化、文学艺术、思想等领域的研究，水管理的历史、传统知识、制度、历史水建筑工程，不同国家和地区水管理的传统等都可以包括在水文化研究的范围之内。很多学术组织和学术活动都直接和水文化研究有关系。由于篇幅的限制，我们不能对水文化研究的方方面面进行详细的介绍，但是我们可以通过国际上的学术活动了解水文化研究的状况。

水文化的研究和推广直接受到联合国教科文组织的重视和推动。联合国教科文组织将2006年世界水日主题定为“水与文化”，通过这个主题日的活动使全球对水文化的认识、研究和建设都得到了推动，它的意义和影响都是巨大的。2008年联合国教科文组织设立了“水与文化多样性”项目，并且于2009年在日本京都召开了水与文化多样性国际研讨会，这次研讨会集中探讨全球水文化多样性的表现和意义。再例如，2001年在联合国教科文组织协调下成立了国际水历史学会，学会的相关活动大量涉及水文化研究。近年国际上召开了一系列相关的重要国际会议，包括了国

际水历史学会召开的系列双年国际会议，国际水协会古代文明中的水与污水技术专业委员会召开的系列国际会议，2012 年在伊朗召开的“坎儿井文化国际会议”，2014 年在威尼斯召开的“历史运河和水景观研讨会”等，都是和水文化直接相关的国际会议，会议发表的论文很多都涉及水文化的研究。

除了越来越多的学术活动之外，在国际上也出版发表了大量的水文化相关的研究成果。其中，B. R. 约翰斯通等主编的《水、文化多样性和全球环境变迁》、G. 大卫著《水伦理》、I. 巴德莱著《水的精神史》、T. 殴怀斯等编《西亚和北非的土著水收集系统》、B. 布锐滋著《罗马喷泉》、A. 海尼伦等主编的《世界图景中的喷泉》、岗部守著《水的文化志》、富山和子著《水的文化史》等，都是具有代表性的水文化研究成果。

（二）从水文化遗产的继承和保护层面看，在人类生存的千万年历史过程中形成了丰富的水文化，水文化不仅是人类生活的重要构成部分，同时也是一笔重要的文化遗产

在国际上非常注重历史水文化的价值，因为历史水文化不仅仅是我们重要的文化构成要素，是我们今天仍然拥有并且从中受惠的文化因子，同时也是学习历史智慧、继承传统来构建我们时代的水文化必不可少的。也就是说，今天的水文化建设不能够割断历史的脉络，这一点是国际上非常认同的。

国际上非常注重水文化遗产的继承和保护工作。例如在欧洲，古代罗马时期遗留下来了大量的水利工程遗迹，包括引水渠设施，尤其是数以万计的引水渠桥。这些水利工程遗迹记录了丰富的历史文化信息，形成了重要的文化现象。为了保护这些文化遗产，人们加强了科研，德国一些研究机构为引水渠桥建立了庞大的电子化信息系统，现存的遗迹基本都受到不同方式的保护，包括列入联合国的世界遗产和国家、地方的文化遗产保护名录，修建公园等保护设施，通过立法加以保护。在欧洲有大量历史上建设的喷泉，也同样受到较好的保护，尤其令人赞赏的是在意大利罗马等城市，数以千计已有 1000 年以上历史的喷泉今天仍然在使用，并且都受到保护。欧洲国家在历史上曾经修建了上万条大大小小的运河，意大利威尼斯、荷兰阿姆斯特丹等城市，都可以说是建立在运河网络上的城市。今天，这些运河发挥着旅游、景观价值和有限的水循环、运输等价值，但最

重要的是，它是城市传统风貌和生活方式不可分割的一部分。因此相关国家都通过各种手段对这些传统运河加以保护，例如通过立法保护，制定了《欧洲运河保护宪章》，限制对运河的过度开发利用，在城市建设中不允许破坏或改变传统运河，对传统运河进行保护性修复、美化，合理规划用于旅游业等。2014 年在意大利威尼斯召开了由联合国教科文组织等单位主办的“历史运河与水景观保护国际研讨会”。由于有了较完善的保护，今天的很多城市，包括荷兰的阿姆斯特丹、代尔夫特，意大利的威尼斯等，都呈现出一派由城市运河网络构成的水城景象。

很多国家也非常注重对活态的水文化传统的保护。在泰国清迈府的曼堤县，每年都要进行对曼堤河河神的祭祀活动。在祭祀活动的当日，人们会聚在河神庙周围，不仅流域各个村寨的村民和佛教僧侣要参加，当地县镇的政府官员、公务员、学校的学生都要参加。祭祀活动一方面是一种传统的延续，祈求河神保佑流域的人们幸福安康，风调雨顺，同时通过活动达到关爱环境的教育目的。再如在越南首都河内附近的红河岸边，每年都要在渚童子庙进行祭祀河神的活动，由当地庙的住持等划船到河中取一坛清澈的河水储存在寺庙中，每年更换一次，由此表示对河神的敬重和对水的崇拜。这样的活动同样当地的官员、学生和民众都会积极参与，在继承传统的同时起到增强人们环境意识的作用。

（三）从水文化的应用层面看，主要体现在对传统水文化的继承和发挥水文化的教育作用

国际上非常重视水文化的应用，具体表现一方面是继承传统，尽量使传统和当代的水文化建设结合在一起，尤其是尽量使传统的水文化得到延续并且在当代发挥作用，这一点在欧洲的很多城市都是非常典型的，很多古代的水利工程设施往往有数百上千年的历史，这些已经成为文化遗产的工程有的仍在工作，而有的则成为文物发挥着提升城市价值的作用。今天很多国家仍在探索传统的水管理方式对于当代水资源管理的作用。在西班牙有一个地方的水法庭已经存在了 1000 多年的历史，今天它仍然在当地的水资源管理中发挥着作用。在伊朗等中亚国家以及北非国家，存在着两万多条坎儿井，如今仍对当地的水资源供给起着重要作用。对坎儿井的维护，传统的方式无疑是最有效的，因此当地的政府不断地在探索传统管理方式的运用，在一些地区恢复已经消失了的传统管理方式。联合国教科文

组织国际水文计划在土库曼斯坦推广了一项恢复传统坎儿井供水的项目，使已经废弃的坎儿井系统再次发挥生机，取得了较好的效果。

水文化应用的另一个重要方面是它的教育作用和构建人水和谐关系作用。在这方面很多国家都有不同的做法，其中我认为日本是一个做得较好的国家。日本是一个海岛国家，降雨充沛，是一个淡水资源非常丰富的国家，同时也是节水文化做得较好的国家。为提升民众对水重要性的认识及关爱水资源的意识，日本的很多学校都有关于水资源历史、水和人类社会文明关系等方面的普及教材，很多学校都把组织学生参观考察河流、湖泊、水源地、水博物馆等作为必需的教学内容，增加学生对水的重要性的认识和水资源利用的相关知识，从小就树立起关爱水的意识。很多城市都会开展水周活动，活动期间举办学术研讨会、公众演讲会，请专家进行演讲，举行针对少年儿童的以水为主题的诗歌、绘画竞赛、水主题音乐会等。同时在公共场所大量发放宣传品，宣传水的知识。日本也是水主题博物馆较多的一个国家，除了城市中的各种专题水博物馆如东京都历史水道博物馆等之外，各种大型水利工程也都建有博物馆。这些博物馆展示内容生动活泼、手段丰富多彩，让参观者在生动有趣的参观过程中学习到知识。总之，在国际上水文化教育本身也被看作是当代水文化建设的重要内容。

在一些地方，文化成为保护水利设施与河流的手段，例如在日本日光市的大谷川，近百年来为了治理河流的砂石流，人们建设了很多堰坝，使河流得到了整治，今天这些堰坝也都被列入国家和地方的文化遗产加以保护。人们在河流治理过程中，都注重文化的建设，努力建设人水和谐的流域。例如岐阜县的长良川治理中，就围绕“清流长良川”为主题建设河流文化，集中了长良川的自然、河流沿岸的香鱼文化、鱼鹰文化、河岸水城市、水的相关产品（包括清酒、手工造纸、布艺、高品质农产品），以及河神祭祀活动、传统的水岸生活方式、水教育体系等，构建起了一种流域水文化，一方面传承传统，另一方面也起着保护河流环境的作用。这样的例子在日本并不少见。

四 国际上关于水文化的前沿关注

水文化作为一个庞大的体系，每一个因子都有其价值与表现，但是在国际上目前也有一些重点领域，也就是一些前沿关注点，我们可以从中了解水文化发展的时代特征。据笔者观察，这些前沿点主要有以下几个方面。

（一）水伦理的研究和应用

近年水伦理成为国际上一个关注较高的水文化前沿。积极推动水伦理研究应用最重要的单位是美国水文化研究所。水伦理关注人们用水的伦理道德，主张人们在水资源治理开发，水环境和水利工程建设过程中注意水的伦理尺度，将水伦理作为一种评价标准。目前水伦理作为一种评价标准在一些西方国家已经得到认可。

（二）把水文化作为应对全球水危机和气候变化的手段

水文化包括了地方性的知识和有关水的价值体系，是人类水行为的文化基础，因此是应对全球水危机和气候变化必不可少的手段。但是如何在不同的地区加以应用，尚需要具体地研究和创新。

（三）水文化遗产保护

水文化遗产是人类重要的文化遗产，在当代社会经济环境和自然环境、气候变化过程中，水文化遗产面临着前所未有的危机。通过什么样的途径、采取什么样的手段保护文化遗产，都是人们关心的。

（四）水文化权的研究和应用

水文化权体现的是一种关于地方社会如何依据自己的传统管理水资源的权利，在国际层面上甚至和人权联系在一起。很多社会中人们关注保护自己的传统水文化，同时争取根据自己的文化传统管理和利用水资源的权利。

（五）如何构建当代的水价值

很多专家都在探讨在当代如何构建一种切合人类自身利益的水价值，通过强化人们的价值作用于水资源的保护和可持续利用，从而化解当前的水危机。这一价值的基点是什么、构成要素是什么、如何构建等，都是人们所关心的。

总之，在国际上水文化的研究和应用、建设受到了越来越多的关注，但是水文化的发展与当代化解水危机的需要仍然有较大的差距，仍然有巨大的建设空间和广阔的前景。近年中国的水文化建设和推广有了长足的进步，和国际上水文化的发展相比较我们有很多方面是走在前面的。但同时对比国际上水文化的发展，一个重要的启示是中国水文化应该更多地走出概念，进入到具体的研究和实践建设中来。

（本文载于《中国水利》2017 年第 9 期）

水历史学科发展反思与建构

水历史学科是一门在20世纪70年代被重新认识和推动的历史学科分支。近年来国际水历史学科发展较快，呈现一些新趋势，不断关注如何将水历史知识应用到现实中来，如何保护水历史文化遗产等问题。我国水历史学科近年与国际学界拉开差距，没有跟上学科发展步伐。当前学界应厘清相关概念，反思我国水历史学科发展中存在的问题，从多方面推进学科建构和发展，建立与我国丰厚的水历史文化资源相匹配的、具有中国气派的中国水历史学科。

一　国际水历史学科呈现新趋势

无论中外，对水的相关历史研究已经有一个长期的过程。在20世纪70年代以后，随着全球环境变迁加快、气候变化带来的影响不断加剧、水资源冲突不断显现，人类面临着应对当代发展中的环境问题，尤其是全球水资源危机的挑战。这些促使人们认识到，不仅要提升当代的科技应对能力，也要从历史上获得经验教训，牢固树立一种水可持续利用的观念。在这个过程中，对于如何理解水在人类文明发展过程中所扮演的重要角色、如何从历史中汲取经验教训以避免当代的失误、如何保护与水相关的历史遗产以造福当代及未来等，成为关键的时代命题。这些背景促使人们在国际层面上形成共识，共同推动水历史学科的发展。近年来水历史学科在国际层面上已经成为一个活跃的科学领域，并且直接得到了联合国教科文组织等的推动，设立了国际水历史项目，协调成立了国际水历史学会，规划编写“全球水历史丛书”等。

近年来国际水历史学科呈现出了一些新的发展势态：一是国际学术活动不断增多。近五年来，笔者参与过的水历史研究领域的国际学术会议就近20次。二是国际合作不断提升。越来越多的国际学者通过国际会议等活动平台相互了解，进而形成合作关系，提出合作项目，使水历史研究的空间不断扩大。三是越来越多的学者在关注如何将水历史知识应用到现实中来，如何汲取历史经验教训以应对气候变化和全球水危机，如何保护水历史文化遗产，使之更好地服务于水可持续利用。四是跨区域、跨文明的比较研究成为热点，如中西方古代水历史的比较研究等。五是成果丰硕。近5年来相关国际会议与刊物发表的英文论文近3000篇，并出版了大量学术著作。

二 中外水历史研究存在差异

在中国，水历史学科总体上被表述为“水利史”。从学科的角度而言，水历史是基于历史的视野、用多学科的方法对历史上人类与水的互动关系及其结果进行研究的学科。中国的水利史主体是围绕历史上的水事活动、水利工程而展开的。在这一点上，国际上水历史学科与中国学术界水利史学科在概念上有很大的差别。

中外水历史研究的差别表现在以下几个方面。一是中国学者研究的角度仍然较为单一，视野不开阔，大多数研究集中在历史上的水利工程史上，对水与社会、经济、文化、制度、技术发展的关系研究较为薄弱。即便是水工程技术史的研究领域，诸如城市供水史、水卫生史、城市下水道史、水灾害研究、水权史、专题水技术史等专门研究仍然薄弱。二是中国水历史学科的学术交流平台仍然较少，涉及水历史研究的专门学术会议和学术刊物较少，很多学术会议往往局限于水利部门，学术界的参与性不够广泛。三是不注重历史研究的应用问题，如水历史与水环境治理、水可持续利用、气候变化适应、减灾防灾、水权冲突等之间的关系研究。四是没有形成广泛的、社会性的研究群体。我国综合性大学中很少有终生从事水历史研究的专家，也极少有相关的专业。虽然目前很多水利行业外的专家也开始关注水历史问题的研究，但从研究群体到成果还较为分散。五是行业特点明显。在中国，水利史研究相关的大多数专家、研究活动和研究成果集中在水利相关部门，水历史研究带有明显的行业特征，科研的社会化程度较低，造成了这门学科明显的行业封闭性。而在国外，大多数研究群体分布在各种综合性大学和社会研究机构中。六是国际化程度较低。我国水历史研究的科研人员与国际学界交流较少，中国丰富的水历史资源没有得到应有的国际传播，学科发展没有跟上最近几年国际学界发展的步伐。

我认为，正是由于这些原因，中国作为一个拥有悠久的治水历史、丰厚的水历史文化资源的大国，还没有形成与之相匹配的、有中国气派的水历史研究学科势态、研究群体和研究成果。例如，至今中国还没有一部全面、厚重的《中国水历史》或《中国水利史》问世。这与中国这样治水大国是不相称的，值得我们反思。

三　建构中国水历史学科

作为一个与时代有紧密关系、有广阔的成长前景、有巨大国际交流空间的学科，水历史研究毫无疑问应当在中国得到大力发展。推动水历史研究的中国发展，应当重视以下六个方面。

加强学科的规划与建设。对于水历史学科在中国的发展应该有全面的规划，将分散的资源进行整合，同时有效布局这门学科的发展和建设，支持相关的科研和教学机构成立专业研究机构。尤其是要鼓励水利行业之外的教学科研机构，加强水历史的学科建设。

加强人才队伍建设。目前中国水历史研究缺乏良好的结构和真正意义上的专业人才队伍。要鼓励形成结构合理的专业人才队伍，尤其是要鼓励科研人员终生从事水历史研究和教学，成为真正的水历史专家。

推进全国性学术交流平台建设，推动中国水历史的学术发展，凝聚研究资源。建议有关单位牵头成立中国水历史研究会，作为全国性的学术交流平台。

对重大项目研究展开攻关。通过重大项目的攻关，产生体现中国历史特色和时代气魄的重大成果，才能对这门学科的发展起到引领作用。建议尽快启动诸如《中国水历史》《中国水历史文献汇编》等项目。

进一步加强国际学术交流。通过国际交流提升中国水历史学科发展的水平，对外宣传中国博大精深的水历史，提升中华文明的对外影响力。积极主办水历史主题国际会议，鼓励科研人员参加国际学术活动，推动科研成果在国际上发表、出版。

促进水历史知识的普及，这是彰显这门学科时代价值的重要途径，让这门学问有更广泛的社会性和应用性。通过编写知识性丛书、编撰教材、制作影视作品、举办各种讲座和报告会等方式，向大众普及水历史知识。

（本文载于《中国社会科学报》2016 年 12 月 20 日第 1 版，《黄河报》2018 年 4 月 17 日第 3 版全文转载）

论社会科学在应对当代水危机中的作用

在当代，人类面临着共同的水危机。由于经济发展、人口增长、城市化和全球气候变化等因素的影响，导致了水需求不断扩大、水资源过度消费、污水排放量增大、水环境污染、水短缺、干旱等气候灾害频发等问题，造成了严峻的水危机。尽管从联合国到不同的国家、地区层面在应对水危机上做了艰巨的努力，但近年来水危机的状况并没有得到遏制，甚至在某些领域还在恶化，直接影响到人类的可持续发展和生存。当代中国也面临着相同的问题，水资源短缺、水体污染、干旱洪灾等问题制约着中国的社会经济发展，成为生态文明建设的重要制约因素。当前，一个令人困惑的现象是：人类控制水资源、利用水资源的技术手段已经发展到了较高的阶段，从美国的胡佛大坝、中部亚利桑那引水渠工程到中国的三峡大坝、南水北调工程等，百年来创造了一个又一个的工程奇迹，但是，人类的水危机并未得到化解。这说明工程技术手段不能完全解决人类面临的水问题。在当代，水危机越多地表现为社会问题，因此，通过社会科学研究去认识水危机问题的深层次原因，从人类社会中寻求解决之道、制定科学的水资源管理战略、进而化解水危机，已受到了国际社会的广泛重视。社会科学在化解当代水危机、实现水资源的可持续利用中有着不可替代的作用。目前，中国学术界对水的关注和研究与国际上还有较大的差距，甚至在很多领域仍然是缺失的，不能适应解决水问题、服务生态文明建设的需要。因此，从社会科学角度加强对水的研究，既是回应现实需要的重要课题，也是社会科学研究的一个广阔的研究领域，是社会科学创新的重大机遇。本文拟通过阐释当代水危机的一些现象来表明它的社会属性，从而说明社会科学在化解水危机中的不可替代性。同时阐明关于水问题研究的社会科学分野也是水科学的重要组成部分，应当回归其应有的位置。通过分析国际社会科学界对水问题的一些前沿研究认识中国目前存在的差距，指出中国学术界加强水问题的研究、构筑研究体系的基本路径。

一 当代全球水危机对社会科学的呼唤

为什么要特别强调社会科学对水的研究，我认为主要有三个方面的原因。

（一）人类面临着严峻的水问题

由于气候变化的影响，全球水资源量总体上在减少，尤其是很多河流流域水资源都在减少，直接影响到工农业生产和社会生活。全球性的干旱、洪涝灾害频发，在很多国家随着城市化进程的加快，城市供水、污水问题加剧、水安全形势恶化。在很多地区人类也面临着水资源的公平分配、冲突、水资源管理的跨国合作等问题。在很多国家内部地区和国家之间，水资源的冲突直接导致了不稳定和冲突。根据联合国《2018 年世界水发展报告》，目前世界上有 19 亿人口生活在水安全无保障地区，2050 年这个数字可能提高到 30 亿。在水质量方面，全球有 18 亿人口使用未经任何处理的饮用水，对于水相关疾病没有任何防范。全球所产生的污水有 80% 都没有进行任何处理和再利用而直接排放到自然环境中。在水灾害风险方面，受到洪水威胁的人口将在 2050 年从目前的 12 亿增加到 16 亿人，接近世界人口的 20%。由于气候变化的影响，人类到 2030 年将面临 40%的全球水资源赤字。随着水污染的加剧，地表水和沿海地区水富营养化将遍及全球。这一切将会对全球社会经济产生重要的影响，不仅影响全球经济发展，也将导致贫困、社会不公平程度的加深以及水资源冲突等矛盾的加剧。①最值得注意的是，尽管近年来从联合国到不同国家层面上对应对水危机都做出了艰巨的努力，但是，人们面临的这些水安全问题并没有得到缓解，反而有加剧的趋势。在未来的几十年中，人类将面临着更加严峻的水困扰，水将成为制约全球发展最重要的因素之一，这一点已经没有悬念。在全球性的水危机环境中，并没有一个国家能够独善其身，都会受到其直接或者间接影响，如因为水问题而导致的疾病流行、贫困、粮食减产、经济衰退甚至战争冲突等。中国的水安全形势也并不容乐观。中

① 参见 UNESCO. The United Nations World Water Development Report 2018. 2018 - 03 - 22. http：//unesdoc. unesco. org / images /0026 /002614 /261424e. pdf. 查阅日期：2018-06-15。

国存在着水资源地域的分布不均、水旱灾害并存、城乡水资源短缺、水环境大面积污染等严重问题。中国的一些省市普遍存在缺水问题，北京、天津、山东省、河北省、辽宁省等省市都处于人均每年拥有 1000 立方米水资源的严重缺水指标之下。① 中国大多数大城市都属于严重缺水城市。与此同时，存在着更严峻的水污染形势，在缺水的同时承受着水体污染带来的严重后果。根据环境保护部发布的《2016 中国环境状况公报》，三类至劣五类的地表水占了全国总地表水监测表的 60.1%，已经存在污染的二类水占 37.5%，一类水仅仅占 2.4%。而地下水水质较差级和极差级占到了 64.5%，其中较差级占 45.4%，优良级仅占 10.1%。②根据水利部对于地下水开发利用较大的松辽平原、黄淮海平原、山西及西北地区盆地和平原、江汉平原地区的监测，较差的和极差的观测比例高达 76%。再以湖泊污染为例，2016 年监测的 118 个湖泊中四类五类和劣五类水质的湖泊高达 76.3%。③ 在过去的十多年中，水体污染迅速从城市向周边地区扩张、由浅层向深层渗透、由局部向大面积扩大。④ 这种事态如果得不到根本的遏制，必然给中国的整体环境、经济发展、人民健康、社会稳定造成严重后果。

(二) 人和自然之间关系的变化

人类正处于社会与自然之间的关系发生转型的过程之中，这种转型主要是城市化、工业化、市场化所带来的人和自然之间关系的变化。在这个过程中，人类和水的自然关系越来越疏远，和水的自然互动越来越少。尤其是人类越来越向城市生活集中，城乡集中供水水平不断提升，使得人们远离和水的自然接触、水更多显示出来的是其作为一种消费品和商品的属性。水历史学家、英国伦敦大学教授富克瑞·哈桑指出：“现代化已经将

① 参见贾绍凤、吕爱锋、韩雁等《中国水资源安全报告》，科学出版社 2014 年版，第 11、77 页。

② 参见中华人民共和国环境保护部《2016 中国环境状况公报》，2017-06-05. http://www.mee.gov.cn/gkml/hbb/qt/201706 / t20170605_ 415442.htm. 查阅日期：2018-06-15。

③ 参见中华人民共和国水利部《2010 年中国水资源公报》，2016-07-11. http://www.mwr.gov.cn/sj/tjgb/szygb/201707/t20170711_ 955305.html. 查阅日期：2018-06-15。

④ 参见贾绍凤、吕爱锋、韩雁等《中国水资源安全报告》，科学出版社 2014 年版，第 11、91 页。

水从一种神圣的物质转换为被储存和被保护的物质，成为屈从于市场经济下人为控制、开采的日用品。由于没有正确认识到水与自然系统完整性的亲密关系，长期的工业和生活废水的排放，加之那些有益于水作为支撑生命的资源而得到人们崇敬、保护、保存的宗教仪式及人们的信仰消失与淡化，今天水的境遇是破坏性的。”① 在传统社会中，人们无论居住在乡村还是城镇，都能获得更多和水亲近的机会，人总是处在一种和水频繁互动的状态之中，形成一种人与水之间的文化关系。而现代社会造成了人和水之间的自然关系的疏远，水的价值更多地表现为商品和消费品，造成了人们千百年来形成的关于水的价值系统、知识系统和技术系统的崩溃，在人和水之间的传统关系发生巨大变化之后，这种关系更多地表现为一种货币关系。这一切都不利于人们维持人和水之间的和谐关系。因此，今天如何从人的主观能动性出发，去构建一种新型的水友好型社会，② 是保护水环境、实现水资源可持续的关键。

（三）水问题更多地显现出其社会属性

人类面临的水问题已经远远超越了水的自然属性，更多地显现出其社会属性，但遗憾的是这种社会属性中显现出来的往往是一种反向于人类生存利益的走势。当前水的问题表现出来的更多的是社会问题，需要社会科学去加以研究解决，而且很多问题只有社会科学研究才能指出解决的路径。例如，在全球 263 个跨界的河流流域中，就有 158 个流域缺乏合作管理的框架。在现有的 105 个合作机制中，涉及三个或者三个以上的国家的流域约占了 2/3，然而，只有 20%的合作机制具有多边性质。这一切表明在流域管理过程中，仍缺少能在双边或者多边合作管理框架下管理共享的水资源的合作机制和政治意愿，缺失分享潜在利益的有效机制。③ 在当

① 富克瑞·哈桑：《序一》，郑晓云：《水文化与生态文明：云南少数民族水文化研究国际交流文集》，云南教育出版社 2008 年版，第 1 页。

② 水友好型社会是笔者提出的一个概念，将另文深入进行阐释，其内涵是人和水之间有和谐的关系，人们对水和人类生存、社会发展之间的关系有深刻的认识、有对待水的正向价值观、有保护水资源和水环境的良好行为、有利用水资源的绿色方式和尺度。

③ 参见 UNESCO. The UN World Water Development Report 2015, Water for a Sustainable World. 2015-03-22. http：// www. unesco. org / new / en / natural-sciences / environment / water / wwap / wwdr /2015-water-for-a-sustainable -world /. 查阅日期：2018-10-15。

代，跨界流域水资源问题是矛盾冲突的焦点，不仅影响到区域经济社会的发展，同样也会导致流域不安全因素的增加，因此，水资源管理的合作是化解水危机、实现和平的重要途径。这一切必须要通过社会科学研究提出解决的路径和方案，以之成为决策的参考。

再如，人类的不友好环境行为直接造成了大量水问题，表明构建水友好型社会的重要性。典型的例子是中国很多城市中河道垃圾污染问题成为当地水环境污染的重要原因。包括天津、苏州、昆明、安庆等文化名城河道的垃圾污染问题仍是突出的问题，很多市民将大量的垃圾倾倒在河道中，造成了不同程度的河道污染。① 在昆明市，市民向河道倾倒乱扔垃圾造成的污染一直是滇池治理的一个顽疾，长期无法得到根本治理，② 提升了城市水环境治理的成本。这一切都反映了在当代城市发展中，现代化提升的同时，并没有培养好市民的环境友好行为，一部分市民甚至环境伦理缺失。与此同时，如何构建一个节水型社会，增强人们节约用水的意识、养成水友好行为习惯，同样被认为是当代水资源管理的重要方面。当前，综合水资源管理成为人们公认的水资源管理理念，这其中很重要的就是把节约用水、循环用水也作为水资源可持续的重要内容。然而在中国城市中，节水仍然是一个从理念、行为到制度都没有得到认真实践的问题，与发达国家有较大的差距。例如，日本年均降雨量达到 2 000 毫米，拥有丰富的淡水资源，但日本社会节约用水从观念、行为到制度都近乎苛刻，是一个公认的事实。因此，建立关爱水环境的观念、友好的行为和完善的管理制度，是保证水可持续的重要环节。在中国水环境的治理过程中，文化缺失成为一个典型的社会问题。面对严峻的水资源短缺问题，大城市往往过度依赖建设更多的水库，甚至大规模远距离调水，但这不能从根本上解决水可持续问题，还必须要从建立一个水友好型社会入手。

中国正在打一场消除农村贫困的攻坚战，水问题同样是中国消除贫困的重大制约因素之一。联合国早已经关注到了水和贫困之间的关系：

---

① 参见《月牙河道周边堆放大量垃圾污染环境影响通行》，2018-03-30. http：//www. dzwww. com/xinwen/guoneixinwen /201803 / t20180330_ 17208111. htm，2018-06-17；《河道污染垃圾偷倒无人管》，2018-5-22.http：//www. szdushi. com. cn/news/201805/152694841763081. shtml. 查阅日期：2018-06-17。

② 参见《昆明河道乱象调查系列报道之三·污染篇有人竟将人滇河道当成下水道垃圾房》，2018-03-31. http：//news. 163. com /17 /0331 /09 / CGRKN25P000187VG. html，2018。

“水的获取和贫困息息相关。通过水资源管理实现减贫是一个面向贫困人口的有效框架行动，包含许多相互关联的内容，如管理问题、水质问题、获取水的途径、维持生计、能力建设和赋权、涉水灾害的预防和管理以及生态系统的管理等。”① 在广大的贫困地区，缺乏安全的饮用水不仅带来了疾病、家庭贫困，同时也带来社会不公平、冲突等社会问题，严重制约了社会经济的发展。目前，全球有 8.5 亿农村人口缺乏农业灌溉用水，而农业是其主要生计，这将使他们无法摆脱贫困。反过来，贫困也使得人们缺乏投资、无法改善当地的供水条件和用水服务，形成一种恶性循环。没有水安全状况的改善，就难以消除贫困。在中国，水与减贫之间仍然存在突出的问题。笔者对云南省一些贫困地区的调研表明，缺水问题仍是制约很多贫困地区脱贫致富的重要问题。以宁蒗县为例，目前仍有 6.3 万人的饮水和生活用水非常困难，有 15 万亩农田无水灌溉，有灌溉条件的农地仅占耕地面积的 34%。但是，与此同时，全县 90%的地表水没有得到利用就流入江河，很多贫困自然村有丰富的地表水资源，但是没有引水和蓄水、分水的设施，尤其是在金沙江两岸，很多农户因缺水而无法扩大种植，甚至不能保证收成。这种现象在广大的贫困山区都很普遍。水短缺是制约当地脱贫的关键因素之一，但是，目前在一些贫困地区，水问题得不到有效化解还不完全是自然条件问题，与规划、工作决策、管理机制建设乃至于投资的科学性不足也有直接关系。如果水的问题得不到根本解决，贫困地区的农业生产和人民的生活水平提高、健康状况改善就得不到保障，也就难以摆脱贫困。因此，水和贫困、减贫之间的矛盾目前仍然是扶贫攻坚中的一个突出问题。除资金问题外，化解缺水困境过程中如何做到有效规划建设项目并且合理投资，基层水利工程建设好以后，如何建立起有效的组织管理机制，如何达成政府和农民之间、农民和农民之间有效的管理合作，如何有效维持目前扶贫攻坚中建设起来的水利系统的长期运转，如何培养起农民的良好卫生的用水行为等都是一些新的难题，需要研究解决。

通过上述问题的分析，可以看到人类生存的水环境总体上处于一种恶

① UNESCO. The UN World Water Development Report 2015, Water for a Sustainable World. 2015- 03 - 22. http: //www. unesco. org/new/en/natural - sciences/environment/water/wwap/wwdr/2015-water-for-a - sustainable -world/. 查阅日期：2018-06-17.

化的趋势，而人类面临着的严峻水挑战的产生往往与人类社会直接相关，不完全是自然因素造成的。对水资源的无序利用、对水环境的改变、对水的不友好行为、制度的缺失、人口增长、城市化、生活方式的变化等都是造成这些问题的重要因素。例如，严重的水污染既和人口增长、经济发展、生活方式有关，同时与制度、伦理、相关的社会文化和正确的发展观缺失也有直接关系。这一切在人类社会中有可能形成恶性循环，恶化的水环境严重制约人类的发展，而受水制约的社会将加重水环境恶化的程度。可见，这些现象也印证了我们的立论，即当代水问题更多地表现为社会问题。如果不从人类社会中去寻找根源、化解产生水问题的社会矛盾、夯实水可持续利用的社会文化基础，人类将永远摆脱不了水危机的困境，最终将危及人类的可持续生存。联合国对水安全的定义是："水安全即人类有能力保障可持续地供应质优量足的水，维持人类生存和福祉、保障经济社会发展、保护人类免受水污染和疾病的威胁并在和平、稳定的政治环境下维持生态系统。"① 从这个定义可以看出，水安全除了足够可持续的水供应之外，还涉及社会福祉、经济发展、社会发展、人类健康、有利于维持良好生态系统的社会和政治环境等，是一个涉及自然和人类社会广泛领域的综合性问题。人类的水安全绝不仅仅是拥有足够的水资源供给，还反映在与水相关的社会安全的方方面面，这一切都是与社会科学紧密相关的问题。既然我们要从人类社会中去寻找水危机的化解之道，就必须理解不同社会和文明背景下人们对水的理解、水对不同社会所起到的构建作用和建立在水的利用管理之上的社会关系，了解产生水问题的根源，去探索化解水危机、解决水问题的路径、机制和方法等，这就需要社会科学从不同的学科领域对相关问题进行研究。因此，不论是构建人水和谐社会的长远目标，还是解决当下的具体问题，都不可缺少社会科学的研究。这也是为什么当今水利工程技术高度发达却不能从根本上化解水危机，而社会科学大有作为的原因所在。中国共产党的十八大以来，党中央高度重视生态文明建设，把生态文明建设写入了党章，作为中国的基本国策加以全面推进。习近平总书记对于污染防治，包括水污染防治高度重视。在 2018 年 5 月

① UNESCO. The UN World Water Development Report 2015, Water for a Sustainable World. 2015-03-22. http://www.unesco.org/new/en/natural-sciences/environment/water/wwap/wwdr/2015-water-for-a-sustainable-world/. 查阅日期：2018-06-15.

18 日召开的全国生态环境保护大会上，习近平总书记指出：“加大力度推进生态文明建设、解决生态环境问题，坚决打好污染防治攻坚战，推动我国生态文明建设迈上新台阶。”① 对于水污染的防治也提出了明确的要求：“要深入实施水污染防治行动计划，保障饮用水安全，基本消灭城市黑臭水体，还给老百姓清水绿岸、鱼翔浅底的景象。”② 这一切都对水污染防治提出了明确的要求，尤其是提出要“还给老百姓清水绿岸、鱼翔浅底的景象”，这更反映了一种人文的情怀，事实上也对社会科学加强对水问题的研究提出了明确的要求。这一切都要求社会科学工作者去积极思考如何从制度、社会行为、观念意识、文化理念等方面加强对治理水污染、构建水友好社会、建设优美水环境等问题的研究。社会科学无论是对涉及人类社会的水相关基础问题研究还是今天化解人类面临的水危机中都大有可为，甚至具有唯一性。这与今天人类社会中所存在面临着越来越多的水问题直接相关。笔者归纳的一些主要问题诸如：1. 如何公平地分配水资源；2. 如何化解河流流域的水资源冲突、更有效地通过制度的途径和法律的途径管理好水资源；3. 如何构建一种有利于水资源和水环境保护的社会文化、在生产生活中如何实现水的循环与高效利用；4. 如何应对气候变化带来的干旱、洪涝及水供给不足等水问题；5. 如何通过制度的手段降低水资源在生产过程中的消耗、如何培育和发展有利于水资源保护的市场机制；6. 如何保持人们对水与人类文明的历史记忆、提升公众对于水的重要性的认识和保护的自觉性，从而构建一种水可持续利用的文化基础；7. 如何实现气候变化中水资源管理的国际和区域合作；8. 如何构建节水社会、人水友好社会；等等。以上这些问题都是我们这个时代具有挑战性并且急需加以解决的问题，也都属于社会科学研究的范畴，只有通过社会科学研究才能解决的方案。

---

① 新华传媒《习近平在全国生态环境保护大会上强调坚决打好污染防治攻坚战　推动生态文明建设迈上新台阶》，2018 -5-20.http：//www.xinhuanet.om/ /mrdx/2018-05/20/c_ 137192163.htm. 查阅日期：2018-10-24.

② 新华传媒《习近平在全国生态环境保护大会上强调坚决打好污染防治攻坚战　推动生态文明建设迈上新台阶》，2018 -5-20.http：//www.xinhuanet.om/ /mrdx/2018-05/20/c_ 137192163.htm. 查阅日期：2018-10-24.

二　水问题研究的社会科学分野是水科学的重要构成

研究水的科学可以简称为水科学。既然要加强社会科学对水的研究，那么，就要回答水科学（hydro science）的属性问题。长期以来，学术界都存在这样一种误区，那就是水科学属于自然科学，并不包括社会科学范畴的相关问题研究。但事实上，水科学的起源和人类的用水行为以及人类对水的思考直接相关，只是在随后的发展过程中这门科学更偏重于对水的自然属性的认识和对水的控制利用技能提升的探索钻研，使这门科学的社会属性逐渐淡化和缺失。

水具有自然和社会的属性，这一点已经是一种共识。人类对水的研究源自对水的利用、控制和水可能存在的超自然力量的思考。因此，在人类早期对水只是一种简单的利用，但当文明发展到一定阶段，人类必然去探索水的自然属性、水和自然万物的关系以及和社会的关系，包括水和世界起源的关系、水和精神世界的关系、水对人类社会的影响等，从而赋予水文化的内涵。人类对于水的钻研、思考和理解从来都是从自然和文化二个维度展开的，这一点是我们长期所忽略的。我们可以从古代希腊和中国这两个东西方古老文明中来考察人类对水的思考源起。在人类的水文明史中一个重要的现象是大致在同一个时期，也就是公元前200—前800年左右，在古代中国和希腊都产生了一批影响后世的思想家。他们不仅思考社会，同样也思考水的属性，其思想体系的形成往往受到水的启迪。例如，在古代希腊，被公认为希腊最早水文学家的泰勒斯—米莱图斯（Thales of Miletos，公元前624—前546）、希罗多德（Herodotus，公元前484—前425）、柏拉图（Plato，公元前428—前348）、亚里士多德（Aristotle，公元前384—前322）、赛欧菲拉德斯（Theophrastus，公元前371—前287）等一批影响世界的思想家，他们都深入探讨了水在自然万物构成中的角色、水的来源、水的自然循环规律、河流和湖泊的起源与特性、尼罗河的洪水泛滥、社会中的水法律构建、水资源公平分配、水与人类社会发展的关系等。他们提出了水是自然万物之本等重要的理念，不仅在对水的理解上构筑起他们的哲学思想体系，同时也是水文学的先驱，为后世的水文学这门庞大的科学播下了种子。①

也就在同一时期，中国出现了一大批伟大的思想家，例如，管子（公元前723—前645）、老子（公元前571—前471）、孔子（公元前551—前479）、荀子（公元前313—前238）等。他们的哲学思想都深受水的启迪，在对水的观察思考的基础上去思考世间万物的起源、自然的构成、社会伦理道德构建、社会管理制度建设、人生、生活性情、城市建设等，基于水提出的很多伦理、社会治理思想对中国社会产生了广泛的影响。②

尽管古代中国和希腊分别处于东、西方，但是这些思想家对水的思考和提出的诸多水的哲理和水管理的原理却是相通的，都对后世产生了广泛的影响。古代中国和古代希腊两个文明中对水的探索都表现出这样的事实：这些思想家们尽管具有不同的背景，但他们都参与了对水的本质以及水和人类社会关系的探讨，并且提出了一系列重要的原理。他们在关注水的自然属性的同时，也在关注水的社会属性。③ 希腊的古代贤哲们将水这样一种自然物质第一次带进了哲学和科学的范畴，将社会和文化的理念引入了水的范畴，④ 中国的古代贤哲也同样发挥了这一作用。因此，如果今天我们说他们播下了后世水文科学的种子，那么，这颗种子也同时具有自然科学和社会科学属性。从社会科学的视角对水进行研究与水的自然科学属性研究一样早，但当前基于自然科学对水的研究的成就无论在理论构建、实际应用和成果规模上都远远高于基于社会科学的研究，这同样是一个不争的事实。

那么，当代水科学在自然科学和社会科学维度中有一些什么特征呢？

在自然科学的维度中，水科学已经是一个非常庞大的学科，它主要研究水的自然属性、水资源利用、控制、水处理、供水、排水、水环境治理

① 参见 Biswas，A. K. *History of Hydrology*，Amsterdam：North-Holland publishing Company，1970，p. 31。

② 参见靳怀堾《中华文化与水》（下卷），长江出版社 2005 年版，第 463 至 518 页。。

③ 参见 Xiao Yun. Zheng and Angelakis. Andreas. N. *Chinese and Greek Ancient Urban Hydro-technologies：Similarities and Differences*，*Water Science & Technology*：*Water Supply*，2018（02）。

④ 参见 Koutsoyiannis. D and Angelakis. Andreas. N. *Hydrologic and Hydraulic Science and Technology in Ancient Greece times*，in B. A. Stewart and T. Howell，eds Encyclopedia of Water Science，New York：Marcel Dekker，Inc.，2003。

等方面。从水文学的角度来说，包括了水文循环，如水文、降水、蒸发、入渗和土壤水运动、地下水流、河川径流、洪水径流等；水文输送如水质、土地利用变化的水文效应、地表水污染物输送、非饱和带污染物输送、地下水污染物输送；水文统计如水文数据的统计处理、极值事件的频率分析、水文时间系列的分析和模拟；水文技术如地表水、地下水的计算机模型、水文数据自动采集与传输、水文预报、水利用的水文设计、城市排水和防洪水文设计、地下水防污水文设计等。[①] 从以上这些领域可以看出，自然科学对水的研究是其自然存在、循环规律及人类对水的控制、利用、治理等。由于本文的重点不在讨论水的自然科学研究问题，因此，不做更多的展开。

在水的社会科学研究维度中，研究的范畴和学科对象基于对水的社会属性的理解。水不仅有自然属性，同样也有社会属性和文化属性。水和人类的文明进步有直接的关系，人类社会的进步、人类文明形成和发展往往都是由水资源的利用而推动的。在古代埃及，尼罗河水的泛滥为农业的发展提供了良好的条件，带来了经济和社会发展。人早期的文明起源于底格里斯河和幼发拉底河两河流域，中国的文明起源于长江和黄河两条大河流域，这都证明了水与人类文明起源和社会发展的重要关系。同样，在玛雅文明、古代希腊和罗马帝国、印加帝国时代，水资源管理都是这些文明和国家强盛的基础、标志和成就。[②]中国作为一个水利大国，治水是中华文明的重要标志之一，郑国渠、都江堰、京杭大运河等都发挥过重要作用。因此，水在历史上对于人类的文明起源和发展，政治制度、社会关系、生活方式的形成，以及经济发展都起到了至关重要的作用。

当我们深入人类社会的具体层面，我们可以发现水和人类社会的方方面面都有密切的关系，从人类对水的认识和喜好、自然崇拜、宗教信仰、文学艺术等精神世界构成，到人类生产活动、生活方式、社会关系、行为模式、社会组织、权力结构也都有直接互动关系。人类历史上的诸多重大事件，包括了人类的迁移、冲突和战争、文明的消亡也同样和水有直接关

① 参见［美］David R. Maidment 主编《水文学手册》，张建云、李纪生等译，科学出版社 2002 年版，第 77 页。

② 参见［英］史蒂文・米森、休・米森《流动的权力：水如何塑造文明?》，岳玉庆译，北京联合出版公司 2014 年版，第 5 页。

系。没有任何一种物质如水一样能够在人类社会之中无所不在地贯通。因此，当一些学者要选择一个词来描述水在社会中的本质的时候，贯通性（connectivity）是一个最恰当的词。水用不同的方式将社会生活的各个领域相互连接起来，这种直接连接并不是偶然的，因为他们都是互相依存的。而贯通性的达成与社会组织的复杂程度有关，越是复杂的社会中水的贯通性越广。[①] 美国学者哈斯特拉普使用“水世界”这个概念来描述水在人类社会中的功能，形象地表明水在人类社会中无所不在，无所不有，人类的生存状态和行为都是在水世界中的互动。[②] 从这些概念的讨论中可以看出，水贯穿在人类社会方方面面。水不但有自然属性，也有广泛的文化和社会属性。因此，在21世纪初国际学术界曾经有过一次关于“水是什么”“水的含意”的广泛讨论，人们更加明确水除了是一种自然的物质之外，在不同的民族、宗教、文化、社会环境、使用的途径中，水具有不同的含义，这些讨论将人们对水的认识拓展到了更宽阔的领域，这同样也激发了人们从不同的角度、不同的学科去研究水的问题。[③]

水在人类社会中的属性，引出了水的社会和文化命题，这些命题就是社会科学需要研究和回答的问题。从水和人类的精神世界、生产关系、社会关系形成的关系到今天人类中面临着的各种水问题，都超越了对水的物质属性的认识范畴，这就是需要通过社会科学加以研究的。因此，社会科学对水的研究涉及的是一个广泛的领域，不同的学科都可开展对水的研究。

人类对水的思考与研究虽然同时发端于自然与社会两个范畴，但是，在随后的岁月中其进一步的展开却是不相同的。从自然科学的角度对水的研究由于其实用性，发展的广度和深度都是社会科学范畴难以相比拟的。社会科学范畴的研究着重在于对水管理的宏观思维、水和人类社会关系的研究，虽然作用是巨大的，但是，目前仍然缺乏专门化、系统化的学科建设。从科学的发端和科学的价值来考量，不论是自然科学还是社会科学范畴对水的研究殊途同归，都是科学范畴之下的不同领域，因此，应有同等

---

① 参见 Hannerz U. *Cultural Complexity*：*Studies in the Social Organization of Meaning*，New York，USA：Columbia University Press，1992。

② 参见 Hastrup K，ed. *The Question of Resilience*：*Social Responses to Climate Change*，Copenhagen：Copenhagen University Press，2009。

③ 参见 Jamie Linton. *What Is Water? The History of a Modern Abstraction*，Vancouver：UBC Press，2010；Veronica Strang. *The Meaning of Water*，Oxford，England：Berg Publishers，2004。

的地位。社会科学对水的研究也同样必须回归到它的发端之处，回归其作为水科学中一个不可分割部分的地位，这是当代水科学研究非常重要的理念。决然地把水科学看作是自然科学，是一种不完整的科学观念，水科学研究既缺少不了自然科学的支撑，也缺少不了社会科学的支撑。在当代，两者之间还需要更多的融合借鉴，形成水研究的交叉学科将更有利于水科学在当代的发展。因此，社会科学也是水科学的一个重要组成部分。在水科学中，一方面社会科学不能缺位，另一方面也必须强化社会科学在水科学领域内的支撑作用，进一步彰显社会科学在水问题研究中的价值。

三 国际上的一些研究前沿

客观而言，当前国际上社会科学界对水的关注越来越多。20 世纪 70 年代以来，社会科学家们对水的研究越来越重视，越来越专门化，尤其是水和人类的利益直接相关的学科，包括水经济、水法、水安全、水政治等学科对水的研究已经形成了相应的气候，与此同时对水的研究向着更为纵深的社会科学领域延伸，涉及社会学、经济学、历史学、文化学、哲学、人类学、民族学、伦理学、宗教学、艺术学等领域，并且已经形成了一些热点学科和问题。为了理解社会科学对水的研究，下面我们简单介绍几个国际上比较前沿并且已经取得成就的方面。

（一）水的文化多样性研究

联合国教科文组织曾将 2005 年世界水日的主题定为“水与文化”，并在 2009 年设立了水与文化多样性项目，目的在于推动人们对于水在人类社会中以文化形态表现出来的多样性的理解，包括了水与不同的宗教、社会文化、民族、种族、历史传统等文化背景下的关联性的理解，这将有利于人们对于水和人类社会多维关系的深入理解。在联合国教科文组织的推动下，国际学术界也给予了相应的回应，产生了很多的研究成果，包括宗教学、人类学、民族学、文化学、历史学领域对水和人类文化多样性的研究。①

---

① 参见 B. B Johnstone, et al. *Water, Cultural Diversity, and Glodal Environmental Change*, Paris: Springer, 2012; Ian Bradley. *Water: A Spiritual History*, London: Bloomsbury, 2012。

（二）水历史研究

水历史研究是国际上影响较大的一个水学科。水历史近年来在国际上受到越来越多的关注，联合国教科文组织国际水文计划曾经设立了水历史项目、协调成立了国际水历史学会，大力推动这门学科在国际层面上的发展，水历史研究重在深入理解地方社会和全球层面上水和人类文明发展的互动关系，水在人类社会发展史中的角色、历史上的水利工程及其社会影响等，以维持人类对于水的重要性的深刻理解和保护水的意识，同时为今天化解水危机提供历史经验及资源。[①]

（三）水政治研究

这一研究领域主要研究水资源开发利用的决策与博弈过程，水资源的控制和管理、水资源的公平分配、水资源冲突等水在区域、国家间政治关系相关问题。水政治的研究目前重点关注是流域之间的水资源冲突和管理、国际河流合作、水对于本地区和国家间政治格局的影响，水权、水外交、水政治史等，是当代社会科学对水研究较为广阔并且成果丰硕的一个领域。[②] 此外，水公平、水与人权、水与气候变化、水管理的社会性别问题等也都是这个领域内的热点。[③]

（四）水合作研究

在当代随着发展对水资源的需求，水资源的冲突和分割从一个国家的

---

① 参见郑晓云《国际水历史科学的进展及其在中国的发展探讨》，《清华大学学报》（哲学社会科学版）2017 年第 6 期。

② 参见 Leah J. Wilds. *Water Politics in Northern Nevada, A Century of Struggle*. Reno：University of Nevada Press，2010；Rutgerd Boelens. *Out of the Mainstream：Water Rights，Politics and Identity*，London：Routledge，2010；David L. Feldman. *Water Politics：Governing Our Most Precious Resource*，Oxford：Polity，2017。

③ 参见 Lisa Hiwasaki. '*Water for Life*' … *Water for Whose Life? Water，Cultural Diversity and Sustainable Development in the United Nations*，in B. B Johnstone，et al eds. Water，Cultural Diversity and Global Environmental Change，Paris：Springer，2012，pp. 509－531；M. Morgen. *Cultural Flows：Asserting Indigenous Rights and Interests in the Water of the Murray－Darling River System*，Australia，in. B. B Johnstone，et al eds. Water，Cultural Diversity and Global Environmental Change，Paris：Springer，2012，pp. 453－459。

内部到国际层面都日益凸显，2010 年 12 月，联合国大会宣布 2013 年为国际水合作年，同年的国际水日主题也确定为水合作，目的在于通过水资源的合作，应对水资源的取得、分配和服务需求逐渐增加而带来的水资源管理的挑战上。通过联合国的推动，近年来水合作研究也成为一个热点，包括从地区和国家层面、国际间水合作，从农村到城市、不同种族间的水合作，去保护、分配和更有效利用水资源，实现水资源的可持续。①

（五）水伦理研究

水伦理研究是近年来在国际上受到重视的一个研究领域，它始源于 1998 年联合国教科文组织所属的“科学知识与技术伦理委员会”设立的“淡水利用的伦理”工作组于 2004 年发表的“水与伦理”报告。近年来联合国教科文组织推动了一系列的水伦理研究的项目，在欧美的很多大学都有学者进入了这一领域的研究。水伦理研究的核心是人类在使用水资源、建设水相关项目、改变水的自然状态的过程中人们所遵循的原则、价值判断，也就是影响人类对待水的行为的原则和价值，这一切包括了从人类微观到宏观的价值判断、决策和行为。水伦理研究涉及河流管理与控制、农业灌溉、城市公共与居民用水、水业用水、水治理、土著人的伦理思想等广泛的领域，即在这些过程中伦理所扮演的角色。水伦理不仅在学术层面上被广泛探讨，在现实中也被广泛运用。②

在国际上，很多社会科学学科在水管理过程中都作出了积极的贡献。例如，人类学研究的理念和成果目前已经受到国际上公认。人类学对水的研究提供了一条认识水的社会本质属性的重要途径，包括从认知、信仰、行为到制度、管理、应用不同层面上水与人类社会复杂的交织关系的认识途径，进而对水资源管理，尤其是当代所倡导的综合水资源管理提供了制定水政策的重要依据。今天人类水资源的综合管理正是需要基于不同地区和文化背景而展开的，2005 年联合国教科文组织将世界水日的主题定为“水与文化”便充分说明了这一点。对水管理的文化基础的透彻理解，就

---

① 参见 UNESCO. *Free Flow: Reach Water Security Through Cooperation*, Paris: Unesco Publishing and Tudor Rose, 2013。

② 参见 David Groenfeidt. *Water Ethics: A Values Approach to Solving the Water Crisis*, New York: Routledge, 2013, p. 5。

是人类学对水研究作出的重要贡献。尊重不同民族、不同文化背景之下水管理的历史和传统，是当今世界上公认的重要的水管理理念，在这一点上人类学作出了重要贡献。

水在人类社会中贯穿时空，从历史到今天，在地球上的每一个角落，水和人类社会产生着千丝万缕的联系。因此，社会科学对水问题研究，也必将要深入从人类的精神世界到社会生活的各个层面，覆盖人类与自然互动的整个时间和空间。这就要求社会科学对水的研究要有专门的应对，要从不同的学科对水进行研究，要发展起专门的学科，理论、方法、研究队伍，这就是社会科学对水问题研究的学科分野，对水的社会属性所产生的相关问题从社会科学不同的学科去加以研究。

今天又一个有意义的现象是，水研究的自然科学领域也自觉在吸收社会科学工作者的参与，吸收社会科学的理论和方法。笔者在最近几年参与了很多水主题的社会科学国际会议，很多参与者事实上都是自然科学家。一些今天有成就的研究水社会问题的专家其教育背景往往也是自然科学，在国际学术领域中自然科学和社会科学的融合已经成为一种潜移默化的趋势。一些过去属于纯粹自然科学的水科学杂志近年来也刊登社会科学关于水研究的文章。例如，国际水协会出版的《水科学与技术：水供给》已经将水的历史和社会文化研究列入固定的栏目范畴，发表了多个专栏。在瑞士出版的《水》杂志也发表人文社会科学研究水的文章。这一切都表明了自然科学与社会科学的融合。

通过上面这些简单的介绍我们可以看出，在国际上社会科学对水的研究有两个重要的特点。

1. 研究面较广

已经有很多学科介入了对水的研究，包括社会学、政治学、经济学、哲学、人类学等学科介入对水的研究。研究的主题涉及人类历史和现实中广泛的领域，不仅有基础性研究，同时也有应用性研究，而这些研究成果往往都直接服务于化解今天人类社会中存在的水问题以及构建水可持续利用的社会文化等目的，很多研究成果都已经产生了积极的效应。

2. 产生了学科的分野

很多社会科学学科在关注研究现实问题的同时，基于本学科的理论和方法展开研究，同时又围绕着水研究的特性而形成了本学科对水研究的基础理论和分析工具，进而形成这个学科上关于水的一个相对独立的研究体系，使得这一个学科的研究领域得到了延伸，产生了学科的分野。在国际层面上，很多国家都已经形成了关于水的一些专门化的社会科学研究的领域。根据笔者和国际学术界的广泛接触，目前关于水的社会科学研究最新的发展趋势是：不同学科在运用自己学科的基础理论和方法加强对水的研究的同时，更加注重于通过不同学科理论和方法的融合来强化对水问题的研究，因为任何水问题本身都是一个具有多重属性、涉及面广泛的问题，需要不同学科的合作才能获得更加圆满有效的研究成果。另一个重要的发展趋势是社会科学和自然科学的合作，借鉴自然科学对水研究的理论和方法去更深入地把握水的自然特性，从而形成了更多的学科交叉和学科分野，使得水问题的研究形成一个融自然科学和社会科学为一体的科研体系，这种趋势正在逐渐显现出来。

四　加强中国社会科学对水问题的研究

客观而言，和国际学术界相比，中国社会科学界对水问题的关注还有较大的差距。根据笔者的观察，这种差距主要表现在以下几个方面。

一是社会科学对水的研究还没有受到应有的重视，社会科学在化解当代水危机、实现可持续发展过程中的重要性还没形成共识。因此，在中国社会科学界对水问题研究的学术关注、研究主题切入、研究成果产生和应用等不论是广度还是深度都是有限的。

二是还没有围绕水问题的研究探索形成社会科学不同学科相关的理论、分析框架和研究方法，形成不同学科之上对水研究的亚学科或者新的学科分野，诸如水经济学、水法学、水社会学、水历史学、水人类学、水伦理学等亚学科，更好地服务于水问题的研究。而在国际层面上，很多社会科学领域的亚学科已经形成。

三是没有形成一支社会科学不同领域里长期关注水问题研究的专业研究队伍。虽然当前在社会科学教学和研究机构中也有越来越多的专家涉及水问题研究，相关的课题也在逐渐增多，但客观而言，中国绝大多数的社会科学专家并非长期致力于水相关研究领域，长期甚至终身致力于水研究的社会科学专家较少。一些专家对水有一定的研究，但是，往往都不是长期稳定的研究行为，还属于“客串”性质，因此，也就没有形成自己的理论和方法。而在欧美国家综合大学和社会科学研究机构中长期关注水问题研究的专家都很多。成为一个专家需要有长期的实践，例如，国际水历史学会对于其设立的“水历史贡献奖”的申报人资格之一，就是要有30年持续不断在这个领域的研究经历。人才队伍现状使得推动社会科学对水的研究受到较大局限。

四是缺乏相应的支撑性成果，中国社会科学的研究成果对于人们认识水和人类文明发展的历史关系、认识水资源现状、进行水情教育、提供决策参考、化解当代的水问题等的贡献是有限的。相关的学术著作数量不多，在某些领域内屈指可数，没有形成认识中外水文明历史、化解当代水危机的支撑性成果体系。例如中国作为一个治水大国，对于中国久远博大的治水历史、经验教训总结等的系统厚重的研究成果很少，甚至没有一部全面厚重的《中国水利史》，或者阐述水与中华文明形成和发展、水与中国的社会历史发展关系、水与中国的可持续发展等方面有分量的著作，这与中国丰厚的资源和迫切的现实需求是不匹配的。面对当代严峻的水危机和建设生态文明、实现国家可持续发展和中华民族的可持续生存的现实需要，社会科学对水问题的研究不能再缺位，社会科学对水问题研究的重要性也应该得到充分的认识，相关研究必须加强。通过社会科学的研究来化解当代的水危机，实现人类的可持续生存，是社会科学研究水问题的现实应用价值。事实上，加强社会科学对水的研究也是社会科学创新的重大机遇，拥有广阔的学术创新发展空间。这一点我们可以从以下几个方面来理解：1. 中国社会科学对于本领域问题的关注已经较为丰富、不同领域的学术建设也趋于完善，但是，对于涉及人类生存重大利益的水问题的关注恰恰是弱项，在很多领域甚至是处女地。2. 研究的领域广阔。由于水和人类社会有千丝万缕的联系，因此，从与水相关的认知、崇拜、宗教、艺术创作、制度建设、政治关系、经济关系、社会关系到生活方式、生产方式、水环境治理等领域都可以进行研究，为不同学科的介入研究提供了深厚的土壤。3. 提供了广阔的学科创新机遇。不同的社会科学学科介入对水问题的研究，立足于本学科的理论并结合水的特性开展研究，可以发展起来新的学科分野，甚至形成一个亚学科。在吸收其他学科在理论和方法的基础上还可以进一步形成新的交叉学科。4. 在理论和方法上有较大的创新空间，这一方面是在学科基础结合水的特性并且吸收其他学科的理论获得创新，同时形成本学科研究水问题的理论工具和研究方法；另一方面形成和水相关的研究和认识性理论，既有的如魏特夫的东方水利社会理论、当代水治理的“水 4.0”理论等都是较好的例子。与水相关理论创新对我们认识人类社会过去、今天和未来提供了新的视野，有非常重要的理论和现实意义。而面对着水和人类历史发展关系认识的有限性和今天面临着的水危机、对未来的关注等，与水相关的理论创新空间非常广阔。

关于加强中国社会科学对水问题的研究，笔者认为主要应重视以下几个方面。

（一）明确发展的目标

必须要构筑社会科学对水的研究体系，来满足现实和学术发展的需要。为此，我们必须要有明确的发展目标和规划。

1. 形成中国社会科学对水研究的阵容

也就是要鼓励社会科学的各个学科全面加强对水问题的研究，包括从历史学、哲学、伦理学、民族学、人类学等基础学科到社会学、经济学、法学、管理学、国际问题等应用型学科的研究。由于水在人类社会中的影响具有广泛性，因此，在单一学科对水的一个侧面进行研究的同时，多学科的交叉研究更能洞察水问题的实质。这一点在近年来国际层面上已经取得了较好的成效，对水问题的研究往往集合了多个学科领域的专家共同研究。总之，应该形成不同的学科介入水问题研究的局面，同时又形成交叉融合的研究势态，这应该是推动中国社会科学对水问题研究的重要目标。

2. 形成强大的人才队伍

应当鼓励目前不同研究领域对于水问题已经有研究的专家学者坚持长期的研究，要鼓励年轻学者选择水问题作为长期研究的主攻方向，甚至终身致力于水问题的研究，成为水问题研究的专家。只有在不同的学科领域里培养起一批长期致力于水问题研究的专家，才能真正推动中国社会科学对水问题的研究形成阵容、提高水平。为了实现这一目标，除了中国大学和社会科学研究机构自身的努力之外，还应该有国家层面统一的规划和专项支持，鼓励学者长期从事水问题的相关研究。

3. 形成支撑性的成果产出机制和成果

一方面鼓励专家学者针对问题进行研究，将研究和需要解决的实际问题结合起来，使研究的成果能够直接进入应用。让更多的专家直接参与到目前化解水危机、构建人水和谐社会过程中来，建设起成果转换的机制。

另一方面也要促使各个学科产生一批相关的高水平研究成果，用成果来显示不同的学科在这个领域的成熟度、贡献力和价值。

（二）水问题的研究必须专门化

由于水是一种特殊的研究对象，因此，对水问题的研究必须专门化。对水问题的研究并不是信手可及，而是需要进行专门的学科建设。对于一个专家来说，不仅需要具有社会科学某一个领域的技能，同时还必须要有水文科学的基础知识，从自然和社会两个方面来把握水的实质。因此，就要求对水的研究必须从一个学科的领域出发去构建相关的理论、分析框架和研究方法，吸收不同学科的理论和方法，最终形成关于水问题研究的学科分野，使水问题研究专门化、科学化。总之要鼓励不同学科形成对水研究的专门化分野，最终形成一个社会科学研究水问题的学科体系。

（三）要给予重点规划和支持

由于中国社会科学对水问题的研究总体起步较晚，目前研究水平和贡献力与国际学术界相比还有较大的差距；但是，面对着日益严峻的水危机，中国的社会科学对水的研究不仅不能缺位，还必须较快发展起来。因此应该发挥中国社会科学的组织优势，重视培育推动社会科学对于水问题的研究，把这个领域的研究作为社会科学发展创新的重点领域。从国家的层面应该进行全面的规划和项目扶持，积极发挥国家社会科学基金的作用，争取国家社会科学基金对这个领域的发展给予倾斜和支持，对涉及相关国计民生的水问题进行重大项目立项研究，同时立项一批不同侧面的基础和应用性的水问题研究项目。在大学和社会科学研究机构中设立相关的研究机构，对项目立项、资金投入和人才培养进行规划和支持。只有有计划地进行不同层面的规划、投入和政策支持，才能尽快促进中国社会科学对水问题研究的创新发展，缩小和发达国家的差距，有力地服务于中国的可持续发展和生态文明建设。

（四）加强国际学术交流

水是一种自然循环的物质，因此，水问题往往也具有国际性，无论从研究的知识、技能、实践还是成果的产生应用，在人类社会中都有共同性，加强社会科学的国际交流是提升研究水平、达成共识的重要途径。一方面中国社会科学对水的研究不足，另一方面和国际上的学术交流也很少，缺乏相互之间的借鉴。因此，应该加强国际学术交流，一方面对外介绍中国博大精深的治水历史和生态文明建设的成果，另一方面学习借鉴国际上先进的经验，这将有利于促进中国社会科学与水相关的学科发展和学术水平的提高。应当鼓励学者积极参加国际会议和国际科研合作，积极学习国际上好的科学研究经验，开展国际比较研究。

（原载于《清华大学学报》（哲学社会科学版）2020 年第 1 期，人大复印报刊资料《生态环境与保护》2020 年第 9 期全文转载）

水 4.0：历史智慧与现实挑战

美国科学家戴维·塞德拉克在他今年出版的《水 4.0》一书中，提出了“水 4.0”概念，探索了 2000 多年来人类以城市为中心的水管理历史过程和今天面临的水管理挑战和解决之道，并且把不同时期水管理的实质性变革划分成不同的阶段：在历史上以大规模供水作为特征的水管理被称之为水 1.0；随着人类城市规模扩大和用水的增多，通过建设排水系统解决污水排放问题，这一阶段作者称之为水 2.0；人类通过建设污水处理设施处理污水而改变污水的自然排放状态，作者称之为水 3.0；今天通过更为集成化、智慧化、科学化、综合化的方式去建设一个更为科学的、能够不断适应人口增多和气候变化的城市水系统，就是作者提出来的水 4.0。

在笔者过去 20 年来的水问题国际研究活动中，尤其是担任国际水历史学会主席的经历中，深刻认识到水在人类历史发展过程中所扮演的重要角色，以及水管理在西方社会中从历史到今天一脉相承的价值，国际社会对水管理的历史经验教训的重视。历史上水管理的经验教训不仅是过去，同时也是今天我们应该继承的一笔重要遗产。《水 4.0》这本书正是从这一基点出发，介绍了从古代罗马时期大规模供水系统建设的历史成就以及对人类社会，尤其是西方社会发展的推动。由于大规模的城市供水系统的建设，解决了古代以罗马城市为中心的欧洲城市的供水问题，同时把这种模式通过罗马帝国的扩展复制到了东西方广阔的领土上，不仅支撑了从罗马帝国时期到今天很多城市的兴起和发展，同时也支撑了罗马帝国的兴盛。这里笔者把罗马时期管理水的成就做一点拓展：古代罗马水管理的成就不仅在于解决了罗马城的水供给问题，满足了罗马城市人口发展的需要及罗马帝国统治区域之内城市的水需求，同时更了不起的是带来了生活方式的变化及社会进步。由于水供给量的巨大提升，在满足生活用水的同时，罗马城市中大量公共沐浴、水厕所等卫生设施的普及，城市喷泉从用水的设施发展城市的景观设施，让人们充分享受到了水给城市带来的灵性。到公元 4 世纪，罗马城已建成 1352 个喷泉，11 个大型公共浴室，865 个小型浴室，144 个公厕。目前罗马城中已有超过 3000 个喷泉。这一切不仅为当地城市人民的健康和生活品质带来了革命性的变革、同时这种罗马生活方式也对东西方社会产生了广泛影响。

然而成功地解决了城市的水供给问题，仅仅是解决了城市水问题的一个部分。随之而来的就是城市污水问题。戴维·塞得拉克向我们展示了欧洲的污水危机以及历史上解决城市污水问题的经验教训，包括大规模的下水道建设，在欧洲历史上著名的例子是巴黎和伦敦，通过大规模的下水道建设，解决了城市的污水问题和由此带来的健康危机。这是历史上成功的经验，也就是作者提出的水 2.0 变革阶段。但是近代和当代城市污水问题显然要复杂得多，越来越多的城市修建了污水处理厂，通过自然和技术的手段进行污水处理，这一个过程是有效的，同样对提升城市居民的生活的品质和健康质量起到了积极的作用。然而在今天现代污水处理方式的局限性也越来越明显，戴维·塞得拉克通过很多美国城市污水处理案例的分析，阐述了现代技术条件下，尤其是大量使用化学品进行污水处理带来的不良后果。从水 1.0 到 3.0，人类从成功的水管理到另外一个困境之中，显示了人类水管理的局限性。但是在另外一个方面，今天很多城市的扩展仍然在复制着水 1.0 的过程，仍然需要解决人口不断扩展城市化过程中对水的大量需要，这也就是水 4.0 概念的必然前提。这些历史上的分析，不仅有助于人们思考水和人类发展之间的关系，同时也有助于人们认识到今天水管理和历史上水管理的脉络和差别。

事实上，在今天很多国家迅速城市化过程中，通过各种手段，甚至长距离的远程调水来满足城市不断扩展的水需求，并不能从根本上解决城市水问题，因为污水问题和可持续的水供给、水环境问题将会随之而来，这一点是我们今天还没有深刻认识到的。

今天社会中的一种现实：人类面临着严峻的水危机，但我们却对于水和人类历史发展过程的关系，尤其是水治理在人类社会进步中所扮演的角色认识非常肤浅，甚至缺乏起码的知识，这种现象在今天的中国尤为突出。今天的城市中，水往往只是一种通过购买而获得商品和消费品，城市中的居民对于各级政府保障城市水供求所做出的艰辛努力知之甚少。观念是行动的指引，没有水历史的知识，也就很难构建起一种强烈的关爱水的观念，进而引领水可持续利用与应对水危机的行动。今天的城市化使人们与自然的距离拉开了，当然也包括人与水的关系的变化、对水的认识的疏远。这种现象对于人类的可持续发展是十分不利的，具体来说与水的精细化管理，如节水行动是不及格的，使得节水与精细化污水管理这些水 4.0 的核心要素的构建缺少思想基础。

城市水系统建设仍然任重道远。在不同的地区，今天仍然处于不断扩大的城市化过程中。城乡的供水与污水处理仍然是我们地球上重大的挑战，我们是否能顺从 1.0 到 4.0 的历史发展规律，还是直接进入 4.0 阶段，或 1.0 与 4.0 并重？今天的现实是在发展中国家仍然处于难以跨越的 1.0 阶段，以不断扩大的供水规模去适应不断扩大的城市化规模，使很多地区与城市陷入水危机的死结中。事实上，解决城市的水危机，仅仅靠不断开辟水源、远距离调水是解决不了问题的，笔者认为关键的基点只有两个：一是量水而决定城市发展的规模，把水供给量作为考量城市发展规模的重要尺度，而不是以城市的发展规模来考量城市的水供给，不断复制水 1.0。二是实施水 4.0 规划，精细化、科学化、智能化管理水。

东方的水智慧是人类历史水管理的重要组成部分。东方，尤其是中国，自古以来就将河流流域作为建设城市的首选，大多数城市都是以河流为城市的水源与排水道的，这一点与西方很多城市发展于商道上或建于广阔的喀斯特地貌上是不同的，这也决定了东西方不同的城市供排水方式。中国的古代城市水系统建设成为支撑城市发展最重要的基础，其成就往往跨越了西方水系统建设的诸多内容，尤其是回避了西方城市发展史上曾经出现过的污水灾难。遗憾的是中国很多传统的水系统在当代城市化过程中被破坏了。西方城市水系统的传统能一脉相承，而中国优秀的古代城市水系统却难以传承，这是一种警示。中国城市的建设发展若实施水 4.0 战略，将极大地助力城市的可持续发展。

（本文发表于《中国水利报》2015 年 12 月 24 日，第 3745 期）

生态文明建设如何化解当代水危机

——水生态文明建设的背景、理念和途径

一　全球水危机对水生态文明建设的呼唤

中国共产党的十八大以来，生态文明建设被提到了一个前所未有的高度。建设生态文明已经成为党的重要工作议题、国家建设的重要方略。建设生态文明不仅是从目前中国发展的实际出发，同时也涉及中华民族可持续发展的千秋伟业。水生态文明建设也正是在这样的背景下提出来的。

水是人类生存的基本物质，拥有了水才拥有生命、拥有人类生存的可能性。人类过去依赖水而生存，今天和未来仍然离不开水。但是今天人类赖以生存的水环境和水资源已发生了前所未有的危机，水资源短缺、水环境污染、过度利用水资源、洪涝灾害等都严重困扰着人类的生存发展，全球都面临着水安全形势恶化的问题，我们人类的生存家园正面临着严峻的水危机挑战。

根据联合国《2018 年世界水发展报告》，目前世界有 19 亿人口生活在严峻的水安全无保障的地区，2050 年这个数字可能提高到 30 亿。在水质量方面，全球有 18 亿人口使用没有经过任何处理的饮用水，对于水相关疾病没有任何防范。全球所产生的污水有 80%都没有进行任何处理和再利用而直接排放到自然环境中。在水灾害风险方面，受到洪水威胁的人口将在 2050 年从目前的 12 亿增加到 16 亿人，接近世界人口的 20%。由于气候变化的影响，人类到 2030 年将面临 40%的全球水资源赤字。随着水污染的加剧，地表水和沿海地区水环境的富营养化将遍及全球。这一切将会对全球社会经济产生重要的影响，不仅影响全球经济发展，也将导致贫困、社会不公平程度的加深和水资源冲突等矛盾的加剧。最值得注意的是，尽管近年来从联合国到不同国家层面上对应对水危机都做出了艰巨的努力，但是人们面临的这些水安全问题并没有得到缓解，反而有加剧的趋

势。在未来的几十年中，人类将面临更加严峻的水困扰，水将成为制约全球发展最重要的因素之一，这一点已经没有悬念。在今天全球性的水危机环境中，并没有一个国家能够独善其身，都会受到其直接或者间接影响，如因为水问题而导致的疾病流行、贫困、粮食减产、经济衰退甚至战争冲突等。

在中国水安全形势也并不容乐观。中国存在着水资源地域的分布不均、水旱灾害并存、城乡水资源短缺、水环境大面积污染等严重问题。在过去几十年，中国的城市用水量都大幅度增长，在新中国成立初期中国的人均用水量为 187 立方米，而目前已经达到了 450 立方米左右，中国的大中城市普遍存在缺水问题，北京、天津、山东省、河北省、辽宁省等省市都处于人均每年拥有 1000 立方米水资源的严重缺水指标之下。中国大多数大城市都属于严重缺水城市，这一切制约着中国的城市可持续发展。

在严重缺水的同时，中国城乡更存在着严峻的水污染形势。根据环境保护部发布的《2016 中国环境状况公报》，三类至劣五类的地表水占了全国总地表水监测表的 60. 1%，而已经存在污染的二类水占 37. 5%，一类水仅仅占 2. 4%。而地下水水质较差级和极差级占到了 64. 5%，其中较差级占 45. 4%，优良级仅占 10. 1%。根据水利部对于地下水开发利用较大的松辽平原、黄淮海平原、山西及西北地区盆地和平原、江汉平原地区的监测，较差的和极差的测站比例高达 76%。[①] 再以湖泊污染为例，2016 年监测的 118 个湖泊中四类五类和劣五类水质的湖泊高达 76. 3%。[②] 在过去的十多年中，水体污染迅速从城市向周边地区扩张、由浅层向深层渗透、由局部向大面积扩大。这种事态如果得不到根本的遏制，必然给中国的整体环境、经济发展、人民健康、社会稳定造成严重的后果。

人类面临着的这些水困境，不仅表明了水环境状况的巨大改变，同时也表明人类生存环境在恶化。然而今天人类却面临这样一个悖论：人类改造水环境的技术成就越来越高，从美国的胡佛大坝、亚利桑那引水工程、埃及的阿斯旺大坝到中国的三峡大坝、南水北调工程，人类创造了一个又一个的治水奇迹，但是人们赖以生存的水资源和水环境状况非但没有得到根本的优化，反而越来越恶化。这就说明了人类建设自己的生存家园离不

---

① 贾绍凤、吕爱锋、韩雁等著：《中国水资源安全报告》，科学出版社 2014 年版，第 77 页。

② 参见 http：//www. mep. gov. cn/gkml/hbb/qt/201706/t20170605_ 415442. htm。

开科学技术，但是科学技术也不能解决所有的问题。与此同时，今天越来越多的证据表明人类和水的友好关系并没有建立起来，人类社会所面临的水危机往往都是人类自己造成的。现在我们和水的自然关系越来越疏远，我们已经不像农业社会中那样对水的特性有深刻的认识、科学的安排和密切的亲近。在传统农耕社会中各个民族都有崇拜水的仪式甚至是宗教活动，但是今天这种崇拜大多已经消失了，使人们丧失了对水的敬畏。因此今天的水往往已经背离了它的自然属性，成为一种被储存的商品和消费品，满足我们的生存和舒适需求，用金钱可以买卖。人类不友好的环境行为直接造成了大量的水问题。典型的例子是中国今天很多城市中河道的垃圾污染问题成为当地水环境污染的重要原因。包括天津、苏州、昆明、安庆等文化名城河道的垃圾污染问题仍然是突出的问题，很多市民将大量的垃圾倾倒在河道中，造成了不同程度的河道污染。在昆明市，市民向河道倾倒乱扔垃圾造成的污染一直是滇池治理的一个顽疾，长期无法得到根本治理。很多无良的企业将污水直接排放到江河湖泊中，造成水体的污染。凡此种种，都表明我们的社会背离了人水友好的准则。因此要从根本上解决人类面临的环境问题，只能从人类社会内部去解决，首先还是要解决人类自身的问题，这就是要有人类善待自然的意识、价值取向、行为、制度与能力。[①] 只有解决了这些问题，才能从根本上保障人和自然之间的平衡。这一切就是水生态文明建设的迫切性。

二　水生态文明建设的理念

生态文明建设是一个庞大的系统工程，涉及生态环境中的空气、水、土、生物、人类等生物和自然要素。因此有针对性地对涉及人类生存最根本利益的水这一核心要素而构建一种生态文明的亚体系，在生态文明建设的过程中提出水生态文明建设，是非常有必要并且有长远意义的。2013年1月4日水利部的《水资源（2013—1）》印发了《关于加快推进水生态文明建设的工作意见》，正式将水生态文明这个概念通过官方的文件明确下来。从此这个概念开始引起了学术界的关注，并且对水生态文明的理

① 参见任维东《社会科学不可缺位水问题研究——访湖北大学教授、法国水科学院院士郑晓云》，《光明日报》2019年4月13日，第12版。

念和应用展开了诸多的研究，包括水生态文明的相关理论问题、[①] 乡村治理、[②] 城市水环境治理、[③] 河流治理、湖泊水环境治理[④]等方面的理论和实践。

由于水生态文明建设是最近几年才提出来的，因此关于它的概念有不同的解释。对于水生态文明的概念，笔者比较赞同的一种观点是："水生态文明是指人类遵循人水和谐理念，以实现水资源可持续利用，支撑经济社会和谐发展，保障生态系统良好循环为主体的人水和谐文化伦理形态，是生态文明的重要部分和基础内容。"[⑤] 这个定义对水生态文明的概念及建设的目标作出了界定。

就水生态文明而言，有三点是非常关键的。首先，水生态文明是涉及水的生态文明，主要是要构建起和水相关的一种生态文明形态。因此也可以说是水生态的文明，是构建在水生态之上的文明。那么什么是水生态之上的文明？水生态是一种自然现象，但是它也是人类和世界一切生命体生存的环境，水生态的良好直接关系到人类和其他生物的生存。而水生态的状态与人类和其他生物的互动有直接关系，是这种互动关系的结果。在这种互动关系中，水生态可能对人类来说是恶化的，也可能保持一种良好的状态，不发生反作用于人类生存安全的改变，对于人类来说所需要的是后一种结果。那么在这种互动中如何才能保证水生态的良好状态，并且有利于人类的生存和未来可持续发展，这其中的能动因素除了自然可能的变化（如气候变化、自然灾害等）之外主要还是在于人类。这就涉及人类对水的理解、价值观，对待水环境的行为和制度、保护水环境并且实现水资源的可持续利用的技能等。这些与水和谐相处的要素所构成的一个可以影响到长远的文化体系，就是和水相关的文明形态，也就是水生态文明。

其次，水生态文明是人类文明的一个亚系统，它是生态文明中涉及水

---

① 参见左其亭《水生态文明建设几个关键问题探讨》，《中国水利》2013 年第 4 期。

② 参见莫明浩、杨洁、涂安国、袁芳《美丽乡村建设的实践探索与思考——以江西省水生态文明建设为例》，《中国农村水利水电》2019 年第 2 期。

③ 参见户超、褚俊英、何素明、何亚闻《城市水生态文明内涵及指标体系构建综述》，《人民黄河》2015 年第 12 期。

④ 参见尹炜、卢路《长江流域水生态文明建设视角下的水资源保护体系研究》，《三峡生态环境监测》2018 年第 2 期。

⑤ 左其亭：《水生态文明建设几个关键问题探讨》，《中国水利》2013 年第 4 期。

的一个文明体系，同时也是因水而生的文明。从人类的历史发展过程中可以证明，水文明作为人类的一种文明形态是成立的。① 水生态文明有其自身的理念、内涵、支撑要素以及建设要达到的目标，但与此同时把水生态文明理解为人类文明的一个亚体系，就是要强调水和人类文明方方面面所存在的关联性，因为人类社会中的一切都会和水发生关联，都会直接影响到水生态的状态。因此考虑水生态文明的时候，把水生态文明作为一个独立的体系来加以对待，同时也要看到它和整个人类文明的关联性。

最后，水生态文明的体系性内涵。水生态文明是一个在因人类和水互动的过程中所构筑起来的一个文明体系，这个文明体系包括了人们的观念体系、行为模式、制度体系、能力体系、文明表象体系等，不是单一现象。因此建设水生态文明必须考虑其体系性特征。如果我们在水生态文明建设中去考虑到其中的某个侧面，而不是一种体系性的考虑和建设，那么是达不到水生态文明建设的目的的。这一点非常重要，尽管生态文明建设要点点滴滴从不同的侧面做起，夯实建设的每一个基点，但是在总体长远的规划中，必须有整体性考虑，必须要从水生态文明现实的各个方面着力，包括思想观念、价值体系、行为模式、生活方式、生态环境等方面。应该特别指出的是，有很多地方的建设注重的是可视的景观效果以及一些是可触摸的地表水环境，例如人工湿地和公园，但是对于水生态文明建设的很多核心要素，如观念、环境价值、生活方式等重视不够，甚至是缺位的。

综上所述，笔者认为水生态文明建设就是将生态文明建设的理念贯穿到水的利用与水治理的全过程中，构建起一种有正确对待水的意识、行为、科学管理水资源的制度、合理利用水资源的生活与生产方式、有效提高水资源利用率的能力、平衡人类生存与水资源环境之间关系的能力、实现水资源可持续利用的人水友好型社会的人类文明形态。水生态文明建设最终的目的就是要构建起一种友好对待水资源和水环境社会形态，实现水资源的可持续利用，最终实现人类可持续生存。只要我们有了对待水的正向的意识、价值观和行为，有了平衡水资源与人类生活和发展需求关系的能力，有了有效管理水资源的制度和社会规范，实现了人水和谐，在实现

---

① 参见郑晓云《权力、认同与国家治理：水在罗马帝国兴盛中的角色》，《社会科学战线》2019 年第 7 期。

自身的生存和发展的同时能够充分享受水这一种大自然的恩赐，那么我们就拥有了水生态文明。

三 水生态文明如何建设

那么水生态文明应该怎么建设呢？笔者认为应从以下五个方面重点着力。

第一，生态文明本质上是对待生态的文化体系，包括人们的知识、观念、价值、审美、行为模式、生活方式、社会规范和制度等，因此文化是支撑水生态文明建设重要的内涵。要通过文化建设去构筑水生态文明建设的基石。不同地区、不同民族和国家的民众总是基于他们的价值判断、宗教观念、社会习俗、政治关系、生产和生活方式去理解当地的自然环境，管理自然资源，从而形成了和生态环境相关的生态文化，也成为生态文明建设的文化基础。由于不同地区的生态文化存在差异，在生态文明建设的范畴中同样也形成了不同的文化差异。因此，对自然环境的认知、价值观，以及与生态环境相关的行为模式、社会关系、生活方式这些文化意义上的要素，都会直接影响生态文明建设的结果。如果这些要素缺位，或者其性质和生态文明建设目标相悖，都将不利于生态文明建设。① 因此建设水生态文明，首先要建设水文化，让水文化成为水生态文明建设的重要支撑。

第二，水生态文明是要建立起人类善待水的观念、制度、社会行为模式和有助于平衡发展和自然之间关系的生活生产方式。因此建设水生态文明首先是要树立人水友好的价值观。我们要充分认识水对人类生存发展、文明延续的重要性，拥有丰富的水知识，培养起一种关爱水的强烈意识，以及有利于平衡人水关系的价值观，这种价值观能够使人们在对待水和自身利益的矛盾冲突中看到长远和大的利益，能够从人类长远发展的根本利益出发来判断目前的水资源利用、对待水环境，而不是从眼前的利益出发，以危害水资源环境来寻求利益。例如不去为了短期的经济发展过度利用地表水、抽取地下水、排放污水等。如果有了关爱水环境的意识，那么

① 郑晓云：《用文化的力量助推生态文明建设》，《光明日报》2018 年 10 月 29 日，第 06 版。

人们也就不会向河道中倾倒垃圾、排污水。好的观念是约束人类养成友好对待水资源和水环境的行为模式的重要基础。

人类对待水的友好行为模式是水生态文明建设中的重要环节。如果人类没有一种对待水环境的友好行为，带来的可能就是对水资源的破坏，小到向水中扔塑料瓶、垃圾，大到随意破坏水环境、污染水体等，这样对于人类发展来说是一种逆文明的举动。相反如果人类有较好的行为习惯，不污染水、不破坏水环境、主动关爱水资源和水环境、合理开发利用水资源、在日常生活中节约水，那么治理环境的成本将大大降低，不仅能让人类拥有一个生态良好的家园，同时也表明了人类文明得到了提升。

第三，人类社会经济发展和水资源水环境状况的平衡关系是水生态文明建设的重要尺度，这种平衡关系处理得越好，表明人类社会越文明。人类要生存发展就必然要利用水资源，这是一个规律，无可厚非。但是人类过度利用水资源，为了自身的发展利益和生活需要对水资源的开发利用超越了自然的承受能力，甚至彻底改变了自然的状况，导致水资源枯竭等恶果，那最终伤害的还是人类自身。因此我们对水资源的开发利用一定要适度，无论城市发展规模的扩大还是经济的发展、生活品质的提升都要量水资源量而定，而不能超越水资源承载能力。甚至为了保护水资源和水环境，我们必须放慢速度，放弃眼前利益，寻求平衡，而不能一以贯之地依靠大规模的工程技术手段进行远程调水来满足一个地方的用水需求。这是水文明建设非常关键的一个理念，也是衡量水生态文明建设的一个尺度。同时平衡人水关系还可以从人类社会中寻求化解之道，例如形成有利于合理利用水的生活方式、节约用水的社会行为模式和制度、水的循环再利用、城市中收集利用雨水，等等，都可以减轻对水资源的压力。

第四，水生态文明还反映在让人们有充足、安全的水供给，解决水消费的不公平问题，尽可能地让地球上的人都能够享受安全的水消费。与此同时，还要让人们亲近水、享受水生活。让人们不仅有足够安全水可以利用，同时还可以享受水带来的愉悦，建设充满水气息的生活环境，包括亲近湖泊河流的设施、诗情画意的水景观，例如在欧洲随处可见的城市喷泉、流淌着清水的公共饮水设施等，让亲水环境成为人们美好生活的一个必然组成部分。

第五，水生态文明建设重在建设一个人水友好社会去应对自然，而不是改变水环境来适应人类社会。这包括了人类建立一种自身生存发展和水的平衡关系，同时尽可能让水资源处于自然状态中。2018 年世界水日的主题就是回归自然，将维持自然状态作为保持人水平衡的一种手段。[①] 因此，生态文明建设并不是要大规模地提高人类开发利用水资源的能力，通过大规模的工程手段来满足人类的发展需要，这不仅有可能进一步加重人和自然之间的危机，反过来可能有悖生态文明建设。同时生态文明也表现为在人水关系之间，人类能够更多地让水保持自然的状态，在人类现实的发展利益中能够向水的自然状态更多的让步，而不是更多的掠夺。生态文明是人类社会中的存在，是人类文明的建设，而不是人与自然关系的改变。只有明确了上面这些理念，才能有效推进水生态文明的建设。

四 结语

对于大自然来说，人类是可有可无的，没有人类大自然无论处在什么状态都是一种存在方式。对于人类来说，大自然却不是可有可无的，大自然的状态决定了人类的生存状态。这就是人类必须构建生态文明以应对自然挑战的必需选择。从水的角度来说，也必须要有一种对水友好的文明形态来应对它，才能保证人类的可持续生存，因此我们在当代必须要注重水生态文明的建设。水生态文明的建设重点的着力必须放在文明建设的基点上，这是水生态文明建设的根本之道。要从人类的观念、知识、行为准则和模式、生活方式、生产方式以及其他文明的表征着力去进行水生态文明建设，因此建设水生态文明必须要注重系统性的规划、立足于系统性的建设思维。必须要注重文化在水生态文明建设中的重要价值，把文化作为水生态文明建设的重要推动力。让水生态尽可能地保持自然的状态，不仅是水生态文明建设的一种态度，也是一种途径。只有通过生态文明建设，才能从根本上化解人类面临的水危机，实现可持续生存。

（本文载于《社会科学家》2019 年第 8 期）

① 郑晓云：《让自然托起水可持续的未来》，《江河》2018 年第 2 期。

国内外澜沧江—湄公河水资源管理问题研究综述

一　20 世纪 90 年代的研究

在国内，自 20 世纪 90 年代便有一些学者开始关注澜沧江—湄公河问题的研究。这一时期的研究主要是集中在水资源的开发利用上，如发表于《当代亚太》杂志上的《澜沧江—湄公河的联合开发与中泰合作》（韩锋，1996），指出澜沧江—湄公河流域水资源丰富，合作开发必将有利于流域国家，同时也是中国与泰国合作的一个良机。发表于《水科学进展》杂志上的《澜沧江流域（云南段）水资源开发利用现状及趋势分析》（刘恒，刘九夫，唐海行，1998），指出澜沧江—湄公河云南段自然资源丰富，水文、地理及气候特征独特。目前该流域水资源开发利用程度较低，仅有少量的灌溉面积，干流也仅建成了一个径流式水电站。作为我国西南地区的重要水电能源基地，流域的进一步开发将集中于水电、航运和农业灌溉。其开发方式具有立体开发、电力先行和国际合作开发等特点，应积极发展水电开发。在有关开发澜沧江—湄公河的问题方面，一些论文提出了整体开发的概念，较一国单独开发的理念有了明显的提升。代表性的论文有发表于《地理学报》杂志上的《澜沧江—湄公河流域整体开发的前景与问题研究》（陈丽晖，何大明，1999），探讨了澜沧江—湄公河流域整体开发的必要性以及流域内的开发路径，指出决策不应当以局部地区的需求为基础，而要以整个流域的总体利益为基础。同时，有些论文还注意到了对澜沧江—湄公河流域环境与资源的保护问题。如发表于《地理学报》杂志上的《澜沧江—湄公河流域资源环境与可持续发展》（唐海行，1999）一文，提出为维持整个流域的可持续发展，流域内各国必须通力合作，促进全流域整体规划和共同制定各国都应遵循的生态环境保护法规；在加快对河流和其他自然资源开发利用的同时，必须把生态环境的退化与资源浪费作为整治的重点。事实上，在这一时期，针对上游水电开发等问题，下游国家已对中国有不少批评，同时在下游国家之间也已有互相间的争执，这一点也有学者注意到了。在《东南亚》杂志上发表的《近年来围绕澜沧江—湄公河流域开发的环境问题述评》（陈建明，1997）一文，指出正如世界上许多大江大河的开发一样，澜沧江—湄公河流域开发中的环境问题历来就是引起沿岸国家甚至国际社会争论不休的重要问题之一，其中有的开发项目因具有跨国性的影响，若处理不当，则有可能引起国际纠纷，影响有关国家之间的关系。该篇论文同时还介绍了国际上争执较大的一些焦点性问题。

二 21 世纪初的研究

进入 21 世纪以来，学者开始关注澜沧江—湄公河的安全与流域国家之间的利益协调机制等问题，这是由于在流域水资源不断开发的过程中已出现了较多的环境问题与水资源冲突问题。有代表性的文章是发表于《世界地理研究》杂志上的《国际河流流域开发中的利益冲突及其关系协调——以澜沧江—湄公河为例》（陈丽晖，曾尊固，何大明，2003）一文，文章分析了流域内自然条件的区域特征、重要的开发行动，分析了流域内各个国家的关注点，以及流域开发中存在的国家间利益冲突，部门间利益冲突，国家、地方与个体之间的利益冲突等，提出冲突存在的危害和冲突解决的可行性，并就澜沧江—湄公河流域开发中需要协调的利益关系提出了有针对性地化解不同利益矛盾的建议。同时，该文进一步探讨了对澜沧江—湄公河流域的开发利用问题。同时，学者们还注意到了水资源开发等环境问题对于区域政治、合作的影响，尤其是对参与大湄公河次区域合作的影响，这就将水资源问题放到了一个更广阔的视野中。发表于《世界地理研究》杂志上的《澜沧江水资源系统变化与大湄公河次区域合作的关联分析》（冯彦，何大明，甘淑，2005）一文，指出针对澜沧江—湄公河水资源系统变化的跨境影响这一受到国际社会，特别是下游国家关注的问题，结合流域各国水需求及区域性协定之规定，对比分析澜沧江大坝建成后对径流的影响，发现年出境水量呈小幅增长趋势，总体上有利于下游国家对水资源的利用。出境水量变化主要对下游中上段产生明显影响，越往下游影响力越小，因此建议尽早制定流域综合规划和国际水分配方案；合理调整水库运行方案，避免出境水量或水位的大幅变化，减少跨境负面影响，维护区域合作。

近年来，随着中国参与大湄公河次区域合作层次的不断加深、流域水电开发力度的加大，同时也随着气候变化等新问题的出现，中国与湄公河流域国家的环境问题愈显突出。学者们的探讨随即也由加快资源开发上升到了战略合作、寻求新开发模式、化解矛盾、深化合作、寻求建立共同的利益机制等层面。

2009 年以来，中国西南的多个省区，尤其是云南省经历了百年未遇的干旱，不仅影响到了中国境内，对湄公河流域国家也造成了明显的影响，由此也引来了下游国家对中国开发水电及自然资源的批评。于是，干旱治理便成为澜沧江—湄公河合作的新的热点问题。郑晓云启动了云南第一个干旱治理的研究项目，在随后的研究中，始终将干旱的治理与澜沧江—湄公河的可持续发展与合作机制的建立作为一个研究的重点。在《云南干旱长期治理研究》（郑晓云，2013）首次提出了中国西南与周边国家所存在的环境关联性问题，强调这种关联性不仅仅存在于澜沧江—湄公河流域。在西南的干旱治理中，要把湄公河流域与中国西南作为一个整体来看待，才能有效地实现治理，并在云南干旱研究的过程中始终将湄公河流域纳入研究视野。同时，在多个研究报告中，郑晓云还提出要建立化解水冲突的机制、实现环境合作，应客观地关注境外国家对河流流域的水关切，建立一种合作共赢的机制，而不能仅仅从中国国内的经济发展和战略利益出发来考虑国际河流的资源利用和开发。要建立从中央政府、地方政府到民间的对话机制。要建立与下游国家地区和国际舆论环境的对话机制和信息交流机制，并使这种机制能够常态化。要积极主动地和下游国家相关的国际组织建立定期的对话机制和信息沟通机制。要加强和下游国家信息沟通的渠道建设，提高信息沟通的频率和透明度，尽可能地在国际环境中树立信息交流等可信形象，提升可信度。关于气候变化的影响，发表于《自然资源学报》杂志上的《气候变化对澜沧江—湄公河上中游径流的影响研究》（吴迪，赵勇，裴源生，毕彦杰，2013），则分析了气候变化所带来的对澜沧江—湄公河水量的影响及后果。

学者们已不再单一地关注水资源的开发利用问题，而是更多地强调流域的合作与可持续发展问题。《地理学报》杂志发表的《江河流域开发模式与澜沧江可持续发展研究》（黄勇，1999），通过分析国内外大河流域开发的多种模式，研究可遵循的客观规律和存在问题，借鉴其经验和教训，同时分析了澜沧江流域发展的有利条件和限制因素，提出澜沧江流域实现可持续发展的模式是多目标协同开发的生态发展模式。指出澜沧江的开发必须以水资源开发为核心，实现水资源的综合利用。一些学者还将澜沧江—湄公河的水资源问题上升到战略高度。《外交评论》杂志发表的《大湄公河水资源安全：多层治理及中国的政策选择》（郭延军，2011）一文指出，在大湄公河流域范围内存在十几家国际合作组织机构，这些组织机构的发起者各不相同，既有流域沿岸国家，也有相关国际组织，还有一些区域外的国家，如美国、日本、印度、英国、澳大利亚等，尤其是域外大国在经济合作的背后往往隐藏着政治目的，这就有可能使地区政治和安全形势复杂化，甚至成为流域国际水资源安全合作中的不利因素。

在建立机制、化解环境冲突的问题研究方面，《东南亚纵横》杂志发表的《澜沧江—湄公河流域水资源合作机制研究》（汪霞，2012）指出，开发澜沧江—湄公河水资源，维护国家利益应放在首位。在目前的国际河流的利用和管理中，往往强调上游国家在水资源保护中的环境责任，而没有考虑到上游国家在水资源利用中的权利。澜沧江在中国境内，是中国的水资源。中国对大湄公河流域的水电开发是中国享有的水资源权利，中国必须坚持和维护自身在大湄公河流域的国家利益，以促进国家发展，但同时也要减少下游国家的疑虑，增强流域各国的互信，建立国家间的合作机制。发表于《区域经济评论》杂志上的《中国参与澜沧江—湄公河国际次区域合作的思路及对策》（黄征学，肖金成，申兵，2013），提出了在新的 10 年，中国推进澜沧江—湄公河合作要突出 GMS 合作的主导地位，妥善协调好各种合作机制之间的关系；调动各方面的力量，促进次区域国家的经济发展；推进跨境经济区建设，加快边疆地区发展；积极开展社会文化领域方面的合作，提升中国的区域影响力；加强生态环境方面的合作，促进区域可持续发展；加强次区域合作的协调与管理，形成次区域合作的合力。环境合作已成为必须重点推进的战略。同时，也有学者关注进一步化解环境冲突的问题，发表于《法制与社会》杂志上的《关于我国国际河流开发中利益冲突的探讨——以对澜沧江—湄公河的开发为例》（杨练，2013），提出在国际河流冲突问题的解决上，应注重找到流域内各国之间的利益共同点。一是各国在总体上对于该特定区域持续发展的需求；二是不同目标之间是否可以通过同一手段满足需求。针对澜沧江—湄公河流域的实际情况，可以通过加强国际合作、平衡流域内各国各方的利益关系来寻求一个合理的解决方案。

目前对湄公河水资源与环境合作，已有很多学者上升到外交层面加以考虑。代表性论文有发表于《东南亚研究》杂志上的《“水外交”视角下的中国和下湄公河国家跨界水资源合作》（张励，卢光盛，2015）。面对进一步深化环境合作及围绕水资源冲突的不断加大，学者们提出了建立互信关系的观点。发表于《印度洋经济体研究》杂志上的《中国在澜沧江—湄公河跨界水资源合作中的信任危机与互信建设》（张励，卢光盛，伊恩·乔治·贝尔德，2016）指出，随着中国与下湄公河国家对澜沧江—湄公河开发力度的逐渐增强，双方在跨界水资源合作中的信任危机日益严重，并成为阻碍跨界水资源合作水平提升的关键性障碍因素，而下湄公河国家对信任信息获取的偏差，对合作机制中信任维护的忽视，以及在合作基础选择上国家利益大于国际信任的行为，是造成跨界水资源合作信任危机主要原因。论文提出了包括缓解跨界水资源合作中的国家利益与国际信任根本性矛盾，树立跨界水资源合作关系的“水命运共同体”意识，拓展下湄公河国家了解中国合作意愿渠道等对应策略。

三　国际河流研究及对湄公河的关注

国际河流一直是国际研究的热点，它不仅关系到国际河流的开发利用与保护，更是涉及区域政治、冲突与和平的重要因素。在这方面，不论是非洲的尼罗河、刚果河、欧洲的莱茵河还是本文所涉及的湄公河等，都有共同之处，都已有了大量的研究。国际上对于国际河流的研究主要集中在水资源的开发及如何实现合作共享。最具有代表性的文献是联合国教科文组织 2015 年出版的大型文集《自由流动》（*Free flows*）及《全世界的国际河流流域》（*International River Basins of the World*，*AT Wolf*，*JA Natharius*，*JJ Danielson 1999-Taylor & Francis*）、《超越河流：国际河流合作的利益》（*Beyond the river*：*the benefits of cooperation on international rivers*，*2011*）、《跨国际河流流域的冲突与合作的政治背景》（*The political context of conflict and cooperation over international river basins*，*1993-Taylor & Francis*）等。这些研究都对国际河流的管理、冲突及化解做了深入研究，并已形成了很多相关理论。不同层面、不同领域的合作是联合国教科文组织所倡导地化解国际河流冲突的主要方式。

湄公河研究在国际上也有较多的成果，主要集中在湄公河水资源的开发利用、湄公河流域的国际合作与争议、大坝建设问题及民族文化问题上。关于湄公河的自然环境问题研究，有代表性的是《生命的河流——湄公河流域的自然生态系统变迁》（*The River of Life*：*Changing Ecosystem of the Mekong Region*，S. Yos，2011）。这本书对湄公河流域的环境状况、民族区域面临的一系列环境冲突问题，包括大坝建设、农业用水资源开发、森林资源的破坏、水生动物的危机等问题，提出了河流流经地区共同应对环境变化的必要性。在《湄公河流域的图解生态史》（*An Illustrated Eco - history of Mekong River Basin*，T. Akimichi，2009）一书中，作者从湄公河流域更为微观的各种元素，包括流域的各种水中陆上动物、植物分布，当地民众的生计状况、对湄公河流域各种资源的具体利用、历史变迁等，探讨了当前湄公河流域环境所面临的各种突出问题，这些问题都和当前的开发所引起的环境变迁有直接关系。对于湄公河流域的自然资源管理，尤其是水资源管理研究的另一部代表性著作是《湄公河流域民主参与性的水资源管理》（*Democratizing Water Governance. L.* Lebel，2007）。这本书探讨了湄公河流域水资源管理的政治背景问题、水电开发问题、水资源管理中的多元主体利益问题、社区的水资源管理等问题。对于湄公河流域的环境冲突与合作研究，代表性的论著包括《河流风险：湄公河与中国及东南亚的水政治》（*River at risk*：*the Mekong and water politics of China and Southeast Asia. Osborne*，M. 2012）等，这些书探讨了中国和东南亚国家围绕水资源所产生的冲突和矛盾，分析了冲突和矛盾对湄公河流域自然环境可能会带来的风险。《湄公河：环境与发展》（*The Mekong*：*environment and development*. Hori，H. 2009），探讨了湄公河流域自然环境状况和发展之间的关系，尤其是当前湄公河流域开发所带来的对自然环境的压力，对如何保护自然环境以获得这个流域的可持续发展问题进行了探讨。

关于区域合作问题，代表性的文章有《跨境河流合作与区域公共利益：湄公河的个案研究》（*Trans-boundary river cooperation and the regional public good*：*The case of the Mekong River*. Oliver Hensengerth. 2015）。在这篇文章中，作者探讨了湄公河作为一条跨界河流所存在的各种利益关系以及整个流域的共同利益问题，同时探讨了在各种利益关系之上实现合作的可能性和合作途径。以上这些研究，涉及湄公河的自然与人文、合作与冲突问题，也涉及与中国的关系问题。但是，对这一区域如何建设一种文化机制、对当代的发展过程中的人文环境和自然环境变迁，以及当前湄公河流域合作和环境一体化机制，则没有做出深入的论述。

四 结论与分析

通过对澜沧江—湄公河流域相关环境问题的学术史的梳理，我们可以看出：在 20 世纪 90 年代，中国处在对外开放不断加大力度的时期，中国积极寻求对外合作，因此在这个时期，研究的主要焦点集中在澜沧江—湄公河流域国家合作开发水资源问题之上，就如何开发利用湄公河流域河流水资源相关问题进行探讨。进入 21 世纪后，湄公河流域开发中的相关冲突问题逐渐显现出来，尤其是围绕着水资源开发而引发的冲突不断加剧，包括气候变化带来的环境问题、上游中游不断增多的水坝建设等新的问题的出现，使得湄公河流域的水资源开发问题上升到了国家安全的层面上。因此在这个时期，学者们将关注的重点转移到了湄公河流域的安全合作、化解水资源的冲突、水外交、中国和湄公河流域国家合作开发水资源的新模式等方面。

近年来，学者们已经关注到在不断加剧的水资源冲突、气候变化影响、自然环境恶化、水坝建设等因素的作用下，仅仅研究水资源开发已没有太大意义，甚至不可能实现理想中的目标。同时，中国政府也在积极推进澜沧江—湄公河流域合作，包括中国和湄公河次区域合作机制建设等，这样的背景也开拓了学者的思路，看到了必须要通过建立合作机制，加强澜沧江—湄公河流域的全面合作才能取得较好的效果。因此，目前更多的关注是如何建立中国和湄公河流域国家水资源和环境合作的机制，通过建立一种有效的合作机制来解决湄公河流域的水资源和环境问题。但事实上，目前的状况是流域国家之间的分歧在不断扩大，因此学者们开始探讨一些更深入的层面，如我国外交层面的水资源合作、建立互信机制等。这些研究成果都反映出了中国学者对于澜沧江—湄公河流域环境问题的研究能够紧紧跟上时代发展的步伐，体现不同时期的特征，与时俱进，取得相应的研究成果等特征。

在国际上，对湄公河流域的资源问题、人文环境问题、湄公河流域的水电开发问题、环境冲突问题等，都有很多的研究。这些研究的特点是研究较为深入细致，涉及湄公河流域的社区自然环境的基本层面、人与自然之间的基础关系、社区的自然资源管理等方面，具有较丰富的科学研究方法和理论支撑。在水电建设和环境冲突的研究方面，主要聚焦在冲突的政治环境层面，对于环境冲突的不良后果的研究较为深入，研究过程中所应用的数据和基础资料较为丰富。同时，这类研究也注重探讨整个澜沧江—湄公河流域加强环境合作、建立有效机制等问题。

但是，不论中外的研究，都存在着一定的局限性。中国学者的研究，明显存在着研究过程中对国外的资料、成果及流域国家情况掌握了解不够等问题，缺乏应有的对海外研究的了解，大多数研究成果基本不运用国外的文献资料，研究成果缺乏必要的数据支撑，不能形成和流域国家及相关国外专家的对话。与此同时，国内研究较为宏观，缺乏深入细致的具体研究，尤其是对流域国家具体问题的研究。目前虽然提出了关于建立合作机制、互信等问题，但是围绕着澜沧江—湄公河流域环境问题等相关纷繁复杂的政治、经济、社会、文化等问题，如何才能化解矛盾，建立起互相的信任和合作，都有待进一步地深入研究，因为单一的合作机制已经不能解决问题。国外的研究有深入细致的特点，对问题的揭示较为深入，但政治考虑、揭示问题较多，很多研究也存在对中国的了解不足，甚至较为片面等问题。在现有的研究中，不论中外学者都已经看到，湄公河流域的环境问题已经不单纯是自然问题，同时也是一个政治问题，仅仅依靠一个国家的能力不能加以解决，需要全流域的合作，这一点已经是一个共识。中外研究存在的共同问题，是没有考虑如何将澜沧江—湄公河流域作为一个利益紧扣在一起的环境共同体来加以建设，形成共识、政策导向、管理模式，同时过多地聚焦于水资源问题，对于澜沧江—湄公河流域的环境关联性也考虑得不够周全。

目前，澜沧江—湄公河流域国家正在加快流域的合作，流域国家官方主导的大湄公河次区域（GMS）经济走廊论坛目前已经召开了八次，2015年召开了湄公河合作首次外长会议，2016 年 3 月召开了澜沧江—湄公河合作首次领导人会议，李克强总理在会议上指出：“要共建澜湄国家命运共同体。一江连六国，澜湄次区域是我们的共同家园。”这是对加强澜沧江—湄公河流域的合作共识的实质性推进。目前，在澜沧江—湄公河流域国家的合作中，环境问题是一个不可回避的问题，甚至是一个可能影响到全局的问题，环境合作是澜沧江—湄公河合作机制中必不可少的一个重要领域。因此，要构建澜沧江—湄公河流域国家的命运共同体，首先要化解环境冲突，形成共同的利益机制，实现环境的有效管理。这就要求在澜沧江—湄公河流域国家中形成一个相互信任、机制顺畅、利益互补、发展共赢的环境利益共同体，从根本上解决澜沧江—湄公河流域的环境问题。其中，对水资源开发利用的合作以及与水资源开发相关的环境问题的研究，仍然需要继续深入。在这个过程中，中国的学者既需要站在宏观的视野上进行研究，也更需要做具体深入的问题研究，应该尽量避免空泛的分析和单方面的构想。在思维上，要兼顾多方，在方法上，要尽量多地前往周边国家做实地调查研究，尽可能多地吸收才能够提升研究水平，并形成更多的国际共识。

（本文载于《东南亚南亚研究》2018 年第 2 期）

天地皆水：水在傣泰民族文化构建中的角色

水是维持生命必不可少的物质。然而水在人类社会中还具有超越作为一种生命维持要素的意义和内涵，成为人类社会文化构建的重要因子。在人类社会中形成了包括了世界观、信仰、文学艺术、社会习俗、制度以及和水相关的物质创造结果等构成的水文化。[①] 同时水在不同的社会中和不同的社会文化相结合，形成了丰富多彩的文化习俗，构成了水在人类社会中的文化多样性，这是水在人类社会中最生动的文化呈现。[②] 水在人类社会中无处不在，和人类社会生活的方方面面都有密切的联系，人类社会发展程度越高，和水的依存度也就越高，水和社会的交织程度是反映一个社会发展程度的重要标志。因此通过水来理解人类社会中的文化形成和发展是一条重要的途径，这在今天的科学发展中仍然需要更多的实证研究，尤其是探讨水在一个民族文化中广泛的贯通性和构建作用，对于我们理解水在人类文化发展中的角色，构建新时代的水文化有重要的意义。

傣泰民族是一个分布在中国云南南部和缅甸、老挝、泰国、越南、印度等国，有共同历史和民族渊源关系的族群，并且是一个人数相对较多、分布较为广泛的族群。[③] 总体而言，他们都是在历史上从中国云南迁徙到这些国家的，因此他们有共同的历史记忆和文化特征。水相关的文化习俗就是这个民族中共同的一种鲜明文化现象。较之于其他很多民族而言，水对于傣泰民族的历史形成、迁徙和精神世界、生计方式、生活方式的影响都更为深刻。因此傣泰民族和水的关系是我们分析探讨水对于不同民族社会文化构建的作用和价值的，尤其是水与社会的“贯通性”及其复杂关

---

① 郑晓云：《水文化的理论与前景》，《思想战线》2013 年第 4 期。

② 参见 B. B Johnstone，et al. *Water*，*Cultural Diversity*，*and Glodal Environmental Change*，Springer，2012。

③ 郑晓云：《傣泰民族的历史与文化多样性研究》，中国社会科学出版社 2019 年版。

系的一个典型。本文基于笔者过去三十余年在中国和东南亚国家傣泰民族社会中数十次实地调研所获得的资料，对水在傣泰民族文化构建中的角色进行一个分析，以期从实证的角度探讨水是如何在一个民族社会中形成相关而广泛的文化现象，从而扮演着文化构建的动力角色。

一 “天地皆水”的宇宙观及其现实影响

傣泰民族对于水的崇尚，以及水在社会生活中的角色形成，首先是源自于傣泰民族关于水的观念。傣泰民族有“天地皆水”的观念，即宇宙和天地间万物都是源自于水，人类也起源于水。

首先，傣泰民族人民认为水是世间万物构成的重要物质，甚至是塑造物质。根据中国傣族关于人类起源的传说，天空和大地都起源于水。传说在几亿年以前，在整个宇宙间没有天空和大地之分，没有生命的存在，除了处于一种混沌的状态外，有的仅仅只是空气、水和雾的存在。在一亿年前后，水、空气和雾相混合造就了人类最早的祖先——帕亚英。当帕亚英正在宇宙中翱翔的时候，刚好发现水和空气的存在，因此他就用水、空气和自身的排泄物做了一个大球，这样地球就被创造出来了。在他完成了创造地球的这项伟大事业之后，他又用水和空气创造了地球的天空和大地，大地的泥土也是他用水的波皱做成的。在这一切都完成以后，他决定创造生命，于是便用水和泥土创造了两尊神，一尊是男性，一尊是女性。此后，这两尊神便用水和泥土创造了 3000 个人，以及动物和植物等。从此以后，这 3000 个由水和泥土构成的人类祖先不断地繁衍开来。① 在中国的一些傣族人民中还有这样的传说：在远古时期，大地上到处都是水，没有陆地。后来天上的水雾变成雪降到大地的水面上，由于长期的降雪，在水面上堆积起来，从而形成了大地，因此大地也是水造成的。② 从这些传说中我们可以看到，傣族人民认为宇宙和世界的生命都是来源于水的。

傣泰民族人民认为从人体到自然都是由水和其他的物质共同构成的，而水是其中的首要构成，因此把水放在与物质现象平等的地位上，并且在

① 相关的传说在西双版纳流传很广，内容大同小异。参见勐腊县民委、西双版纳州民委编《西双版纳傣族民间故事集成》，云南人民出版社 1993 年版。

② 姚宝瑄主编：《中国各民族神话·哈尼族·傣族》，书海出版社 2014 年版。

现实生活中显现出来，尤其是在涉及人的居住和生计这些重要的物质现象上。例如中国傣族及泰国、缅甸北部、老挝的泰人把土地叫作“喃岭（Namling）”，在这个词的傣语构成中“喃（Nam）”的意思就是水，“岭（ling）”的意思即泛指的土地，如果直译过来，那就是“水地”。这就是一个很有趣的现象，土地一词必须加上水字，表明傣族把水和土地联系在一起，把水看作是土地构成必不可少的一部分，而如上传说，土地也是由水而造成的，这就使得创世纪神话和土地这一个词对应起来。水在傣泰民族的一些支系中还被紧紧地和人最重要居住空间—村子联系在一起。例如在越南义安省的黑泰人中，村子的名字前面要加上“水”字是一个普遍的现象，如 Nam Giai、Nam Nhong、Nam Ron、Nam Ron、Nam Xuong 等，Nam 的意思就是水，如果直译，那就是“某某水”，而非“某某村”，水直接成了人们居住空间的代名词。[①] 从上面的例子可以看到，傣泰民族把自然的物质空间—天空和土地，以及居住空间—村子，都和水紧密地联系在一起，这表明了水在傣泰民族世界观构成中的重要地位。

傣泰民族关于宇宙起源于水的神话传说对于现实社会生活也产生了影响，并形成了崇尚水、关爱水的价值观和丰富的文化现象。由于水是神圣的，因此流水的地方，尤其是水源地、水井等出水的地方往往都受到人们的格外崇敬。傣族在修建水井的时候，作为对水的崇拜，他们都要建盖一座漂亮的房子在水井上。因此在中国傣族地区以及周边的缅甸、老挝等傣泰民族居住的地区，水井上面都盖有漂亮的井房，有的像佛塔，有的则像宫殿、民居，并且尽可能装饰得富丽堂皇，表明了傣泰民族对水源的崇拜。在傣族村寨中，水井所在地方是一个非常重要的地方，人们在使用它的同时，也崇敬它，保护它，不可以有破坏、污染行为，不可以在附近洗澡或洗污染物。同时每年人们都必须对井神进行祭祀。

典型体现傣泰民族关爱水价值观是对森林的保护。对于傣泰民族民众来说，森林和水是一个物体的两面，水就是森林，森林就是水。因此，保护森林也就是保护水。西双版纳傣族有谚语这样说道：“有森林才有水、有水才有田地、有田地才有人。”保护森林的目的是保护水源，而保护水源的目的最终当然是为了人的生存。因此，在傣泰民族民众居住的地方，都会对周边的森林加以严格的保护，这其中最重要的手段是将森林赋予神

① 这些村子的村名笔者在越南义安省做调查时仍然存在，属官方村名。

的含义，把主要的水源林都归为神林加以保护。笔者在中国、泰国、老挝、缅甸、越南等傣泰民族民众居住地区进行田野调查过程中都证实了这一传统的存在。这样大面积的森林被以神的名义保护起来，人们不准许进入森林进行砍伐、开荒种地、甚至砍烧柴和采摘野果。与此同时，人们每年都要进行祭祀活动，祭祀森林中的神，保佑水源充沛、给人们带来好运、丰收和健康。良好的森林保障了水源、最终保障了人们的生存。在中国的西双版纳，到 20 世纪 50 年代初估计以神的名义被保护起来的森林大约有 150 万亩。一个地区的行政区域“勐”有勐神林，每一个村寨还有自己的寨神林，而这些森林所涵养的十多条河流也为当地水田灌溉提供了充沛的水源。①

从上面的这些例子可以看出，傣泰民族人民因水而构建起了自己的世界观以及对待水的价值观，同时对于水的世界观和价值观在现实生活中也产生了积极的影响。这样形成了一套从观念到现实生活中对待水的文化体系，尽管这种文化体系中的很多要素是虚幻的，但它毕竟对傣泰民族的生存产生了重要的影响。

二　傣泰民族二元信仰空间中的水

傣泰民族人民原始的信仰是万物有灵的自然崇拜，在佛教传入傣泰民族地区以后，信仰佛教的傣泰民族人民同时也保留着原始的自然崇拜。②这种传统延续至今，因此大多数傣泰民族民众在信仰南传佛教的同时也信仰原始宗教，从而构成了傣泰民族人民精神世界中的一个二元空间，形成一种特殊的信仰现象。傣泰民族人民的水信仰也同样存在于这样的一个二元空间之内。水在原始宗教和南传佛教中有不同的理解，这两种理解和实践都存在于傣泰民族的精神世界和现实生活中，并且有互补性。水不仅有神性、同时也是一种沟通世俗和神圣之间的媒介物质以及一种净化物质。因此水和傣泰民族的精神生活有非常密切的关系。下面我们分别就水在傣

① 参见高立士《西双版纳傣族传统灌溉与环保研究》，何昌邑等译，云南民族出版社 1999 年版。

② 参见岩温龙、玉波、玉万《傣族原始文化与外来佛教文化》，云南民族出版社 2009 年版。

泰民族的原始信仰和佛教信仰中的角色进行分析。

（一）水在傣泰民族原始信仰中的角色

傣泰民族的原始信仰是万物有灵论，他们认为宇宙里的每种物体都有神灵。太阳、月亮、星星、土地、动物、植物、石头以及其他物体都拥有不同的神灵。因此，水也拥有自己的生命和神灵，同时水中也有神灵存在，不同的河流、水井、水塘中都有神存在，因此很多自然现象包括和水相关的自然现象，如丰水和干旱、洪涝灾害等都和神灵有关系，人必须要和这些神友好相处。一方面需要对这些神进行祭祀、保持敬畏，通过对水神灵的祭祀活动，表达人们对水的崇敬，同时也祈求风调雨顺，水源充沛，给人们带来丰收和好运。另一方面不能破坏这些神的居所，也就是水环境。

傣泰民族对水的信仰最直接的表达就是祭祀活动。因此对水神的祭祀活动在傣泰民族中广泛存在。下面我们通过几个田野实例来加以考察。

泰国曼堤村的水神祭祀。① 这个村子是泰国南奔府曼堤区的一个傣泐人村子，因在堤河（Thi River）岸而得名。在曼堤区共有八个傣泐人村子。曼堤村传统文化活动中一个重要的内容是对水神的祭祀活动。由于这个村子是建立在曼堤河岸的，曼堤河在这个村子的发展历史和今天的生计过程中产生了重要的作用，人们对这条河流的崇敬非常特别。建村以来祭祀这条河流的水神就是这个村子重要的传统，同时这种传统也成为人们维持认同的重要途径。在这个村子不远的水库边有两个水神庙，较大是整个村子的水神，水神庙使用木头搭建，相对比较简单。在水库大坝头还有一个小的水神庙，是水库的水神。在过去，水神的祭祀活动是每个村子自己举行，而现在水神的祭祀活动已经发展成为这条河流流域 20 多个村子共同的活动。河流每年最大的祭祀活动在六月份，也就是种植水稻之前。祭祀活动的当天，早上六点钟人们就集中到河流源头的水神庙周围，在七点钟开始正式的祭祀活动。在过去参加祭祀活动都是河流流域各个村子的一些领导人和德高望重的老人，但是近年来为了弘扬传统文化、让水神祭祀活动成为一种环境教育的途径，当地政府也非常重视这一个活动，不仅当

① 本案例来自 2007 年 11 月在泰国南奔府曼堤村（Ban Thi，Ban Thi District，Lamphun Province）田野调研。

地的政府官员要参加活动，同时当地各个中小学的学生和教师也要参加。祭祀活动中，村民、政府官员和学生分别列队进入水神庙向水神敬香，祈求水神保佑风调雨顺，河流水量充沛，河流两岸水稻丰收、人畜平安、日子太平。在过去水神祭祀活动仅仅是一种当地的原始信仰活动，但是后来由于信仰佛教，祭祀水神的时候就有和尚参加并且主持祭祀活动，这样参加的人就更多。时至今日祭祀活动仍然有和尚参加并且要念经，使一个传统的民间信仰活动和佛教信仰结合在一起，这是一个很特殊的现象。今天在佛教的观念中，水神也成了一个佛。

越南阪洪村傣泐人的水神祭祀。[①] 越南傣泐人主要居住在莱州省兴贺及佛你陶地区。傣泐人认为水是受神灵控制的，不论干旱少雨还是雨水充沛，都是由于神灵在起作用，因此必须要崇敬水神，每年都要举行祭祀活动来祈求水神保佑一年中雨水充沛，池塘里的水丰盈，保佑农作物丰收、动物和村民平安。每年祭祀水神的时候，全村人都要参加，人们准备好献给水神的供品，然后敲锣唱歌。仪式开始后，首先是要由主持人通过唱歌的方式歌颂水神无比的能量，祈求神灵给大地带来丰富的降雨，保佑人们健康、五谷丰登。随后人们会一面敲锣、唱歌，围绕着村子游行一周，在这个过程中，仪式的组织者还要不断地向人们泼水。最后人们游行到附近的池塘，在这里做最后的仪式。在仪式上人们还要再次听主持人唱歌颂水神的歌，然后各家各户将自己带来的供品放在水池边。随后人们敲锣打鼓，跳下水池互相泼水狂欢，一直到尽兴。当天各家各户还要准备丰盛的饮食，在祭祀活动结束以后集体用餐，显示出这个村子的团结。

在西双版纳的傣族中，人们认为水神带给人们的不仅仅是好运，有时也会给人们带来灾难。傣族主要聚居在平坝地区，往往有许多的河流及支流。河水引发的灾难给当地居民和稻田带来了极大的损害。因此，傣族相信有神灵居住在河里；并且如果河神不高兴的时候，他就会发怒，对人类做出惩罚，对环境造成毁坏。由此，傣族每年都要对河神进行祭祀。在每年二月，每个村寨都会在附近的河边举行祭祀河神的典礼。在这一天，所有的村民将聚集在河堤上，由村里的长者把金、银饰物以及食物、衣服等祭品放到河里，希望以此来取悦河神，得到神的恩惠，赐予人们充裕的水

---

① 本案例来自 2006 年 7 月在越南莱州省兴贺县阪洪村（Sin Ho County，Banhong Village）田野调研。

源以进行稻作生产，避免灾难的降临。与此同时在很多村子里面也存在着对水源林中的水神的祭祀。每年在傣历新年之前，人们都要前往进行祭祀活动。村民们在水源林前面搭起祭祀的台子，将祭祀的用品放在上面，包括鸡，有的村子还要杀猪。祭祀活动期间只有男人可以参加，而在祭祀活动结束以后全村人就在祭祀的场所烧火做饭，全村共进午餐。这个时候女人也可以参加。①

通过上面这些例子我们可以看出，傣泰民族人民崇敬水，也因此而构建起了一个原始的信仰现象，在这个现象中具有从精神、社会到物质的表达。当然水的祭祀活动主要目的是水这一生命赖以生存的重要物质的延绵不断和丰沛。水的来源通过降雨、泉水、河流、森林涵养而来，因此水被人们赋予神性，成了祭祀的对象。当然，水神祭祀的目的在于维持水稻种植这一生存的根本，在水稻种植的基础上形成了相关的信仰，但是它客观地反映了水在文化构建中的重要作用。

（二）水在佛教信仰中的角色

在公元 11 世纪后，大多数傣泰民族民众信仰了佛教，因此在其水文化中也逐渐融入了佛教文化的因子。但是在傣泰民族的信仰体系中，水在自然崇拜和佛教中角色是不一样的。在佛教中，水不仅是一种自然的物质，更是一种有丰富哲学内涵的物质。目前在佛教文献中，关于水的专门论述不多。笔者认为佛教中，水至少是有四个方面的哲学意义的物质：一是一种隐喻了丰富的佛教哲学思想的物质，水被用来隐喻与象征生命的轮回、佛性的清净、世间万象哲理、佛国世界的美好等。二是一种人与佛性通达的媒介，通过水，可以使得人性和佛性得以沟通，人的愿望可以通过水传到佛。依照对佛教中水相关的哲理的修行，人性可升华为佛性，修行的人可以由此获得正果。三是一种能够洗去世间和心灵的污垢的物质，通过水的洗涤，人身体的污垢和心灵上的污垢都会被洗干净。犹如莲花出淤泥而不染，脱离污垢就是得益于水的洗净之功。四是一种美好的物质，在现实与佛教天国中都不可少，没有水就没有莲池，因此佛寺建筑不可少水。因此水在佛教中是一种神圣的物质，在佛教修行中被广泛运用。

---

① 2016 年西双版纳州景洪市大勐龙镇曼飞龙村还举行了祭祀南啊河水神的活动，笔者曾参与了这一次祭祀活动。

正因为水在佛教中有丰富和重要的内涵，是佛教教义与哲学、佛教修行、佛教建筑表达不可缺少的重要元素，因此水在佛教中有特殊的意义和价值。在信仰南传佛教的人们中，不仅认为水是世界和神性之间的一座桥梁，通过水可以沟通世俗和神性；同时水也是一种净化的物质，不仅可以洗净世间的污垢，同时也可以净化人的心灵。这样在傣泰民族的精神世界中，水上升到了一个更高的境界。在傣泰民族的原始信仰中，水是创造世间万物的构成物质，对水的信仰和保护可以保护这种物质的延绵不断，支撑人的生命、生活和生计。而在南传佛教的信仰中，水是一种沟通世俗和神性的媒介物质以及净化心灵的物质，因此人们与佛沟通需要通过水，而表达祝福最好的方式也是通过水相关的活动。①

水在佛教的信仰及各种活动、仪式中被广泛应用，包括在修行过程中的利用、各种佛教仪式中如滴水、新年浴佛等、僧人修行中的沐浴、日常生活中以水表达美好与祝福，以及佛寺建筑、水井建筑、在日常生活对水环境的保护等，都体现了信仰南传佛教的人们对水特殊的理解、关爱和利用。在佛教活动中，人们把水当作圣物。在佛寺里，我们能看到傣族民众每天都把洁净的水当作祭品来供奉。在佛事活动中，不仅佛教的信众要自己带水，在念经时一边念一边用一个小壶滴水，主持活动的僧人也要在诵经过程中滴水。佛事活动中，最后的仪式往往是滴水仪式，通过滴水将佛事的愿望传达给佛，从而也结束佛事。如果没有滴水，那就不能将愿望传达到佛界，因此水在佛事活动中起到了沟通人间与佛界之间的媒介作用。在一些重要的祭祀活动中，包括原始宗教活动中，僧人也会提着一桶水，用树枝将水洒向群众，表达祝福。通过水，把人世间的愿望传达到佛界，同时也把佛界的赐福传达到人间。在每年佛历新年期间，第一天早上最重要的活动就是“浴佛”。新年的第一天早凌晨，也就是人们所说的乌鸦还没飞之前，人们就要到水井里去取第一桶新水，然后在家中将水加入一些植物煮了以后，拿到寺庙中为佛像沐浴。这个过程是在僧人的主持下，用莲花或者其他鲜花、树枝蘸水为佛沐浴。这是人们通过水来表达对佛的爱。

---

① 这些观点曾在2016年2月18日首届南传佛教高峰论坛期间与中国佛教协会副会长祐巴龙勐及当时参加会议泰国、老挝的长老讨论并得到他们的认同，“水与佛教”也是这次会议中笔者发言的主题。

在一些特殊的佛事活动中，对水的利用更为特殊。例如在新修建的佛寺开光的时候，或者佛寺修缮、泥菩萨的维修完成之后，都要举行隆重的“浴佛”仪式。村民们要去取七条溪水中的水和七口水井中的水。如果本村没有七条溪水或者七口水井，那么不足的部分可以到周围村子去取，然后将这些水混合在一起为佛像沐浴。这种隆重的活动一个村子并不多遇，但是它反映了佛事活动中水的重要含义与角色。

在佛教的观念中，水是神圣的，因此它是一种净化的物质，能够净化人世间的污垢和人的心灵，通过水可以表达祝福、消灾。在新年期间，人们都会通过水来表达彼此之间的祝福，用清水彼此泼洒，是重要的仪式。同时通过泼水狂欢，也成了节日期间的重要活动，水给人们精神上带来了无比的愉悦。对于信仰南传佛教的傣泰民族人民来说，每年的泼水狂欢已经不仅仅是一种娱乐活动，也是重要的精神需要。

通过上面的分析我们可以看到，尽管水的含义和角色在傣泰民族的自然崇拜和佛教信仰中有差异，但是一个共同之处就是它在整个信仰体系中都处在核心的位置，都是一种神圣的物质。

三 水与傣泰民族的定居

在历史上傣泰民族是一个频繁迁徙的民族。据研究，傣泰民族在中国的汉朝时期以后逐渐从中国的云南中部向南部迁徙，随后向周边国家迁徙，定居在越南北部、缅甸北部、老挝东北部、泰国北部和印度东北部的阿萨姆地区，在这个区域形成了一个傣泰民族文化圈。① 事实上在历史上由于战乱等原因，一部分傣泰民族人民不仅仅向南迁徙，同时也从西双版纳等地迁徙到北部金沙江等江河流域边定居，如今天的丽江、昆明等地的金沙江边都有傣族居住。② 傣泰民族迁徙和定居的过程，也同样透露了傣泰民族和水的密切关系，那就是在傣泰民族在历史上迁徙和定居的过程中，都是向着江河去寻找他们新的居住家园。因此傣泰民族是一个逐水而居的民族。傣泰民族大的迁徙定居方向包括了湄公河流域、红河流域、瑞

① 参见郑晓云《傣泰民族起源与傣泰民族文化圈的形成新探》，《云南社会科学》2005 年第 3 期。

② 参见郑晓云《傣泰民族的历史与文化多样性研究》，中国社会科学出版社 2019 年版。

丽江流域、金沙江流域等，而更具体的则是在这些流域的大小支流附近定居下来。总之定居必须是有江河流域近水的地方，人们相信如果一块土地有水，那么人类就有在这块土地上生存繁衍的机会。傣泰民族今天的分布状况是历史迁徙的结果，也是追逐江河的足迹。一条傣族谚语说道："没有一条河流，你不能建立一个勐（傣族传统的行政区）；没有森林和群山的山脚，你就不能建一个村寨。"鉴于此，当傣族建立一个新的村寨时，最理想的居住地就是背靠群山，前临一片平坦土地或山脚的地方。这样，清水能够从山里源源不断地流淌出来，村寨附近平坦肥沃的土地适宜于稻田耕作，从河里获得灌溉用水也十分便利。今天，我们到傣族地区通常都能看到许多村寨坐落于山脚和平坝之间，"背靠青山、面对平坝"是傣族人建村寨的最佳选择。

选择河流周边定居是傣泰民族的普遍特征，尤其是在一些河流的支流流域更是居住的最佳地点，这样便于进行农业灌溉。例如上面所提到的泰国南奔府曼堤区，就是因为在堤河（Thi River）岸而得名。这条河岸有20多个村子，其中有八个傣泐人村子，是过去从云南省西双版纳迁到这里，至今已经有将近200年的历史。我们在这些村子调查的时候，村里的老人说他们的祖先之所以搬到这里定居，就是因为这里靠近河流，便于灌溉农田，种植水稻。在当地人的观念中，河流就是生命的来源、财富的来源，人们必须和河流共生。因此人们不仅利用河流的水资源，同样也保护河流的水资源。河流流域有传统的合作方式，使河流不受破坏和污染。同时人们也从精神上感恩河流的神灵，每年河流流域的各个村子都要统一进行祭祀河流神灵的活动。

从傣泰民族的迁徙历史来看，水在傣泰民族的历史发展过程中、在生计方式的形成过程中，以及这个民族的空间分布格局形成过程中都起到了关键的作用。这种历史发展的轨迹和居住空间的分布形成了傣泰民族一个鲜明的文化特征，那就是傣泰民族是一个近江河而居的民族。因为在这个过程中，和傣泰民族有相同的迁徙历史的民族还有很多，包括苗族、瑶族、彝族等民族，他们定居的特点更多地选择在山区，而非追逐河流流域定居。这也是傣泰民族和水的一个鲜明特征，其居住文化也因水而得以构建。

四　水与傣泰民族社会关系的构建

水资源的使用和管理是构成傣泰民族社会关系的重要基础。傣泰民族是一个强调集体意识和集体生存的民族。在传统的傣泰民族社会中，家庭是依附于村寨（傣泰语称“曼”“阪”等）的，村寨的一切生产资源包括土地和水资源、森林首先是属于村寨共有，再分配到村中的农户使用。多个村寨再构成一个更大的社区（傣泰语称“勐”）。在水资源的利用过程中，也构建起来人们相应的社会关系，并为人们所维护。这种社会关系主要体现在人们的集体意识、水资源使用关系、协作关系和对于公共事务的集体参与，尤其是村子的团结和整体性的维护机制。

在傣泰民族的传统社会中，由于土地资源和水资源是集体拥有，因此注定了村子中的每一个家庭没有公共资源的占有权。土地为村寨共同拥有，按照人头分配到家庭，人死之后土地要收归村子，新生儿出世后可以获得一块土地，这样一个村子的土地并不是永久为某一个家庭使用，而是不断再分配的，这样形成了人们对于村寨生产资源的依赖。其次，人们为了获得水资源进行农田灌溉，就必须进行集体的合作。家庭就是村子这个社会网络中的一个成员，村子中共同获得水资源，包括开挖水沟以及引水进入农田等农田灌溉网络，都不能由一个家庭完成，都必须进行集体的合作。一个家庭如果离开了集体的水资源网络，那么就很难进行生产。水资源是一个比土地资源更为重要的要素，一个家庭的土地要获得灌溉，就必须在集体的灌溉网络中。因此，在傣泰民族的传统社会中，人们往往都是共同修建灌溉设施、共同管理水资源、分配水资源，形成在水资源利用之上的社会关系。在水资源的整个管理过程中，每家每户都要出劳力，参与农田灌溉网络的修建、管理和维护，这其中也形成了相应的习惯法，以规定人们的责任和义务、处罚等。

在西双版纳的傣族社会中，在过去每个村寨都有一名专职的水管理人（水官）来管理灌溉系统的运作，负责水的调配。根据傣族的历史文献记载这一制度曾延续了数百年之久。例如，景洪地区 100 多年前就已经开凿了 12 条人工沟渠，并由此形成了一套完整的灌溉体系。20 世纪 50 年代前，12 位官员曾受当地王国国王的指派去管理这 12 条沟渠。每年春耕之前，村民们都会被组织起来修补这些沟渠。在水渠修好后，将举行一个庆典仪式来祭祀水神并检查沟渠的修缮状况。水官的职责是把祭神用的一条满载肉、米、酒及其他物品的竹筏放到沟渠里，人们跟着这条竹筏向下游行进。在整个过程中竹筏如果在中途停止了，则预示着村民们将不得不重新修补这条沟渠（因为竹筏停止，表示水神对这次祭祀活动不满意）。检查结束后，人们将在佛寺里或佛塔旁举行一个庆典仪式，以表达对水神的崇敬、感激之情。水资源调配在傣族社会是一项非常重要的工作。每年在农耕生产开始之前，村里的水官将分配灌溉用水，每户家庭所分到的灌溉用水的份额取决于其家中所拥有的稻田数及人口数。总之，水资源的管理体现出了鲜明的公共性。

在越南义安省的黑泰人社会中，同样也因为水资源的利用管理而形成了集体性的社会关系。当地的泰人主要是集中居住在河流流域，种植水稻，因此水利灌溉是当地农业生产最重要的基础条件。当地水利灌溉的方式主要是在河流的浅滩之处建起堤坝，将水位抬高，然后在坝后河岸边修建水车，通过水车将水提升到岸上，再通过用竹子建造的水槽将水引到水沟中进行农田灌溉。因此到了这些地区，可以看到河边数以百计的水车在转动，一条条竹子引水槽将水引到水沟中，蔚为壮观。有的地方如果有溪流从山上流下来，也可以采用搭建引水槽的方式将水引到农田中。从水利设施修建到管理包括了复杂的内容。水利设施包括了修建水坝、建造水车、修建引水槽、开挖水沟、修建分水设施等。管理的程序包括了管理和维护水利设施、合理分配水等。这些内容和过程所体现出来的关键要素是公共性和集体性。公共性体现为水资源为集体所占有，集体性体现为大家共同享有、维护和管理水资源。所有水利设施的修建都是集体完成的。在修建设施的时候是全村参加、每年在水稻种植之前也要全村进行集体维修，保障取水设施和引水槽、水沟的畅通。在管理的过程中，每个村子都由村子长老直接负责水的管理。长老由村子里面德高望重、有管理能力的男人担任，他组织水利项目的修建，例如新修水车等灌溉设施，同时协调日常维护管理、分水管理、水纠纷仲裁等。在传统社会中水资源的管理是一个村子长老最重要的职责。农户基于灌溉水沟渠被分为不同的单元，也就是一个由多个农户组成一个单元，而单元的归类是基于一条或者几条水沟而构成的，多个农户单元组成村子，村民的社会组织关系因此而被构建起来。村民们需要共同的灌溉设施建设与管理义务、享受水权益。分水的时候根据水沟的沟头和沟尾有不同的分水量和用水时间控制，保障公平用水。整个村子每年有对水利设施神灵的祭祀活动。因此当地有一句谚语说“有了水才能有水沟、有了水沟才能有村子、有了村子才有长老”，反映了人们对水在社会构建中的核心地位的认识。总之，无论是人们的社会组织形式、利益关系和最终的生计，都因为水资源的利用而获得维系。公共性和集体性既是建立在水资源利用之上的，同时也保障了灌溉的有效维持。如果人们的这种社会关系解体，那么水利灌溉将不能维系，生产和生计当然也不能维持下去。是水将人们紧密地联系在相应的社会关系网络中，这种关系网络因水而构建，同时也因为水而被维系。①

从上面的这些例子中我们可以看出，傣泰民族社会中的社会关系，尤其是在社区层面上往往是基于水资源利用而被构建起来的，充分显示了水在构建社会关系中的动力角色。

五　水与傣泰民族社会生活的构建

水在构建傣泰民族的社会生活中也扮演了重要的角色。在傣泰民族的社会中，大量的生活要素因水而形成，包括人生礼俗、社会习俗、社会生活等。

在西双版纳傣族社会中当一个新生命诞生的时候，人们会用洁净的清水给这个婴儿行洗礼。而当某个人死了，人们也会用洁净的清水去擦洗其遗体。这包含傣族信仰人是来源于水，并且最后也将回归到水的哲理。在越南、老挝的泰人中，如果人生病之后，家人会把他的衣服拿到河里面去清洗，这样就表明河水可以把病人的病气带走，病就可以很快好起来。在西双版纳的傣族中，每年新年的第一天早上人们就会很早去水井汲取第一桶水，拿回家来一部分用于到寺庙中浴佛，一部分则用于给老人沐浴，以期老人望消除病灾，健康长寿。

中国的傣族常常被其他民族称为“水傣”。原因之一就在于傣族比居住在其周围的其他民族更喜欢沐浴。通常情况下，他们每天都会洗一次

① 笔者在 2006 年 7 月曾在越南义安省黑傣村进行过田野调查。更详细的报告见 Nguyen Thi Hien &Vu Hong Thuat，Customs Related to Water and Water management in the Tradition of the Dai People in Vietnam，in The Cultural Dynamics in Water management from Ancient History to the Present Age，IWA Publishing，UK，2021。

澡，有些人甚至一天洗两至三次。每天劳作结束后，人们会到河堤边洗澡。根据傣族的风俗，男人们在河的上游洗澡，而女人们则只能在河的下游洗，反映出傣族社会中一些传统的性别观念。傣泰民族还有很多共同的和水相关的习俗。

例如在信仰南传佛教的傣泰民族社会中，水都是新年活动中的核心角色，包括第一天清晨到水井取新水、浴佛活动、滴水活动、洒水祝福、泼水狂欢等。中国傣族的新年被其他民族称作“泼水节”。在新年这一天，人们彼此都会用鲜花或树枝沾水洒向对方，借以表达相互间的祝福。在洒水祝福的仪式结束后，人们在一天中都将沉醉于互相泼水嬉戏的欢乐中。在泰国、老挝、缅甸，新年称为“宋干节”，水同样是节日的重要角色，用水礼佛、表达祝福、互相泼水狂欢。再如在傣泰民族地区，在位于路边或村旁小径的小木棚里常常能够发现盛满清水的陶罐及喝水用的杯子，这是村民们为过路人所准备的。这一习俗在傣族地区已延续了数百年，已成了傣族典型的一个文化元素。这是傣族人民施恩行善，以水表达善行的一种表现，与其水观念也是密不可分的。

总之，在傣泰民族社会中存在着大量和水相关的习俗，这些习俗是傣泰民族人民社会生活中不可缺少的构成部分。无论从人生的礼仪到社会生活中的各种习俗，水相关的习俗大大丰富了人们的生活内容，满足了人们的精神和社会生活需求，从而也可以反映出水在构建人们的社会生活中所起到的重要作用。如果没有这些习俗的存在，傣泰民族社会生活将会是另外一种样式。

六　结论与讨论

通过上面分析我们可以看出，我们可以得出以下结论。

第一，我们可以看出水在傣泰民族的文化构建中扮演了重要的动力角色，很多的文化都是因水而得以构建的，尤其是世界观、信仰等核心的文化因子。水引导着这个民族历史迁徙的方向、维持民族生存延续的生计方式，水不仅对傣泰民族民众的精神世界构建产生了重要的影响，同样也是构建其生产关系、社会关系、生活习俗、居住格局等重要要素。对于傣泰民族这样一个以种植水稻为生计基础的民族来说，水的价值无异于生命的价值，这是傣泰民族人民珍视水的根本原因所在，包括精神世界中对于水的崇拜和信仰也源自于此，水对于傣泰民族人民来说是文化构建的密码。也正因为如此，傣泰民族人民形成了“天地皆水”的世界观，也才会把水作为表述“土地”“村子”等词汇不可分开的部分。傣泰民族因水而构建起了一个从精神、社会到物质的文化体系，这在中国南方和东南亚半岛民族文化中是较为典型的。因此，这个个案也证实了水在一个民族的文化构建中扮演着重要的动力角色：人们在利用水、管理水过程中，因水而推动了文化的构建，而相应的文化又保护了水资源和水环境，这已成为一个重要的理论定律。[①] 认识这一点，对我们认识各民族文化的形成和发展来说是一条新的途径，与此同时它也提示了我们水在历史上不仅对于各民族文化的构建产生了重要的作用，同样也涉及各民族文化的未来。

第二，从傣泰民族研究中，我们也可以看出水在人类社会中的“贯通性”意义，也就是水对人类社会的影响不是单方面的，而是贯通到人类社会的方方面面，在人类社会的每一个方面都可能构建起相关的文化现象，而这些文化现象之间又可能有着相互联系，构成一个完整的水文化系统。亦即，在一个民族社会中关于水的某种文化现象，包括生活中关于水的一些习俗，都可能反映着水与其他方面的深刻联系，而不是一些孤立的存在。我们只有看到水的各种文化现象后面的深刻意义，以及其和整个水文化系统、进而和整个社会文化系统之间的联系，才能深刻理解水文化现象的机理与价值。因此，各民族的水文化不论是精神层面的水神话、水崇拜、宗教信仰要素、水的知识系统、价值观，还是社会关系、生活习俗等，都不是一些孤立的现象，都和其他文化相联系，也都有其功能和价值。这些文化现象被构建起来，都是因为各民族对水和生存关系的深刻理解，都是以水为核心的价值观的反映。

第三，今天人类面临着严峻的水危机，应对水危机除了技术的进步以外，文化是根本的要素。传统水文化对于今天的水资源保护和可持续利用有重要的价值，对于我们构建环境友好型社会也同样重要。首先，水文化的传统意识有助于平衡人与自然之间的关系。傣泰民族水的传统意识来自人们生计的根基——水稻种植，人们亲近水、爱惜水、保护水、享受水等的行为都是建立在这种传统意识之上的，这客观上有助于保护水资源和水

---

① Irene J. Klaver. *Water and Cultural Diversity*, In B. B Johnstone, et al. edited *Water, Cultural Diversity, and Glodal Environmental Change*. Springer, 2012. p. 3.

环境。尽管今天水稻种植已经不是人们唯一的生计途径，但是人们今天对水的理解和价值、行为模式等对整个水资源环境的保护都能起到良好的作用。其次，水文化在社会中是一种保护水环境的社会规范。这些规范包括了有文字或无文字的社会规约、人们所遵守的社会习俗，如各种约定俗成的规矩、禁忌、用水的习俗、管理措施等，也包括了人们处理水相关问题的传统技术等，这些都有利于水资源和水环境的保护。这一切都成了傣泰民族社会应对水危机的重要文化基础，这一切如果丧失了，那么对于傣泰民族居住区域的水资源、水环境保护是不利的。因此研究、挖掘、传承和保护傣泰民族的水文化，具有重要的现实意义。我们理解水在傣泰民族文化构建中的动力角色，有助于我们理解这种现实意义。

第四，今天中国积极倡导构建人类命运共同体，这是涉及人类共同利益的重大宏观战略。因此，在构建人类命运共同体的视野下探讨傣泰民族的水文化的共同性和发展问题，具有较大的现实意义。我们已经证实，水是傣泰民族文化构建中共同的重要基础，这也成为傣泰民族文化共同性的重要来源。傣泰民族分布居住在跨越中国和东南亚多个国家广阔的区域。这个的区域亦主要是湄公河流域，保护好这个地区的环境资源，尤其是水和森林资源，涉及数千万人的生计与区域可持续发展。因此傣泰民族因水而构建起来的文化在历史上是这个民族生存的保障、同时也是当地人与自然和谐的体现、是包括水和森林资源在内的可变自然资源的守护神。这种文化今天仍然是一笔宝贵的财富，对于这个区域内各民族人民的共同利益仍然有重大的价值。因此，我们一方面通过水文化来理解傣泰民族人民文化的共同性，同时水文化也有助于共同保护中国西南傣族地区和周边国家傣泰民族居住区域水环境，也是构建人类命运共同体的一种地方性实践。今天有必要倡导对传统水文化的传承保护，以及结合当代发展需要构建新的水文化。利用今天傣泰民族的生存空间的联系及其承载的水文化，为构建人类命运共同体、维持人类共同的利益做出贡献。

中外水文化的历史发展比较与启示

水文化的产生与发展都是植根于不同的地域特征与文化背景中的，也与不同民族与国家的历史发展过程有直接关系。因此中国和其他国家的水文化既有很多相同之处，也有较大差异。在比较中能使我们更深入地认识中国水文化的发展特点，同时也能从中获得启发，进一步推动中国水文化的发展。

一　中外水文化发展的几点比较

1. 水的核心地位是中外水文化的共同特征。尽管世界各国的水环境有较大的差异，但是有一点是相同的，那就是对水的认识都处于一种文化中的核心地位，将水放在精神层面的核心之处，甚至是宗教的一部分。因此不论是基督教、伊斯兰教、佛教、印度教、道教等世界上有较大影响宗教中还是很多民族的本土宗教之中，水都处于其核心的地位，都是一种具有超自然内涵的物质，尽管它的表现形式不同，但都反映了人类对水和自身的生存关系之间的深刻的认识。在中国，龙文化对中国文化产生了深刻的影响，而龙在现实中并不存在，作为具有具象的神，龙实质上就是水神。由此可见对水的认识深刻地内化到了中华文化核心的精神层面中，水不仅对中国的现实社会发展产生了重大的作用，同时在构筑中国人的精神世界中扮演了重要的角色。这一点是中外水文化最重要的共同点。

2. 地域差异是形成中外水文化差异的重要因素。水文化受到地域的影响较大，从而形成了不同的水文化差异，形成不同民族、国家的水文化特征。不同的水文化中总是植根于不同的地域特征中的。在非洲北部的尼罗河流域，5000 年前的古代埃及人就利用河流的泛滥发展起了较高的农业，进而建立起了强大的古代埃及帝国，同时也发展起来较高的文明。埃及人对尼罗河的利用史也是一部河流水文化史，通过对河流的认识与利用发展起了相关的知识、科学技术、艺术、社会制度、生计等。在欧洲，尤其是中欧和南欧地区大多数地区处于喀斯特地貌地区，通过河流为城市供水较为困难，因此自古以来欧洲的城市供水主要依靠修建大规模的引水渠来给城市供水。在中东、北非地区，由于当地地处沙漠地区，水分蒸发较大，因此以坎儿井为代表的地下引水渠成为这个地区最典型的水利工程，相关的水文化也在这个基础上而形成。在亚洲，河流众多，气候湿润，因此河流与相关的水生态系统成为生产生活主要的水资源来源。中国也是对河流依赖最大的国家之一，中国的水文化的形成和河流有最直接的关系，不论是水文化的精神层面、行为层面还是物质层面的水文化，都与河流流域有直接的关系，因此中国的水文化总体上是一种基于河流生态系统之上的水文化。当然由于中国的地域广大，基于地域特征所形成的中国的水文化也呈现丰富多样性特征，包括在新疆等干旱半干旱地区的坎儿井、沿海地区和海洋相关的海塘等水文化。由此可见，世界各国的水文化形成和这个国家的地理特征直接相关，中国的水文化有自己鲜明的特征，那就是以河流生态系统为主体、兼容不同地域特征而形成的水文化。

3. 中外社会经济发展的差异导致了水文化发展的差异。在欧洲发展史上城市发展成熟较早，城市大多发展于商道上，而不是河流边，因此城市供水发展同样较早，较为完善，加之欧洲政治制度的影响，使得城市供水和市民之间的关系较为密切，城市水供应对于市民的社会生活影响巨大，水在社会中体现出来的公共性特征明显，因此城市水文化也较为发达，这一点在前面所介绍的意大利罗马的城市水文化就是一个典型：城市有完善的市政供水设施、供水的制度、供水带来的市民生活方式的变化、喷泉等城市水景观建设等，通过城市供水而形成了相关的水文化，水甚至推动了西方资本主义制度的发展与基督教社会的构建，① 早已具有了自然物质之外的文化属性。中国社会自古就是一个以农业为基础的社会，城市化发展缓慢，在城市中也不具有欧洲城市中的供水制度安排。因此中国的水文化是典型的反映农业社会为主体的水文化，不论是水文化的精神层面、制度层面还是物质层面都典型地反映了中国的农业社会特征。以欧洲的城市为代表的城市中的水文化更多地体现了对水的开发利用、消费和水

① 参见 Terje Oestigaard. WATER, CHRISTIANITY AND THE RISE OF CAPITALISTM, L.B. TAURIS PUBLISHING, 2013。(《水、基督教与资本主义的兴起》)

的商品性，以及水资源利用的制度性安排。以中国为代表的农业社会中的水文化，更多地体现了人类对水的自然属性的理解、对水的崇拜、感情的表达、对水的控制和开发利用。因此欧洲的城市水文化更多地体现了水的商品和消费属性，中国的水文化更多地反映了水的自然属性。

4. 在欧洲国家以及文明发展较早的中东地区，典型的水管理主要体现在通过工程手段改善城市和居民区的水供给以及灌溉条件。历史上大量修建的引水渠、坎儿井等引水设施正是体现了改善供水的目的，在城市和居民区大量和城市居民生活相关的公共供水设施的修建，体现了供水的民生基础。中国由于长期的封建专制社会影响，以及中国以河流为基础的农业社会，在水管理方面和西方国家有明显的不同。中国自古以来强调治水，首先是要治理水患，防止和消除来自由河流泛滥、海水涨潮带来的对城市和农村的洪涝灾害，因此中国历朝历代大量的人力物力都花费在水患治理上，黄河的治理就是中国历史上治理江河的最典型范例。水患治理是否成功考验着政府的效能及城市、农村的安危，为此不仅修建了大量的水利工程，同时也影响到了政府的制度安排、和水相关的社会运行以及民众的社会生活方式。其次是国家通过治理水来强化国家的权力、达到国家稳固、扩张、统治和提升灌溉、发展农业生产，如郑国渠、灵渠、运河等的伟大水利工程的修建，主要的目的都与国家治理有直接关系，通过治水来达到国家治理目的，不仅体现在中国统一之后的各个朝代，同样也体现在中国统一之前的各个诸侯国家中。在中国历史上大的层面上自古以来治水的责任主体主要是政府，中央政府与各级政府主导了水的治理工作。与欧洲国家相比水管理在民生层面上显得非常不足，水设施的修建，包括城市供水系统的建设并没有更多地考虑到民众的用水，而是首先考虑城市的防护、皇宫的供水和景观等，在现存的和考古发掘中所展示的古代城市供水、排水技术较为先进的设施大多集中的皇宫相关区域。因此历朝历代城市居民主要都是依靠井水来解决生活用水（古代罗马等欧洲城市在公元一世纪后就已渐渐以市政供水取代了水井），居民生活用水设施的修建往往并不在政府的财政支出范围之内，居民总体上享受不到政府的供水安排，这一点和古代欧洲国家相反。民间的水利更多地体现在民间的自主地建设和管理上，形成一个和国家治水层面不同的一个民间水社会层面。因此中国古代的水文化在制度层面上是一种典型的政府主导的治水文化。

5. 当代水文化建设中，很多国家，尤其是发达国家都注重水文化的传承。水文化不仅在观念层面上得到继承，自古以来水文化的建设成就仍然得到较好的保存，城市中很多用水的设施已失去了它的功能（尤其是在管道自来水普及之后），但是仍然作为文物得到较好保存。一个典型例子是古代罗马的引水渠今天大部分已经没有了使用价值，但是作为历史遗迹的保护仍然受到各个国家的重视。同时大量的历史水利建筑今天仍然存在，甚至还被利用，包括欧洲城市中存在的大量古代的喷泉、城市引水渠、古代的河道等，在城市改造和重建过程中，古代的水利工程设施都被尽可能地保存下来。历史上的水文化作为一种文化遗产受到人们的重视，包括了其中的物质文化和非物质化的内容，例如水管理的制度、关于水的历史文献、古代水利设施等。人们通过历史遗迹的现场保护、保护制度的建设、博物馆保存和展示、国际会议、公众教育等的不同的途径去继承和保护水历史遗产，使水文化能够自古至今一脉相承。在中国，尽管有数千年的水历史文化遗产，但是没有得到较好的继承和延续，尤其是在当代的城市化建设过程，有很多城市在历史上建成的水系统，包括河道和景观、水井等水设施已经被破坏，很多城市的河流都被填埋掉，大量的水历史遗迹没有得到保护。城市的重建和新建过程中没有考虑和历史水系统的结合。这一点是当代中国和国外发达国家水文化明显的差距。

6. 国外在当代的水文化建设过程中非常注重公众的水文化教育，提升水文化建设的社会性，让公众具有水文化知识。很多国家都通过学校、非政府组织、博物馆等渠道，通过知识竞赛、展览、专家讲座、举办专题的水教育活动，例如城市水周等活动普及水文化知识，让公众增强对水和人类生存之间的关系的认识，尤其是通过对水在人类发展史中所扮演的重要角色的理解去认识水和人类当代、未来的关系。这也反映在关于水文化的相关科学研究活动中，包括每年都举办很多国际学术会议、发表很多学术研究成果、举办很多学术讲座等活动。同时在美国、日本和欧洲国家都有大量的水主题博物馆，其中仅日本就有涉及水的博物馆 160 余座，使得民众有机会去接受关于水的知识。由于这种背景，很多国家民众对水的传统的传承与对水的关爱意识都较强。相对而言，在中国水文化的公众教育不足，包括水文化教育渠道和活动较为单一、水文化的社会性不强、公众的水知识不足等，适应不了当代水文化建设的要求。

二　国外水文化发展中的几点启示

通过上面对中外水文化发展的一些侧面简单的比较，我们可以得到一些启示。

1. 不同国家、民族的水文化总是与其所处的环境、历史发展过程有密切的关系的，中国的水文化在长期的历史发展过程中和中国的地域特征、历史发展和民族文化直接相关。因此在当代水文化的建设应该保持自己本民族的特色，构建起一个切合本国自然环境、民族文化和历史发展特点的水文化体系，将水文化作为我们民族文化一个重要的有机组成部分。新的水文化的建设不可能脱离这些特点，这是传承传统水文化在当代水文化建设中的重要意义所在。

2. 由于水文化和一个民族的历史和文化有密切的关系，因此在当代水文化的建设中必须要注重水文化的一脉相承，不能够放弃中国水文化的传统内涵，当代的水文化建设必须是在中国几千年来优秀的水文化传统基础上进行的建设，这样才能建设一种植根于中华民族传统和历史之中、吸收现代文化建设成就、切合时代的发展的水文化。因此对中国的传统水文化中精神层面到物质层面的构成要素都应该认真加以清理、保护和传承，要将历史上形成的水文化作为重要的文化遗产加以继承。

3. 要注重水文化的时代创新。水文化有时代性，因此在继承传统水文化的基础上要进行创新，水文化的建设要切合时代发展的要求、切合保护水环境和水资源、实现可持续发展的要求，也要有全新的理念、制度和技术手段去支撑水文化的创新。例如在城市水景观建设、水利工程建设、水文化教育过程中都可以创新观念、创新形式、创新手段，建设一种符合时代要求的、具有中国民族特色的水文化体系。

4. 水文化的公众教育是新时代水文化建设的重要环节。水文化不是某个行业的文化，也不是某种单项的文化，它和民众的生计和未来密切相关，因此水文化必须体现在社会生活中，这就要求公众要成为水文化的承载者、建设者和实践者，公众必须要具有丰富的水文化知识和应用水文化的能力。因此水文化的公众教育本身也是水文化建设的一个重要内容。要创新形式、建设平台、拓展渠道、大力开展的水文化的公众教育，大力提升公众的水文化意识和知识，使民众在社会生活中主动地践行水文化。应该大力开展水文化教育进各级学校、大力提升文化的研究、应用各种新媒体和新的技术手段进行水文化传播，创新形式如举办专家讲座、水文化教育周活动、水文化作品创作竞赛的活动，广泛开展水文化教育。

5. 提升水文化在水资源和水环境保护建设、可持续利用中的应用水平。在涉及水的各种工程建设中应该更多地体现文化内涵，体现艺术性、可持续性、和当地环境的协调、社会贡献率等新的理念。在社会生活中，通过水文化提升民众的保护水环境意识和关爱水环境、水资源的行为养成，科学利用水资源、节约水，创造一个水环境友好型社会。总而言之，水文化的社会性越强、公众的水文化知识越丰富、水文化在水事实践中得到应用越广泛，越有利于水的可持续，也有利于水文化的建设。

（本文载于《中华水文化通论》，中国水利水电出版社，2015 年版）

发展问题研究

长江国家文化公园建设中水文化的价值和实践思考

长江国家文化公园建设是实践长江大保护战略、推动长江流域高质量发展的一个重大举措。这一战略工程的实施，对于长江流域的自然环境保护和文化的传承发展都具有重大的意义。然而，诚如国家文化公园这一概念作为中国近年来率先提出来的一个概念，在理论建设和实践上都还处于起步阶段。[①] 国家长江文化公园这一项工程也是一个探索性的工程，其中的各种重大关系和要素的布局等都有必要进行深入的探讨，使长江国家文化公园的建设在推进的初期就有明确的思路。关于长江国家文化公园建设中水文化的价值和实践问题，我认为就是在公园建设之前亟待深入探讨的重要议题。由于目前关于长江水文化和长江国家文化公园建设等在理论上都还属于新的话题，因此还没有太多的理论成果可参照，本文将就长江水文化的内涵、水文化在长江国家文化公园建设中的价值显现及如何加以实践进行探讨，以期深化对长江国家文化公园建设的理论思考。

一　长江流域的水文化和长江水文化

长江国家文化公园的建设是基于长江而构建的，因此水的问题必然成为长江国家文化公园构建的核心议题。从文化的角度上来审视，水文化必然是长江国家文化公园建设的重要内容。没有水文化的内容，长江国家文化公园的建设是没有根基的，甚至是不成立的。在长江国家文化公园的建设过程中，必须考虑水文化在其中扮演的角色，包括了水文化的继承和发展。这其中一个关键的问题就是长江流域历史上既已形成了的水文化和今天的长江水文化构建的关系问题。

人类在长江流域的居住历史已经超过了 1 万年，早期的历史仍然有待

① 李飞、邹统钎：《论国家文化公园：逻辑、源流、意蕴》，《旅游学刊》2021 年第 1 期。

研究，但是在距今 6000 年前后，长江流域已经发展起了明确的文明。[①]人类生存的历史，事实上也就是一部水历史，是一部人类和水互动、相互影响，利用、管理水资源的历史。[②] 在这个过程中，人类利用、管理水资源而获得生计，从而也形成了水相关的文化现象。水文化作为一种人类重要的文化，包括了人类关于水的认知、知识、价值、信仰，因水而构建起来的生计基础、社会关系、生活方式、风俗习惯、制度、利用水的物质创造和建设成果等。[③] 长江流域的文明也一样，居住在长江流域的人们在长期利用、管理水资源的过程中，不仅获得了生计，同样也形成了丰富多彩、博大精深的水文化。例如居住在长江流域的人类通过对水的认知和对水资源的利用，构建起了中国最大的稻作农业区，使稻作农业成为长江流域人类最重要的生计基础，为此人们修筑了大量的水利灌溉系统。基于农业灌溉和水资源的利用，人们构建起了相关的精神崇拜体系，也相应地形成了人们的社会关系乃至于社会组织、社会生活方式、节日和风俗习惯等。由于长江航运的便利，在长江流域形成了一系列的城市，使长江成为中国大河沿岸城市最多的一条河流，因此长江流域的城市水文化也成为长江水文化的一个独特特征。与此同时，在长江流域，由于不同的地理环境影响，也形成了长江流域不同地域的文化特征。例如在长江上游，高山纵横、河谷交错，自古以来就是很多民族迁徙的走廊。这里世居着众多的少数民族，包括藏族、彝族、纳西族、傈僳族、白族等，各个少数民族都有自己特色鲜明的水文化，因此形成了长江上游地域多样性和民族文化多样性基础上的水文化特征。长江中下游地区是中国湖泊最多的区域，因此形成了和湖泊相关水文化，使湖泊水文化成为长江中下游地区最鲜明的水文化特征。[④] 这一切都是长江流域历史上所形成的水文化，以其多样性、丰富性、生动性而堪称世界上最大的水文化博览园，成为今天建设长江国家文化公园的重要基础。

然而今天我们在构建长江国家文化公园的过程中，不仅需要利用好传

---

① Yoshinori Yasuda. *Water Civilization From Yangtze to Khmer Civilizations*, Springer Japan, 2013, p. 5.

② Terje Tvedt & Eva Jakobsson. *Water History is World History*, *Introduction in A History of Water*, Vol. 1, I. B. TAURIS Publisher, England, 2013, p. 2.

③ 参见郑晓云《水文化的理论与前景》,《思想战线》2013 年第 4 期。

④ 参见郑晓云《长江水文化及其构建途径探讨》,《生态文明新时代》2022 年第 1 期。

统的水文化资源，更要构建长江统一的水文化，形成“长江水文化”这一统一概念在长江国家文化公园建设中的表达。今天我们对长江水文化的理解往往是地域性的，忽略了从整体上理解长江的水文化，还没有一个完整的长江水文化概念。在今天的发展过程中，不论是推进长江经济带建设和长江大保护等国家战略，还是长江流域不同区域的社会经济文化创新发展，都需要有统一的发展理念、思维和规划。对待长江的水资源和水环境同样需要有一致的价值观、保护思维和行动计划，因此今天有必要构建一个整体性的长江水文化，使之成为长江当代发展的一致的文化基础。事实上已有学者提出，长江流域虽然因为地理环境不同而可以划分为不同的文化区，但是存在着以水而被贯通的长江文化共同体。长江文化共同体之内的文化一致性内蕴逻辑是由水贯穿起来的诸多要素形成的共享性文化记忆。① 今天我们要构建的长江水文化，就是集合了历史上长江具有共性的文化因子和适应当代发展需求而被注入的新的因子的水文化。例如长江流域的稻作文化、水崇拜文化、城市水文化、灌溉文化、民族水文化等共同的文化要素，加上今天保护长江水资源水环境的共同价值、生活方式、社会行为模式、文化创造等。

长江水文化作为长江共同的文化符号，在长江国家文化公园的建设过程中同样有重要的意义。因为长江国家文化公园的建设是整合长江流域各种文化资源而构建起来的，长江国家文化公园本身也就是一个整体的符号，其建设理念和建设方略并不体现在某一个流域段的文化之上，而是包含了整个长江流域的文化。长江国家文化公园的建设体现的是国家文化公园建设的理念，也就是通过国家文化公园建设，整合不同的地域文化，形成统一的国家文化公园。因此在国家文化公园建设过程中，虽然各地依据不同文化特色和历史事件打造不同主题的景观和相关文化产品，但具有共识性的标识系统会将大尺度空间的形象统一起来，形成国家文化公园整体IP，使相对同质化的资源从竞争走向联合。② 水文化也一样，通过国家文化公园的大整合功能，使不同地域的水文化得到整合，从而形成全长江流域水文化的同一概念和标识。因此，在国家长江文化建设过程中，我们谈

① 李越、傅才武：《长江文化共同体：一种基于文化拓扑的解释框架》，《学习与实践》2022 年第 6 期。

② 李飞、邹统钎：《论国家文化公园：逻辑、源流、意蕴》，《旅游学刊》2021 年第 1 期。

的水文化不仅仅是历史上形成的地域性文化，更是今天所构建起来的一个长江水文化的统一符号。这一点在理解长江水文化和国家文化公园建设的关系中十分重要。

二 水文化在长江国家文化公园建设中的价值

厘清水文化在长江国家文化公园建设中的价值，才能明确水文化建设利用的方略。笔者认为对于长江国家文化公园的建设来说，水文化具有以下几方面的意义。

第一，通过水文化的传承和新的建设保护好长江的水资源和水环境。长江文化公园的根基是水文化，水的状态自古以来决定了长江流域文化的形成和发展状态。因此建设长江国家文化公园，首先是要考虑到水的状态。在历史上很多水文化是在水资源不利于人类生存和发展的基础上形成的，例如防洪、灌溉、防止干旱等。今天我们建设长江国家文化公园，是基于水资源水环境状态良好的基础之上的，因此首先是要确保长江水资源和水环境的良好状态。如果长江的水资源和水环境状态被改变，包括水资源严重短缺、严重污染、水岸环境受到严重破坏等，那么长江国家公园的建设也就无从谈起。然而今天长江的水资源和水环境状态因人类的过度开发而受到了巨大的改变，面临着较大的危机，长江流域的水环境污染、水资源过度开发、长江河道非法开发利用、水资源浪费、水资源短缺、自然环境破坏等仍然没有得到根本遏制。习近平总书记 2018 年 4 月 26 日在深入推动长江经济带发展座谈会上的讲话指出：目前长江“生态环境形势依然严峻。流域生态功能退化依然严重，长江‘双肾’洞庭湖、鄱阳湖频频干旱见底，接近 30%的重要湖库仍处于富营养化状态，长江生物完整性指数到了最差的‘无鱼’等级。沿江产业发展惯性较大，污染物排放基数大，废水、化学需氧量、氨氮排放量分别占全国的 43%、37%、43%。长江岸线、港口乱占滥用、占而不用、多占少用、粗放利用的问题仍然突出。流域环境风险隐患突出，长江经济带内 30%的环境风险企业位于饮用水源地周边 5 公里范围内，生产储运区交替分布。干线港口危险化学品年吞吐量达 1.7 亿吨、超过 250 种，运输量仍以年均近 10%的速度增长。同时，出现了一些新问题，比如固体危废品跨区域违法倾倒呈多发态势，污染产业向中上游转移风险隐患加剧，等等”。[①] 可见长江流域生态环境问题之严重，近年来虽然已经有了较大的改变，但是要使长江流域的生态环境得到根本好转仍然需要去付出巨大的努力。

保护好长江流域的生态环境和水资源，除了制度和物质建设之外，社会建设是一个根本性的要素。说到底就是要从人的观念、行为和生活方式等方面建立起有利于长江生态环境保护的屏障。长江水文化建设的目的就在于提升对于长江的认知、树立长江流域民众保护长江的意识、确立长江水资源开发利用和保护之间的正向价值、建设长江水资源和水环境保护的友好社会环境、让长江水资源和水环境成为长江流域人民福祉的来源，让长江成为中华民族文化创造源源不断的动力。通过水文化的建设，改变不利于长江水资源和水环境保护的生产方式、生活方式和社会行为，让水文化成为长江水资源和水环境保护坚实的文化基础。这样，长江流域民众所拥有的丰富的水文化必将成为长江大保护和高质量发展的坚实基础，也同样将为长江国家公园的建设奠定坚实的基础。因此长江国家文化公园的建设，必须以长江水文化建设为基础，通过长江水文化的建设构建一个有利于长江生态环境的社会环境，这样才能达到长江国家文化公园建设的目的，使长江国家文化公园建设建立在一个良好的自然环境和社会环境之中。

第二，长江水文化是长江国家公园建设必不可少的内容。千百年来长江流域已经形成了丰厚的水文化，不论是精神层面、社会层面还是物质层面的水文化因子，都是长江国家公园建设不可缺少的资源。在长江国家公园的建设过程中，应该较好地将典型的、优秀的水文化因子作为长江国家公园重要的构成部分。这些水文化因子包括了自然和人文结合的因子、有利于长江水环境和自然保护的因子。例如在长江中下游存在较多的矶头，不仅对长江的河道安全和生物多样性具有重要的价值，也同样具有景观价值和丰厚的历史文化内涵。再如长江流域民众的传统的水信仰，包括长江上游各民族丰富的水信仰、长江中游湖泊信仰、长江河道岸上的各种祭祀崇拜场所和镇水兽等遗物，是人们与自然交流的精神桥梁，对于人们秉持敬畏自然的心态、保护水环境有重要的价值。长江流域各民族人民涉及水

① 人民网，2019 年 8 月 31 日。http://politics.people.com.cn/n1/2019/0831/c1024-31329506.html。

的节日和社会生活习俗、乃至于因水而构建起来的生活方式，都是有重要传承价值的文化遗产。长江流域长期以来利用水资源、改造水环境、构建生存家园过程中形成了大量水利遗迹，包括新中国建立以来所建设的大量水利工程，都有较大的历史价值。总之，长江流域水文化因子十分丰富，为我们建设长江国家文化公园奠定了坚实的基础。长江国家文化公园的建设的逻辑也同样来源于长江的历史发展和文明构建，来源于在历史上长江流域所创造的丰富多彩的文化，对长江流域历史文化脉络的整合。[①] 因此，只要我们将这些长江流域丰富多彩的水文化因子较好地加以开掘、保护并传承，必将极大地助力长江国家公园建设，使长江国家公园的内涵更加丰富，呼应长江国家文化公园建设历史文化逻辑。相反，如果我们在国家公园的建设过程中不充分地融入这些因子，那么建设的效应也将是有限的。

第三，长江水文化是构建长江认同、彰显长江国家文化公园内涵的重要纽带。长江延绵 6300 多公里，以长江主干道为中心的长江流域不论是地理环境和人文环境都有较大的差异。而国家文化公园建设是一个覆盖整个长江流域的整体性宏伟工程，这就需要在建设过程中能够整合不同地理环境和人物环境中的各种文化要素，在保留地域性特征的同时构建起统一性的文化内涵。这种内涵的基础就是长江流域这一巨大的地理空间之内的长江文化认同，使长江形成统一的文化内涵要素。因此构建长江文化认同是整合长江文化的重要基础。国家文化公园的建设作为一个国家创新，它本身就包含了构建文化一致性的功能，包括了国家象征、政治逻辑、文化强国、大众属性等内容。[②] 从文化认同的学理上来说，这些要素都是文化认同的因子，因此在长江国家文化公园建设中也同样应该包含这些内涵。因此长江国家文化公园建设其逻辑也就是在地域性的文化之上构建起来一个包括国家象征、文化强国、提升大众福祉、保护自然环境功能的体系。在这样的逻辑之下，水文化就是彰显这些内涵的重要基础。因为长江国家文化公园的基础是长江，长江的根本是水。水能够贯通长江整个流域，同样也塑造和贯通了整个流域的文化。在流域不同文化特征的基础上，我们

① 傅才武、程玉梅：《论长江国家文化公园构建的历史逻辑》，《文化软实力研究》2022 年第 2 期。

② 李飞、邹统钎：《论国家文化公园：逻辑、源流、意蕴》，《旅游学刊》2021 年第 1 期。

可以构建起一个彰显长江国家文化公园内涵的水文化体系，这包括了长江水文化具有的整体特征和彰显长江大保护、长江经济带高质量发展等国家战略的理念和要素。例如长江的水崇拜、民族水文化、湖泊水文化、稻作文化基础上的水文化、长江城市水文化等长江历史上形成的共同文化要素，以及当代应该构建的要素，包括对待长江共同的认识和价值观、关爱长江水环境的共同行为模式、与长江自然共处的方式、绿色水生活、水情教育传播体系等。[①] 这样长江国家文化公园就能够在水文化的基础上发挥文化整合的功能，构建长江共同的文化认同和文化价值，展现国家文化强国的内涵。

以上所论述的是长江水文化在长江国家文化公园建设中几个方面的价值体现，尽管不能囊括其全面的价值，但也证明了水文化在长江国家文化公园建设中的不可缺性。长江国家文化公园建设中的水文化实践也应该围绕体现这些价值而确定应用和建设的方略、路径，体现呼应国家的长江保护发展战略、体现对长江自然的保护的价值、体现在长江国家文化公园建设过程中的要素支撑作用、体现构建国家文化实力的价值等。这样，通过价值的确立来引导水文化的实践，通过实践来彰显水文化在长江国家文化公园建设中的价值。

三　长江国家文化公园建设中的水文化实践问题

长江水文化在长江国家文化公园建设中如何得到应用，是长江国家文化公园建设中的一个重要环节，也是一个难点。我们需要依照水文化的内涵，构建起长江水文化的理论模型，遵循文化建设的规律和时代要求、长江国家文化公园建设的实际目标来进行实践。

其一，我们要遵循水文化的一般规律和长江水文化的要素结构来开展建设。依照水文化的总体结构内涵，我们可以把长江水文化的内涵划分为三个层次：一是长江水文化的精神内涵，这包括了有关长江的知识系统、对长江环境的认知、价值取向、历史记忆、宗教信仰和崇拜，以及长江水环境相关的文学艺术等。二是社会层面的内涵，包括因长江水环境和水资

---

① 郑晓云：《长江水文化：时代命题及其构建》，《湖北大学学报》（哲学社会科学版）2022 年第 3 期。

源利用而形成的社会组织、居住方式和社会关系、社会活动、民众的生活方式、生计方式、节日、风俗习惯等。三是行为及技术层面的内涵，包括长江流域民众对待水的行为模式，利用水资源、治理水环境的方式、技术等。四是物质层面的内涵，包括利用和治理水资源、水环境等的物质创造建设成果，例如居住环境中的供水、排水工程、水环境整治建设、水景观建设及农业灌溉设施、生产生活中的用水工具等具有文化内涵的物质建设成果。① 根据这个层次结构的划分，我们可以构建起一个长江水文化构成的要素模型，如下图所示。

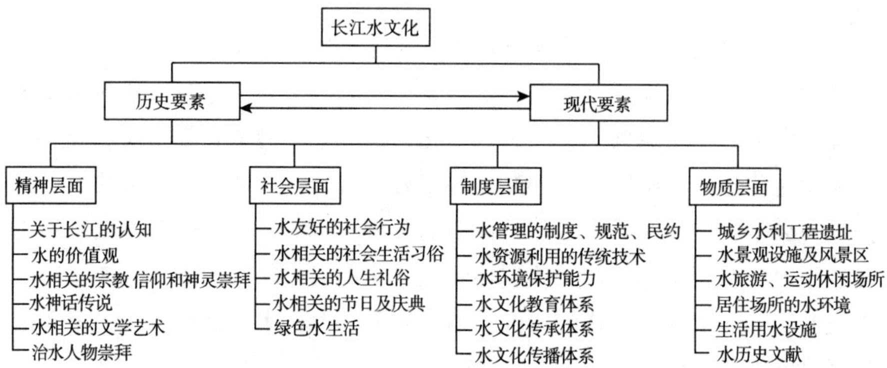

图一　长江水文化结构图

对长江水文化的模型化，有利于我们认识长江水文化的内在构成要素，同时也使长江水文化的应用具体化，清晰化，解决了水文化在实践过程中不容易厘得清、用得好的长期困扰。我们在长江国家文化公园的建设过程中，可以根据这样一个模型具体对长江水文化的各种要素进行清理、普查、构建，构建起一个长江水文化体系，使之融入长江国家文化公园的建设中。

其二，在国家长江国家文化公园建设中要处理好水文化资源的地方性和整体性的关系。如上所述，由于长江流域的地理环境差异，也形成了长江流域的人文环境差异。因此水文化在长江流域也形成了不同地域的特征。长江国家文化公园在建设过程中也同样会依照涉及不同省市流域段展开建设，例如云南流域段、重庆流域段、湖北流域段、江苏流域段等。不同流域段都有历史上形成的丰富的水文化资源，在长江国家文化公园的建

① 郑晓云：《长江水文化：时代命题及其构建》，《湖北大学学报》（哲学社会科学版）2022 年第 3 期。

设过程中必然是可资利用的资源。因此长江国家文化公园建设的过程中首先应该利用好本地的水文化资源，将代表本地的水文化资源在长江国家文化公园建设凸显出来，这样能够使长江流域的水文化得到充分的利用，同时也展现出了国家文化公园在不同流域段的特色，丰富长江国家文化公园建设的水文化内涵。但与此同时，长江国家文化公园建设作为一个整体性的系统工程，还必须有统一的理念和体现长江流域共同特征的要素，尤其是结合时代发展和体现长江国家文化公园建设理念的要素。因此，如果我们在建设的过程中只考虑了不同流域的地方特色，而没有一个总体的理念和反映长江流域共同水文化特征的体现，那么长江国家文化公园的建设就可能失去了整体性，从而达不到我们在前面的论述中所提及的构建国家文化实力、支撑国家文化强国、造福流域民生等要求。因此应做到地方性资源的开发利用和长江国家文化公园建设整体内涵的统一，要根据构建长江水文化的要求，融入体现长江流域共同特征的要素，例如保护长江水的自然环境、生物多样性的理念、行动、工程项目等。

其三，在长江国家文化公园建设的过程中，不能只注重水文化的物质层面建设，还要注重其精神和社会层面。现在的很多国家公园建设中，比较容易进入规划的是物质层面的建设内容。水文化也一样，包括历史上形成的水文化遗址，例如水坝、水井、水塘、自然形成的水景观、村镇中的水景观等，尤其是一些代表性的水利设施和水景观，都将成为各个地方可能纳入长江国家文化公园水化建设的项目中。同时适应新的形势发展需要，还可能要建设一些新的文化项目，包括对一些历史遗址的扩建乃至新建一些水文化项目，例如传承保护水文化的水博物馆等，这些都是必需的。但是与此同时，如果水文化的精神和社会层面得不到建设和彰显，那么长江国家文化公园的水文化建设将会缺少真正的内涵。因此在长江国家文化公园水文化建设的过程中，在注重水文化的物质层面建设的同时，还必须要注重水文化的精神和社会层面。要把能够在历史上反映中华优秀水文化的精神内容，包括对长江的认知和价值、水资源，水环境保护的理念、水环境治理的思想、相关的文化艺术创造、有利于水资源水环境保护的民间信仰等加以传承。与此同时，契合时代的需要，增加有时代感的精神层面的要素，例如关爱长江水资源水环境的意识、当代水环境治理中所体现出来的时代精神、因长江的激发而创造的文化艺术等。在社会层面上，历史上所形成的关爱水的传统，包括一些社会生活习俗、节日、自然崇拜等。在重视开掘和传承利用历史上形成的水文化资源的同时，也还要结合今天的时代发展和国家战略推进积极构建新的水文化。例如建设长江水友好社会，形成保护水环境和水资源的社会行为、绿色生活方式和有节庆特征的社会活动等。再如建设更多标志性的水文化景观、水博物馆以及能够提升长江流域民众福祉的水文化设施、保护长江水环境自然状态和生物多样性的场所等。这些都是在长江国家文化公园建设中不可缺少的内容，应该在建设的过程中得到反应。两者要做到有机的协调，才能使长江国家文化公园建设更具文化内涵、更具有可持续性。当然，相对于物质层面的要素，精神层面和社会层面的建设要相对困难，这要求我们对这些层面的要素构成要有进一步的厘清。

其四，处理好长江国家文化公园建设过程中水文化的应用和保护问题。在长江国家文化公园的建设过程中，既要把长江流域丰富的文化开掘好和应用好，同时也应该通过长江国家文化公园的建设来保护好长江流域的历史水文化资源，让长江国家文化公园的建设成为长江历史文化资源获得保护传承的重要机遇。今天由于时代和环境的变迁，长江流域大量的水文化资源正面临着流失的窘境。因此，长江水文化也面临着传承和保护建设的紧迫性。要利用好长江水文化，首先必须要做好历史上所形成的优秀水文化传统和水文化遗产的传承和保护工作，同时根据时代的需要构建新的水文化。因此，在国家文化公园的建设过程中，做好长江水文化的传承保护和建设工作，同样是其中的一项重要内容。长江国家文化公园的建设应该担起这个责任，让长江国家文化公园建设成为长江水文化保护传承与再构的新平台。

其五，由于长江国家文化公园建设是一个新生事物，其中的水文化建设也同属起始，从理论和实践上都还有待于进一步明确思路和实施的方略。从工作层面上来说，有几个方面是迫切的。一是应该做好踏实的基础工作。目前长江水文化的资源状况还不是十分清楚，不仅分散，如何纳入一个框架中加以科学归类，都需要研究。因此有必要对长江的水文化资源进行一次全面的调查研究，了解长江水文化资源的历史存量、保存现状、今天的功能和价值，以及今天发展中对深化建设的要求等。通过调查掌握资源，最终形成长江水文化名录，这样就可以在长江国家文化公园建设中选择其中的要素加以实施。对于有必要纳入长江国家文化公园中的水文化要素赋予标识，制定传承保护和发展的方针政策。对水文化要素可以进行国家及地方、重点和非重点等不同层级的评定，以便以制定不同的保护和开发利用方略。二是编制长江水文化名录。在调查研究的基础上，编制长江全流域的水文化名录，将长江水文化的各种资源要素进行统计、科学分类汇编，这样就有了对长江水文化家底的了解，有助于在长江国家文化公园建设中的应用、传承和保护。三是应由国家有关部门牵头编制长江国家文化公园建设中的水文化建设纲要，指导长江国家文化公园建设中的水文化建设工作。这样才能体现国家文化公园建设的统一理念，也便于长江流域各个地区开展水文化的建设。

四 结语

长江国家文化公园是一个新生事物，它不仅是依托长江而建的一个文化公园，同时也是塑造国家文化实力、实施文化强国战略的重要工程，对于长江大保护和长江流域高质量发展有重要的意义。长江国家文化公园是依托长江而建设的，水文化必然是其中的核心内涵。在长江国家文化公园建设过程中，水文化的建设既要依托长江流域不同地方的水文化资源，也要体现长江国家文化公园水文化的整体性内涵，要构建反映长江整体性水文化内涵的长江水文化，使长江水文化成为长江流域水文化的符号，并且在长江国家文化公园建设中加以应用。长江水文化的价值体现是我们制定长江国家文化公园建设中水文化建设方略的重要基础。在长江国家文化公园建设中，水文化具有保护长江环境、作为长江国家文化公园构成要素、构建长江文化认同和长江大保护的文化基础、体现长江国家文化公园建设理念的价值。目前长江国家文化公园建设中的水文化建设和应用从理论到实践都还处于起始阶段，有必要在理论研究和资源调查中做更多的基础工作。要明确长江水文化的结构和要素，以便于对长江水文化的厘清和应用。在建设的过程中，必须要处理好长江水文化的地方性和整体性、物质层面和精神、社会层面、水文化传承保护和建设等重要关系。应该对长江水文化资源开展系统的调查研究，掌握家底，编制长江水文化资源名录，编制长江国家文化公园建设中水文化建设的专项纲要，指导长江国家文化公园建设中的水文化建设工作。

（本文载于《生态文明新时代》2022 年第 4、5 合期。《湖北省长江国家文化公园建设研究专报》2022 年第 2 期转载）

用文化的力量助推生态文明建设

习近平总书记在全国生态环境保护大会上指出，中华民族向来尊重自然、热爱自然，绵延5000多年的中华文明孕育着丰富的生态文化。习近平总书记强调，“要加快构建生态文明体系，加快建立健全以生态价值观念为准则的生态文化体系”。生态文化体系作为构建生态文明体系的重要组成部分，与生态经济体系、目标责任体系、生态文明制度体系、生态安全体系一起，共同成为到21世纪中叶实现建成美丽中国目标的重要保障。

一　建设生态文明 文化不可缺位

生态兴则文明兴，生态衰则文明衰。生态文明是人类文明的重要组成部分，它包括人类对自然的认识理解、价值判断、行为模式、人类社会中的环境友好关系以及有利于与环境状况相平衡的生活方式、生产方式、实现人类可持续发展的理念和目标等。生态文明是一个体系，包括从观念到社会、制度和物质建设的不同层面。但是，作为一种文明形态，生态文明更多体现的是它的文化内涵，生态文明相关的制度建设、科学技术进步、行动和物质建设的主要目的，都是为了保障生态文化理念的实现。因此，生态文化是生态文明建设的重要内容和重要支撑。

不同地区、不同民族和国家的民众总是基于他们的价值判断、宗教观念、社会习俗、政治关系、生产和生活方式去理解当地的自然环境，管理自然资源，从而形成了和生态环境相关的生态文化，也成为生态文明建设的文化基础。由于不同地区的生态文化存在差异，在生态文明建设的范畴中同样也形成了不同的文化差异。因此，对自然环境的认知、价值观，以及与生态环境相关的行为模式、社会关系、生活方式这些文化意义上的要素，都会直接影响生态文明建设的结果。如果这些要素缺位，或者其性质和生态文明建设目标相悖，都将不利于生态文明建设。

人类的文明根本上是一种文化形态，文化不可缺位。生态文明建设不能缺少文化作为灵魂，因此生态文明建设不仅需要有科学技术、制度、财政、工程建设等的支撑，也必须要有文化的支撑。

二 建设生态文明需要有文化自信

生态文化是生态文明建设的重要内容和重要支撑，那么我们是否拥有相应的文化基础，能否构建起与生态文明建设发展需要相适应的文化呢？我认为可以从以下几个方面加以理解。

首先，党的十八大以来，以习近平同志为核心的党中央把生态文明建设作为统筹推进“五位一体”总体布局和协调推进“四个全面”战略布局的重要内容，开展了一系列根本性、开创性、长远性工作，提出一系列新理念新思想新战略，形成了习近平生态文明思想，为推进美丽中国建设、实现人与自然和谐共生的现代化提供了方向指引和根本遵循。科学的生态价值观，是生态文明建设的重要引领。党的十九大报告指出：“人与自然是生命共同体，人类必须尊重自然、顺应自然、保护自然。”习近平总书记指出：“山水林田湖草是生命共同体，要统筹兼顾、整体施策、多措并举，全方位、全地域、全过程开展生态文明建设。”这些科学论断反映了以习近平同志为核心的党中央对人与自然之间关系的科学认识，是中国共产党生态价值观的体现。同时，这些论断也把人与自然之间的关系上升到了哲学的高度，提出了对人与自然之间关系的科学理解，对我们认识自然、建设生态文明具有重要指导意义。价值观是人类文化的核心要素，因此这些科学论断当然地成了生态文明建设的文化基础。把人和自然之间的关系看作一种生命共同体，指出了它们之间的内在关联，是中国共产党提出的生态价值观，这本身就是一种对人类的文化贡献，必将为世界上越来越多的民众所认同。

其次，中国有数千年的文明史。中华民族长期的历史发展过程也是一个和大自然互动的过程，在这个过程中构建起了中华民族对于人与自然关系的精神体系、制度体系和自然环境的利用治理体系，这些体系也都是一种文化体系。在中华大地上，崇尚天人合一的人与自然生命一体观念、崇拜自然敬畏自然的传统信仰、关爱自然环境的行为模式、享受自然的生活方式都是我们民族文化的重要构成部分。中国各族人民今天仍然保留着丰富的生态文化，尤其是对自然的敬畏观念在今天仍然牢固，文化习俗仍然丰富多彩。因而，在这样的文化传统和基础上，我们完全能够树立对建设生态文明的坚定文化自信，同时也可以从丰厚的优秀传统文化中获得生态文明建设的文化资源。

习近平总书记指出，总体上看，我国生态环境质量持续好转，出现了稳中向好趋势，但成效并不稳固。生态文明建设正处于压力叠加、负重前行的关键期，已进入提供更多优质生态产品以满足人民日益增长的优美生态环境需要的攻坚期，也到了有条件有能力解决生态环境突出问题的窗口期。中国的发展至今已经取得了辉煌的成就，我们有坚实的经济基础、可靠的制度保障、发达的科学技术去支撑与生态文明建设相适应的文化建设。特别是我们拥有强大的宣传传播体系来支撑公众的生态文明知识教育，从而提升公众的生态文明素养，倡导和生态文明建设相适应的生活方式，形成良好的文化氛围。

三　增强生态文明建设的文化助推力

助推生态文明建设的文化力量主要体现在社会有正确科学的生态价值观，民众有较好的生态环境素养、关爱环境的行为，有环境友好型的社会习俗、生活方式、生产方式。构建起高标准的环境友好型社会，使人类和环境的关系成为一种友好的文化关系，我们应该在下面几个方面着力。

一是要进一步强化全社会建设美丽中国的共识和认同。习近平总书记指出，我们要坚持人与自然和谐共生，牢固树立和切实践行绿水青山就是金山银山的理念，动员全社会力量推进生态文明建设，共建美丽中国，让人民群众在绿水青山中共享自然之美、生命之美、生活之美，走出一条生产发展、生活富裕、生态良好的文明发展道路。我们要让每一个民众都有强烈的建设美丽家园的愿望，在生态文明建设上形成更广泛的共识，从而自觉主动地和党中央的生态文明建设方略保持高度一致，自觉践行党对生态文明建设的要求。有了建设美丽家园的强烈愿望，人们也就有了生态文明建设的不竭动力。

二是要进一步推动生态文明建设价值体系的构建。生态文明建设必须要有科学完整的价值体系支撑，因此一定要构建起基于人类和自然的生命共同体理念上的生态文明建设价值体系，使人们拥有敬畏自然、尊重自然、关爱自然的强烈意识；拥有长远利益和短期利益、算大账和算小账、算眼前账和算子孙账、平衡人类需求和环境可持续的价值判断和考量；拥有以自然之道保护自然、还自然以自然的先进理念；等等。

三是着力提高公民的环境素质。生态环境是关系党的使命宗旨的重大政治问题，也是关系民生的重大社会问题。广大人民群众热切期盼加快提高生态环境质量。生态文明建设同每个人息息相关，每个人都应该做践行者、推动者。公民的素质是建设生态文明的关键，因此我们要着力在提高公民的环境素质上下功夫。公民的环境素质包括公众环境意识的提升、环境知识的增长、环境友好行为的养成、绿色生活方式的形成、关爱和保护环境的自觉参与以及参与能力的提升等。要加强生态文明宣传教育，强化公民环境意识，推动形成节约适度、绿色低碳、文明健康的生活方式和消费模式，形成全社会共同参与的良好风尚。

四是推动适应当代生态文明建设的文化构建。需要在全社会构建起一种追求生态文明价值的氛围，把生态文明建设融入社会生活方方面面，让民众拥有享受生态文明建设成果的机会和场所。加快生态文明建设的科学研究和知识传播，加大对生态文明建设的新闻舆论宣传，加大生态文明建设相关的大众文化建设，营造生态文明建设的浓厚氛围。与此同时，结合传统文化创办各种与生态文明建设相关的节日、仪式乃至于祭祀活动，构建有时代感的生态文化。加快绿色社区和家庭、绿色政府等建设，加快构建环境友好型社会。

（本文发表于《光明日报》2018 年 10 月 29 日第 6 版）

让自然托起水可持续的未来

——2018 年世界水日主题解读

2018 年世界水日的主题的理念是对应 21 世纪人类面临的水挑战的基于自然的解决途径，口号是“答案就在自然中”。从这个主题中我们可以看出，2018 年世界水日所希望彰显的理念是使水的可持续能够在水的自然状态下得到更多的表达，通过自然的状态、方式以及自然的力量去保护水资源和水环境，创造一种更为自然化的有利于水资源可持续的自然生态系统，一种人类用水的科学、低成本、创新性的基础结构。例如，让水更多地被储存在湿地中，让河流有自然泛滥的空间，让水能够更好地保持自然的循环状态等。

2018 年世界水日理念的提出，有它深刻的含义。在当前我国面临着严峻的水危机。根据联合国提供的背景资料，全球有 21 亿人缺少清洁的饮用水，而这个数字到 2050 年将提高到 31 亿人。同样到 2050 年全球的用水量将随着人口的增加而增加 30%。目前全球 80%的污水没有经过处理就被自然排放，造成了严重的环境污染。与此同时，我们面临着严峻的气候变化影响，洪水、干旱以及其他和水相关的气候灾害侵扰人类。这一切除了自然的变化以外，还包括人为的因素，如大规模的改变水循环的自然状态、森林破坏、水资源的过度利用、水污染等。因此，水环境保护最佳的途径就是让它处于自然的循环状态，尽量少地改变它的自然规律。因此我们今天必须更加强调尊重自然规律，用自然的方法和力量去应对今天的水危机，这一点对于人类的可持续发展来说是至关重要的。我们在过去的水危机应对过程中，过多地强调了人工干预的手段，并且今天仍在不断地强化这种手段，包括水坝建设、长距离引水、改变河道、抽取地下水等手段提升水供给，满足日益增长的生产生活需要等。在今天这些手段是重要的，但并不是唯一的解决方案，水资源也不是随着人类技能的增长可以无限制地被抽取利用的，因此我们不能单纯地依赖技能的提升去解决水问题，我们必须认识到回归自然也是应对水危机的重要途径，维持水的自然状态也是一种重要的手段。这就是 2018 年世界水日的核心理念所在。

基于自然的解决途径，国际上也称为 NBS，被应用在环境管理决策及实践中。它虽然不是万能的，但它一定是我们不可缺少的重要途径。我认为我们一方面要更多地保护水资源的自然状态，让水能够遵循自然循环的规律，让河流能够自由流动，不过度地开发和改变它的自然状态，保持人类水资源利用的需求和水资源量的平衡关系。另一方面，我们也可以采用人工的手段去恢复自然，例如人工造林去扩大涵养水分所必需的森林面积、建设大规模的湿地、维护河流的自由流动、降低水污染等，去实现自然环境的再平衡。与此同时，通过推广绿色生产和生活方式，降低人类对大自然的索取和破坏，包括水的循环利用、节约利用、利用雨水资源、减少水污染等，这同样也是遵循自然的重要途径。最后我还要强调的是，遵循自然的解决方法和习近平总书记提出来的“绿水青山”的生态理念也是相一致的。“绿水”就是清澈的水，没有被污染的自然之水，“青山”就是长满了森林的山、自然涵养水分的山。有了绿水青山，才能从根本上化解人们所面临的水危机。

（本文原载于《江河》2018 年第 2 期）

河流生命与人类的可持续生存

一　关于河流生命系统

河流是否有生命，答案是肯定的。河流中只要有水在流淌着，那么这条河就是有生命的河流。但是河流的生命往往也是受到其他因素的影响的，包括了对河流可能产生影响的河流流域的生态状况和人文状况。因此笔者认为，一个河流的生命系统包括了河流自身的功能，也就是河道以及河流沿岸的生态状态和人文状态三个方面，河道、生态、人文三位一体构成了河流的生命系统。这个系统中的三个要素，相互之间都有着关联性，在河流的生命系统中有着相互支撑，相互制约的作用，每个要素的状态往往都会影响到其他的要素，进而影响到整个河流生命系统。只有这三个要素处于一个平衡的状态，那么河流的生命才会是一种旺盛的状态，同样也有利于人类的生存和发展。

这里特别需要指出的是，人类成为河流生命系统内的一个重要构成要素是有重要原因的。河流为人类提供了生存的资源，人类的文明发源并成长于河流流域，人类依靠河流提供的生存资源而获得了发展，今天大江大河流域都已成为人类重要的居住区，形成众多大型的城市，但是今天人类也成为影响河流生命的一个重要因素。人类可以通过较好地利用河流流域所提供的资源建设自己美好的家园，获得生存的条件，但是伴随着经济社会越来越快的发展，人类对待河流更多的是开发利用，包括在河流沿岸建设更大型的城市，修建水坝蓄水、发电，从河流获取更多的水资源等。与此同时，人类在开发河流流域的同时，往往也毁坏了河流流域的生态系统，过度开发河流沿岸资源，使得河流流域的水补充减少，最终危害到河流的生命。20 世纪 90 年代中国黄河流域的断流，就是与河流流域自然生态系统的破坏和大量建设水库截流水资源有直接关系。因此，人类的活动直接成为影响河流生命的一个重要因子，如果河流生命受到危害，甚至结束了生命，那么人类的生存也将受到危害。因此我们今天需要更多地关注人类活动对河流生命的影响，保持人在河流生态系统之间的平衡与友好关系。

二 从实例中看河流生命

河流的生命境遇在人类的历史发展过程中已有较多的反映，有很多的实例可以看出人类活动是如何影响到河流的状态，以及人类与河流之间的关系。这里我们以尼罗河为例。

尼罗河是世界上最长的河流，它发源于非洲中部布隆迪高原，最后注入地中海，全长 6853 公里。尼罗河流域面积约 335 万平方公里，占非洲大陆面积的九分之一。

古代埃及的文明可以追溯到 5000 年以前，在当时，是人类文明发展程度最高的一个地区，也是当今人类文明中众多要素的源头，包括医学、数学、天文学、建筑学、艺术学、文字学等，都可以溯源到古代埃及文明。没有尼罗河，就没有古代埃及文明。古代埃及文明的出现和发展，与尼罗河有直接的关系。

古老的埃及文明形成的秘密在于掌握了尼罗河有定期泛滥的规律。在 5000 年前，埃及人已经掌握了尼罗河河水泛滥的规律，并且利用这种规律来开展农业生产，庄稼一年三熟，使尼罗河三角洲成为当地丰盛的粮仓，农作物的富裕，为人口的发展奠定了重要的基础，同时也为社会发展和人类开展其他的活动，包括发明创造、建设等奠定了基础。埃及人在大约公元前 332 年亚历山大大帝征服埃及为止，近 2000 年都过着稳定富裕的生活，尽一切可能进行着各种创造与建设。

对尼罗河的大规模开发与控制开始于 19 世纪初，对尼罗河控制的一个重要标志就是修筑大坝，以控制、抬高枯水位进行常年灌溉并控制洪水。在尼罗河水利建设中，革命性的工程中最重要的是阿斯旺大坝，水坝高达 111 米，世界第一长河尼罗河从此被拦腰截断，将尼罗河的径流全部截留，成为人类水利工程的奇迹之一。埃及利用尼罗河进行灌溉自此进入了一个新的时期，不再是季节性的，而是变成了常年性的灌溉，从而也扩大了耕种面积，提升了产量。整个尼罗河流域的农业种植面积增加数十倍，农业产业能不断提升，这一切都使得尼罗河流域的农业得到翻天覆地的发展，同时水利工程的修建使得洪水泛滥得到控制。

然而今天更令人关注的，并不再是伟大的成就，而是因为这些成就所付出的代价、成本，或者说更令人担忧的是资源开发带来的一系列后果，甚至是严重的后果。在尼罗河大规模开发利用水利资源，尤其是 20 世纪 60 年代修建阿斯旺大坝后的短短几十年里，开发利用尼罗河水资源的负面影响已经显示出来。尤其典型的还是阿斯旺大坝，在大坝修建以后，尼罗河的泛滥已经得到控制，尼罗河下游地区过去依赖于一年一度的泛滥所形成的生态系统，人类的生产体系都开始瓦解。下游土地变得贫瘠、河流生物多样性甚至受到毁灭性打击。由于水位的下降导致了尼罗河三角洲海水倒灌，大面积的土地盐碱化，甚至变得不可耕种，沙漠在不断侵蚀河流两岸的绿洲。由于河水不再流动，阿斯旺大坝以下河道中的水受到了严重污染，尤其是在阿斯旺大坝周围包括血吸虫在内的热带疾病在 20 世纪 70 年代开始流行。

目前更严重的事实是流域内由于耕地的不断开发、耕种面积的不断扩大所带来的对水资源的巨大需求，从而导致了对水资源的无序开发与争夺。

尼罗河近代的开发史划出了这样的轨迹：人类大规模地尽己所能开发利用河流资源，在短期内肯定会产生积极的效益，甚至这种效益是非常明显的，但是对尼罗河自然状态的无序改变与破坏必将导致灾难性后果，这种效益的可持续性是不牢固的，这已是看得见的事实。

三　简短的启示

事实上，关于河流的自然生态状态和人类文明之间的关系，我们可以在地球上举出众多的例子，地球上大多数的人类都受了河流的自然生命系统的恩赐，这是一个简单的道理。河流哺育了流域的生态环境，进而哺育了人类文明。

河流的生命力体现为其自然功能，是流域生态环境与人类文明的支撑要素。改变河流的自然功能及状态不仅影响到河流的生命，同样也将影响到人类的发展与生存。但是，今天人类的活动越来越多地影响到河流生命，已是当代发展中的一个普遍现象，对人类的可持续发展已构成威胁，必须引起关注。开发利用河流资源是人类生存的必然选择，但是必须要把河流的自然生命状态作为人类生计安全的重要组成部分加以考虑。因此，关爱河流生命在于保持其自然的功能与状态，关爱河流生命就是对人类的可持续发展负责，把人类的行为作为河流生命的一部分。

（本文发表于《中国水利报》2015 年 1 月 29 日第 3591 期）

以文化引领西双版纳生态文明建设
——兼论“三水”战略

目前，西双版纳在“生态立州战略”的工作中，扎实推进生态建设，各项工作都取得了实效。但是，要进一步将西双版纳的生态建设推向一个新高度，必须有先进的文化引领，必须将生态文化建设作为引领生态建设的引擎。因此，西双版纳必然进入了一个以生态文化建设引领生态文明建设的时期。西双版纳的生态文明建设必须要结合当地各民族传统的生态文化，在传统生态文化基础上进行创新，才能切合实际的发展需要，走出一条生态文明建设新路径。本文将就西双版纳生态文化的内涵，在发展中存在的问题和发展的路径、措施，结合西双版纳水资源、水环境状况进行探讨，提出一些可操作的对策建议。

一　西双版纳的生态文化内涵

西双版纳是我国生态环境较好的地区之一，全州森林面积 151.66 万公顷，森林覆盖率达到 80.79%。境内有亚洲大河澜沧江流过，属于热带气候地区，阳光充足、降雨充沛，这一切促成了西双版纳的生物多样性，也造就了西双版纳良好的生态环境。2015 年，西双版纳州有户籍人口 98.23 万人，其中少数民族人口 76.26 万人，有傣族、汉族、哈尼族、彝族、拉祜族、基诺族等 13 个世居民族，构成了西双版纳的民族和民族文化多样性。西双版纳在各民族人民和当地自然环境的长期适应过程中，形成了各民族人民既有共同性又各具特色的生态文化。总之，各民族人民自古以来关爱环境、善待自然、有效利用自然资源获得生存和发展，是西双版纳各民族人民生态文化的主流：自然生物多样性、民族和民族文化多样性、民族文化和自然和谐的状态，构成了西双版纳传统生态文化的图景。近年来，随着时代的变迁、自然和社会环境的变化，西双版纳传统生态文化已经发生了较大的改变，不仅人们利用自然资源的方式和数量发生了变化，人与自然的利益关系同样发生了变化，这促使人们改革观念。我们要在传统的基础上，适应时代的特点和要求去构建新的生态文化。那么，今天西双版纳的生态文化包括了一些什么内容呢？笔者认为主要有以下几个方面。

一是在观念层面上，要形成生态文明理念与价值观，使对生态文明的认同成为主流的价值观。这种价值观在西双版纳具体体现为：以建设青山绿水、生态良好的美丽家园为追求的理想，以绿色引领发展，从而实现可持续发展的发展观，各民族与自然和谐的传统生态价值观，享受美好环境的幸福观，关爱环境为荣的伦理观等。

二是在制度层面上，构建完善的西双版纳生态文化建设的制度保证体系。进一步完善法律法规，使生态文化建设有法规可依。西双版纳各民族人民传统的生态文化中一个重要的构成内容就是关爱环境、保护环境的乡规民约。因此，在西双版纳生态文化的制度建设层面上，一个重要的环节是总结各民族有利于保护生态环境的传统乡规民约，使这些乡规民约在当代从理念到内容上得到提升并加以应用。这样，西双版纳在当代保护生态环境法律法规的基础上，结合各民族传统乡规民约，就可以构建起一个独具特色的生态文化建设制度体系，以维持人们的生态观念，保护生态环境。

三是物质层面建设上。首先要保护好生态环境，这一点目前已经做了大量卓有成效的工作。但是，在文化建设意义上，仍然需要建设一批有文化内涵、标志着生态文明建设、让人们感受得到生态文化、享受生态环境的工程，使得西双版纳的人类生存家园环境更美、更舒适、更令人愉悦。因此，必须启动一系列建设工程，美化西双版纳的自然环境和城乡居住环境，优化环境结构，提升环境质量，尤其是水环境。让人们通过生态文化的物质建设，感受到什么是生态文化，生态文化的价值以及生态文化建设为自己带来什么好处，同时通过物质建设为西双版纳的生态经济发展进一步夯实基础。西双版纳通过生态文化观念层面、制度层面、物质建设层面的建设，必然使生态文化成为生态文明建设的引领，极大地推动生态文明建设，展示文化特殊的魅力和巨大的作用。

二　目前西双版纳生态文化建设中存在的一些问题

虽然说西双版纳州的生态环境保护和生态文明建设取得了较大的成

就，但是目前仍然存在一些制约生态文明建设的突出问题，需要在生态文明建设中加以解决。

（一）很多群众和干部生态意识淡薄，生态文化还没有成为影响人们环境行为的主流价值观

在过去几十年中，由于人和自然的制度环境发生了较大的变化，不仅影响到了自然环境，同时还影响到了人们的环境意识。在利益驱动下，很多民众在对待自然环境和利用自然资源的过程中，往往屈从于利益的需要，甚至将经济利益置于环境利益之上，过度开发利用自然资源来换取经济利益，导致了人们生态意识的淡化。在当代开发建设环境中，各种利益诉求更为复杂，人们更难以建立起有利于环境保护的价值观和生态意识。一些干部并没有将生态文明建设作为一种工作的根本理念而加以落实，仅仅是当作一项考核任务。全州对生态文明的宣传教育工作仍然较为薄弱，没有形成生态文明的大宣传格局。因此，如何使广大民众和干部的生态意识获得提升，构建起一种与生态文明建设相协调的主流价值观，是西双版纳生态文化建设最基础的环节。

（二）西双版纳传统生态文化退化严重

西双版纳各民族人民传统的生态文化，包括生态观念、生态制度和承载生态文化的物质环境，今天都是西双版纳生态文明建设的宝贵财富。但是，近年来，这笔宝贵的财富在慢慢地丧失。这主要反映在人们对待生态环境的传统观念淡化，传统中有利于环境保护的乡规民约丧失了约束作用，人们居住家园过去良好的河流、沟渠、水塘等水环境受到了破坏，传统的村落风水、水井设施、家庭用水设施、农田灌溉设施等很多都已经发生变化，传统的家庭园林很多已消失或正在面临消失。这一切和当代的生态文化建设背道而驰，不利于生态文明建设。

（三）城乡环境污染问题突出

近年来，随着城乡民众生活条件的改善，家庭沐浴、厕所、洗涤等设施迅速普及，造成生活污水的大量产生。工业化生产的生活用品的大量使用，使生活垃圾成为农村由传统方式不可能消化的污染源。与此同时，农村中生活污水和生活垃圾处理设施建设严重滞后，乡镇一级污水处理设施

覆盖率不到40%，90%以上的区域没有生活污水处理设施，污水已经成为农村生活环境的重要污染源，威胁人们的身体健康和居住环境。随着经济作物的发展，农业面源污染问题日益突出，大量的塑料薄膜残留和农药残留物也严重污染了农村环境。城市建设规模不断扩大，大量的建设垃圾处理困难，造成了对环境的危害。

（四）环境保护的任务仍然艰巨

当地环境破坏的现象仍然存在。一些地方违规占用征收林地的现象仍然存在，毁林开荒、毁林种植经济作物的现象屡禁不止，为种植橡胶等经济作物破坏森林的现象仍然存在，甚至存在在橄榄坝等著名的风景区毁林种植的现象。澜沧江河道两岸植被破坏明显，各地一些河道被破坏。近年来，随着经济作物种植结构的调整，橡胶种植出现了一定的市场危机，导致橡胶替代种植中的一系列环境问题，尤其是大面积种植橡胶导致了农田被破坏、林地被毁坏。在勐腊县，动物和人类争夺生存空间的现象突出，给环境保护带来了较大的压力。

针对以上这些问题，一方面是要加强基础设施建设，完善制度建设；另一方面，也是最重要的一个方面，是要加强文化建设，使生态文明建设的理念深入人心，成为广大人民群众的价值观和生态行为的引领，人人都遵守保护生态环境的制度，养成关爱环境的行为规范，最终实现生态文明建设的目标。

三　提升生态文化建设的几点建议

（一）以“清水、丰水、亲水”“三水”建设为抓手引领生态文明建设

水是人类生存发展必不可少的物质，同时也是西双版纳生态文明建设的重要根基。西双版纳自然环境好，降雨充沛，但目前也面临着实际可利用的水资源不足、水资源供给水平低、水环境状况不佳、水环境污染、亲水环境不足、人们关爱水环境的意识淡化等诸多问题，制约着西双版纳的经济社会发展和生态文明建设水平的提升。因此，必须从抓水问题入手提升西双版纳的生态文明建设水平，建议把开展以“清水、丰水、亲水”

“三水”建设为主题的水环境建设作为实施生态文化建设的重要切入点。“清水”指让西双版纳拥有一个清澈的水环境，通过治理显著改善西双版纳的水体质量。清水建设的重点是分阶段彻底治理城乡水环境污染，尤其是河流的污染，坚决遏制农村生活和生产企业污水排放对水环境造成的污染，使西双版纳成为一个河流、湖泊、池塘、水井水质清澈的生态家园。“丰水”就是使西双版纳拥有更丰富的水资源可以被利用，包括丰富的城乡生产生活用水，改变西双版纳目前存在的生产生活用水资源不足、水质不佳的状况。“亲水”是建设西双版纳当地民众和外来游客亲近水的环境，让人们有条件亲近水、享受水、了解水，从而提升人们对于西双版纳水环境的关怀意识，加深人们对于生态文明的切身理解和感受，进一步增加西双版纳的美感，结合推动西双版纳的生态文明建设，树立西双版纳“高原水乡”的形象。

为此，实施“三水”建设的一些具体建议如下。

(1) 研究制定“三水”建设战略的实施方案，明确实施重点、目标、具体的内容和实施途径等。

(2) 加大城乡污水处理设施建设的推进力度，使西双版纳乡镇污水处理设施在“十三五”期间能够覆盖80%以上的自然村。

(3) 彻底整治污染企业和农村面源污染等污染源对水环境的污染。

(4) 大力推广污水生物过滤降解池进行农村生活污水处理。

(5) 在“丰水”建设中，加大农村自来水供给设施的建设，提高农民用水的供给水平。加大城市的水面建设力度，例如，在景洪城市中建设景观水面，建设人工湖泊、河流，从景洪电站水库引水进城或者拦截流沙河河水进入城市，建设城市的水景观风貌；在农村中推广使用雨水收集设施，大力收集利用雨水资源。

(6) 保护和治理城乡的水环境，包括河道、河岸、池塘、水井、湖泊等。对于现有的水环境应该加以保护，对受到破坏的应该加以治理，尽量恢复原貌，使之成为城乡环境中的有机组成部分。

(7) 大力修建水景观设施，尤其是在城市中，使人们能够有更多的亲近水、享受水的机会。

(8) 大力保护傣族村子中的水井，大力营造和宣传傣族的水井文化，使之成为生态文化的亮丽名片。

(9) 采取PPP模式，创新“三水”建设的融资模式，让社会资本参与到建设中来。

（二）启动“农村园林家园建设”工程

家庭环境是一个地区生态文明建设的基本细胞，然而这一种细胞的功能在西双版纳的生态文明建设中被忽略了。西双版纳各民族人民自古以来就有在自己的房前屋后种植各种植物的习惯，包括种植景观植物、药用植物、食用植物等，构成了一个个家庭园林。家庭园林又组合成村子的园林景观进而成为整个西双版纳重要的风景景观构成要素。这种传统也正是2016年我们进行生态文明建设所需要的。只要发挥传统，它必然能够为西双版纳的生态文明建设作出积极贡献。因此，进行农村的园林家园建设可以成为西双版纳生态文明建设的重要切入点。建议在西双版纳开展农村园林家园建设工程，具体的内容：在政府的支持下，规划开展农村园林家园建设，每个家庭对自己的周边园林建设作出规划，增加种植景观植物、药用植物、食用植物等，形成家庭园林。结合美丽家园建设，将园林家庭建设与美丽乡村建设结合在一起进行规划建设，这样，一个个村寨大的景观和一个个家庭园林景观共同组合成村寨生态景观，必将成为西双版纳一道道亮丽的风景。具体的措施建议如下。

（1）启动农村园林家园建设工程，由西双版纳州委、州政府制定下发相关文件。

（2）进行家庭园林建设规划，在规划过程中认真调查当地各民族居民传统的家庭园林情况、农民传统的园林规划理念、植物种植的喜好等，结合农民的传统进行现代规划建设。

（3）引进新的品种进行家庭园林景观建设，尝试一个村子重点种植一二种景观植物，形成一个村子一种特色，这不仅美化了农村，也为西双版纳的旅游业发展提供了更多的资源。

（4）家庭园林建设由政府资助和农民出工出资相结合，由政府补助一部分植物的苗木款，农民投工并出一部分资金。鼓励社会资金结合旅游业的开展投资这一项工程建设。

（三）创办西双版纳生态文化高端论坛

为搭建西双版纳生态文明建设的理论研究、氛围营造、学习交流、对外宣传的平台，使西双版纳生态文明建设的影响力上升到国家和国际层面上，建议创办“西双版纳生态文化高端论坛”。近年来，红河州在美丽乡村建设过程中和人民日报社共同创办了“红河美丽家园建设高层论坛”，至今已经召开了多次，取得较大的成功，这一经验值得学习。生态文明建设不能关起门来做，不能不让外界知道已经做了一些什么，对外的文化影响同样对西双版纳的生态文明建设起到积极的促进作用。

创办“西双版纳生态文化高端论坛”的一些具体设想如下。

（1）高端论坛每年举办一次。

（2）借鉴其他论坛的经验，项目可以分为官员论坛、学者论坛、企业家论坛等。

（3）论坛在经过两三年的举办取得经验以后，可以改为“西双版纳生态文化国际高端论坛”，邀请相关的国际专家参加会议。

（4）论坛可以聚焦西双版纳的生态文化建设，同时也可以拓展到关注整个云南、中国的生态文化建设问题，成为一个全国性的生态文化论坛平台。这样的目标也是可以达到的。

（5）为了组织好论坛会议，设置专门的秘书处。

（四）形成西双版纳生态文化宣传教育的大格局

（1）制定《西双版纳生态文化建设专题宣传方案》，加大对西双版纳生态文化建设的对内对外宣传力度。一方面，要采取各种方式，对内宣传生态文化建设的重要性、建设的内容和要求，使全州干部、群众进一步树立生态文化观，积极主动地参与到生态文化建设中，使生态文明的理念成为全州的主流价值观。要利用电视、广播、报纸等新闻媒体进行宣传，也要将宣传工作纳入各级政府的常规工作中，使生态文化建设的宣传工作深入基层、深入人心。要创作制作各种生态文化建设的宣传品，制作成汉语和当地主要少数民族文字文本，将生态文化建设的宣传工作纳入各级政府的考核。另一方面，要加强对外宣传的力度，使西双版纳生态文化理念得到有效的对外传播，这也能促进西双版纳的生态文化建设。

（2）设立“西双版纳生态文化日”和“生态文化教育周”。这些活动能强化人们的生态观念，通过长期、定期的宣传教育活动，必然能够取得好的效果。

（3）将生态文化纳入西双版纳的基础教育。在中小学课程中设置生态文化教育的内容，编制乡土教材，将生态文明的观念、内容通过生动活泼的乡土教材在课堂上进行教育。同时，选择建设一批生态文化教育的基地，将生态文化教育的现场教学作为中小学的教学内容，使民众的生态文化价值理念从小就牢固树立起来。对于各级党政干部，也要加强生态文化知识的教育普及工作，通过各种渠道常态化。

通过以上一些支撑性的项目实施，使生态文化建设从理论创新、氛围营造、舆论引导到干部群众的广泛参与及身边的生态环境优化都得到体现，最终，力争创建出生态文化建设的“西双版纳模式”。

（原载于《社会科学专家话西双版纳》，云南大学出版社 2018 年版）

云南与周边国家的水冲突与化解机制探讨

近年来围绕着云南省的多条国际河流的开发和保护问题，包括修筑水库大坝、水污染、水短缺带来的环境问题，尤其是 2009 年云南和部分东南亚国家遭受到百年一遇的大干旱，使得云南省和周边国家围绕水的问题产生了事实上较大的争执，云南省作为河流的上游国家省份广受批评。在 2009 年开始的中国西南和东南亚大干旱期间，笔者前往越南、泰国等国家进行调研的过程中，目睹了红河、澜沧江—湄公河水位下降的现实以及听到的下游国家政府官员和专家对我方的质疑和批评，深深感觉到双方的沟通和合作存在较大的欠缺。这一切不仅已影响到中国及云南省的国际形象，同时还将影响到对周边国家的对外开放和未来的经济、社会、文化的合作发展，必须引起高度重视。然而到目前为止，对于水冲突问题我们的重视程度仍然是非常不够的，采取的对策也是不明确的，对外的表态缺乏充分的说理性。

近年来笔者一直关注云南省和周边国家的环境相关性问题，并且几十次前往周边国家进行实际调查研究和学术活动、了解相关国家的政府官员和专家对相关问题的看法。笔者认为对云南省存在的和周边国家的水冲突问题必须加强重视，通过科学的对策并且建立起一种有效的协调机制来化解这种争执。

一　云南省近年来和周边国家的水冲突背景

1. 云南省和周边国家的环境关联性

云南省和周边国家以及澜沧江—湄公河、怒江—萨尔温江、红河、伊洛瓦底江等国际河流流域存在的环境的关联性以及由此带来的相关区域内民众生计的相关性，这是一个不争的事实。由于这种环境关联性的存在，云南和周边国家及河流流域国家在环境问题上的利益争执和协调将会长期存在。

云南省和越南、老挝、缅甸三个国家接壤，除了地理环境的接壤使得这个区域不可分隔之外，还有澜沧江—湄公河，红河、怒江（萨尔温江）、伊洛瓦底江 4 条大江河以及几十条大河水系的支流将这个区域紧紧相连，使得这一个区域的环境安全相互关联。

这几条大河千百年来都和流域民众的生计以及区域发展密切相关，是流域文明形成发展的血液和摇篮。今天的澜沧江—湄公河流经中国、缅甸、泰国、柬埔寨、越南五个国家。在这一条河流流域，古代的孟高棉文明、傣泰文明等重要的文明以及一系列从中国到河流中下游地区的城邦、城市的形成都和澜沧江—湄公河有直接关系，在今天澜沧江—湄公河是这条河流流域数以亿计的民众生计的基础，是东南亚水稻种植业重要的根基，也是涉及全球粮食安全的重要区域。红河是发源于中国云南流经越南进入大海的一条国际河流，在红河流域中国境内流域是人口密集的地区，红河是流域农业文明和近代工业发展的重要基础，也是一系列重要城市形成的基础，包括个旧、蒙自、河口等重要的工矿和边境城市的兴起和发展都和红河分不开。在越南流域，河内等大城市的兴起和发展和红河直接相关，流域内尤其是下游红河三角洲是越南最重要的水稻种植区、现代工业区和城市群区域。因此这些大江大河自古以来就是流域文明形成以及民众生计的基础、当代文明延续和社会经济发展的血脉。

河流也是一个整体的生态系统。河流形成了内部的生物多样性，同样也形成了河流流域两岸的生态系统。作为整体的生态系统，流域两岸的环境变化对于流域上游下游都会有直接的关联影响。上游环境的变化就会直接影响到下游水量、水质变化，水生物多样性的减少；下游环境的变化也将会使上游地区失去生态屏障，导致气候变化和生态灾难。

2. 近年来产生水冲突的背景

近年来发生在中国云南与周边国家的水冲突的产生有一定的背景，主要有以下几个方面。

一是河流流域已经存在或正在规划中的经济开发项目，包括河流流域已经建设成的工矿企业、城市，已经建成和正在规划中的水库大坝建设等，尤其是大坝建设，目前在澜沧江流域中国境内已经建成多少座大坝，还有多少正在规划，这都可能引发下游国家对这些开发项目对于河流流域水环境的担忧，包括水量的减少、水污染等潜在危险。一个值得注意的现象是，中国的大坝建设已延伸到了境外，周边国家的很多水电建设项目也是由中国公司承建的，这样就使这些项目的建设和中国联系在一起，诱发一些国家的民众对中国产生质疑，成为产生对中国不利言论的借口。

二是近年来全球气候变化带来的极端气候灾害不断增多，尤其是2010年中国西南和邻近的东南亚国家出现百年不遇的干旱天气，造成的澜沧江—湄公河、红河等水系的水量大大减少，对流域内的经济生产和社会生活造成了较大的影响，更加诱发了河流下游国家对上游地区环境变化和河流开发相关的建设项目的质疑，成为产生水冲突的新背景。

三是对上游存在水控制忧虑。下游国家对于中国可能存在着战略性水控制的担心和忧虑，担心中国可能利用地处河流上游的优势，通过建设大坝来实现对水资源的控制，使水成为一种对下游国家实现控制的战略手段，这种担心和忧虑是潜在的，但是也是现实存在的，尤其是在一些知识分子和官员中有影响。中国的少数知识界人士也曾经公开讨论利用水资源作为战略控制手段的问题，给下游国家造成口实。

四是由于近年来上游地区经济较快发展，大量的工农业发展项目建立在河流流域地区，尤其是一些可能存在高污染的工矿项目，可能对河流水质产生影响，造成污染，甚至带来严重的环境事故，因为这样的事例在历史上已经有过。因此对水质的担忧和下游水安全的担忧也是造成上下游在水安全方面产生争执的一个重要背景，容易由此引来关于水文资料透明度和有关交换资料方面的纷争。

二 近年来水冲突的主要焦点

在以上这种背景下，近年来中国和下游国家产生了一系列的围绕水的争执，主要的焦点表现在以下几个方面。

1. 大坝建设带来的对下游水量的控制和影响。有关大坝建设的影响是近年来水冲突的焦点。中国目前已经在澜沧江—湄公河流域建设了多处大坝，同时还有若干座已经在规划中，这引起了下游国家的反应。下游国家数以亿计的民众依靠和中国相关的国际河流作为生计的基础，水量和水质的变化自然会影响到下游国家，引起下游国家的忧虑。下游国家的担心主要有以下几点。

一是如果上游过多地建设大坝、截留水资源，将使下游的水量减少，影响到下游的农业生产、航运，进而影响到民众的生计和当地的经济发展。

二是水流量的减少在河流出海口地区将使水位低于海平面，导致海水倒灌，造成出海口地区农田的盐碱化灾害。2010 年由于红河水位下降，红河出海口地区就出现了海水倒灌现象，造成大量的农田受到盐碱化危害。

三是过多建设大坝还将导致河流的调节功能弱化甚至丧失，对河流安全带来不可估量的影响。在下游地区一些在雨季和旱季有自然调节功能的湖泊的功能丧失，如东南亚最大的淡水湖——柬埔寨的洞里萨湖，此湖在雨季和旱季面积可伸缩近 10 倍，如果湄公河水受到控制，这一自然调节功能将会丧失，带来不可估量的影响。

四是一些非政府组织和国外的学者指出大坝的建设将给流域生物多样性带来打击，目前湄公河流域很多重要的水生动物已经濒临灭绝。

五是在下游国家一些政府官员和学者中也存在着对于中国利用水资源作为战略手段控制下游的忧虑。

中国方面的回答是上游中国段的水供应量只占整个流域水量的 12%左右，因此大坝建设不会给流域的水量产生影响。同时大坝的建设还会对流域的季节性水量调节产生积极的作用，在下游干旱的季节可以为下游供水。现在双方争执的焦点是究竟大坝建设是否会带来对下游水量的控制、进而影响到下游水量的减少，大坝的建设到底有多大程度影响到下游的水量，大坝建设是否真的能够有利于下游的水量调剂，福泽下游国家，这都需要现实来说明。

2. 下游国家的干旱是否由于上游地区环境恶化引起。在 2009 年大干旱之后，下游一些国家质疑下游的干旱和上游环境恶化、大坝建设对水量的控制以及由此造成的对环境负面影响有直接关系。如果上游地区不停止大坝建设，不积极改善生态环境，那么下游国家仍然存在再次出现干旱的可能。中国的回答是这次中国西南和红河流域、澜沧江—湄公河流域的河流流域地区特大干旱是由于极端气候变化造成，中国也是极端气候灾害受害的国家之一，下游地区的干旱和中国无关。

3. 下游国家批评中国政府在环境安全方面监管不力，有很多工矿企业存在着污染河流水环境的情况，一些工矿企业还存在着造成严重环境事故的危险。同时包括农业发展过程中使用大量的化学制品，也影响到河流水环境。

三　关于建立化解水冲突机制、构建和谐流域的思考与对策

近年来云南省和周边国家所发生的涉及水问题，尤其是跨境水问题上的争执，有气候变化和环境变化的原因，同时也有中国作为上游国家对水资源开发利用以及信息交流不畅、沟通不足，对外说理的依据不充分等诸多原因。总而言之，化解中国和周边国家水资源方面的争执最根本的还是中国的一句古话：水在于疏而不在于阻。只要我们积极主动采取有效的对应策略，就可以达到逐渐淡化争执的效果，创造一个有利于合作与发展的和谐周边环境。那么我们应该在一种什么样的思路上和周边国家建立一种化解水冲突的机制呢？同时在内部采取一些什么样的措施？笔者认为思路和措施有以下几个方面。

1. 客观地关注境外河流流域的水关切

对河流的下游国家对水资源的关切我们应该加以理解并且认真加以考虑，建立一种合作共赢的机制，而不能仅仅从中国国内的经济发展和战略利益出发来考虑国际河流的资源利用和开发。不考虑下游国家的利益的水资源开发和利用是可能导致水资源争执的最重要的原因。对下游国家来说水资源是否被控制不仅涉及国家的非传统安全，同时也直接影响到民众的生计和当地的经济发展，影响到环境资源的可持续利用，后果是非常直接的，很容易看到，因此产生关切也是必然的。因此如果我们在水资源的开发利用过程中能够客观地关注下游国家对水问题的关切，并且采取相应的措施，甚至对资源的开发利用度及其局限性的把握能够考虑到下游国家的利益，那么就能尽可能地减少和下游国家的争执。因此在政府的对外宣传、表态及参加国际活动的专家学者在国外的公开表态中都应该积极地表现出对下游国家利益的关注。

2. 用科学的分析和研究数据和下游国家进行对话

要加强对跨界水问题的研究和分析，掌握科学可行的数据和结论，用科学的分析和数据和下游国家进行对话，做到有理有据，在对话中做到以理服人，而不是仅仅持一种说法，一招一式对万变。因此对于现在跨界的环境问题和水资源问题都应该大力开展研究工作，积极主动地把握科学的

数据和研究结论，用科学的研究结论去和下游国家进行对话。

3. 建立对话的机制和信息交流机制

要建立和下游国家地区和国际舆论环境的对话机制和信息交流机制，使这种机制能够常态化，要积极主动地和下游国家相关的国际组织建立定期的对话机制和信息沟通机制。积极主动地参加相关国家组织，尤其是湄公河委员会的活动，派出政府官员、专家学者参加专业的委员会活动，一些有影响的非政府组织主办的活动以及国际学术研讨会，最大限度地把握国际话语权。在对下游国家和相关国际组织的对话机制和信息交流机制建设过程中，除了国家层面上的参与以外，应该鼓励云南省相关政府机构和专家学者能够积极地参与。

对话的对象除了下游国家的政府以外，还应该和国际上的非政府组织开展对话，向国外的媒体发布信息。由于社会环境和政治环境的背景不同，国际上非政府组织非常活跃，有的甚至能量很大，并且受到社会及政府的重视，我们以往的对话往往忽略甚至藐视境外非政府组织，不愿意和非政府组织进行接触和对话。

要加强和下游国家信息沟通的渠道建设，提高信息沟通的频率和透明度，尽可能地在国际环境中树立信息交流等可信形象，提升可信度。除了现有的水文资料的交换渠道之外，在不违背国家安全的前提下，应该最大限度地定期公布相关的环境资料和水文资料，包括国内河流建设的工程项目的进展情况和已建成的项目监测资料。

4. 成立全省性的跨境水资源管理机构

云南是一个在全国水资源战略十分特殊的地区，未来涉及和周边国家的水资源战略问题和跨界的水环境问题都将会是一个长期存在的现实问题，并且将会是一个影响到云南对外开放，甚至是产生热点的问题。因此云南省应该设立由省政府直接领导的全省性的跨境水资源管理机构，对跨境水资源进行管理，并且对出现的相关问题进行应对和协调，这样将使我们的工作变得更加积极主动，应对未来的形势变化。建议成立云南省人民政府跨界水资源管理的相关机构，对跨境水资源进行统一管理，处理跨境水资源及河流的相关问题。

建议成立云南省人民政府跨界水资源专家委员会，作为国家和云南省涉及跨界水资源问题的咨询机构，对跨界水资源问题进行长期的跟踪研究，提出对策建议。

5. 积极推进水环境的改善，加强对国际河流流域环境的治理

目前国际河流流域的问题主要表现在水量和水质两个方面。影响到水量的因素主要包括上游的环境变化状况、天气状况以及修建大坝等水资源利用；影响到水质的因素主要是河流流域工农业生产和人类活动造成的污染的防控。因此水的问题是一个综合性的问题，还不完全是修建大坝的问题。要保证水量和水质，必须要加大对国际河流流域区的环境治理。要有针对性地对国际河流流域、尤其是边境地区环境进行严格的管理，对生态不良的地区进行生态修复，使国际河流域生态环境得到确实的改善。对于国际河流流域可能造成污染的企业进行认真清理和管控，改善国际河流流域的水质。以积极主动的工作赢得下游国家的信任，这是达到内外和谐共处、共同构建环境良好区域的重要环节。建议要对国际河流流域的生态环境问题进行专项的调研并且展开相关的环境修复工作，积极争取中央财政对这一工作的专项支持。

6. 加强对外宣传、把握话语权

要加强环境的对外宣传工作，尤其是中国在国际河流流域的环境改善和管理方面的工作，以及国际河流流域人文文化、环境文化等方面的对外宣传工作，通过积极主动的对外宣传工作来把握关于国际河流问题的话语权。目前在这方面我们的工作是较为薄弱的，往往没有把握住相关的话语权，发布信息和言论的数量和频率远低于国际环境。

建议对外宣传部门要专门针对这一工作制定相关的规划，大力加强中国管理和控制河流、治理国际河流流域环境的正面宣传工作，通过新闻报道，政府官员和专家访谈等多种形式进行对外宣传，尤其要积极利用境外的媒体进行宣传。

要积极支持专家学者参与相关的国际会议和其他学术活动，在国际学术环境中发出积极的声音，改变我们在国际学术环境中的被动局面。要设立专门的研究课题，积极鼓励专家学者开展对跨界水环境和水资源问题的研究，为工作决策和对外宣传提供可靠的依据。

（本文原载于《云南社科要报》2012 年第 4 期）

把践行节水优先作为推进南水北调后续工程高质量发展的重要保障

2021 年 5 月 14 日，习近平总书记在河南省南阳市主持召开推进南水北调后续工程高质量发展座谈会并发表重要讲话，就继续科学推进实施调水工程提出六点要求，其中之一是“坚持节水优先”。这一要求对于确保南水北调后续工程高质量发展具有重要意义，应当大力践行，尤其是在实施跨流域调水的受水地，更需要实行科学严格的节水方略，把践行节水优先作为推进南水北调后续工程高质量发展的重要保障。

一　节水优先可资借鉴的有益经验

节水优先是一项系统工程，涉及制度建设、政策环境、社会适应、文化环境和相关的技术进步、节水产品的推广利用等，要达到节水目的，需要有全社会互相配合的系统环境建设。国际上有一些有益的经验可供我们借鉴。

（一）要有科学的战略和政策

战略和政策在节水工作中起着至关重要的作用，很多国家为此制定了相关政策，包括水价格、限制用水、鼓励节水、水循环利用等方面的积极政策。同时，也对节水进行了战略规划，对水资源利用进行了战略管理。近年很多西方国家采取的水需求管理战略（Water Demand Management，简称 WDM）是一项经过几十年发展起来的重要节水战略。水需求管理战略包括管理、经济、金融、技术、社会等方面，在节水战略实施地区，要达到以下五个目标中的至少一个：一是减少完成一个特定项目或任务所需要的水量；二是调整任务内容和性质，用较短的时间完成以减少用水量；三是在用水链条中从源头上尽量减少使用；四是错峰用水；五是提高系统性的抗旱能力。实施水需求管理战略的目的是使一个地区、一个社区或者一个单位的用水过程得到综合性的计划管理，为此必须采取包括经济、制度、社会、技术等方面的措施，有效减少用水量。一方面要节约用水，另一方面还要提升综合应对水资源短缺的能力。有些国家实行了水需求侧管理战略（Water Demand Side Management，简称 WDSM），作为管理用水者一侧的战略工具。该战略不同于水价格政策等管理侧的战略，更注重对用户侧的管理，使用水过程更科学、精细、高效，从而达到节约用水目的，这一战略管理工具在美国多个城市使用都取得了较好效果。

节水优先是一项系统工程，涉及制度建设、政策环境、社会适应、文化环境和相关的技术进步、节水产品的推广利用等，要达到节水目的，需要有全社会互相配合的系统环境建设。

（二）广泛开展公众节水教育，培养公众节水意识

公众节水意识与节水成效直接相关，培养公众节水意识是节水工作的重要环节，也是节水工作的重要手段，其重要性不亚于节水技术普及推广和政策应用，很多国家将培养公众节水意识作为一项长期的基础工作。

（三）大力推广家庭节水设施

在一些发达国家，近几十年来都在大力推广节水设施。如果这些设施和政策环境、人的行为有效配合，将达到更好的节水效果。研究开发、推广使用家庭节水设施，一直是很多国家所关注的，并且将其纳入政策环境中。例如，澳大利亚新南威尔士州 2005 年就出台了相关的制度，规定在新建和装修住宅中必须遵守水资源保护的更高标准，必须安装双按键（水量控制）抽水马桶、低流量淋浴喷头，建设家庭雨水收集设施，花园必须建成低耗水量花园。

（四）大力开展节水科学研究

要做好节水工作，必须要对相关的社会经济乃至文化环境进行深入研究，把握问题的症结，提出有效的政策措施。因此，关于节水的科学研究就成为节水政策制定和实施的重要支撑。在国际上，关于节水的政策制度环境、水消费行为、用水观念和相关文化等方面都有深入的研究，甚至研究到了消费心理领域。在宏观研究上，很多研究涉及了实施水资源利用战略管理等政策制定和实施成效，如上所述的水需求管理战略、需求侧管理

战略等。通过这些研究，构建起有效的水资源利用战略框架，从而达到科学有效利用水资源的目的。在微观研究上，很多研究深入到社区和家庭中，研究居民的用水行为、用水方式、用水设施等与节水的关系，寻找不合理水消费以及影响节约水的细微环节，加以改进。有专家深入居民家庭进行了多年的追踪研究，详细观测居民家庭中的每一个用水环节，包括洗衣机、洗碗机、淋浴器、马桶等各种用水器具的日用水量，同时了解用水习惯对于水消费的影响，为节水提供了科学支撑。

二　践行节水优先的举措

如上所述，践行节水优先是一项系统工程，除了工程技术以外也涉及人们的观念和生活习俗等文化层面。因此，节约用水既需要政策引领、技术支撑，更应该当作一种文化来看待，构建广泛的社会基础。由于水资源状况和社会经济发展状况的差异，践行节水优先还应与当地的实际相结合。在推进南水北调后续工程高质量发展背景下践行节水优先，一方面要把它作为一项系统工程来设计实施，另一方面需要结合南水北调工程实际来考虑行动方略。在此，提出以下建议。

1. 要秉持先进的理念引领

要始终把节水优先作为南水北调后续工程高质量发展的基础，确实做好节水工作，通过设计先进的制度、优化产业结构、实施节水的科技项目、培育节水的社会环境达到节水优先的目的。通过践行节水优先，确保南水北调这一重大国家工程高质量可持续发展。

2. 在南水北调受水地区要制定节水优先的战略规划，实施严格的节水战略管理

把节水融入全社会的生产和生活过程中进行管理，改变传统的生产和生活方式，优化产业结构，以水定产，以水定发展规模，让经济社会发展适应节水的要求，最大限度地降低对水的需求。

3. 要全面推广使用节水产品

节水产品作为水消费的终端设施，对节约用水具有重要的作用。节水产品的推广应用，一方面要大力支持节水产品的研发，把节水理念融入用水产品的设计生产过程中；一方面通过政策手段大力推广使用节水产品，甚至是强制性大规模使用。

践行节水优先是一项系统工程，除了工程技术以外也涉及人们的观念和生活习俗等文化层面。因此，节约用水既需要政策引领、技术支撑，更应该当作一种文化来看待，构建广泛的社会基础。由于水资源状况和社会经济发展状况的差异，践行节水优先还应与当地的实际相结合。

4. 大力营造节水的社会环境，构建环境友好型社会

社会环境营造是节水工作的关键，没有良好的社会环境，包括全民性的节水参与、居民节水意识的增强、节水能力的提升等，节水工作就无法达到最终效果。近年很多发达国家都把社会环境营造，包括教育、政策、节水的社会行为养成等作为节水工作的重要环节，从社会环境建设着手实现节水目标。要加大环境友好型社会建设，树立全民节约用水理念，增强节约用水意识，同时通过政策引领构建全民节水的行为模式。

5. 加强南水北调工程水源地和受水地之间的互动

尤其是要加强受水地民众对于水源地的了解，让受水地民众对水源地自然环境和当地百姓所做出的贡献有深入的了解，从而增强对水资源价值的认同，甚至心怀感恩，把这种认同和感恩化作节约用水的自觉行动。同时也应该建立生态补偿机制，对南水北调工程水源地自然环境保护工作进行生态补偿，这也有利于强化民众的节水意识。

（本文载于《中国水利》2021 年第 11 期）

建设湖泊友好型社会
才是保护洱海的长久之计

作为云贵高原上一颗璀璨的明珠，洱海在过去几十年中饱经磨难，同人类的关系一直处于一个张力的状态中——人类在关爱它的同时，也造成了一些伤害。今天，我们需要做的是如何把对它的关爱不断转化成实际行动，让洱海的美丽世世代代延续下去。

近年来，我们在洱海保护上采取了很多工程性措施，起到了一定的积极成效，但是还没有达到我们心目中的最理想效果。事实证明，保护洱海，光有工程性措施远远不够，治理洱海的根本之道在工程之外——在于我们秉持一种什么样的理念，在于人们应该如何和它相处，在于周边社会是否是一个有利于洱海生命健康延续的社会。笔者以为，建设湖泊友好型社会才是洱海生态环境保护的长久之计。

湖泊友好型社会是目前尚未被提及的湖泊保护全新理念，在此把它首先用在洱海保护的探索上。湖泊友好型社会可以理解为是对环境友好型社会在特定领域的表现，系针对湖泊特性提出。湖泊的特性是积水、生态功能脆弱、自我进化能力差，然而其水体稳定的特征也有利于生物多样性，对人类社会的发展来说尤为重要。在远古时期，相对于大江大河来说，人类在湖泊周边更容易生存。例如，在洱海地区，科学考古发现大约在5000年以前就有人类生存。因此，湖泊友好型社会可以理解为一个拥有尊崇湖泊的自然生命特征、主动构建关爱湖泊生命的理念和社会行为，拥有湖泊保护制度、可持续利用湖泊资源的社会生产方式，拥有与湖泊自然状态相和谐的文化和生活方式的社会。

建设湖泊友好型社会，首先要有科学的、具有时代先进性的好理念。保护湖泊，就要人退湖进，让它处于自然状态，这是最根本的法则。考虑到民生问题，也许我们不能完全做到这一点，但至少也要尽量减少人类的生产、生活对湖泊的干扰，让它按照自身的规律休养生息。目前，国际上关于自然环境保护的一种先进而朴实的理念，就是让自然回归自然，即

“基于自然的解决之道”。在人类习惯了向自然不断索取的当下，要落实这个简单的道理并非易事。过去几十年中，为了扩张地盘、发展经济，我们不断向洱海索取，包括在洱海周边上的各种开发建设项目，过度利用洱海水资源等。不论是空间资源还是物质资源的索取，都对洱海自然生态系统造成了直接破坏或潜在危害。为此，近年来，我们在洱海治理中尽量还湖泊以自然，这就是一种自然的解决之道。如果不能做到人退湖进，而是人进湖退，向洱海索取更多，那么保护洱海就会成为一句空话。

建设湖泊友好型社会，还要构建对湖泊友好的社会行为模式，包括人们的生活方式、消费习惯等。以洱海为例，这就要求我们不侵占其自然边界，不破坏其自然状态，不过度消耗其资源，维护好洱海及周边整个生态系统的多样性、完整性与原真性；践行绿色低碳环保的生活方式，减少陆源污染物排放，避免人为活动对水质与水生态造成负面影响；鼓励公众自觉参与关爱和保护洱海的行动，并不断提升参与能力。洱海拥有众多入湖河流和泉水，周边居民世代逐水而居，因此，对洱海及其支流的保护真正考量着流域本地居民和外来游客的环境友好行为——当然，除了培养自觉意识外，这种行为模式还要有强有力的制度保障，通过加强社会制度建设约束人们的行为。

需要特别强调的是，建设湖泊友好型社会应该利用好本土的文化传统。自古以来，洱海周边的各民族人民都有保护洱海的意识和实践，例如对湖泊的崇拜和敬畏，并为此举办节庆、祭祀、人生礼俗等活动，所有这些都在潜移默化地影响人们对洱海的态度与行为。洱海周边拥有丰富的水文化，人们在利用水资源的漫长岁月里逐渐形成鲜明的传统习俗，包括农耕中如何有效分配使用水资源，村寨内人水相得益彰的设施建设和使用方法，水井和水池、水渠、水景观系统的建设等；同时，在社会生活中也存在很多关于水的民俗活动。这些丰富的水文化有利于维持、促进人们对洱海的敬畏、热爱和保护，无疑是构建湖泊友好型社会的一笔宝贵的精神、文化财富，应该积极挖掘、传承和发扬。

构建一个有利于湖泊生命延续的社会环境，同利用工程技术手段修复湖泊的生态环境相得益彰，都是洱海保护必不可少的路径与手段。不同的是，工程技术手段对于湖泊的干预只能起到一时一地的局部作用，而营造一个有利于湖泊健康、对湖泊友好的社会环境，则是发乎内心、可持续的长久之计。

（本文发表于《光明日报》2020 年 12 月 26 日第 5 版。《大理日报》2020 年 12 月 28 日第 2 版全文转载）

传承发展湖泊水文化、夯实湖泊保护的根基

湖泊是自然生态系统中重要的组成部分，也是大地精华的荟萃之地。湖泊不仅孕育了周边的自然万物，同时也支撑了人类生存和社会文化创造活动。湖泊是人类文化的摇篮，人类社会中有大量文化现象的产生和湖泊有直接关系，使湖泊文化成为人类文化中的一朵奇葩。湖泊文化不仅是人类文化的精髓，同时对于湖泊的保护和发展同样有重要的作用。湖泊是水的载体，因此湖泊文化是基于水文化，水文化是湖泊文化的根基。湖泊水文化的产生和湖泊这个特殊的环境有直接关系，从而形成了有别于其他水域的独特的湖泊水文化。

一　关于湖泊水文化

湖泊水文化就是人类和湖泊的水环境互动过程中所产生的文化现象。这些现象包括了精神、社会、制度、行为、物质等层面。精神层面的湖泊水文化包括了对湖泊水环境的认识、水资源利用的知识、关于湖泊的神灵信仰和自然崇拜、审美意识、文化艺术，等等。社会层面包括因为湖泊水资源的利用和管理而形成的人们的居住方式、社会关系、社会组织、社会生活方式和习俗、节日等。制度层面包括了人们利用和管理湖泊水资源的制度、社会规范、管理方式等。行为层面包括了人们如何对待湖泊水资源的行为方式、利用和管理水资源的能力。物质层面则包括了人类利用湖泊水资源物质成果，包括利用湖泊水资源的工具、工程建设成果、居住环境建设、景观建设，等等。总之，湖泊水文化是人类和湖泊长期互动的结果。

湖泊水文化和其他类型的水文化相比有更多的特殊性。因为湖泊作为一种地理现象和人类的关系更具紧密多样性。相对于其他的水环境包括河流、海洋等，人们更容易从湖泊中获得生存资源，比如利用湖岸的土地资源发展农业、从湖泊中捕捞水生动物、采集水生植物等，相对于大江大河

来说，人类在湖泊周边更容易生存。因此，湖泊在人类社会早期就是主要生存家园。湖泊也塑造了相关的生活方式，让人们和水有更密切的接触。湖泊触发了人们的精神文化产生，包括湖泊的神灵信仰、节日、湖泊审美等，因此湖泊周边的文化总是最丰富的，湖泊是人类文化的子宫。洞庭湖、鄱阳湖、杭州西湖等，均孕育了丰富的文化。湖泊文化也是湖泊周边人类生存的根基。人们通过湖泊的知识来维持发展生计，尤其是在人类早期，湖泊提供了人们最重要的食物来源。湖泊相关的精神文化极大地丰富了人类的精神世界，湖泊水文化是人类所创造的一笔重要的财富。

二 湖泊水文化的意义

人类和湖泊的互动历史既是一部湖泊养育了湖岸人类、塑造湖岸社会、孕育湖岸文化的历史，同时也是一部人类不断向湖泊索取生存资源、改变湖泊自然格局和自然生态的历史。人类向湖泊索取生存资源本来无可厚非，尤其是在人类社会的早期，拥有从湖泊中获得生存资源的能力是人类社会发展的一种表现。但是人类和湖泊自然之间的关系也是有平衡点的。超越了这个平衡点，就会对湖泊生态环境造成破坏，最终影响到人类自己的生存。在人类历史上，跨越了这种平衡点的事例比比皆是，大量的湖泊被泄水围垦以后作为农田或者居住区域，使湖泊大面积减少，甚至有很多湖泊彻底消亡。除了湖泊自然格局的改变之外，湖泊的生态也同样受到了极大的危害，包括湖泊生物资源的破坏、湖泊水污染等。这一切，归根到底都是因为我们生态价值观的偏差，是缺少有利于湖泊保护的水文化的表现。从学术的层面上来说，这就是水伦理的缺失，而水伦理是水文化的重要构成。如果我们没有正确的水伦理观，就不会善待水环境，就可能因为眼前的经济利益而忽略了人类长远的生存发展利益，给湖泊生态带来更多的厄运。因此，我们仍然要构建有利于湖泊保护的文化，尤其是文化价值，夯实湖泊保护的根基。

湖泊友好的水文化，有以下意义。

有利于我们构建正向的价值观，构建人类有利于湖泊可持续的认知、价值和理念，培育湖泊的知识，从而引导我们善待湖泊。

有利于构建湖泊周边的环境友好型社会，从而使得湖泊的保护有良好的社会基础。

有利于塑造人类对待湖泊的友好行为，从而减少人类对于湖泊的伤害。

有利于人类精神家园的构建。湖泊所产生相关文化现象，包括信仰、传说、节日和文化艺术、风景景观、审美观等，都丰富着人类的精神家园，成为其中不可缺少的部分。

有利于人类居住家园的构建。湖泊是人类重要的居住家园，这个家园之所以美丽，就是因为湖泊存在。湖泊是构建人类美好家园的重要基础。从最低标准来说，湖泊为人类的家园提供了美丽的风景。

有利于地球生物多样性的保护。湖泊是生物多样的荟萃之地。人类基于湖泊友好型的价值理念和行为模式对于湖泊的保护，必然地保护了湖泊生物多样性。

湖泊水文化的传承和建设，不仅助推了湖泊的保护，也为人类的美好家园建设增添了色彩。

三 传承建设湖泊水文化

湖泊水文化有较大的特殊性。不仅有地域特点，同时也有时代特征。不同地域中的湖泊产生了不同的水文化，同时由于湖泊在历史上往往变化较大，水文化的状态在不同的时代也是有较大的差别的。尤其是在今天的发展环境中，历史上所形成的很多水文化现象都已经消失了，或者说已经不适应今天的环境。笔者认为在今天的发展环境中一方面应该做好对历史上所形成的水文化的传承工作，另一方面也要结合时代构建新的水文化。

首先必须做好历史水文化的传承工作。每一个湖泊都是人类长期生存的家园，因此在历史上都形成了丰富的水文化，例如关于湖泊的知识、历史记忆、神话传说、人物故事、文学艺术、宗教信仰、生活方式、风景景观，等等，都是一个湖泊不可缺少的文化。与此同时，不同的湖泊周边都拥有丰富的本土水文化资源，对维持人类与自然的友好关系有重要作用。例如，在云南洱海周边的白族等人民都有对于湖泊的崇拜和敬畏，并且有相关的实践活动，包括节庆活动、崇拜祭祀活动、涉及水的人生礼俗等，这些都约束了人们对于水环境的破坏。洱海周边有丰富的传统水文化，人们对于水资源的利用都有大量的传统习俗，包括农耕中的有效水资源分配使用、村子中人和水相得益彰的设施建设和使用方法，包括水井和水池、水渠、水景观系统的建设等，同时社会生活中存在很多关于水的民俗活动。这些丰富的水文化资源，都有利于保持人们对于水的敬畏、关爱，延续水带来的身心愉悦，进而维持人们对于湖泊的热爱和保护。这些传统水文化都有价值得到延续。历史文化传承是保护湖泊的重要手段，这已经是获得验证的。

其次在当代必须构建新的湖泊水文化。在当代我们还必须要不断构建有利于保护湖泊生态环境、体现人类和湖泊新型关系的水文化。

第一，要把构建有利于人类和湖泊长期友好相处的、有利于湖泊水资源可持续利用、湖泊生态系统长期良好运行的湖泊价值和水伦理作为湖泊文化建设的核心，形成有利于湖泊保护的先进理念。

第二，要形成人类和湖泊相处的新型关系，关注人类如何在保护湖泊水环境基础上来思考人类对湖泊水资源的利用和保护，从而形成一种以湖泊水环境良好优先的人水关系。尽力让湖泊的水环境回归自然状态、保持自然状态，做到湖进人退。这种关系就是一种重要的文化关系。

第三，构建保护湖泊水生态环境的行为模式，形成一种不伤害湖泊水生态、不污染湖泊水资源的行为模式。

第四，形成保护湖泊水环境的制度、社会规范和新风尚。

第五，构建湖泊新的水文化内涵，尤其是通过湖泊水环境恢复和建设，增大湖泊在人类美好家园构建中的权重。例如湖泊景观的恢复建设，让湖泊成为人类美丽家园的重要构成，这同样也有利于湖泊的保护。与此同时，应构建更多的湖泊水文化。

第六，湖泊友好型社会建设是当代社会发展环境中湖泊保护的重要途径。湖泊水文化是湖泊友好型社会建设最重要的文化基础，其建设也应该和湖泊友好型社会建设结合起来，成为湖泊友好型社会建设的基石。湖泊友好型社会建设缺少了水文化将不可能取得成效。与此同时，湖泊友好型社会的建设也为湖泊水文化的传承和新的构建提供了重要的机遇。

（本文载于《社会主义论坛》2021 年第 10 期）

海外水历史文化研究

早期西方水文明的构建及其影响

在人类社会发展历史上，水不仅保障了人类生存和发展的基本需求，同时也是人类历史发展变化的重要动力。人类社会的形态、生存样式、历史发展走向以及文明的提升，往往都与水有直接关系，因此水是打开认识人类历史之门的一把钥匙。对水与人类文明的历史关系的理解，不仅有助于我们从一个新的视角去理解人类历史发展过程，同时也有助于我们构建对水的认知与价值观，从历史中获得启迪，以应对全球水危机，建设生态文明。在西方早期世界中，水作为一种构建文明、推动历史发展的重要动力因素，在不同的文明之间传承穿越，对西方社会产生了显著影响。

关于水的认知和利用，前一个方面是思想层面上的思考，后一个方面是技术的探究和实践。技术的探究与实践显然要早于对水的社会和文化属性的思考。人类自从产生之日起，便少不了与水的互动，在技术层面上利用、管理水，让水服务于人类生活。在希腊文明起源最早的克里特岛上，考古发掘发现了距今5000年左右的科罗索斯王宫遗址。在这个王宫遗址中发现了人类最早的城市供水系统，包括从引水渠到城市供水的分水管网、储存水、污水与雨水排水设施。其中最能体现人类文明发展的是在超过1300间房间内发现了浴室和水冲厕所，这是人类迄今为止发现最早的浴室和水冲厕所，也是西方城市水利追溯最早的源头。引水渠、水井、收集利用雨水的蓄水池、作为城市供水末端设置的喷泉以及纪念性的喷泉、浴室和冲水厕所等卫生设施，构成了希腊文明的重要内容。

然而更有意义的是希腊先哲们对水的思考。泰勒斯、希罗多德、柏拉图、亚里士多德等希腊早期思想家都对水的物质属性、在生命中的作用、水的构成、地球的水循环、江河湖泊的起源等自然属性作了深刻思考，提出诸多假设和理论，同时广泛思考了水和人类文明的关系。他们的思考主要是基于尼罗河的特征及其与埃及文明的关系上。他们认为，尼罗河与其他河流不同，与世界同时产生，是一条救世的河流、一条具有生殖能力、让万物有再生能力的河流。它培育文明，但又不像其他河流一样具有破坏力。他们认识到尼罗河泛滥与埃及文明的形成、发展有直接关系，但并不能解释具体原因。因此，只能把这一切归咎于神的力量，从埃及神话中寻找解释，同时也借用埃及神话来构建希腊的精神世界。在希腊，产生了大量与尼罗河相关的神话和文学作品，希腊人还信仰来自古代埃及的河神，许多与尼罗河相关的文化现象一直传播到后世的西方世界中。

那么，是什么原因使得古代希腊的思想家们对尼罗河产生如此浓厚的兴趣进而影响到古代希腊文明的构建呢？在公元前 10 世纪，甚至更早，埃及尼罗河流域已经通过贸易成为希腊和随后的罗马等地中海国家的粮食供应地。地中海北岸地区并不生产小麦，人们吃的面包的原粮小麦及其他粮食主要通过贸易从埃及获得，而埃及由于尼罗河泛滥带来的农业丰产满足了这一切要求。在强大的海上贸易支撑下，这种格局得以形成。埃及不仅能产出丰富的粮食，更有高级的文明存在，因此对尼罗河现象的神秘、埃及的高度文明、现实生活中对埃及的粮食依赖，都足以让希腊的先哲们对埃及产生敬仰与思索的兴趣。对尼罗河自然特性与文明的思考，使得埃及文化跨越地中海传播到了希腊社会中并生根成长，成为希腊文明的构建力量。

罗马帝国的强盛同样与水有直接关系，这一点往往是我们在认识罗马帝国的历史过程中所忽略的。扩张领土并实施有效治理，是罗马帝国国家治理的重要目标，水在这一过程中起到了关键作用。首先，罗马帝国领土治理的重要途径之一是城市化，具有罗马统一的城市建设元素如罗马剧场、供水设施、喷泉、广场、市政厅等，都会在罗马帝国占领的土地上迅速修建。罗马帝国时期修建了人类历史上最庞大的城市供水系统，这些城市供水系统伴随着罗马帝国的扩张而修建，以此来巩固帝国对所占领土地的治理。罗马帝国水利的典型代表是引水渠，尤其是引水渠桥更是被称为罗马帝国的旗帜，罗马帝国的土地扩展延伸到哪里，罗马引水渠就修到哪里，数量巨大。当年仅在高卢地区就修建了 300 多条，目前在地跨欧亚非广袤的罗马帝国故土上还有 1600 多条引水渠的遗存。这些引水渠短的几十公里，长的达 500 多公里，实现了人类历史上最大规模的城市供水和长距离调水，这种奇迹一直到欧洲工业革命之前都没有被超越。它不仅解决了城市供水问题，同时由国家统一规划、大多由军队建设，更彰显了国家的实力，这也是引水渠修建的重要目的。

其次，罗马帝国通过水推行罗马的文化和生活方式，在帝国领土上实现“罗马化”。在罗马帝国统治历史中，所谓的“蛮族”冲突和教化问题一直受到高度重视，水成为罗马帝国实现教化的重要工具。在帝国的城市扩张过程中，首先修建的就是大型公共浴场以及与之相配套的冲水厕所等设施。有的浴场可以容纳数千人同时沐浴，沐浴成为罗马人的日常生活方式，也是罗马化的重要标志。罗马统治者认为沐浴不仅能让军队更有战斗力，也能够使领土上的“蛮族”变得文明起来。因此，公共浴场在地跨欧亚非的罗马城市中遍地开花。与此同时，喷泉等城市水景观设施也被大量修建，罗马城市充满水的元素。

最后罗马帝国大规模的水利工程建设有着明确的文化理念支撑，那就是通过水和水利工程建设达到构筑国家认同、国家权力、国家象征，进而实现国家治理的目的。第一，通过对水的控制和发挥来显示对罗马帝国以前的文明的超越。罗马帝国的文明是对希腊文明的一种继承和发挥，水利成就同样继承了古代希腊的成就，包括引水渠在内的城市供水设施、沐浴和水冲厕所、喷泉等都是希腊人的发明，但是在罗马帝国时期这一切在建设规模和供水量上都被发挥到极致，以达到对先前的埃及文明和希腊文明的超越。第二，罗马帝国意欲通过宏大的水利工程创造一种辉煌的、可以与古代埃及的金字塔和希腊的建筑奇迹相媲美的新的人间奇迹，以显示罗马帝国的强盛和力量，这是罗马帝国大规模水利建设的文化动力。正如罗马水利史专家 D. 瓦尔特先生指出的，罗马帝国水利的修建“不在于实际需要，更重要的是一种文化态度”。罗马帝国创造了人类历史上工程规模、技术创新、政治功效、社会影响最大化的治水奇迹，水利也因此成为罗马文明的一个重要标志。

纵观古代西方文明史，希腊通过发达完善的城市水利系统，推动其文明的构建。而古代贤哲对水的自然物质属性、尼罗河泛滥和埃及文明之间关系的探索，触动了对埃及文化的借鉴和文化重构，打通了埃及文明和希腊文明之间的脉络，影响后世的水文学也发端于此。罗马帝国建立后，一方面继承了希腊水文明的要素并发扬光大，创造了人类历史上水利的奇迹，实现了国家治理；另一方面也借此显示对先前的文明包括希腊文明和埃及文明的超越，达到构建国家认同、显示国家强大的目的，水成为构建国家权力的重要途径。罗马帝国的水利文明也对之后的世界文明产生了广泛影响，包括城市大规模调水供水原理、水利技术、沐浴设施、冲水厕所、喷泉等，从理念到技术层面上的遗产仍然惠及当代。水成为沟通埃及文明、希腊文明、罗马文明以及后世社会的一种重要动力因素，水的文化动力作用在阿拉伯世界、美洲、亚洲等的发展过程中也有所体现。

（本文发表于《光明日报》2018年5月7日第14版）

权力、认同与国家治理：水在罗马帝国兴盛中的角色

罗马帝国是人类历史上最强大的帝国之一，不仅拥有广袤的领土、强大的军事力量，而且创造了繁荣的经济、发达的科学技术和文化艺术。罗马帝国的繁荣与水有直接的关系，这是人类历史上一个非常典型的现象。罗马帝国不仅修筑了人类历史上最庞大的水利工程，而且将水和国家政治、经济、文化紧密联系起来，将水的消费在国家政治、社会生活、文化艺术等领域的作用发挥到了极致。无论是在欧洲、非洲北部，还是在中东、小亚细亚，到处都可以看到罗马帝国的水利工程，包括具有典型特征的引水渠、水库、蓄水池、喷泉、浴场、厕所、排水设施等。水利，尤其是城市水利的兴建，不仅为帝国的强盛提供了强大的资源性支持，同时对巩固国家权力、实现国家教化、构建国家认同发挥了重要的作用。水是人类必不可少的一种生存资源，同时也是经济和社会发展的战略性资源，对这种资源的控制和利用不仅有利于社会经济的发展，同样也有利于国家治理，因此水成为罗马帝国国家权力的重要来源，水利及其社会效应成为罗马帝国曾经拥有的光环。在过去的十余年间，笔者先后前往欧洲的意大利、法国、希腊、葡萄牙、土耳其，北非的埃及、摩洛哥、阿尔及利亚等国家，对罗马帝国的水利遗存进行考察，搜集相关的文献资料，与相关专家交谈，对罗马帝国的水利和国家文明之关系有了一个初步的了解。本文将通过水来认识罗马帝国兴盛的另一种根基，分析这一人类历史上曾经存在过的规模最大、技术最为复杂的以城市为主体的供水系统建设的复杂的历史背景，及其对国家权力构建、社会教化、国家治理的影响，阐释其对现代国家水治理的启示。

一　人类历史上最宏大的城市引水供水系统

罗马帝国是此前已存在了近 500 年的罗马共和国的延续。公元前 27

年元老院授予盖乌斯·屋大维“奥古斯都”称号，罗马由此进入帝国时代。公元 1453 年，奥斯曼帝国苏丹穆罕默德二世攻陷君士坦丁堡，东罗马帝国（拜占庭帝国）灭亡。罗马帝国存在了 1000 余年，全盛时期控制了大约 500 万平方公里的土地，是世界古代史上国土面积最大的君主制国家之一，同时也是政治、经济、军事、文化、科学最发达的国家之一。

图一 今天已知的古罗马文化遗存①

在将水作为一种塑造帝国权力、宣示帝国强盛的途径的理念指引之下，罗马帝国从公元 1 世纪开始修建大规模的水利工程，以满足城市、农村的用水需求。这种大规模的水利工程建设一直延续到公元 6 世纪东罗马帝国时期，此后还有不断的建设与维护工程，形成了人类历史上最庞大的以城市供水为主要特征的水利系统。这些水利工程不仅规模庞大，而且对国家治理产生了深刻影响。大规模有效的水资源管理是罗马文明的一个主要特征。②

① 资料来源：搜集古代罗马引水渠文献的 ROMAQ 数据库。

② Walter Dragoni, Costanza Cambi. *Hydraulic Structures in Ancient Rome*, 42nd IAH Congress: Hydrogeology: Back to the Future, Rome, Italy, 13th－18th September 2015, Mid－Week Technical Field Trips, MT1 Field Guide, Wednesday September 16th, 2015, published by the IAH conference committee, p. 1.

罗马帝国庞大的水利工程，首先是从修建引水渠开始的。引水渠本身不是罗马帝国的发明，而是希腊文明的遗产，但这种遗产被罗马帝国发挥到了极致。在欧洲，大部分地区属于喀斯特地貌，天然的地表河流稀少。在意大利，大部分城市都是依靠水井及附近的泉水发展起来的，但是这并不能满足城市的进一步扩大以及产业发展对水的需求，通过引水渠将城市之外的泉水和附近的河流、湖泊之水引到城市，成为改善城市供水的重要手段。在罗马帝国的繁荣时期（公元 50 年—300 年），修建了大量的引水渠，不仅仅是整个地中海周边，从苏格兰到伊拉克，从高加索山麓到撒哈拉沙漠，罗马帝国的引水渠无所不在，数量十分庞大，仅仅在高卢地区就有 300 多条引水渠。这些引水渠工程浩大，有的长达数百公里，例如位于今天西班牙的拉斯梅德拉斯引水渠长达 600 公里，位于今天葡萄牙的特雷斯引水渠长达 230 公里。引水渠的修建，使城市供水有了极大的增加，据测算，在公元 3—4 世纪罗马帝国的主要城市中，平均每个居民每天用水量可以达到 200—500 升，[①]甚至超过了今天世界大城市的人均用水量。

最有代表性的是罗马城的引水渠。早期罗马城的供水主要依靠水井和附近的河流、泉水，加之地表水资源丰富，能够满足城市的需要，而引水渠的修建为罗马城的发展注入了巨大的驱动力。从公元 1 世纪到 4 世纪的近 300 年间，罗马城共修建了 11 条引水渠，将亚平宁山脉山坡地的泉水、湖泊水引入城市中。按照罗马城市繁荣时期的 50 万至 100 万人口计算，平均每人每天拥有的水资源量达到 750—1500 升，远远高于现代城市的人均用水量。巨大的城市供水量，驱动了罗马城市的社会、经济与文化变革。

修建长距离的引水渠，必须穿行当地复杂的地貌，尤其是广袤的喀斯特地区，需要一系列的配套设施，包括引水渠道、跨越山谷河流的桥梁、吸虹管、水库等，工程浩大。其中最令人瞩目的莫过于引水渠桥，它是引水渠的标志。今天遍及欧洲的引水渠桥遗址是人们对罗马引水渠的第一印象，甚至是唯一的印象。引水渠桥事实上已超越了它的实用价值，成为罗马帝国统治的象征，被称为“罗马的旗帜”。

① Walter Dragoni, Costanza Cambi. *Hydraulic Structures in Ancient Rome*, 42nd IAH Congress: Hydrogeology: Back to the Future, Rome, Italy, 13th - 18th September 2015, Mid - Week Technical Field Trips, MT1 Field Guide, Wednesday September16th, 2015, published by the IAH conference committee, p. 1.

图二 克罗地亚萨诺那罗马城市引水渠的渠首——加得罗泉（K. Marasovi）

引水渠桥是为了引水渠跨越山谷和河流而修建的，高度在 20 米到 50 米之间，长度从数十米到上千米不等。完全用石头建筑，基本上都是由多孔构成的拱桥，桥孔的多少取决于桥的长度。引水渠桥一般有三层，地势较低处则为二层。第一二层是桥基，第三层是过水的渠道。每层的高度不一样，30 米高的桥为三层，50 米高的同样也是三层，这就使一些引水渠桥的桥桩十分高大，必须要有巨大的桥基来支撑，工程更为复杂浩大。

加尔引水渠桥（Pont du Gard）是目前保存最完好的罗马引水渠桥之一，也是所有罗马引水渠桥中最高的一座，由于其历史重要性和工程壮举，1985 年被联合国教科文组织列入《世界遗产名录》。从 18 世纪开始，这里就成为著名的旅游景点，吸引大量的游客前来参观。加尔引水渠桥是尼姆引水渠上的渡水桥梁，修建于公元 40—60 年间。尼姆引水渠长 50 公里，将于泽（Uzès）的泉水引到位于今天法国南部的尼姆市，为城市居民生活、生产以及沐浴、厕所等卫生设施、花园供水。加尔引水渠桥的宏大让人叹为观止，而人类的力量及其创造物——引水渠桥带给人类的恩惠才真正震撼了访客的心灵，它根本性地改变了当地的环境和生活方式。法国伟大的思想家让·雅各·卢梭在 1738 年造访这一座引水渠桥时，被它深深震撼：“我的脚步走在这些宏大的桥拱上发出的回声，让我浮想联翩，听到了建设者们响亮的声音，我感觉到自己就像一只昆虫落在了广阔的大地上一样，一时间我自己变得那么渺小。感觉到一种莫名的东西让我的灵魂得到升华并大声感叹：我为什么没有生在罗马!”① 在尼姆引水渠逐渐失去它的功能甚至被遗弃后，加尔引水渠桥仍然被完整地保存下来。

图三 加尔引水渠桥

罗马引水渠最宏大的工程出现在君士坦丁堡被确定为东罗马帝国首都之后。公元 330 年，罗马帝国的君士坦丁大帝将首都从罗马迁到博斯普鲁斯海峡边的希腊古城拜占庭，不久之后改名君士坦丁堡。公元 395 年，为了满足帝国首都的用水需要，东罗马皇帝决定修建新的引水渠，将距离君士坦丁堡 100 多公里外的泉水引入到城市中。这座引水渠工程浩大，沿途修建了 89 座巨大的引水渠桥。到了公元 5 世纪，由于水源不足，这个引水渠不得不延伸到更远的水源地，长度达到了 551 公里，新建设引水渠桥 30 座。此时君士坦丁堡拥有 8 所公共浴场和至少 153 个私人浴场，市民的日常生活、生产和卫生设施都依靠引水渠供水，城市的生存对于引水渠形成了极大的依赖。公元 5 世纪，拜占庭帝国通过了很多有关水资源利用的法律，严格控制水的分配和使用，显示出水对于这一座城市的极端重要性。这些法律条款包括依据房屋的大小使用不

① Jean-Jacques Rousseau. *The Confessions and Correspondence*, *Including the Letters to Malesherbes*, translated by Christopher Kelly, Lebanon New Hampshire: UPNE, 1998, p. 214.

同尺寸的供水管，严厉惩罚从引水渠直接窃取水，所有纳税人必须为维护供水系统贡献人力和财力等内容。①

在城市中，和引水渠工程相配套的是分水设施，将从引水渠引入城市的水通过不同的蓄水池、管道输送到城市的各个地方，如皇宫、富人住宅、花园、普通居民家里以及公共浴场、厕所、喷泉等公共设施。大规模的水资源供给和消费，也带来了大量的污水，因此罗马城市普遍修建有大规模的排水设施，将污水排出城市，或者进入河流，或者用于农田和果树园灌溉。在罗马城市中，引水渠带来的水资源的分配有严格的规定，约17%提供给皇家及公共沐浴，39%供市民使用，44%为公共用途，包括喷泉、厕所、生产、公众场所的供水等。②

二　水利与罗马帝国社会权力的构建

罗马帝国之所以不惜耗费巨大的人力、物力和财力，动用军队修筑这些浩大的水利工程，和其复杂的历史、文化和国家治理理念有直接关系。英国著名史前考古学家史蒂文·米森认为，要从整体上概括罗马人对水的态度，必须同时揭示罗马世界的复杂性，将其历史、文化、经济和环境具体结合起来研究才有意义。③ 要理解罗马帝国水利工程的修建，就必须要深入到这些复杂的因素中去，尤其是要深入到罗马帝国的权力塑造过程中去。

美国社会学家迈克尔·曼在其名著《社会权力的来源》中，将权力归结为四个方面：意识形态权力、经济权力、军事权力和政治权力。它们各自包含着独特的社会空间组织形式，借助这样的形式，人类能够实现非常广泛但并未穷尽的众多目标。事实上，这四种权力组成的社会权力网络对罗马帝国的国家治理起到了重要的支撑作用。本文更加注重意识形态权力的作用，通过分析意识形态权力的整合作用来考察罗马帝国水治理的动力因素。

---

① ［英］史蒂文·米森、休·米森：《流动的权力：水如何塑造文明?》，岳玉庆译，北京联合出版公司2014年版，第168页。

② Ari Hynynen, Petri S. Juuti, Tapio Katko. *Water Fountains in the Worldscape*, International Water History Association and KehrMedia, Inc., 2012, p. 21.

③ ［英］史蒂文·米森、休·米森：《流动的权力：水如何塑造文明?》，岳玉庆译，北京联合出版公司2014年版，第152页。

迈克尔·曼揭示了意识形态权力的三个来源：一是关于意义的概念和范畴，掌握基本知识和意义的社会组织对社会生活是必不可少的。二是规范，即对人们在相互关系中应怎样合乎道德地行事的共识，对于持久的社会合作是必不可少的。一场增进互相信任和集团的集体信念的意识形态运动可能增强他们的集体性权力，并且得到比较热情的依附，因此，垄断规范乃是通向权力之路。三是审美或者仪式惯例，一个独特的集团垄断了意义、规范以及审美和仪式惯例，它就可能拥有相当广泛和深入的权力。在这些意识形态权力的功能之上，将形成意识形态组织。①

意识形态权力有不同的表达方式，包括宗教、伦理、社会规范、社会意识、社会生活方式，甚至艺术创造、建筑风格等。美国著名史前史专家费根·布莱恩认为，意识形态权力是可以通过公共或私人仪式、艺术、建筑和文学来表达的公共意识形态。② 事实上，罗马帝国就是构建公共意识形态的大师，创造了从公共仪式、大众娱乐、文学艺术到生活时尚、公共建筑等一系列罗马文化的符号，包括罗马帝国早期和后期的宗教信仰、科学和艺术、剧院、竞技场、浴场、大道、城市建设的样式、城市供水和排水设施等，对于推动罗马帝国这样一个建立在广袤的被征服土地上的国家确立统一的精神文化、生活方式、社会文化直至统一的经济制度等起到了重要的作用。这一切，是罗马帝国在继承了古代埃及文明、希腊文明、伊特鲁里亚文明（Etruscans）的基础上发扬光大的，尤其对水的控制和利用是罗马帝国构建意识形态权力的重要途径，将水的利用在人类社会历史中的作用发挥到了极致。罗马帝国庞大水利工程的修建“都是为了满足罗马人的一种渴，这种渴并不一定是为了水，而是为了水可以带来的东西：权力、骄傲和声望”。③ 古代罗马人对水有着特殊的理念，“人们把水当作神来崇拜，主要用于卫生和艺术。水源充足是富华的象征，因此也是权力

---

① ［英］迈克尔·曼：《社会权力的来源》第一卷，刘北成、李少军译，上海人民出版社2007年版，第28—30页。

② Brian M. Fagan. *World Prehistory: A Brief Introduction*, New York: Pearson Education, Inc., 2008, p. 189.

③ ［英］史蒂文·米森、休·米森：《流动的权力：水如何塑造文明?》，岳玉庆译，北京联合出版公司2014年版，第149页。

的体现”。[①] 罗马帝国对水在建筑、社会生活、艺术等领域中作用的发挥只是一种表象，其深层的意义在于通过水来塑造国家的意识形态权力，这一点是迄今为止中国学界在罗马帝国历史研究，尤其是罗马帝国的政治史研究中没有充分注意到的。罗马帝国对水的控制事实上是一种复杂的水政治，因为对水的控制和应用体现的是一种国家力量，由国家统一进行布局和经营，以此来达到从精神到现实的国家治理的复杂意图。

罗马帝国之所以通过水的控制和应用来实现国家治理的意图，有其重要的历史文化背景。罗马文明是继承了古代希腊文明和伊特鲁里亚文明发展起来的。在公元前3世纪，罗马人开始强大起来，但此时其思想与文化还是比较落后的，当罗马人占领深受希腊文化影响的近东及意大利南部时，其贵族阶层被希腊文化所深深吸引，甚至成为希腊文化的俘虏，热衷于发现、学习、融入、享受希腊文化，这一切对罗马文化的发展产生了重要影响。[②] 罗马人崇拜希腊文明，而希腊文明则受到了古代埃及文明的较大影响，希腊的思想家们从古代埃及文明中吸取养分，寻求启发，以构建自己的哲学系统，泰勒斯、希罗多德、柏拉图等古希腊思想家都曾经对尼罗河与古代埃及文明的形成，尤其是尼罗河泛滥对埃及文明的影响进行了深入的思考和探讨，[③]甚至借用古代埃及的神话重新构建希腊的神话系统。众所周知，神话对于古代希腊人的精神世界产生了重要而广泛的影响。那么是什么原因促使众多希腊的贤哲们要去思考古埃及文明与尼罗河的关系，又是什么原因使罗马的水利与古埃及文明搭上边呢？

在公元前10世纪，甚至更早，古代埃及的尼罗河流域已经成为希腊等地中海地区国家的粮食供应地。地中海北岸地区并不生产小麦，当地人们吃的面包的原粮小麦及其他粮食要通过海上贸易从埃及获得，因此埃及成了希腊生计的重要支撑，希腊至少在粮食上离不开埃及。埃及不仅能产出丰盈的粮食，更拥有高级的文明，虽然人们已经认识到这一切与尼罗河的泛滥有关，但究竟是一种什么样的力量在这其中发挥着作用，仍然令人

① P. Bono, C. Boni. “Water Supply of Rome in Antiquity and Today”, *Environmental Geology*, Vol. 27, No. 2, 1996, pp. 126-134.

② ［美］理查德·E. 苏里文、［美］丹尼斯·谢尔曼、［美］约翰·B. 哈里森：《西方文明史》，赵宇烽、赵伯炜译，海南出版社2009年版，第161页。

③ Asit K. Biswas. *History of Hydrology*, New York: American Elsevier Publishing Company, Inc., 1970, p. 27.

困惑，只能将之归于神灵。无论如何，神秘的尼罗河现象、埃及的高度文明、现实生活中对埃及的粮食依赖，都足以让希腊的贤哲们对埃及产生敬仰与思索的兴趣。人们不仅从埃及农业文明中去探索自然的规律，更从埃及的文化中吸取养分，这其中非常重要的是借用埃及神话来构建希腊的精神世界，使埃及的文化融入了希腊人的精神世界中。

在罗马帝国形成之后，埃及仍然是罗马帝国最重要的粮仓，对罗马帝国的生存发挥着至关重要的作用。罗马帝国通过军事力量征服了埃及，将埃及并为自己的一个行省，通过军事力量保障这一个粮仓的安全。更为重要的是，罗马帝国崇拜的神大多源自古代埃及文明，在罗马城就有崇拜古代埃及神的神庙。既然罗马的文化与希腊文明有渊源关系，那么罗马帝国文明的源头就有可能是古代埃及文明，这一点对于强大的、已征服了埃及的罗马帝国来说是不能接受的，至少他们不愿意承认自身是一个衰落了的文明的文化后代，就算是有渊源关系也必须比其更为强大。在罗马帝国成为埃及的宗主国之后，这种精神和文化上的地位必须要改变。因此罗马帝国在兴起后做了很多事情，包括将古代埃及人崇拜太阳神的方尖碑从古城底比斯及赫里奥波里斯神庙运回罗马并重新树立起来，以此宣示罗马帝国在精神上对埃及的胜利。

对水的控制和利用，是罗马帝国实现超越埃及文明企图的重要途径。如上所述，水是古代埃及文明的源头，是水创造了古代埃及文明。希腊文化在借用埃及文化时也是从对水的魔力的认识与思考开始的，而继承了希腊文化、从有治水大师之称的伊特鲁里亚文明中脱胎而来的罗马人，自然也与埃及人、希腊人一样怀有对水的敬畏，认为水具有无与伦比的自然力量，是文明发展的推动力，如果能够控制水，就足以显示帝国力量的强大，如果能够创造一种比希腊更先进的水文明，自然也就实现了对希腊文明的超越。由此，罗马帝国在控制水的意图下修建的宏大水利工程是超越其他民族的有力证明，是对先前文明的直接挑战。罗马帝国的水利工程相当于古代埃及的金字塔，是文明的丰碑，对此很多国外学者的论著中都有所提及。[①] 这也解释了罗马帝国要把水作为神来崇拜的原因。也正因为这

① 参见 Alexander Bell. *Peak Water: Civilisation and the World's Water Crisis*, Edinburgh: Luath Press, 2009；［英］史蒂文·米森、休·米森《流动的权力：水如何塑造文明?》，岳玉庆译，北京联合出版公司 2014 年版。

样，罗马帝国的水利工程是一种国家力量的表现，主要由军队修建，在和平时期修建水利等公共工程成为军队的主要任务。同时水利作为一种模式在全国进行建设，跟随着罗马帝国军队的开疆拓土遍地开花，使这一帝国旗帜插遍疆土。罗马帝国通过建设前所未有的庞大水利工程和对水的狂欢来宣示自己的伟大和文明，来超越古代埃及以金字塔为代表的文明。罗马水利工程中的引水渠、引水渠桥、城市供水系统、喷泉、浴场、城市瀑布、冲水厕所、水池，以及这些设施中流动着的水，都成为超越埃及文明、希腊文明的罗马文明的典型标志，构成了对罗马帝国的认同要素。

罗马帝国的政体深受此前存在了近500年的罗马共和国影响，因此在罗马皇帝统治之下的帝国，政治的运行有相应的民主规则，构建了一个以罗马公民为主体的社会。在古代罗马存在这样一种观念：为民众提供服务是政体存在的理由，在向市民提供免费用水服务方面形成了城市管理者和市民之间的契约关系。如果统治者不向市民提供水，那么它的权威就失去了法律的基础。水成为社会契约的核心，因此罗马的统治者将城市供水作为一种政治意图，[①] 通过向市民提供大量免费的水资源，来获得市民的支持以维持帝国政体的合法性和长期存在。也只有向市民提供足够的免费的水资源，才能表明罗马统治者对罗马公民身份的承认，而罗马公民阶层的存在是罗马帝国政体的重要支撑。著名的罗马引水渠专家 A. Trevor Hodge 在其名著 *Roman Aqueduct & Water Supply* 中写道："来自真实事实的证据表明，罗马引水渠并不是为了提供饮用水或者卫生而修建的。几乎所有的罗马城市都是依赖于市民家中的水井和蓄水池发展起来的，包括伦敦等城市的早期历史发展也都没有引水渠。总体而言，当引水渠修建以后，唯一的结果就是表现出皇帝或者其市政部门对市民的慷慨，只有这些城市在随后的几十年甚至几个世纪的成长之后，才能显现出它带给这些城市的益处和繁荣。"[②] 罗马帝国大规模修建水利工程，其水供给量对于很多城市来说都是多余的，但是水利工程必须修建，因此人们只能得到这样的结论：水

① Alexander Bell. *Peak Water*: *Civilisation and the World's Water Crisis*, Edinburgh: Luath Press, 2009, p. 48.

② A. Trevor Hodge. *Roman Aqueduct & Water Supply*, London: Bristol Classical Press, 2011, pp. 5-6.

利工程带来的大量的水并不是城市生存的必须，本质是上一种文化的态度。[①] 因此大规模的水利工程修建，一方面是为了城市发展的需要，但另外一方面也是显示罗马帝国行政合法性和行政义务的途径，当然更重要的是显示出罗马帝国统治者和各级城市管理者对市民的慷慨，最终的目的是笼络人心，获得民众的支持。对于罗马帝国这样一个以公民社会为基础的国家来说，这一点是非常重要的。因此罗马帝国企图通过水来构建国家的意识形态权力，夯实执政的基础，这个意图是非常鲜明的。

总之，罗马帝国对水的控制事实上是一种复杂的水政治，因为对水的控制和应用体现的是一种国家力量，由国家统一进行布局和经营，以此来达到从精神到现实的复杂的国家治理意图，通过水来构建国家统一的理念、标志和文化纽带。对水作用的发挥，是罗马帝国构建国家认同、获得意识形态权力的一条重要途径，当然也成为罗马帝国文明的重要象征。罗马帝国时期大规模的水利工程彻底改变的不仅仅是居民的生活用水状况，而是整个帝国的格局，带来了政治、经济和生活方式的巨大变化，也改变了罗马帝国的样式。

三　水在国家治理中的角色

与构建国家文化认同相辅相成的是水在罗马帝国的国家治理中扮演了重要的角色，在国家领土的整合、社会教化、文化一体化、国家力量的宣示过程中都产生了重要影响。罗马帝国通过水治理构筑了国家治理从精神到物质上的一体化纽带。

1. 水在领土治理中的角色

罗马帝国是一个以领土扩张为基础建立起来的国家，是一个领土型帝国，其领土控制达到了当时人类社会的最高水平和强度。帝国在各行省派驻官员进行管理，同时派驻军团守卫国土，支持政权的运作。[②] 罗马帝国

---

① Walter Dragoni, Costanza Cambi. *Hydraulic Structures in Ancient Rome*, 42nd IAH Congress: Hydrogeology: Back to the Future, Rome, Italy, 13th - 18th September 2015, Mid - Week Technical Field Trips, MT1 Field Guide, Wednesday September16th, 2015, published by the IAH conference committee, p. 3.

② ［英］迈克尔·曼：《社会权力的来源》第一卷，刘北成、李少军译，上海人民出版社2007年版，第311—317页。

领土治理的高明之处在于，在被征服的横跨欧亚非的广袤土地上，通过推行具有统一元素的城市建设，构建一个有统一文化内涵的国家，实现领土的治理。尽管城市的建设有满足军团的驻扎和家属生活需要的目的，但是它作为实现国土治理的目标是明确的。城市是人类文明，尤其是国家形成和控制的重要标志，也是一个精神、制度、社会、经济、军事等要素的集合体。罗马帝国正是一个以城市治理为基础的国家。

在罗马帝国的城市中，拥有统一的精神、制度、社会和建筑内涵的符号，作为罗马帝国的统一标志，也作为统治的象征。从西班牙的大西洋海岸到德国的莱茵河，再到黑海，从苏格兰低地到地中海的非洲北岸，罗马城市都有统一的建筑构成要素：一个商业区、一个广场、一个剧场、一个竞技场、军营及诸多的公共浴场、厕所、喷泉、引水渠。[①] 不论城市的规模与模式如何，都被建设成了罗马风格，并且城市建设有其用意，也就是示范作用，通过城市建设把罗马化的贸易、技术、宗教、文化和隐藏在罗马化城市背后的思想观念输出到周边的土著民之中。这种输出覆盖帝国的各个方面，有着强大的影响力。城市不仅包括建设形式，同样也包括管理制度，一体化的城市模式方便罗马各级政府行使管理职能。同时城市还有教育功能，罗马的语言、文化、宗教和技术借此在新征服的土地上广泛传播，这不仅有助于维护帝国的和平与征税，甚至能将帝国的蛮族部落变得文明起来。[②] 可见，这些要素的存在除了为民众提供罗马帝国理念中的生活品质及公共服务外，同时也向其统治地域的民众宣示帝国权力的存在，具有服务于国家治理的功能及鲜明的政治意图。城市提供了国家再现各种治理仪式的空间，因此统一的城市建设成为罗马帝国政治和社会权力重要的来源。这其中，作为城市生存必不可少的基础设施，引水渠及供水系统是最基础的构成要素，也当然地与这些意图相呼应。罗马帝国统治所及之处，不论当地水资源条件如何，都要修建统一的城市供水系统，这也成了罗马帝国城市的一个特征。尤其是引水渠桥，在帝国的领土上不论远近、不论水资源状况如何、不论是否适用都必然会被修建，因为其具有政治功用，是罗马帝国的象征和旗帜，领土所到之处这面旗帜必然被插上。因此

---

① P. Bono, C. Boni. “Water Suppy of Rome in Antiquity and Today”, *Environmental Geology*, Vol. 27, No. 2, 1996, pp. 126-134.

② ［英］约翰·瓦歇尔：《罗马帝国》，袁波、薄海昆译，青海人民出版社 2010 年版，第 91 页。

水在罗马帝国的城市中起到了重要的作用，水利在罗马帝国的国家治理中扮演着重要的角色。没有成功的水利建设，包括其中的理念、制度、技术的发展和成就，就没有罗马城市在国家治理中所能够产生的影响。

2. 水在社会教化中的角色

迈克尔·曼指出罗马权力的重要成就是统治着超过 300 万平方公里土地和大约 7000 万人口的帝国的制度化，而其中重要的策略之一就是上层阶级的意识形态整合，即发展了统治阶级的文化同一性。这种同一性表现在文字、制度及生活方式等不同的方面。① 目前人们关注较多的是罗马帝国在文字和制度等方面的同一性的形成，事实上生活方式的同一性同样重要，罗马帝国也确实在这方面做出了卓有成效的努力，和水相关的生活方式就是其中最伟大的成就之一。

罗马帝国领土广袤，民族众多，宗教和社会背景差异巨大。在罗马帝国的历史上，长期存在着罗马人与其他族群的冲突和矛盾，尤其是所谓“蛮族”的侵扰，给国家安全带来了巨大威胁。罗马人知道，一个只依靠军队控制的国家难以做到长治久安，国家的整合必须包括文化的整合，即将被征服地方的统治者都融入罗马的主流文化之中，也就是所谓的罗马化。罗马化意味着拥有罗马文化的“文明人”和没有被罗马化的“野蛮人”之间差别的消失，是实现社会治理的重要标志。通过国家教化形成统一的生活方式，是帝国实现文化整合的重要途径。而以水为基础的生活方式，包括沐浴、水冲厕所等，是罗马化生活方式的重要内容。罗马帝国兴修大规模水利工程的一个重要目的，就是彰显和推广这种“文明”的生活方式，即清洁的生活方式：沐浴、厕所和花园等。罗马帝国在城市中修建大量引水渠，其主要目的并不是为城市居民的生存供水，而是为浴场、厕所、花园供水。这种罗马式的文明生活方式，拉开了罗马帝国同其他地区民族在文化上的差距，使新征服土地上的人们崇尚罗马帝国的文化和生活方式，并在当地移植发展这种生活方式，进而融入罗马文化模式中来。因此，这种以水为基础的罗马生活方式的推广，成为罗马帝国标志性的社会教化途径。

沐浴是罗马生活方式的重要内容，已经成为一种牢固的文化概念。沐

① ［英］迈克尔·曼：《社会权力的来源》第一卷，刘北成，李少军译，上海人民出版社 2007 年版，第 338 页。

浴文化有着久远的历史，在希腊文明中，沐浴已是一种文明的生活方式，人们通过沐浴以达到身体与精神上的清洁。在柏拉图时代，人们开始哲学讨论之前必须要沐浴以表示对智慧的敬畏，显示学院活动的神圣。而继承了希腊文化的罗马人，也继承了沐浴的传统，并将其发挥到了极致。宏大的罗马引水渠的修建，一个主要的目的就是为了满足沐浴设施的需要，为了迎合人们沐浴的喜好，甚至有的引水渠的修建仅是为了为大规模的浴场供水。① 随着大规模的引水渠和城市供水设施的建设，大量的沐浴场所也出现在罗马城市中，从首都罗马到其他意大利城市，从英格兰到北非、中亚，罗马浴场遍地开花，无所不在，成为罗马帝国统治的一种重要象征，甚至是城市建设中最优先被建设的建筑物。美国城市史研究大师刘易斯·芒福德写道："罗马对城市卫生和城市形式最典型的贡献，大约就要算浴池了。从有关大型浴池的发展史的记述中，我们甚至可以看出罗马城乃至罗马帝国本身的简练历史。"②研究罗马沐浴的著名学者英奇·尼尔森认为，在罗马世界中，沐浴同吃饭、喝酒和欢笑一样重要。即使修建费用昂贵，浴场仍是殖民地和新征服的城市中首先建立起来的建筑，并以此作为城市的骄傲。如果一个人不沐浴，就意味着他既不是罗马人，也没有被罗马化。浴场是罗马文化生活的中心，在浴场人们可以从事运动、艺术和文学活动。同时浴场也是社交的中心，沐浴是市民重要的生活内容，尤其是有闲阶层每天必不可少的生活内容，朋友聚会、商谈生意都可以在浴场进行，甚至很多政治和经济、军事决定也是在浴场做出的。无论对哪一个社会阶层的人来说，浴场都是日常生活中必不可少的一部分。故此，罗马帝国的统治延伸到哪里，浴场就修建到哪里。

王公贵族的私人住宅都要修建浴场作为社交的场所，同时有钱人和市政部门也会为市民修建公共浴场。这些浴场规模宏大，以致刘易斯·芒福德感叹道："这些建筑物本身表明了这样一个事实：从建筑学来看，它居于罗马帝国最高成就之列，只有万神殿可与之并称。"③ 例如在公元前1

---

① A. Trevor Hodge. *Roman Aqueduct & Water Supply*, London: Bristol Classical Press, 2011, pp. 5-6.

② ［美］刘易斯·芒福德：《城市发展史——起源、演变和前景》，宋俊岭、倪文彦译，中国建筑工业出版社2005年版，第226页。

③ ［美］刘易斯·芒福德：《城市发展史——起源、演变和前景》，宋俊岭、倪文彦译，中国建筑工业出版社2005年版，第242页。

世纪末修建于罗马城战神广场的新浴场就是免费向市民开放的，普通市民也一样有条件享受沐浴。修建于公元3世纪初的卡拉卡拉浴场是其中最奢华的，内部用绚丽多彩的大理石地板和马赛克进行装饰，拥有几百座雕塑，252根柱子，以及4个冷水池组成的冷水卫生间、2个温水池组成的温水卫生间、7个热水池组成的热水卫生间，配备有大型的烧热水的锅炉设备、供水和排水系统等，甚至在地下建有一间神庙，每天可以接待6000到8000人沐浴。这座公共浴场的修建每天动用9000名工人，花费5年时间，于公元216年建成。今天在罗马城中仍然可以看见这一浴场宏大的废墟，当年罗马城市中沐浴的盛况从中可以窥见一斑。当然，在当时的罗马城市中这种规模的浴场不止一个。到了公元4世纪，罗马城已经拥有11个大型公共浴场、865个小型浴室。

和沐浴同时得到发展的重要生活现象是水冲厕所，这也是罗马文明的重要标志之一。和室内的沐浴设施一样，水冲厕所也不是罗马的发明，早在公元前2000余年希腊人已经在使用室内冲水厕所，但是在罗马帝国时期它被提升到了一个较高的水平。不论在家庭中，还是在公共场所，尤其是公共浴室往往都同时建设有水冲洗厕所。公共厕所的出现，对一个城市的发展来说是一个里程碑，它标志着城市文明的重要提升。就罗马城市而言，它改变了在大规模的引水渠修建之前人们如厕的习惯，同时也改变了城市卫生面貌，使一座又臭又脏的城市变得清洁卫生，同时也减少了这个城市的疾病流行。这一切同样也是大规模引水渠修建的结果。应该说在当时的世界上，罗马帝国领地内是水冲厕所使用最普遍的地方，也同样是因人类粪便引起的疾病较少的地方。①

通过对所谓的文明生活的推广，使得罗马帝国疆土上的人民都融入一体化的社会生活样式中，奠定了罗马帝国构建一体化的精神家园和社会的文化基础。当然，罗马帝国对于疆土上的人民的教化，也就是推行一体化的国家文化，还表现在城市建筑风格、剧场、竞技场以及其他的社会生活习俗上。因为罗马人很清楚，在被占领的广阔的领土上，仅有军队是不能达到长治久安的，还必须有一体化的国家文化，包括政治体制、经济制度、道路、城市建筑与生活方式等。这些教化在罗马帝国时期是成功的，

① Georgios P. Antoniou, Giovanni De Feo, Xiao Yun Zheng, et al. "Evolution of Toilets Worldwide through the Millennia", *Sustainability*, Vol. 8, No. 8, 2016, p. 55.

毕竟它的强盛持续了近千年，不仅在欧洲产生了影响，对于遥远的非洲也有深远影响，在今天很多北非国家，包括突尼斯、阿尔及利亚、摩洛哥等国，仍然能够看到罗马帝国时期的生活痕迹：罗马城市、供水系统、喷泉、浴场等，浴场沐浴的习俗甚至延续到今天。以上这些因素，就是罗马帝国的水利工程往往超越了它的实际应用价值而存在的原因所在。

3. 水在构建罗马城市符号中的角色

罗马城市有鲜明的符号特点，其中喷泉就是最重要的罗马化符号之一。喷泉是大规模城市供水带来的又一个重要的用水设施，其首先是城市生活用水的末端设施，随后衍生出了广泛的文化内涵。英语中的喷泉（fountain）一词源于拉丁语，包括自然的泉水和人工修建的出水建筑物两个方面的含义。因此喷泉可以分为城市供水终端设施和纪念性、象征性、装饰性的建筑物，早期产生于希腊文明，在后世欧洲的不同时期，不断发生着技术和文化含义的演变。[①] 喷泉最早起源于铜器时代希腊的克里特文明时期，是修建在泉水出水口的一种设施，一般修筑一个石墙壁，下面修筑一个水池，将泉水引到墙壁上的出水口，水自然流出，其中一部分被蓄在水池中，供人们日常生活使用。到罗马帝国时期，随着引水渠的大量修建，这一技术被广泛运用在城市供水系统中，将引水渠引来的水分布到城市各个角落，方便城市居民取用。庞贝城的考古发掘发现，几乎每 100 余米就会有一个公共喷泉。修建于公元 80 年的罗马竞技场，可以容纳65000 观众，为了满足观众用水的需要，配备了 92 个喷泉，这些喷泉今天依然可以看到。

需要特别指出的是，在罗马帝国时期，在以罗马城为代表的中心城市，喷泉已经超越了它作为用水的末端设施的基本功能，成了罗马城市的象征。因为除了大规模地作为政府提供的公共产品、政府履行市政公共义务的标志之外，喷泉更多地成为装饰性的建筑物，被用来作为纪念一些重大事件的纪念性建筑以及城市的重要建筑、广场、私人别墅的装饰。在罗马帝国的推动下，喷泉成为包含权力、艺术、生存等诸多核心要素的建筑物。喷泉不仅是城市的符号，也是权力的象征，往往是一个城市的中心。

① Petri S. Juuti, Georgios P. Antoniou, Walter Dragon, Xiao Yun Zheng, et al. *Short Global History of Fountains*, *Water*, Vol. 7, 2015, pp. 2315-2347.

今天我们仍然可以在很多罗马城市中看到象征城市权力的喷泉。[①] 在一些城邦的战争中，战胜方往往将战败方的标志性喷泉掠夺到自己的城市中心，甚至安放在市政厅中，作为征服并统治对方的标志。尤其是大规模的纪念性的喷泉的修建，是显示罗马帝国水利工程伟大成就的最直观途径。和浴场、厕所一样，喷泉成为罗马城市重要的构成元素，成为罗马帝国城市文化的重要象征。罗马帝国在其征服的广袤土地上所建设起来的城市，喷泉都是必不可少的建筑物，尤其是纪念性的建筑物。

除了公共喷泉以外，在有钱人的私人府第建筑中，也普遍建有喷泉。这些喷泉更多的是用于装饰。不论是皇宫还是贵族的别墅，都修建有大量精美宏大的喷泉，有的喷泉甚至有上百个喷水口，为了喷泉甚至专门修建引水渠，将用水的奢侈发挥到了极致。公元 1 世纪，罗马城建成了 700 个水库，500 个喷泉（主要为居民提供生活用水）。到了公元 4 世纪，罗马城已经拥有 1352 个喷泉。今天漫步在罗马街头，依然可以看到上千个小型的公共喷泉流淌着清澈的水，供人们饮用，同时还有大大小小精美的喷泉分布在城市的重要建筑和广场上。正是大规模的喷泉修建，使城市有了水的灵性，与其他供水设施一起，使罗马城市获得了“水皇后”的美称。2000 年来，罗马城始终是一个人们能够充分享受水生活的水城，这一切都得益于罗马城引水渠的修建。[②] 由此可见，喷泉是有着鲜明罗马文化特征的符号，其文化含义已经远远超过了使用价值，在构建罗马帝国宏大的水利图景中扮演着重要的角色，成为国家文化图景的重要构成部分。这同样对于罗马帝国的文化推广和国家权力塑造产生了积极的作用。

4. 宣示国家力量的水利建设

罗马帝国修建大规模水利工程的目的，是为市民提供水资源，满足城市人口发展的需要，是一种基础性的考虑。但其还有更深层的意图，那就是满足罗马统治者的政治需要和宣示国家力量，尤其是在新征服的边远地区，这种需要的满足就更为重要。

对水的控制是军事斗争之外显示国家控制力量最重要的途径之一，尤

---

① 参见郑晓云《访水佩鲁贾》，《江河》2017 年第 5 期。

② *Walter Dragon i. Rome's Fountains: Beauty and Public Service from Geology, Power and Technology*, in Hynynen A. J., Petri S. J., Tapio S. K., eds. Water Fountains in the Worldscape, Finland: International water History Association, 2012.

其是领土意义上的控制，控制了领土上的水资源，也就控制了一个国家最重要的资源。罗马帝国大规模水利设施的修建正显示了这一意图。而工程的浩大，也反映了帝国实力的强大，这种强大实力和军队结合在一起，就更有特殊的内涵。罗马帝国的城市发展和军队的对外征服活动有直接关系，早期的罗马城市往往都是在军队的驻扎营地发展起来的，在罗马军队建立驻扎营地之后，它们的家属和为军队服务的人员会迅速增多，随之形成一个城市，也有很多城市是为伤残军人和它们的家属而修建的。这些城市的修建往往都经过了统一的规划，水供给是城市建设最基础的考虑。罗马军队是一支十分注重卫生的军队，在罗马帝国的军事理念中，具有良好的卫生条件和饮用水的军队，才是一支高效率能战斗的军队。① 军团制度是罗马帝国时期一种重要的社会体制性制度，罗马帝国高度依靠职业化的军团去征服新的领土和稳固已经归并为罗马帝国的领土。迈克尔·曼也指出了军团在罗马帝国权力结构和社会阶层中的重要性，尤其军团经济在国家治理中举足轻重的地位。② 军队在罗马帝国城市化过程中扮演了重要角色，同样在罗马帝国的水利工程修建中也扮演着重要角色，因为从早期的罗马城市建设，到随后罗马城市的水利工程扩建，大部分的工程都是由军队完成的。这样不仅可以显示罗马帝国军队战无不胜的威武，而且可以将军队的威严和力量固化下来，这样罗马帝国的力量就不言而喻了。因此引水渠桥不仅显示了它本身的宏伟，还显示了建设它的帝国的强大。

引水渠桥的修建还有一个重要的功能，那就是军事交通功能，在战争时期引水渠桥也是军队能够迅速跨越河谷的重要通道。这种重要的交通网络提升了罗马帝国军队的迅速调动能力，对于保卫疆土有着重要现实价值和威慑作用。

四 结论与启示

罗马帝国水利的光芒在人类历史长河中并没有长存至今，而是在随

① Ilkka Syvänne. Water Supply in the Late Roman Army. in Petri S. Juuti, Tapio S. Katko, Heikki S. Vuorinen, eds., Environmental History of Water, IWA Publishing, 2007, pp. 69-72.

② ［英］迈克尔·曼：《社会权力的来源》第一卷，刘北成、李少军译，上海人民出版社2007年版，第368—371页。

后的岁月中渐渐淡去。三个原因造成了罗马水利工程的衰败：一是罗马帝国国力在随后岁月中的衰落，使需要巨大财力、人力、物力去维护的庞大工程失去了支撑。在罗马帝国之后，尽管很多地方仍然在沿用这些工程系统，但总体来说，其中大多数渐渐被废弃。二是因为地震破坏而无法修复。三是战争的破坏。今天来到罗马市郊区的引水渠公园，仍然能看到多条宏大的引水渠残余，让每一个来访者感到震撼，同时也因其而伤感，因为它不仅为城市的富华提供了养分，更是无数士兵终其一生筑成的丰碑。

以城市供水为主的引水供水工程是古代罗马最伟大的工程之一，也是人类古代历史上最宏大的城市供水工程，这一切不仅表现在工程的浩大和技术的创新上，同时也体现在其对人类社会生活产生的重大影响上。供水工程的建设是罗马帝国的国家行为，是一种国家力量驱动的结果。引水供水系统与其他罗马城市建筑元素一道，构成了罗马帝国统治的标志，这既是一种政治宣示，也是罗马帝国社会权力的重要来源。它一方面以水的控制与挥霍来显示对以前的文明，尤其是对古埃及文明、古希腊文明的超越，让国民拥有对帝国的敬畏。这种政治宣示也是一种植根于民众的宣示，让帝国统治疆域内的民众能在享受水供给的好处的同时感受帝国的强大和恩惠，达到对帝国统治的认同。罗马皇帝曾常常举办大型斗兽或人兽决斗等竞技活动来笼络民心，但水显然是彰显帝国治理意图最有力量的要素。因此，很多城市引水渠的修建可能源起于沐浴设施和大型园林、喷泉的需要，但是创造一个亲水的环境，让人们能够看到水、触摸水、浸入水，是修建大规模的浴场、喷泉、水神殿等水设施的根本原因。① 让人们通过水的利用感受罗马帝国的存在、恩惠与强大，这是罗马帝国通过治水来构建国家认同的重要理念。

另一方面，大规模的水利是罗马帝国实施统治、实现国家治理的一种重要手段。罗马帝国修建如此大规模的引水工程，提供超过实际需要的供水量，使人们只能得到这样的结论：大量带给罗马城的水并不是城市生存

① ［英］史蒂文·米森、休·米森：《流动的权力：水如何塑造文明?》，北京联合出版公司 2014 年版。

的必须，本质是上一种文化的态度。[①] 这种态度便是罗马帝国权力的宣示与通过意识形态权力的扩大来实现国家治理的意图的反映。总而言之，以城市水利为代表的罗马帝国水利成为罗马帝国社会权力，尤其是意识形态权力的重要来源。水对于罗马帝国社会权力的塑造与迈克尔·曼等学者所描述的罗马帝国的特征和权力来源，包括领土型国家、城市化、精英阶层和军团制度为统治途径等都是相吻合的，只不过他们忽略了水在罗马帝国塑造国家的社会权力过程中的关键作用，没有看到水也是罗马帝国社会权力的重要来源和实现国家治理的重要途径。从历史经验而言，罗马帝国在这一点上无疑是成功的，它创造了人类历史上工程规模、技术创新、政治功效、社会影响最大化的一个治水奇迹。

罗马帝国水利给后人留下了丰富的遗产，尤其是水科学、水工程技术和生活遗产，包括沐浴、水厕所、喷泉、相关的艺术等，我们今天也可以从中获得一些有益的启示。

第一，水对于人类文明有重要的构建作用。水是推动人类文明起源和发展的直接动力，从两河流域、尼罗河流域等早期文明到希腊罗马时期的文明，我们都可以看到水在文明发展中的构建作用。同时水在不同的文明中都有承前启后的贯穿作用，且这种贯穿作用自古至今从来没有间断过，今天人类水治理的诸多基本原理就产生在数千年前的古代社会中。例如罗马帝国时期所完善的城市集中供水理念，今天仍为世界上大多数城市所采用。罗马帝国水治理的历史过程是一块承前启后的丰碑，它继承了埃及文明、希腊文明和伊特鲁里亚文明中水治理的成果并加以发扬光大，为后世留下了丰富的精神和物质遗产，时至今日人类仍然在享受着大量的罗马帝国水文明遗产。今天我们仍然要充分认识水对人类文明构建和可持续发展的重要作用，让水不仅作为一种自然物质，也作为不断构建人类新的文明和维持人类文明可持续发展的源源不断的动力。如果丧失了对这一重要基点的认识，那么人类未来的境遇和水的境遇都将会是悲剧性的。

第二，水是社会权力尤其是意识形态权力重要的来源。对水这种最基

① Walter Dragoni, Costanza Cambi. *Hydraulic Structures in Ancient Rome*, 42nd IAH Congress: Hydrogeology: Back to the Future, Rome, Italy, 13th－18th September 2015, Mid－Week Technical Field Trips, MT1 Field Guide, Wednesday September16th, 2015, published by the IAH conference committee, p. 3.

本的生存物质的利用，是塑造社会权力重要的途径。通过水来塑造社会权力，最重要的是在一个社会中将水作为和阳光、空气一样的自然恩惠给予民众，国家通过对它的控制来提升这种恩惠，让这种恩惠在民众生活中发挥最大化的效应，同时通过对水的控制和利用来塑造国家权威。作为人类生存不可缺少的基本物质，水是最基本的民生，因此为民众提供充足、清洁、廉价的水，不仅仅是政府公共责任的重要体现，更是政府公共权威的重要体现。成功的水治理，尤其是它带来的恩惠，是塑造国家意识形态权力最重要的途径之一。如果一个政府能够为民众提供充足清洁的水，营造良好的水环境，那么它一定能够赢得民心；相反如果水环境受到严重污染、缺乏充足的水供给，那么政府的权威必然受到质疑。

第三，水利工程的生存状态与国家的实力相辅相成。只有强大的、拥有可持续的经济资源的国家，并且在和平时期才能够修建和维持如此宏大的水利工程体系，而这些工程体系又能对国家的强盛提供支持。同时国家的衰落也同样会造成水利工程的衰败，因此它的生存状态与国家的实力是相辅相成的。当水失去了它的政治支撑作用时，那么这个庞大的系统将会塌落。[①] 宏大的水利工程，尤其是需要巨大经济与社会维护成本的工程，并不是永久可持续的。今天，发达国家治水的理念已由大规模引水调水转型为精细管理高效使用当地水资源，进入了水管理的4.0时代。[②] 罗马帝国以水治国的经验仍然值得当代借鉴，但复制罗马帝国大规模调水解决城市发展需要的1.0模式却不完全是可持续的。对于今天仍然进行这种复制的很多发展中国家来说，罗马帝国的经验能够提供一些启示。

第四，认识古代文明离不开水的视野。古代文明的产生和发展都和水有直接的关系，因此水是我们打开认识古代文明之门的一把钥匙。我们要认识人类文明的发展过程，必须认识水在这个过程中的重要作用，认识水在人类社会发展历史中所扮演的角色，否则我们对人类文明构建和发展历

---

① Walter Dragoni，Costanza Cambi. *Hydraulic Structures in Ancient Rome*，42nd IAH Congress：Hydrogeology：Back to the Future，Rome，Italy，13th－18th September 2015，Mid-Week Technical Field Trips，MT1 Field Guide，Wednesday September16th，2015，published by the IAH conference committee，p. 5.

② 参见郑晓云《水4.0：管理水的历史智慧和现实的挑战》，《中国水利报》2015年12月24日。

史的认识将是不全面的。对水在人类社会发展过程中的动力角色的深刻理解，也有助于我们深化对水和人类社会发展之间关系的理解，有利于人类的可持续生存发展。

(原文载于《社会科学战线》2019 年第 7 期)

罗马帝国的水文明及其政治文化含义

在罗马帝国的研究中，关于水控制和管理对罗马帝国兴盛的影响，包括罗马帝国的水文明及其内涵、特征，以及罗马帝国通过水来构建国家认同、巩固领土、实现教化以达到国家治理意图等的研究目前在国内还是一个近乎空白的领域。然而，不了解罗马帝国的水治理，事实上也就不能透彻理解罗马帝国的兴盛。罗马帝国是一个将水作为神来对待的帝国，帝国的强军、城市化扩展、领土巩固、以“罗马化”为核心的社会教化、国家权力和意识形态的构建等无不与水密切相关。罗马帝国是人类历史上最强大的帝国之一，不仅有广袤的领土、强大的军事力量，也曾经有繁荣的经济、发达的科学技术和文化艺术。然而除此之外，罗马帝国的繁荣还与水有直接的关系，这是人类历史上一个非常典型的现象。在罗马帝国时期，不仅修筑了人类历史上最庞大的水利工程，也将水和国家政治、经济、文化紧密联系起来，将水的消费在政治、社会生活、文化艺术等领域发挥到了极致。无论是在欧洲、非洲北部，还是在中东、小亚细亚，曾经广袤的罗马帝国领土上，到处都可以看到罗马帝国的水利工程，包括了具有典型特征的引水渠、水库、蓄水池、喷泉、浴场、厕所、排水设施等。罗马帝国的水利，尤其是城市水利的兴建，不仅为帝国的强盛提供了强大的资源性支持，同时对罗马帝国巩固其国家权力，实现国家教化，构建国家认同发挥了重要的作用。水成为罗马帝国国家权力的重在来源，水利及其社会效应，成为罗马帝国挥之不去的光环。在过去的十余年间，笔者先后前往意大利、法国、希腊、葡萄牙等欧洲国家以及埃及、摩洛哥、阿尔及利亚、土耳其等国家对罗马帝国的水利遗存进行了考察，搜集相关的文献资料，与相关专家交谈，对罗马帝国时期的水利和国家文明的关系有了一个初步的了解。本文将通过水来认识罗马帝国兴盛的另一种根基，以及这一人类历史上曾经存在过的规模最大、技术最为复杂的城市为主体的供水系统建设的复杂的历史背景及其对国家权力的构建、社会教化、国家治理等的影响，以理解罗马帝国是如何通过水来治理国家、通过水来构建国家统一的理念、标志和文化纽带。

一 罗马帝国的水文明

罗马帝国是在此之前已存在了近500年的罗马共和国的延续，在公元前27年元老院授予盖乌斯·屋大维“奥古斯都”称号，罗马共和国由此进入帝国时代。公元1453年，奥斯曼帝国苏丹穆罕默德二世率军攻破君士坦丁堡，东罗马帝国（拜占庭帝国）灭亡，罗马帝国存在了1000余年。在罗马帝国全盛时期控制了大约500万平方公里的土地，是世界古代史上国土面积最大的君主制国家之一，同时也是政治、经济、军事、文化、科学最发达的国家之一。

在罗马帝国所创造的辉煌文明中，水利是其中最基础、最重要的构成之一。从公元一世纪开始，罗马帝国修建了人类历史上最庞大的以城市供水为主要特征的水利系统。大规模的水利工程建设一直延续到公元6世纪东罗马帝国时期，此后也还有不断的建设与维护工程。在将水作为一种塑造帝国权力、宣示帝国的强盛的途径的理念之下，罗马帝国时期修建了大规模的水利，来满足城市、农村的用水，这不仅表现在工程的庞大上，也表现在其对国家治理的深刻影响上，水在罗马帝国的兴盛中刻上了深深的印记。因此，大规模有效的水资源管理是罗马文明的一个主要特征。①

罗马帝国的水文明主要包括以下几个方面。

1. 修建了人类历史上最大规模以城市供水为代表的水利工程。这些水利工程的主要特征是修建引水渠进行长距离引水供水，创造了人类历史上最大规模的长距离调水的奇迹。罗马帝国庞大的水利工程，首先是从引水渠开始的。引水渠本身不是罗马帝国的发明，而是希腊文明的遗产，但是这种遗产被罗马帝国发挥到了极致。在欧洲，大部分的土地属于喀斯特地貌，天然的地表河流稀少，在意大利，大部分的城市都是依靠水井及附近的泉水发展起来的，但是这一切并不能满足城市的进一步扩大以及产业

① Walter Dragoni, Costanza Cambi. *Hydraulic Structures in Ancient Rome*, 42nd IAH Congress: Hydrogeology: Back to the Future, Rome, Italy, 13th - 18th September 2015, Mid - Week Technical Field Trips, MT1 Field Guide, Wednesday September 16th, 2015, published by the IAH conference committee, p. 1.

的发展，通过引水渠将水从城市之外的泉水或附近的河流、湖泊中引到城市中，将极大改善城市和农村的供水，因此引水渠成为实现这一目标的重要手段。在公元前四世纪罗马城就已开始修建引水渠，尤其是罗马帝国的繁荣时期，也就是公元 50 年至 300 年这个时期，罗马帝国修建了大量的引水渠，不仅仅是整个地中海周边，从苏格兰到伊拉克，从高加索山脚下到撒哈拉沙漠，罗马帝国的引水渠无所不在，并且数量十分庞大，仅仅在高卢地区就修建了 300 多条。目前在欧洲、非洲、亚洲存在的罗马引水渠遗址超过了 1600 处。这些引水渠工程浩大，有的几十公里，有的长达数百公里。例如西班牙的拉斯梅德拉斯的引水渠长达 600 公里，葡萄牙的特雷斯引水渠达 230 公里长。引水渠的修建，主要是为了解决城市供水的需要（饮用、沐浴、厕所、生产等），同时也提供农业灌溉、金矿开采等其他产业的需要。引水渠的修建，使城市供水有了极大地增加，促进了城市的繁荣。

引水渠的修建是一项浩大的工程，也是罗马帝国水利工程的标志。修建长距离的引水渠道，引水渠必须穿行当地复杂的地貌，尤其是在欧洲广袤的喀斯特地区，这样就需要一系列的配套设施。引水渠一些基本的构成要素包括了引水渠道、跨越山谷河流的桥梁、吸虹管、水库等。在罗马引水渠中，最令人瞩目的莫过于引水渠桥，它是引水渠的象征。今天遍及欧洲的引水渠桥遗址都是人们对罗马引水渠第一印象，甚至是唯一的印象。引水渠桥事实上已超越了它的实用价值，成了罗马帝国统治的象征，因此称为“罗马的旗帜”。罗马帝国统治所到之处，都能够看到引水渠桥。引水渠桥是为了引水渠跨越山谷和河流修建的。罗马帝国的引水渠桥一般有三层，地势不高有为二层。第一二层是桥基，第三层是过水的渠道。大多数渠道只有一条，也有少量的有两条渠道，这主要是为了维修方便。引水渠桥一般高度在 20 米到 50 米，长度从数十米到数百米不等，有的长达 1000 多米。例如在今天仍然可以看到的西班牙塞哥维亚引水渠桥，这一修建于公元一世纪的引水渠桥长达 1200 米，高 35 米，共有 166 个桥桩。引水渠桥完全是石头建筑，基本上都是由多孔构成的拱桥，桥孔的多少取决于桥的长度。但是每层的高度却不一样，30 米高的桥为三层，但是 50 米高的同样也是三层，这就使一些桥的桥桩变得十分高大，必须要有更巨大的桥基，使得工程更为复杂浩大。

罗马引水渠最巨大的工程出现在拜占庭被确立为东罗马帝国首都之

后。公元 330 年，位于博斯普鲁斯海峡边的希腊古城拜占庭被确立为东罗马首都，罗马进入了拜占庭帝国时代。为了满足作为帝国首都的供水需要，东罗马皇帝决定修建新的引水渠。目前在这里仍然可以看到世界上最长的引水渠的很多遗址。在公元 4 世纪，君士坦丁堡大引水渠开始修建，将距离君士坦丁堡 100 多公里外的泉水通过引水渠引入到城市中。这座引水渠工程浩大，沿途修建了 89 座巨大的引水渠桥。到了公元 5 世纪，由于水源的不足，这个引水渠不得不延伸到更远的水源地，长度达到了 551 公里，新建设引水渠桥 30 座。遍及罗马帝国领土上庞大的引水渠工程，为罗马帝国构建了一个城市化发展的基础资源体系，为罗马帝国实现领土扩张、城市发展、国家治理提供了有力的支撑。

2. 以水为基础的罗马化生活方式。由于大规模充裕的水资源，罗马城市建设了各种与水相关的生活、生产、娱乐和景观设施，包括大量的浴场、冲水厕所、花园、城市喷泉、水磨等，极大地提升了城市生活品质和文明程度。这其中最为突出的是修建了人类历史上最大规模的浴场和水冲厕所，使沐浴成为罗马帝国推行国家教化的途径。以沐浴及冲水厕所为代表的卫生生活是罗马生活方式的重要内容。卫生是今天的一个术语，但是罗马人将这种现象看作是一种生活品质的提升。大规模的供水首先是让罗马人有了更多的沐浴的场所和机会，将罗马沐浴这种文化现象发挥到了极致。随着大规模的引水渠和城市供水设施的建设，大量的沐浴场所也出现在罗马城市中，从首都罗马到其他意大利城市、从英格兰到北非、中亚，罗马浴场遍地开花，无所不在，成为罗马帝国统治的一种重要象征。美国城市史研究大师刘易斯·芒福德写道：“罗马对城市卫生和城市形式最典型的贡献，大约就要算浴池了。从有关大型浴池的发展史的记述中，我们甚至可以看出罗马城乃至于罗马帝国本身的简练历史。[①]” 出乎今人意想的是宏大的罗马引水渠的修建，一个主要的目的就是为了满足修筑沐浴设施的需要，为了满足人们沐浴的喜好，甚至有的引水渠的修建仅是为了为大规模的浴场供水。

那么的沐浴对罗马人来说有多重要呢？研究罗马沐浴的著名学者英奇·尼尔森认为，在罗马世界中，沐浴同吃饭，喝酒和欢笑一样重要。即

---

① ［美］刘易斯·芒福德：《城市发展史——起源、演变和前景》，宋俊岭、倪文彦译，中国建筑工业出版社 2005 年版，第 226 页。

使修建浴场代价昂贵，它们仍是殖民地和新征服的城市省首先建立起来的建筑。城市最重要的标志是修建最大最奢华的浴场，以此作为城市的骄傲。如果一个人不沐浴，那么他既不是罗马人，也没有被罗马化。沐浴绝对不仅是将身体洗干净，浴场是罗马文化生活的中心。在大浴场中，人们可以从事运动、艺术和文学活动，同时也是社交的中心。沐浴是市民重要的生活内容，尤其是有闲阶层每天必不可少的生活内容，朋友聚会、商谈生意，甚至很多政治和经济、军事决定可能都是在浴场中谈成的。因此，不论是哪一个社会阶层的人，浴场都是其日常生活中必不可少的一部分。在这种背景下，罗马帝国的统治延伸到哪里，浴场就修建到哪里。

王宫贵族的私人住宅都要修建浴场作为社交的场所，同时有钱人和市政部门也会为市民修建公共浴场。这些浴场规模宏大，以至刘易斯·芒福德也感叹道："这些建筑物本身表明了这样一个事实：从建筑学来看，它居于罗马帝国最高成就之列，只有万神殿可与之并称。"① 例如在公元前1世纪末修建于罗马城战神广场的新浴场就是免费向市民开放的，因此普通市民也一样有条件享受沐浴，沐浴是罗马城市的一项公共服务。修建于公元3世纪初的卡拉卡拉浴场是装饰最华丽、最奢侈的，里面有绚丽多彩的大理石地板和马赛克，拥有几百座雕塑。这座浴场面积巨大，有252根柱子，同时里面还有4个冷水池组成的冷水卫生间、2个温水卫生间、7个热水池组成的热水卫生间。同时还配备有大型的烧热水的锅炉设备、供水和排水系统等，甚至在地下建有一间神庙。据传说这个浴场每天可以接待6000到8000人沐浴，只要是罗马公民都有资格在这里支付廉价的费用享受沐浴，维持浴场庞大的开支主要是来自皇帝和国库。这座公共浴场的修建每天动用9000名工人，花费5年时间，在公元216年建成。今天在罗马城中仍然可以看见这是一浴场宏大的废墟，当年罗马城市中沐浴的盛况从中可以窥见一斑。当然，在当时的罗马城市中这样规模的浴场不止一个。到公元4世纪，罗马城已经拥有11个大型公共浴场、865个小型浴室。

总之，沐浴成为罗马帝国推行国家教化的重要途径，成为罗马文化一个重要的文化符号，如果说沐浴是一场巨大而神圣的国家仪式的话，那么

① ［美］刘易斯·芒福德：《城市发展史——起源、演变和前景》，宋俊岭、倪文彦译，中国建筑工业出版社2005年版，第242页。

遍布罗马帝国领土上宏大而难以计数的浴场，则为这一场神圣的国家仪式提供了广阔的舞台。

3. 因水而构建起来的绚丽的城市水文化景观。因为大规模的城市水资源供给，为罗马帝国城市建设的艺术表达提供了可能，也构建起了一种具有国家符号性的、绚丽的城市水景观，使人们能够触摸到水、感受到水的存在和帝国的恩惠、权力。在罗马帝国城市供水系统的建设完成之后，一个城市的水景观都非常明显地被呈现，围绕着水构建起许多文化景观现象。在这其中，喷泉是最具有代表性的。英语中的喷泉（Fountain）一词源于拉丁语，包括了自然的泉水和人工修建的出水建筑物两个方面的含义。它最初是作为人们使用水的末端设施而出现的，随后延伸出了广泛的文化内涵和变异。喷泉可以分为城市供水终端设施和纪念性、象征性和装饰性的建筑物，在欧洲不同地区、不同时期产生了技术与文化上的演变。①

在罗马帝国时期，尤其是以罗马城为代表的中心城市，喷泉已经超越了它作为用水的末端设施的基本功能，成了罗马城市的象征，因为它除了作为政府提供的公共产品、政府履行市政公共义务的标志之外，更多地成为装饰性的建筑物，被用来作为纪念一些重大事件的纪念性建筑以及城市的重要建筑、广场、私人别墅的装饰。在罗马帝国时期喷泉有两个特点：一是它是罗马帝国大规模的城市供水项目重要组成部分，通过喷泉使得人们能够更便捷地使用水、亲近水，感受到市政公共产品的丰富，从而对罗马帝国统治者和市政当局怀有崇敬感恩之心。因此在罗马帝国时期的城市中，作为公共用水设施的喷泉的数量是空前的。一个典型的例子是建于公元 80 年的罗马竞技场，由于它可以容纳 65000 名观众，为了满足观众用水的需要，在这个建筑物中修建了 92 个喷泉供人们用水，今天这些喷泉仍可以看到。同时在其周围还修建了多个水冲厕所。二是大规模的纪念性的喷泉的修建，是让人们感受到罗马帝国水利工程伟大成就的直观途径，因此它成为罗马城市重要的象征，和浴场、厕所一样，喷泉成为罗马城市重要的构成元素，也成了罗马帝国城市文化的重要象征在被罗马帝国征服的广袤土地上所建设起来的城市，喷泉都是必不可少的建筑物，尤其是纪

① Petri S. Juuti，Georgios P. Antoniou，Walter Dragon，Xiao Yun Zheng，et al. *Short Global History of Fountains*，*Water*，Vol. 7，2015，pp. 2315-2347.

念性的建筑物。

在罗马帝国的推动下，喷泉成了包含权力、艺术、生存等诸多核心要素的建筑物，不仅是城市的符号，也是权力的象征，在城市中往往也是一个城市的中心，今天我们仍然可以在很多罗马城市中看到象征城市的权力的喷泉。[①] 在一些城邦的战争中，战胜一方往往将战败方的标志性喷泉掠夺到自己的城市中心，甚至是市政厅中安放，作为征服并统治对方的标志。

除了公共喷泉以外，在有钱人的私人府第建筑中，也都普遍建有喷泉。这些喷泉更多的是用于装饰。不论是皇宫还是贵族的土地别墅，都修建有大量精美宏大的喷泉，有的喷泉甚至有几十上百个喷水口，为了修建喷泉甚至专门修建引水渠供水，将用水的奢侈发挥到了极致。与此同时，在各种和水相关的场所，包括浴场、厕所、喷泉，都会大量修建装饰性的雕塑品，尤其是人像雕塑。城市雕塑在水相关的场所往往是最集中、最精美的，罗马战神广场的新浴场拥有的雕塑达 300 多座，用水场所往往都被装饰得美轮美奂，水同样成为罗马城市雕塑艺术繁荣的重要驱动力量。

喷泉是罗马城市必不可少的水设施，其中在罗马城市被发挥到了极致。公元 1 世纪，罗马城建成了 700 个水库，500 个喷泉（主要用于居民生活用水使用)，到了公元 4 世纪，罗马城已经拥有 1352 个喷泉，这其中很多都是纪念性喷泉。漫步在罗马街头，今天仍然可以看到上千个小型的公共喷泉流淌清澈的饮用水供人们饮用，同时还有大大小小精美的喷泉分布在城市的重要建筑和广场上。正是大规模的喷泉修建，使城市有了水的灵性，包括罗马的其他供水设施，使罗马城市获得了“水皇后”的美称。今天罗马城市内共有近 3000 个喷泉，2000 年来罗马城成为一个人们能够充分享受水生活的水城，这一切都得益于罗马城引水渠的修建。[②] 今天喷泉已经成为世界各地普遍可以看到的公共装饰性的建筑物，给人们带来了水的愉悦。这一方面显示了罗马帝国水文明的辉煌，同时也彰显了罗马帝国在构建国家符号过程中的卓越成就，是罗马帝国留给人类的一笔宝贵的

---

① 一个典型的个案，参见郑晓云《访水佩鲁贾》,《江河》2017 年第 5 期。

② Walter Dragon i. *Rome's Fountains*: *Beauty and Public Service from Geology*, *Power and Technology*, in Hynynen A. J. , Petri S. J. , Tapio S. K. , eds. . Water Fountains in the Worldscape, Finland: International water History Association, 2012.

文化遗产。

4. 罗马帝国水利所包含的文化理念。罗马帝国大规模的水利工程建设有明确的文化理念支撑，那就是通过水和水利工程建设来达到构筑国家认同、国家权力、国家象征，进而实现国家教化和国家治理的目的，通过水的控制来实现“罗马化”（Romanisation）的政治意图。对于罗马帝国来说对水的控制是对先前文明的一种超越，而对于现实中的罗马帝国这是辉煌的、可以和古代埃及的金字塔和希腊的建筑奇迹相媲美的新的人间奇迹，以显示罗马帝国的强盛和力量。因此罗马帝国的水利建设往往超出了它的实际需要，甚至并不考虑当地的水资源状况，它的成就更重要的是反映在构建了一幅作为罗马帝国的标志、在人类历史上前所未有的水文化图景。因此罗马帝国水利的修建，“不在于实际需要，更重要的是一种文化态度”。①

大规模的显示国家政治意图的水利工程的修建，支撑了罗马文明的成长，也成了罗马文明的一个部分。因此水不仅是罗马帝国时期的一种生存之源，甚至可以说没有水的有效供给也就没有伟大的罗马文明。在人类文明历史上，罗马帝国的水文明也是一种巅峰。时至今日，罗马帝国的很多水利技术和长距离引水供水的工程成就仍然没有被超越。② 英国学者亚历山大·贝尔在其名著《水的巅峰：文明与世界的水危机》一书中也指出：罗马帝国的水利“其组织程度和技术成就，在人类文明史上只有到了 19 世纪英国工业革命时期才得以再次出现”。③

二　罗马帝国水文明的特征

提炼这些奇迹的特征，有助于我们对罗马水文明的理解。概括而言，罗马帝国的水文明有以下几个方面的特征：

---

① Walter Dragoni, Costanza Cambi. *Hydraulic Structures in Ancient Rome*, 42nd IAH Congress: Hydrogeology: Back to the Future, Rome, Italy, 13th - 18th September 2015, Mid - Week Technical Field Trips, MT1 Field Guide, Wednesday September 16th, 2015, published by the IAH conference committee, p. 3.

② https://www.nationalgeographic.com/archaeology-and-history/magazine/2016/11-12/roman-aqueducts-engineering-innovation/.

③ Alexander Bell. *Peak Water: Civilisation and the World's Water Crisis*, Edinburgh: Luath Press, 2009, p. 47.

第一，超越前人的大规模水利修建。事实上，罗马帝国时期的水利模式并不是罗马人发明的，包括罗马水利的核心：引水渠及喷泉、浴场、冲水厕所等，都是希腊文明的产物，早在公元前3000年的克里特岛上已经产生。罗马帝国所创造的奇迹是在继承希腊水文明的基础上将水利的规模发挥到了前所未有的极致。罗马帝国水利的规模之大主要体现在两个方面。

一是单个工程的规模大。罗马帝国的水利是以城市的长距离引水供水为核心的。如前所述，这些引水工程短的几十公里，长的达到数百公里，工程浩大。这其中尤其是以引水渠桥最具有代表性。例如位于法国南部的加尔（The Pont Du Gard）引水渠桥，是所有罗马引水渠桥中最高的一座。加尔引水渠桥高度48.8米，底部宽9米，顶部宽3米，总长360米（加两边基础部分），上部桥面长275米，为三层拱桥。第一层拱高22米，第二层拱高20米，第三层拱高6米。从18世纪开始，这里已经成为一个著名的旅游景点，吸引了大量的游客，包括很多著名人士前来参观旅游。加尔桥梁的宏大在视觉上让人叹为观止，而人类的力量及其创造物——引水渠桥带给人类的恩惠才真正震撼了访客的心灵，它根本性地改变了当地的环境和生活方式。难怪法国伟大的思想家让·雅各·卢梭在1738年造访这一座引水渠桥时，被它深深震撼："我的脚步走在这些宏大的桥拱上发出的回声，让我浮想联翩，听到了建设者们响亮的声音，我感觉到自己就像一只昆虫是落在了广阔的大地上一样，一时间我自己变得那么渺小。感觉到一种莫名的东西让我的灵魂得到升华并大声感叹：我为什么没有生在罗马！"① 在尼姆引水渠逐渐失去它的功能甚至被遗弃后，加尔引水渠桥仍然被完整地保存下来一直到今天，由于其历史重要性和工程壮举，1985年被联合国教科文组织列入《世界遗产名录》。

二是涉及的范围大。如前所述，罗马帝国的水利伴随着帝国的领土扩张和城市建设在罗马领土四处开花，罗马帝国的统治所达之处，必有罗马帝国的水利建设。这样，罗马帝国的水利样式覆盖了地跨欧亚非广袤的土地，这一跨越广大的地域空间的水利奇迹在人类历史上是前所未有的。这种奇迹的产生一方面颠覆了传统的城市供水思维，尤其是欧洲

---

① Jean - Jacques Rousseau. *The Confessions and Correspondence, Including the Letters to Malesherbes*, translated by Christopher Kelly, Lebanon New Hampshire: UPNE, 1998, p. 214.

城市以就地取井水、泉水和河水为城市供水方式改变为以长距离调水、大规模供水为主要供水方式的思维。另一方面是改变了广阔地域上的城市供水样式，在罗马帝国领土上的城市都形成了一致的供水模式和相关的水利用现象。

第二，实现了超越实际需求的大规模城市供水并驱动了城市水文化变革。引水渠的修建使城市供水有了极大地增加，据测算，在公元 3—4 世纪罗马帝国的主要城市中，平均每个居民每天用水量可以达到 200—500 升,[①] 甚至超过了今天世界大城市的供水量。最有代表性的是罗马城市的供水。罗马城早期的城市通过水井和城市附近的河流、泉水而形成，并且地表水资源丰富，能够满足城市的需要，但是引水渠的修建为城市的发展注入了巨大的驱动力。罗马城在历史上共修建了 11 条引水渠，这些引水渠从公元前 4 世纪开始修建，一直到公元 1 世纪，先后将近 600 年。引水渠将水从城市附近的亚平宁山脉的山坡地的泉水、湖泊引入城市中，按照罗马城市繁荣时期的 50 万至 100 万人口计算，平均每人每天拥有的水资源量达到 750 到 1500 升，远远高于现代城市的人均用水量。巨大的城市供水量，驱动了罗马城市的社会、经济与文化变革。

在长距离的引水渠修建以后，罗马城市同时也修筑了历史上最复杂庞大的城市水循环系统。在城市中和引水渠工程相配套建设了相应的分水设施，将水从通过分水管道分布到城市的各个地方，如皇宫、富有的私人住宅、花园、普通居民用水以及公共沐浴、厕所、喷泉等设施使用。同时，罗马城市普遍修建有大规模的排水设施以将污水排出城市，或者进入河流，或者用于农田和果树园灌溉。全市供水设施的修建，使罗马帝国的城市中因水而发生了巨大的变化，在和水相关上述设施大量出现的罗马城市中，甚至城市雕塑也作为水景观设施的配套大量出现。在罗马城中，到公元 4 世纪，已经修建了 11 座大型的公共浴场、865 座小型浴场、1352 个喷泉和蓄水池、144 座公共厕所。[②] 东罗马帝国首都君士坦丁堡拥有 8 所

---

① Walter Dragoni, Costanza Cambi. *Hydraulic Structures in Ancient Rome*, 42nd IAH Congress: Hydrogeology: Back to the Future, Rome, Italy, 13th - 18th September 2015, Mid - Week Technical Field Trips, MT1 Field Guide, Wednesday September 16th, 2015, published by the IAH conference committee, p. 1.

② Bryan Ward - Perkins. *From Classical Antiquity to the Middle Ages. Urban Public Building in Northern and Central Italy AD 300-850*, New York City: Oxford University Press, 1985, p. 296.

公共浴场和153个以上的私人的浴场。

城市供水的改善也促进了城市水管理制度的发展，这些制度对于后世的城市水资源管理产生了重要的影响。例如在罗马城市中，引水渠带来的水资源的分配有严格的限制，约17%的水提供皇家及公共沐浴，39%供市民使用，44%为公共用途，包括喷泉、厕所、生产、公众场所的供水等。① 在公元5世纪，拜占庭帝国通过了很多严格控制管理水的法律，严格控制水的分配和使用，显示出水对于这一座城市的极端重要性。这些法律条款包括了依据房屋的大小使用不同尺寸的供水管，严厉惩罚从引水渠直接窃取水，所有纳税人必须为维护供水系统贡献人力财力等等内容。②

第三，罗马的水利工程代表了历史性的技术创新水平。水利工程的建设，不论是引水渠还是城市的公共供水系统等，无不代表了一个时代的最高技术水平。尤其是引水渠的修建，包括了引水渠道、地下隧道、吸虹管、引水渠桥、水库等一系列高难度的建设工程，在欧洲80%的引水渠道是修在地下的暗渠。水泥的发明和使用罗马引水工程是最大的受益者。从这些工程的建设细节上，我们就可以看出它的技术水平之高。例如今天法国南部的尼姆引水渠，这是一条50公里长的罗马引水渠，建于公元40—60年间，它主要为罗马殖民城市尼姆市供水。这一引水渠从位于于泽（Uzès）的泉水引水到尼姆，每天输送4万方水进入城市，为城市的居民用水、生产以及沐浴、厕所等卫生设施、花园供水。这一条引水渠50公里长的渠道，从它的起点到进入城市中的终点，高差仅仅有12.6米，工程精度之高令人叹为观止，在当时技术条件，罗马工程师利用简单的工具创造了一个奇迹。而在尼姆引水渠跨越的嘉德河上，长达360米的加尔引水渠桥建成后整个桥面两端的水平高差仅仅2.5厘米，可以看出其工程的精确度之高。引水桥的修建工程也十分庞大，赛哥维亚引水渠桥使用了两万多块岩石，最大的石块重达三吨。加尔引水渠桥修建时用的石块小的一两吨重，最重的达到六吨，数量多达一万多块，今天每一个访客无不惊

① Ari J. H, Petri S. Juuti, et al. *Water Fountains in the Worldscape*, International Water History Association and KEHRAMEDIA INC, 2012, p. 21.

② ［英］史蒂文·米森、休·米森：《流动的权力：水如何塑造文明?》，岳玉庆译，北京联合出版公司2014年版，第168页。

叹古代人拥有何等的力量能够把这些石块精确地安放到它的位置。在施工过程中使用的大型木制的人力起重机等工具，彰显了当时的工程技术水平。总之，罗马城市供水设施的修建，代表了罗马帝国时期最发达的土木工程建设水平。

第四，罗马的水文明的产生是一种国家力量驱动的结果。罗马帝国的水利建设，基本上都是属于一种国家统一的意志之下的产物，这不仅体现在水利工程建设作为罗马城市必然的基础建设这一特征上，同样水利工程的投资与组织管理无不是国家意志的体现。罗马帝国的水利工程修建集合了巨大的国家政治、技术、劳动力资源和财富，巨大的水利工程就是这些资源的集合体。事实上罗马帝国初期所建设的很多城市供水工程，其资金都是源于被占领的领土上所掠夺来的财富。例如罗马城修建的第二条引水渠就是利用在公元前 280 年发动的皮洛士战争中掠夺的财富修建的，第三条引水渠使用的是同迦太基和柯林斯的战争中掠夺的财富，朱丽娅引水渠和弗戈引水渠的修建经费也是来自战争掠夺所得。包括在高卢地区近 300 条引水渠绝大多数也都是当地掠夺所得修建的。公元 52 年完工的克劳迪娅引水渠和新阿尼奥引水渠是由皇帝的私人财产资助修建的，因为这个时候已经没有战争财富可用了。罗马帝国把巨大的战争财富用于修建引水渠，包括罗马皇帝和一些有实力的教会，这本身也反映了城市供水工程在罗马帝国国家治理中的重要性。作为一些地方的小城市修建引水渠和城市供水设施，也都是由地方税收和一些商人资助的，而地方税收被允许用于建设水利工程，也是国家利益的分割的体现。

最能体现国家政治资源的是军队在水利工程中所扮演的角色。罗马帝国时期最重要的引水渠工程大多数使用军队修建完成的。工程的浩大反映了帝国实力的强大，这种强大尤其是和军队结合在一起，就更有特殊的内涵。罗马帝国的城市发展和军队的对外征服活动有直接关系，早期的罗马城市往往都是在军队的驻扎营地发展起来的，在罗马军队建立驻扎营地之后，他们的家属和为军队服务的人员会迅速增多，随之而形成一个城市，也有很多城市是为伤残军人和他们的家属而修建的。这些城市的修建往往都经过了统一的规划，水资源和水供给都是城市建设最基础的考虑。尤其罗马军队是一支十分注重卫生的军队，在罗马军队的军事理念中，具有良好的卫生条件和饮用水的军队，才是一支高效率能战斗的军队。[①] 军团制度是罗马帝国时期一种重要的社会体制性制度，罗马帝国高度依靠职业化的军团去征服新的领土并且稳固已经归并为罗马帝国的领土。美国政治学家迈克尔·曼也指出了军团制度在罗马帝国权力结构和社会阶层中的重要性，尤其是军团经济在国家治理中有举足轻重的地位。[②] 因此军队在罗马帝国城市化过程中扮演了重要的角色，在和平时期，罗马军队往往是大规模基础工程的建设者，包括城堡、道路、桥梁等。同样在罗马帝国的水利工程修建中，军队也扮演着重要的角色，从早期因为军队的驻扎而形成的城市、到随后罗马城市的水利工程扩建过程中，大部分的工程都是由军队完成的。军队一方面是一种强大的国家资源，另一方面也是国家权力的象征。通过军队去修建水利工程，不仅有其政治含义，可以显示罗马帝国的军队不仅仅在战场上有战无不胜的威武，同时也通过引水渠这一种宏伟的工程将军队的威严和力量固化下来，这样罗马帝国的力量就可想而知了。因此引水渠桥不仅显示了它本身的宏伟，和军事力量结合在一起，也显示了建设它的帝国的强大。

第五，罗马帝国水利工程的修建和罗马水文明的形成，反映了罗马帝国鲜明的政治意图，那就是要通过水利的修建和它所驱动的相关文化现象的形成去改变国家的样式、实现国家的教化、构建国家的权力，最终实现国家的治理。这一点我们将在下一节中详细讨论。

三　罗马帝国水利的政治与文化含义

那么是什么因素驱使罗马帝国在持续千年的过程中去修建遍及帝国广袤领土上大规模的水利工程，实现超越实际需要的供水量呢？事实上这一切都反映了罗马帝国鲜明的政治意图，那就是通过水来塑造国家的权力、宣示权力、构建认同、实现领土治理。罗马帝国宏大的水利工程，都是这些政治和文化意图的体现。因此要理解罗马帝国水利工程，就必须要深入

① Ilkka Syvänne. *Water Supply in the Late Roman Army*, in Petri S. Juuti, Tapio S. Katko, Heikki S. Vuorinen eds., Environmental History of Water, IWA Publishing, 2007, pp. 69-72.

② ［英］迈克尔·曼：《社会权力的来源》第一卷，刘北成、李少军译，上海人民出版社2007年版，第368—371页。

到这些复杂的因素中去，尤其是要深入到罗马帝国的权力塑造过程中去。罗马帝国对于水的观念的形成与其复杂的历史文化背景有直接关系。英国著名史前考古学家史蒂文·米森认为：要从整体上概括罗马人对水的态度，必须同时揭示罗马世界的复杂性，将其历史、文化、经济和环境具体结合起来研究才有意义。罗马帝国庞大的水利工程的修建“都是为了满足罗马人的一种渴，这种渴并不一定是为了水，而是为了水可以带来的东西：权力、骄傲和声望”。[①] 古代罗马人对水有着特殊的理念，“人们把水当作神来崇拜，主要用于卫生和艺术。水源充足是富华的象征，因此也是权力的体现”。[②]

罗马帝国的水利文明的构建，主要包含了两个方面的政治意图。

1. 通过水来体现对先前文明的超越，从而构建一种帝国的文化认同。罗马帝国水理念的来源有着更深远的历史文化背景和政治动机。罗马文明是继承了古代希腊文明和伊特鲁里亚文明发展起来的。在公元前 3 世纪，罗马人开始强大起来，而这个时期其思想与文化是落后的，当罗马人占领希腊化的近东及意大利南部时，其贵族阶层被希腊文化强大的吸引力所深深吸引，甚至成为希腊文化的俘虏，贵族们都热衷于发现、学习、融入、享受希腊文化，这一切对决定罗马文化的历史发展产生了重要的作用。[③] 罗马人崇拜希腊文化，而古代希腊文明则受到了古代埃及文明的影响，希腊的思想家们从古代埃及文明中吸取养分，寻求启发以构建自己的哲学系统，泰勒斯、希罗多德、柏拉图、亚里士多德等希腊的古代思想家都曾经对尼罗河的来源、尼罗河与古代埃及的文明的形成，尤其是对尼罗河泛滥对埃及文明的影响进行了深入的探讨和思考。这些大师们对这条河流的强烈好奇心是源于这条河流所带来的伟大的文明，甚至有人认为尼罗河和世界上所有的河流的起源都不一样，是和世界同时产生的。[④] 因此，除了科

---

① ［英］史蒂文·米森、休·米森：《流动的权力——水如何塑造文明?》，岳玉庆译，北京联合出版公司 2014 年版。

② P. Bono, C. Boni. *Water supply of Rome in Antiquity and Today*, Environmental Geology, Vol. 27, No. 2, 1996, pp. 126-134.

③ ［美］理查德·E. 苏里文、［美］丹尼斯·谢尔曼、［美］约翰·B. 哈里森：《西方文明史》，赵宇烽、赵伯炜译，海南出版社 2009 年版，第 161 页。

④ Asit K. Biswas. *History of Hydrology*, New York: American Elsevier Publishing Company, Inc., 1970, p. 27.

学的思考和探索，人们更好奇的是它和文明的关系，围绕着尼罗河在古代希腊产生了大量的神话传说和文学，希腊也保持着对于河神的古老信仰，甚至将这些文化现象传到了后来的西方世界。总之在希腊古代贤哲的观念中，尼罗河是一条救世的河流、一条具有生殖能力，让万物有再生能力的河流，它培育文明，同时又不像其他河流一样具有破坏力。因此希腊人借用古代埃及的神话去重新构建希腊的古代神话系统。众所周知的是，神话对于古代希腊人的精神世界产生了重要而广泛的影响。那么是什么原因促使希腊的贤哲们要去思考古埃及文明与尼罗河的关系，又是什么原因使罗马的水利与古埃及文明搭上边呢？

在公元前 10 世纪，甚至更早，古代埃及的尼罗河流域已经通过贸易成为希腊和随后的罗马等地中海地区的粮食供应地。在地中海北岸地区并不生产小麦，它们吃的面包的原粮小麦及其他粮食要通过贸易从埃及获得，在强大的海上贸易支撑下，这种格局得以形成。埃及成了希腊生计的重要支撑，至少在粮食上离不开埃及。而埃及不仅能产出丰盈的粮食，更有高级的文明存在，虽然人们已认识到这一切与尼罗河的泛滥有关系，但是是一种什么样的力量在这其中产生着作用，仍然是人们所困惑的，在当时只能将这种困惑托付于神的力量。无论如何，对尼罗河现象的神秘、埃及的高度文明、现实生活中对埃及的粮食依赖，都足以让希腊的贤哲们对埃及产生敬仰与思索的兴趣。人们不仅从埃及农业文明中去探索自然的规律，更从埃及的文化中吸取养分，这其中非常重要的是对埃及神话的借用，借用埃及的神话来构建希腊的精神世界，使埃及的文化融入了希腊人的精神世界中。①

在罗马帝国形成之后，埃及仍然是罗马帝国最重要的粮仓，对罗马帝国的生存产生着至关重要的作用。罗马帝国通过军事力量征服了埃及，将埃及并为自己的一个行省，通过军事力量保障这一个粮仓的安全。与此同时，更为复杂的是宗教原因，罗马帝国的一些神的崇拜源自古代埃及，在罗马城就有崇拜古代埃及神的神庙。既然罗马的文化与希腊文明有渊源关系，那么罗马帝国文明的源头就有可能是古代埃及文明，这一点对于强大的、已征服了埃及的罗马帝国来说是不能接受的，至少不可以是一个衰落

① A. Bell. *Peak Water. Civilization and the World's Water Crisis*, Edinburgh: Luath Press; 2nd edition, 2012, pp. 28-35.

了的文明的文化后代，就算是有渊源关系也必须比其更为强大。在罗马帝国成为埃及的宗主国之后，这一种精神和文化上的地位必须要改变。因此罗马帝国在兴起后做了很多事情，包括将古代埃及人崇拜太阳神的方尖碑从古城底比斯及赫里奥波里斯神庙中运回罗马并重新树立起来，以此宣示罗马帝国在精神上对埃及的战胜。

为了达成超越埃及文明的企图，水成为很重要的因素。如上所述，水是古代埃及文明的源头，在古代埃及的文明中，水和文明是一体的，是水创造了古代埃及文明。希腊文化在借用埃及文化时也是从对水的魔力的认识与思考中开始的，而继承了希腊文化，同时也是从有治水大师之称的伊特鲁里亚文明中脱胎而来的罗马人，自然也与埃及人、希腊人一样怀有对水相同的敬畏。水具有无与伦比的自然力量，同时也是推动文明发展的力量，能够控制水自然也就显示了强大的力量，因此对水的控制最能够显现出对文明源头的超越，罗马帝国通过对水的控制和运用并在现实生活中表现出来，这一个途径最能表达罗马帝国文明对希腊文明的超越，如果创造了一种超越希腊的水文明，那么也就创造了对希腊文明超越的一个奇迹。由此，在对水的控制的意图下修建的宏大的水利工程是超越其他民族力量的证明，是对先前文明的直接挑战。如前所述，罗马帝国所修筑的水利工程并不是罗马的原创，包括引水渠、城市供水系统、喷泉、浴场、冲水厕所等，这些都是在罗马帝国一两千年之前希腊文明的产物，罗马帝国虽然对于古代希腊文明进行了继承，但它要发挥到一个新的极致，至少在规模上要远远超越希腊文明中的这些产物，创造了一种新的对水控制和工程建设的辉煌。在这一点上罗马帝国做到了，它超越了古代埃及和希腊。在公元一世纪罗马帝国皇帝克劳狄统治时期被任命为水政官、对罗马城市供水作出了杰出贡献的弗龙蒂努斯（Frontinus）说过："我请你，将至关重要的引水渠网络所构成的巨大丰碑和那些无用的金字塔，或者说华丽而无实的希腊旅游名胜做一个比较吧！"① 可见，罗马帝国的水利工程就相当于古代埃及的金字塔，是文明的丰碑。这也解释了为什么罗马帝国要把水作为神来崇拜的原因。也正因为这样，罗马帝国的水利工程象征一种国家的力量，同时作为一种模式在全国进行建设，跟随着罗马帝国军队的开疆拓

① A. Trevor Hodge. *Roman Aqueduct & Water Supply*, London: Bristol Classical Press, 2011, p. 1.

土而遍地开花，使这一“帝国旗帜”插遍其疆土。罗马帝国通过建设前所未有的庞大的水利工程和对水的狂欢来宣示自己的伟大和文明，来超越古代埃及的金字塔和它的文明。罗马水利工程中的引水渠、引水渠桥、城市供水系统、喷泉、浴场、城市瀑布、水厕所、水池，以及这些构成要素中流动着的水，都成了超越过去文明的罗马文明的构成，构成了对罗马帝国的认同的要素。因此，对水的发挥，是罗马帝国构建国家认同、获得意识形态权力的一条重要途径，当然也成为罗马帝国文明的重要象征。罗马帝国时期大规模的水利工程彻底改变的不仅仅是居民生活的用水状况，而是整个帝国的格局，带来了政治、经济和生活方式的巨大变化。因此，大规模的水利，尤其是城市水利成为罗马文明的一个重要特征。①

2. 实现领土治理的意图。这个意图是一种现实的政治意图。罗马帝国有两大政治特征，一是与之前的欧洲传统权力结构不同，罗马帝国是一个以领土扩张为基础建立起来的国家，是一个领土型帝国。在罗马帝国建立之前，欧洲小国林立，一些大的国家的政治基础是一些国家或城邦组成的同盟者关系，事实上是同盟者联盟，而非统一的以领土为基础的国家。罗马帝国建立了一个和之前的帝国形式不同的帝国，那就是以兼并领土、建立行省为基础的领土控制性国家，它的领土控制达到了当时的人类社会中最高的水准和强度。帝国在各行省派驻官员进行管理，同时派驻军团守卫国土，支持政权的运作。②

二是一个基于城市化的帝国。罗马帝国领土治理的高明之处在于，在被征服的横跨欧亚非的广袤土地上，推行了有统一元素的城市建设，因此罗马帝国是一个以城市扩张为基础的国家，通过城市的建设来构建一个有统一文化内涵的国家，实现领土的治理。在罗马帝国的城市中，拥有统一的精神、制度、社会和建筑内涵的符号。从西班牙的大西洋海岸到德国的莱茵河，到黑海，从苏格兰低地到地中海的非洲北岸，罗马城市都有一些统一的建筑构成要素：一个商业区、一个广场、一个剧场、一个竞技场、

① Walter Dragoni, Costanza Cambi. *Hydraulic Structures in Ancient Rome*, 42nd IAH Congress: Hydrogeology: Back to the Future, Rome, Italy, 13th - 18th September 2015, Mid - Week Technical Field Trips, MT1 Field Guide, Wednesday September 16th, 2015, published by the IAH conference committee, p. 15.

② ［英］迈克尔·曼：《社会权力的来源》第一卷，刘北成、李少军译，上海人民出版社 2007 年版，第 311—317 页。

军营及诸多的公共浴场、厕所、喷泉，引水渠。[①] 罗马帝国的城市特定的这些建筑特征，作为罗马帝国的统一标志，也作为统治的象征。不论城市的规模与模式，都被建设成了罗马风格，这种城市建设的理念有其用意，就通过城市建设把罗马化的贸易、技术、宗教、文化和隐藏在罗马城市化背后的思想观念输出到周边的土著民之中。这种输出分布在帝国的各个方面，有着强大的影响力。城市不仅包括了建设形式，同样也包括了统一的管理制度，一体化的城市模式方便了罗马各级政府行使其管理职能。同时城市还有教育功能，罗马的语言、文化、宗教和技术容易得到传播、仿效，并且有助于维护和平与征税，甚至能将帝国的蛮族部落变得文明起来。[②]

作为城市生存必不可少的基础设施，引水渠及供水系统是最基础但是最重要的构成要素，也当然地与这些意图相呼应。对水的控制是军事斗争之外显示国家控制力量最重要的途径之一，尤其是领土意义上的控制，控制了领土上的水资源，也就控制了一个国家最重要的资源，最终象征的是领土控制。因此罗马帝国统治所及之处，不论当地水资源条件如何，都要修建统一的城市供水系统，这也成了罗马帝国的一个特征，同时也成为罗马帝国重要的国家符号之一。

在罗马领土上以大规模的城市供水为代表的水利工程的修建，不仅仅是为城市提供的丰富的水资源供给，甚至远远超过了实际的需求量，作为一种国家符号宣示了罗马帝国的存在，也为古罗马帝国在国土上推行以城市建设为代表的领土治理——制度化的领土控制，实施以城市为中心的国家管理体制、文化、宗教、贸易、税收、军事一体化奠定了基础，城市供水使城市扩张战略成为可能。因此罗马帝国的国土治理首先是以引水为核心的水利工程开始。

3. 通过水来构筑国家权力。美国社会学家迈克尔·曼在其名著《社会权力的来源》中，将权力的来源归结为四个方面的网络构成：意识形态权力、经济权力、军事权力和政治权力。它们各自包含着独特的社会空

---

① P. Bono, C. Boni. *Water Supply of Rome in Antiquity and Today*, *Environmental Geology*, Vol. 27, No. 2, 1996, pp. 126-134.

② ［英］约翰·瓦歇尔：《罗马帝国》，袁波、薄海昆译，青海人民出版社2010年版，第91页。

间组织形式，借助这样的形式，人类能够实现它们非常广泛的但并未穷尽的众多目标。这四者的重要性在于它们结合了深入地和广泛的权力。事实上在罗马帝国在国家治理过程中，这四种权力都有其来源，它们组成的社会权力网络都对罗马帝国的国家治理起到了支撑的作用。罗马帝国有 500 年的共和国历史所积累起来的政治资本，有强大的军事力量，同时也有广袤的土地所带来的财富，这一切成为它除意识形态权力之外的其他三种权力的来源。在本文的分析过程中，我们更加注重意识形态权力的作用，通过意识形态权力的整合和作用来考察罗马帝国水治理的动力因素。

关于意识形态权力，迈克尔·曼提出了它的三个来源：一是关于意义的概念范畴，掌握基本知识和意义的社会组织对社会生活是必不可少的。二是规范，即对人们在相互关系中应怎样合乎道德地行事的共识，对于持久的社会合作是必不可少的。一场增进互相信念和集团的集体信念的意识形态运动可能增强它们的集体性权力并且得到比较热情的依附，因此，垄断规范乃是通向权力之路。三是审美或者是仪式惯例，一个独特的集团垄断了意义、规范以及审美和仪式惯例，它可能拥有相当广泛和深入的权力。在这些意识形态权力的功能之上，将形成意识形态组织。[①] 意识形态权力典型的是宗教，但是在世俗生活中包括古代希腊文化也是一种意识形态权力的表现。

作为意识形态权力，它有不同的表达方式，包括宗教、伦理、社会规范、社会意识、社会生活方式、甚至艺术创造、建筑风格等。美国著名史前史专家费根·布莱恩将权力归类为三个范畴，即经济权力、意识形态权力和政治权力。社会权力就是意识形态权力，社会和意识形态权力是可以通过公共或私人仪式、艺术、建筑和文学来表达的公共意识形态。[②]

罗马帝国塑造意识形态权力有其现实的背景。罗马帝国是一个建立在广袤领土上的国家，民族众多，宗教和社会背景差异巨大。在罗马帝国的历史上，长期存在着与其他民族的冲突和矛盾，尤其是所谓蛮族的侵扰，甚至带来对国家安全的巨大威胁。蛮族的问题，一直是罗马帝国历史上纠缠不断的问题。因此，罗马人知道，一个只有军队控制的国家是难以做到

---

① ［英］迈克尔·曼：《社会权力的来源》第一卷，刘北成、李少军译，上海人民出版社 2007 年版，第 28—30 页。

② Fagan Brian M. *World Prehistory: a Brief Introduction*, Pearson Education, Inc, 2008, p. 189.

长治久安的，国家的整合也必须包括文化的整合。所谓的罗马化的推行，就是罗马帝国实现文化整合的重要途径。罗马化的核心之一就是水生活方式，基于水的生活方式和水设施建设。罗马化的推行就是罗马帝国构建国家权力的过程。事实上罗马帝国就是构建公共意识形态的大师，在罗马帝国时期，创造了从公共仪式、大众娱乐、文学艺术到生活时尚、公共建筑等一系列罗马文化的符号，包括罗马帝国早期和后期的宗教信仰、科学和艺术、罗马剧场、罗马竞技场、浴室、罗马大道、城市建设的样式、城市供水和排水设施等，对于推动罗马帝国作为一个建立在广袤的被征服的土地上的国家统一的精神文化、生活方式、社会文化直至经济制度等的确立起到了重要的作用。这一切，是罗马帝国在继承了古代埃及和希腊文明、埃特鲁肯斯文明（Etruscans，又译为伊特鲁里亚文明）的基础上发扬光大的，甚至发展到了极致，尤其是对水的控制和利用不仅仅是罗马帝国构建意识形态权力的重要途径，将水的利用在人类社会历史中发挥到了一个极致的阶段。因此，对水在建筑、社会生活、艺术等领域中的发挥只是一种表象，其深刻的原因是通过水来塑造国家的意识形态权力，这一点是迄今为止在罗马帝国历史研究，尤其是罗马帝国的政治史研究中没有被充分注意到的。

其次，罗马帝国时期是一个践行早期西方民主政治时期，其政体深受此前存在了近500年的罗马共和国的影响，因此在包括罗马皇帝统治之下的帝国，政治的运行也同样有相应的民主规则，尤其是构建一个以罗马公民为主体的社会。也因此，在古代罗马存在这样一种观念：那就是为民众提供服务是政体存在的理由，向市民提供免费用水的服务形成了城市管理者和市民之间的契约关系。如果统治者不向市民提供水，那么它的权威就失去了法律的基础。水成为社会契约的核心。因此，罗马的统治者将城市供水作为一种政治意图。① 罗马的统治者通过向市民提供大量免费的水资源供给，来获得市民的支持以维持罗马帝国政体的合法性和长期存在。也只有向市民提供足够的免费用水，也才能表明罗马统治者对罗马公民身份的承认，而罗马公民阶层的存在是罗马帝国政体的重要支撑。著名的罗马引水渠专家 A. Trevor Hodge 在他的名著《*Roman Aqueduct & Water Supply*》

① Alexander Bell. *Peak Water*：*Civilisation and the World's Water Crisis*，Edinburgh：Luath Press，2009，p. 48.

一书中写道："来自真实事实的证据表明，罗马引水渠并不是为了提供饮用水或者卫生而修建的。几乎所有的罗马城市都是依赖于市民家中的水井和蓄水池发展起来的，包括伦敦等城市的早期历史发展也都没有引水渠。总体而言，当引水渠修建以后，唯一的结果就是表现出皇帝或者其市政部门对市民的慷慨，只有这些城市在随后的几十年甚至几个世纪的成长之后，才能显现出它带给这些城市的益处和繁荣。"① 罗马帝国大规模的水利工程修建，其工程价值在很多地方远远高于实际的需要，其水供给量对于很多城市来说都是极大的多余，但是水利工程必须修建，因此使人们只能得到这样的结论：大量带给罗马城的水并不是城市生存的必须，本质是上一种文化的态度。② 因此大规模的水利工程修建，一方面是为了城市发展的需要，但是另外一方面也是显示罗马帝国行政合法性和行政义务的途径，当然更重要的是显示出罗马帝国统治者和各级城市管理者对市民的慷慨，最终的目的是笼络人心，获得民众的支持。对于罗马帝国这样一个以公民社会为基础的国家来说，这一点是非常重要的。因此罗马帝国企图通过水来构建国家的意识形态权力，夯实执政的基础，这个意图是非常鲜明的。

总之，罗马帝国对水的控制事实上是一种复杂的水政治，因为对水的控制和应用是一种国家力量，由国家统一进行布局和经营，以此来达到罗马帝国从精神到现实的国家治理上复杂的意图，通过水来构建国家统一的理念、标志和文化纽带。

宏大的罗马水利的光芒在人类历史的长河中并没有长存至今，而是在随后的岁月中渐渐淡去。三个原因造成了罗马水利工程的衰败：一是罗马帝国国力有随后岁月中的衰落，使需要巨大财力、人力、物力去维护的庞大工程失去了支撑。在罗马帝国后，尽管很多地方仍然在沿用这些工程系统，但总体上大多数都渐渐被废弃；二是因为地震被破坏而无法修复；三是战争的破坏。今天来到罗马市郊区的引水渠公园，仍然能看到多条宏大

---

① A. Trevor Hodge. *Roman Aqueduct & Water Supply*, London: Bristol Classical Press, 2011, pp. 5-6.

② Walter Dragoni, Costanza Cambi. *Hydraulic Structures in Ancient Rome*, 42nd IAH Congress: Hydrogeology: Back to the Future, Rome, Italy, 13th-18th September 2015, Mid-Week Technical Field Trips, MT1 Field Guide, Wednesday September 16th, 2015, published by the IAH conference committee, p. 3.

引水渠的残余，仍然能让每一个来访者感到震撼，同时也因其而伤感，因为它不仅为城市的富华提供了养分，更是无数士兵终其一生筑成的丰碑。

四 结论

以城市引水供水为代表的水利工程是古代罗马最伟大的工程之一，也是人类古代历史上最宏大的城市供水工程，不仅表现在工程的浩大和技术的创新上，同时也对人类的社会生活产生了重大影响，因此成为一种公认的人类历史上的文明现象。通过对水的控制和发挥，构建起了一幅人类历史上最广阔的、有统一元素的水景观。

供水工程是罗马帝国的国家行为，属于一种国家力量的驱动，它与其他罗马城市建筑元素一道，成为罗马帝国统治的标志，是一种政治宣示，也是罗马帝国社会权力的重要来源。它一方面以水的控制与挥霍来显示对以前的文明，尤其是古埃及文明的超越，以让国民拥有对帝国文明超越的认同感。这种政治宣示也是一种植根于民众的宣示，让帝国统治疆域内的民众能在享受水供给的好处的同时感受到这种宣示的含义与存在，达到对帝国统治的认同。罗马皇帝曾常常举办大型斗兽或人兽决斗的竞技活动等来笼络民心，但水显然是最有力量的要素来彰显帝国治理的意图。因此，很多城市引水渠的修建可能源起于沐浴设施和大型园林、喷泉的需要，但是创造一个亲水的环境，让人们能够看到水、触摸水、浸入水，才是修建大规模的浴场、喷泉、水神殿等水设施的根本原因。① 让人们通过水利去感受罗马帝国的存在、恩惠与强大，是罗马帝国通过治水来构建国家认同、赢得执政的合法性的重要理念。

另一方面，大规模的水利成为罗马帝国实施统治、实现国家治理的一种重要手段。罗马城市修建如此大规模的引水工程，实现了超越实际需要的供水量，是罗马帝国权力的宣示与通过意识形态权力的扩大来实现国家治理的意图的反映。大规模的水治理达成了罗马帝国国家治理的三个主要目标：领土型国家的构建、以城市扩张为特征的国家控制、推行罗马化而实现国家教化。换言之，没有成功的水治理，罗马帝国国家治理的这些目

① ［英］史蒂文·米森、休·米森：《流动的权力：水如何塑造文明?》，岳玉庆译，北京联合出版公司 2014 年版，第 149 页。

标是不可能达成的。

以城市水利为代表的罗马帝国水利成为罗马帝国社会权力的重要来源，尤其是意识形态权力。水对于罗马帝国社会权力的塑造与迈克尔·曼等学者所描述的罗马帝国的特征和权力来源，包括领土型国家、城市化、精英阶层和军团制度为统治途径的国家等都是相吻合的。只不过他忽略了水在罗马帝国塑造国家的社会权力过程中的关键作用，没有看到水也是罗马帝国社会权力的重要来源和实现国家治理的重要途径。从历史的经历而言，罗马帝国在这一点无疑是成功的，它创造了人类历史上从工程规模、技术创新、政治功效、社会影响最大化的一个治水奇迹。

（本文的压缩改写版以《权力、认同与国家治理：水在罗马帝国兴盛中的角色》为题发表于《社会科学战线》2019 年第 7 期，原文经修改后载于《水历史与水文明研究》第一辑，社会科学文献出版社 2021 年版。本文重在阐释罗马帝国的水文明特征，故此原文发表。孟宪范先生在本文的理论提升中给予了实质性的指导，在此特表深切谢意）

文明交融中的埃塞克亚灌溉系统

在人类历史上，灌溉不仅是农业发展的基础，而且是文明起源和发展的重要支撑。研究表明，包括古代埃及、两河流域、印度河流域等在内的人类早期文明的兴起和发展都与灌溉有直接关系。早在公元前 3000—前 2500 年，尼罗河谷就开始了灌溉。在非洲、亚洲、美洲的干旱半干旱地区，灌溉也存在了数千年历史。灌溉使得人们能够拓展水资源的利用，扩大生产规模，维系人类生计。对于水资源丰富的地区，灌溉成为农业生产的补充，而对于地球上广袤的干旱半干旱地区或受季风影响的地区，灌溉则是农业生产必不可少的手段。埃塞克亚灌溉系统正是一种在人类历史上产生了重要影响，并且跨越了时间、空间乃至于文明的水利系统。

图一　11 世纪阿拉伯人在埃尔切地区修建的埃塞克亚拦水坝

埃塞克亚灌溉系统起源于中亚、北非地区，其具体的起源时间已经很难追溯。作为干旱半干旱地区，这些区域的灌溉发展较早并且较为成熟。

文献记载，在公元前 6 世纪波斯人已经修建了庞大的坎儿井灌溉系统进行生活用水供给和农业灌溉，坎儿井引水灌溉系统在中亚和北非都有广泛分布，成为当地重要的生计支撑。除了坎儿井以外，结合了技术和管理制度为一体的小型灌溉系统在当地社区生活和农业生产中也发挥着重要作用。因此，干旱半干旱地区特殊的地理条件刺激了灌溉技术在当地的发展并取得了一些成就。

埃塞克亚灌溉系统由上述结合技术和管理制度为一体的小型灌溉系统发展而来。从技术层面来说，这种灌溉系统是一个河流引水系统，通过在河流上筑坝提高水位，应用自然的引力原理，修建水渠将水引到农田中进行灌溉。在这个过程中，根据农田用水的数量、农田分布、所有权等条件，修建更多的水渠水沟，使水能够到达每一块农田进行灌溉。从制度层面来说，这是一个复杂的水资源管理系统，包括分配水的规则、管理制度和管理组织。正是这两者的完美结合，才使得这一灌溉系统在人类历史上有效地发挥了作用，成为人类历史上最伟大的水利系统之一。

公元 8 世纪初，来自中亚地区的摩尔人和北非的柏柏尔人占领了伊比利亚半岛，开始了长达近 800 年的统治。伊比利亚半岛属于地中海气候，冬季温暖，夏季酷热，水资源的获得主要依靠降雨。为确保农业生产的正常开展，必须修建灌溉系统进行引水灌溉。阿拉伯人将中亚的灌溉技术带到了伊比利亚半岛并且传播开来，在伊比利亚半岛上修建了很多灌溉设施。埃塞克亚灌溉系统在此期间获得了较大的发展，它集合了阿拉伯人传统的历史经验、智慧和知识，同时也吸收了其他民族的水利技术，从而融合创造了适应当地的水利灌溉系统。到了公元 10 世纪和 11 世纪，灌溉系统得到了大规模的发展，并且改变了当地整个农业灌溉的面貌，甚至是自然景观。如埃尔切地区就是由于埃塞克亚灌溉系统的修建而由沙漠变成绿洲，今天这里仍然可以看到大片椰枣树林环绕着的农田以及掩映在椰枣树林中的城市。在埃尔切市的郊区，多条修筑于公元 10 世纪前后的引水渠至今依然在运行，成为城市供水和农业灌溉的重要补充。

瓦伦西亚地区是伊比利亚半岛上埃塞克亚灌溉系统发展最完善的地区。这是一个半干旱地区和海岸沼泽地组成的地区，灌溉系统的修建使得该地区的自然环境、人居环境和农业发展状况得到了较大改善。中世纪时，该地区修建了八条引水渠将河水引到农田中进行灌溉，从而成为伊比利亚半岛最重要的农业产区。瓦伦西亚的农业灌溉发展和管理也最能反映出埃塞克亚灌溉系统的特性。当地的农田从中世纪以来就是私有化的，产权关系复杂，农田被不同的产权关系分割成碎片状态，最大的一块独立产权的农田面积不超过 10 亩。在这里，土地权和水权是合二为一的，拥有土地首先要拥有水权。水资源也决定了人们的社区组织和社会关系。因此，将引水渠中的水科学有效地分配到数以百计甚至上千块农田中，并且保持水的畅通和有效灌溉，就不仅仅是技术上的难题，更具有制度管理上的复杂性，而埃塞克亚灌溉系统正是一个在技术和管理制度两方面结合的灌溉系统。

为调解水资源纠纷，公元 11 世纪初建立了瓦伦西亚水法庭。今天这个法庭每周四上午依然坚持开庭，法官和当地的灌溉农户代表协商解决相关的水资源管理问题。正是因为有了水法庭对当地农业灌溉水资源的有效管理，才使得当地水资源利用和农业生产获得了持续发展。与此同时，该地区的基本社会单位是由每条水渠的灌溉者组成的社区，每个社区选举代表，最终由代表组成社区的管理委员会，管理水资源分配。

灌溉的发展也使得新的作物种植成为可能。阿拉伯人把其他地方的农作物引入伊比利亚半岛进行种植并获得了成功，一定程度上推动了当地经济的发展。例如从大马士革引进椰枣树，从君士坦丁堡引进无花果，从中亚引入棉花等。

到 13 世纪，阿拉伯人被逐出伊比利亚半岛以后，这一灌溉系统虽然有深深的阿拉伯文化烙印，但是并没有被信仰基督教的西班牙人遗弃，而是被完全继承下来并且加以发展。16 世纪，以胡安-奥菲亚特为首的西班牙殖民者将西班牙灌溉知识带到了美洲，包括相关技术和管理的法律制度，尤其是直接来源于瓦伦西亚水法庭已经成熟的法律法规。西班牙殖民者运用成熟的埃塞克亚灌溉系统，将河流中的水引入河谷更宽阔的地带，建设居民区并且进行农业灌溉、发展畜牧业。对这种灌溉系统的依赖，至今已经延续了近 500 年。在今天的美国新墨西哥州北部，仍然有 800 多条埃塞克亚引水渠。当然，美洲当地的印第安人使用灌溉系统进行大规模农业灌溉也已经存在了数千年的历史。西班牙殖民者随后也吸收了当地印第安人的灌溉知识，发展起了有别于西班牙的灌溉系统，某种程度上体现了西班牙文化与当地印第安人文化的融合。

埃塞克亚灌溉系统对美洲西班牙人的社会组织构建也起到了重要作用。人们的社会组织关系往往围绕着灌溉系统展开，基层的社会组织实际上就是管理水资源的组织，社区也是以引水渠流域为范围构成的。引水渠灌溉农户选举自己的代表组成的社区管理委员会，在管理水资源、调节水资源纠纷的同时，管理当地的其他社会事务。因此，在新墨西哥州，社区灌溉组织往往是一个县管辖之下唯一的基层社区组织。除了日常活动之外，他们还召开会议讨论批准当地社区的管理条例、选举当地政府的组织机构人员。一个灌溉区往往还有自己的教堂。总之，水利灌溉对当地基层社会组织的构建和社会生活的开展起到了重要作用。

西班牙人在 17 世纪以后也将这种灌溉技术带到了菲律宾。在菲律宾北伊洛克斯、伊洛卡洛斯等省区都存在一种称为桑耶拉的灌溉系统。这种灌溉系统所实行的技术和管理制度，与埃塞克亚基本一致。相关的历史文献和民族志研究也表明，桑耶拉灌溉系统是由 17 世纪西班牙传教士在当地推广建设并融入当地社会中的。尽管今天在使用这种灌溉系统的社区中已经找不到西班牙人的痕迹，但是灌溉系统中的很多词语都来源于西班牙语，20 世纪 60 年代菲律宾的一些社区中仍然保留有西班牙语写的关于灌溉管理的文件。诺贝尔经济学奖得主埃莉诺-奥斯特诺姆在其著作《公共事务的治理之道》一书中探讨了伊比利亚半岛的埃塞克亚灌溉系统和菲律宾的桑耶拉灌溉系统之后，指出桑耶拉是一种融合了西班牙传统的灌溉系统。

从中亚、北非地区到伊比利亚半岛等其他地中海地区，再到美洲、亚洲，埃塞克亚灌溉系统完成了时间和空间上的跨越，一定程度上实现了文明的交融，时至今日依然对当地人的生产生活产生重要影响。

（原文发表于《光明日报》2019 年 4 月 15 日第 14 版）

欧洲水利遗产的历史内涵与现状

水利遗产是人类历史上利用水资源在当代留下的历史遗存，包括物质遗产和非物质遗产两个层面。它不仅反映了历史上人们利用水资源的智慧和成就，同时也是今天我们所拥有的重要文化遗产，可以从中获得历史知识、经验教训和教育资源，更好地保护当代的水资源、应对人类共同面临的水危机。人类和水有数万年的互动关系，数千年的人类文明史给我们留下了大量的水利遗产，这些遗产有的已经成为遗存，有的仍然惠泽今人。如今，这些水利遗产的价值越来越被人们看重，也得到了保护，然而由于保护思维、保护政策、社会环境等差异，水利遗产在不同的国家和地区面临的状况有很大的差异，需要国家间相互学习借鉴，共同促进保护。笔者近年在海外进行了大量的水利和水文化遗产保护考察研究，本文以欧洲为例，就水利遗产产生的历史背景、分类及现状做一些探讨。

一　欧洲水利遗产产生的历史背景

水利遗产的产生与当地的自然环境和制度环境有直接关系。欧洲水利遗产的产生较好地印证了这一规律。

欧洲70%的区域属于喀斯特地貌，为了满足生存、居住环境建设等需要，历史上欧洲地区进行了大量的水利工程建设，而喀斯特地貌则为人们获取石质材料提供了便利，这也是今天欧洲水利遗产遗存丰富的一个重要原因。

欧洲水利遗产的产生和欧洲的文明进程有直接关系，最重要的源头可以追溯到古代希腊和罗马帝国时期。古代希腊文明是公认的欧洲文明源头。这一时期不仅是现代水利科学可追溯的发端时期，同时也创造了欧洲水利工程的原始范式，包括城市引水供水、蓄水、水分布设施、用水的末端设施、沐浴和水冲厕所等卫生设施都发端于古代希腊文明。在希腊众多的历史遗址中，今天仍可以看到不同时期的水利工程遗存，如城市供水的引水渠、收集利用雨水的蓄水池、地表水利用的末端设施喷泉、居民区供水和排水的管道等。这些水利遗产大多产生于公元前 3000 年左右至公元 10 世纪。在欧洲最古老的城市遗址——克里特岛上的克罗索斯王宫遗址（公元前 3000 年—公元前 2000 年），可以看到完整的早期城市供水系统。

为我们留下丰厚水利遗产的是罗马帝国。罗马帝国继承了希腊的水利文明，同时又加以发扬光大，创造了人类历史上最辉煌的水利文明。从公元 1 世纪开始，罗马帝国修建了人类历史上最庞大的以城市供水为主要特征的水利系统。大规模的水利工程建设一直延续到公元 6 世纪东罗马帝国时期，此后也还有不断的建设与维护工程。罗马帝国存在了一千余年，在全盛时期控制了大约 500 万平方公里的土地，世界 1/4 的人口，是世界古代史上国土面积最大的帝国，同时也是政治、经济、军事、文化、科学最发达的帝国之一。罗马帝国的繁荣与水有直接关系，这是人类历史上一个非常典型的现象。在罗马帝国时期，不仅修筑了人类历史上最庞大的水利工程，也将水和国家政治、经济、文化紧密联系起来，将水的消费在政治、社会生活、文化艺术等领域发挥到了极致。

罗马帝国庞大的水利工程，首先是从引水渠开始的。喀斯特地貌地区地表河流稀少，无法满足城市进一步扩大及产业发展的需要，因此，通过引水渠引水成为实现这一目标的重要手段。在公元前 4 世纪，罗马城就已开始修建引水渠，在罗马帝国的繁荣时期（公元 50 年—300 年）修建了数量庞大的引水渠，从苏格兰到伊拉克，从高加索山麓到撒哈拉沙漠，罗马帝国的引水渠无处不在，仅在高卢地区就修建了 300 多条。这些引水渠有的长几十公里，有的长达数百公里。例如西班牙的拉斯梅德拉斯的引水渠长达 600 公里，葡萄牙的特雷斯引水渠长达 230 公里。

修建引水渠是一项浩大的工程。在欧洲广袤的喀斯特地区修建引水渠，必须穿越当地复杂的地貌，这意味着要建设一系列的配套设施，包括引水渠道、跨越山谷河流的桥梁、吸虹管、水库等。

引水渠道大多规划在山坡上，沿着山坡的斜面开挖，然后用石头和水泥建设输水管道。输水管底部用条石做成渠基，两侧用条石做成墙，然后再用水泥做成防水层。如果渠道经过岩石，也要开挖开放渠道，在渠道中修建输水道。渠道修好后，上面再修建一个石拱顶。拱顶是罗马引水渠重要的特征，能够有效防止引水渠道垮塌。引水渠道修筑完成后，上面用泥土掩埋，这样能够保证输送的水不被污染，不被雨水渗透。为了维修方便，每隔一段距离会保留开口。引水渠道剖面的规模设计取决于输水量的大小，一般引水渠输水量设计不能超过引水渠道高度的2/3，否则会影响到渠道的安全。引水渠道设计要有一定的坡度，让水有自然的压力跨越山谷，将水引入城市内尽可能高的水塔中，这需要修建跨越山谷河流的引水渠桥及大型的倒吸虹设施。对古代的工程师来说，这是一个巨大的考验，然而当时的技术水平之高已达到了令人折服的程度。引水渠经过之处有很多地方需要开挖隧道，穿越山体以求近距离通行。引水隧道工程是引水渠修建过程中最艰难的工程之一，但是在很多引水渠工程中，隧道可能占1/4或1/5。

图二　罗马引水渠遗迹

在罗马引水渠中，最令人瞩目的莫过于引水渠桥，它是引水渠的标志。今天遍及欧洲的引水渠桥遗址是人们对罗马引水渠的第一印象，甚至是唯一印象。引水渠桥事实上已超越了它的实用价值，成为罗马帝国统治的象征，被称为“罗马的旗帜”。罗马帝国统治所到之处，都能够看到引水渠桥。

引水渠桥是为了引水渠跨越山谷和河流修建的。罗马帝国的引水渠桥一般有3层，地势不高的为2层。第一、二层是桥基，第三层是过水的渠道。大多数渠道只有1条，也有少量的有2条，主要是为了维修方便。引水渠桥一般高度在20米到50米，长度从数十米到数百米不等，有的长达1000多米。引水渠桥完全是石头建筑，基本上都是由多孔构成的拱桥，

图三　加尔引水渠桥是目前保存最完好的 2 座古代罗马引水渠桥之一

桥孔的多少取决于桥的长度。但是每层的高度却不一样，30 米高的桥为 3 层，50 米高的同样也是 3 层，这就使一些桥的桥桩变得十分高，必须要有更坚实的桥基，也使得工程更为复杂浩大。

罗马城在历史上共修建了 11 条引水渠，这些引水渠从公元前 4 世纪开始修建，一直到公元 1 世纪，先后将近 600 年。引水渠将水从亚平宁山脉山坡地的泉水、湖泊引入城市中，按照罗马城市繁荣时期 50 万—100 万人口计算，平均每人每天拥有的水资源量达到 750—1500 升，远远高于现代城市的人均用水量。

引水渠的修建，带来了大规模的城市供水，这一切也成为城市水利和城市发展的革命性动力。随着引水渠的修建，罗马城市中出现了大量相关的水利设施，典型的包括罗马浴场、供生活取水的喷泉、纪念和装饰性喷泉、城市水的分布设施、排水设施、蓄水设施、水磨等。

特别要指出的是，罗马帝国大规模的水利工程修建是一种制度安排。为了稳固扩张占领的领土，罗马帝国采取了大规模修建城市的方式，而这些城市都有统一的要素，包括供水排水设施、市政厅、广场、浴场、城市道路等。其中城市水利系统是最基础、最重要的基础设施，一个城市的修建，首先是从城市水利系统开始的。从规模上来说，罗马帝国为了显示对埃及和希腊文明的超越，在城市水利的建设上采取了超大规模、超越实际需求量的建设范式，尤其是罗马引水渠，只要是罗马城市建设所到之处，不论当地水资源条件如何，都必须修建。这就是罗马引水渠横跨欧亚非几大洲四处开花的原因。罗马帝国的水利包括工程、技术和管理制度对后世产生了深远的影响，并且被广泛应用。

二 欧洲水利遗产的类型

罗马帝国时期的大规模水利建设，基本上奠定了今天欧洲水利遗产的样式。以罗马帝国水利遗产为主，加上一些地方性的水利遗产，我们可以对其进行一个初步的分类。

1. 城市供水设施遗产

主要是以引水渠为中心的水利遗产，这类遗产是欧洲水利遗产中规模最大的部分。包括了引水渠的取水点、渠道、引水渠桥和相关的城市水分布、蓄水设施。引水渠在欧洲、亚洲、非洲过去的罗马城市中都可以看到，很多还保存完整，根据相关的统计，目前能够看到的引水渠遗址达1600多处。

2. 喷泉

英语中的喷泉（Fountain）一词源于拉丁语，包括了自然的泉水和人工修建的出水建筑物两个方面的含义。因此喷泉可以分为城市及乡村供水终端设施和纪念性、象征性、装饰性的建筑物，从早期产生于希腊文明到经历了其他欧洲和地中海地区的迈锡尼、伊特鲁里亚、经典希腊、罗马帝国、威尼斯帝国、奥斯曼帝国时期的不断演变，包括技术和文化含义的演变。

喷泉是起源于古代希腊的末端用水设施。在罗马城市中，城市供水是一项公共工程，因此城市的管理者和建设者必须要为市民修建大量的公共设施，喷泉就是其中最重要的设施之一，通过供水系统将引水渠的水分送到城市各个角落的喷泉中，供市民使用。意大利的庞贝城，几乎每隔100米就有一个让人们取水的喷泉。

随着历史的发展和水的神圣性的展现，喷泉具有了超越一般日常生活的价值，发展出纪念性和装饰性的功能。这样的喷泉在欧洲城市随处可见，例如罗马市政厅前的喷泉、巴黎协和广场上的喷泉等都非常有名。在很多私人修建的别墅和庄园中，喷泉是必不可少的装饰设施。直到今天，私人别墅和一些皇家园林中，都还保存着有百年甚至上千年历史的装饰性喷泉。

同时，喷泉在各种楼堂建筑、广场被大量修建，成为权力的象征，一个城市的中心喷泉广场往往就是城市的中心。甚至在很多战争中，一个城市占领了另一个城市，很重要的环节就是把这个城市的中心喷泉搬运到自己的城市。

3. 水卫生遗址

主要包括浴场和冲水厕所 2 个部分。在罗马帝国城市中，浴场和冲水厕所是城市建设中最早建设的部分，甚至在很多城市中会修建专门的引水渠为浴场供水。沐浴是罗马人重要的生活方式、“罗马化”的重要象征。因此在罗马帝国的城市中修建有大量浴场和冲水厕所，今天在欧洲很多罗马帝国统治过的城市中仍然有很多相关的遗址得到保留。一些浴场的遗址规模宏大，显示了当年建筑的恢宏。修建于公元 3 世纪初的意大利罗马城卡拉卡拉浴场装饰最华丽、最奢侈，里面有绚丽多彩的大理石地板和马赛克作为装饰，拥有几百座雕塑。这座浴场面积巨大，有 252 根柱子，有 4 个冷水池组成的冷水卫生间、2 个温水卫生间、7 个热水池组成的热水卫生间。同时还配备有大型的烧热水的锅炉设备、供水和排水系统等，甚至在地下建有一间神庙。据说这个浴场每天可以接待 6000—8000 人沐浴。修建这座公共浴场时每天动用 9000 名工人，花费了 5 年时间，在公元 216 年建成。从今天仍然宏大的废墟可以窥见当年罗马城市中沐浴的盛况。

冲水厕所作为公共卫生设施，往往是和浴场配套修建的。美国城市史研究大师刘易斯·芒福德写道：“罗马对城市卫生和城市形式最典型的贡献，大约就要算浴池了。从有关大型浴池的发展史的记述中，我们甚至可以看出罗马城乃至于罗马帝国本身的简练历史。”

4. 水井

今天在欧洲有大量的古代水井存在，其中很多仍然在使用。事实上，水井是欧洲最古老的水利设施。在大规模引水渠修建之前，水井一直是很多城市最重要的取水设施。罗马城在公元前 1 世纪引水渠修建之前，整个城市生活供水主要是靠井水。即便在公元之后欧洲城市普遍修建了引水渠，水井仍作为一种重要的取水设施而存在。由于喀斯特地貌影响，欧洲大多数城市水井修建十分困难，往往需要挖开石灰岩，深入到地下几十米才可以获得水源。例如，意大利中部城市佩鲁贾的埃特鲁斯肯水井深达37米，在地面上，它只是一个宽约1.5米的石头水井建筑，蔚为壮观的部分在地下。今天水井的内部可以供游人参观，在水井中部有一座桥可以供参观者观看井底。令人赞叹的是，这一切是在2000多年前技术手段有限的条件下完成的。在今天，水井的底部仍然能聚蓄至少3条岩石石脉水，供人们使用。

5. 运河

在欧洲很多濒临海洋的城市有大量的人工河道存在。这些河道在古代修建，主要是为了引水、排水和水上运输。目前欧洲还有两万多条运河存在，尤其是在荷兰阿姆斯特丹、意大利威尼斯等城市，运河是这些地方重要的交通设施和供水排水设施。威尼斯城市面积不到8平方公里，被177条小运河分割为118个小岛，纵横密布的运河和丰富多彩的建筑共同构成了威尼斯城的特征。大运河是这座城市的灵魂，威尼斯重要的商业建筑和市政建筑大多数都建设在大运河两岸。由于运河的修建，在沿岸也修有大量的水利设施，包括码头、取水设施和排水设施、闸口等。

6. 蓄水池遗存

在古代欧洲收集利用雨水是重要的生活用水来源，因此在欧洲修建蓄水池蓄积雨水十分普遍。比较典型的是意大利威尼斯的蓄水池。在威尼斯到处可见大大小小的广场，广场中央一般都会有一个水井形状的建筑，就是蓄水池。在水井下面修建蓄水池，广场上的雨水蓄积到地下的蓄水池中，经过过滤供市民从水井口取水使用。蓄水池是欧洲最重要、也是最古老的水利设施之一，今天在希腊的克里特岛以及希腊迈锡尼文明的城市帕特雷，都可以看到建于公元前10世纪以前的大型蓄水池遗址。在土耳其的伊斯坦布尔，可以看到公元10世纪左右拜占庭时期、蓄水8万立方米的地下蓄水池。

7. 农业灌溉遗产

农业是古代欧洲重要的生产部门，因此历史上修建了大量的农业灌溉工程，有非常重要的文物价值。例如在法国蒙彼利埃的干湖农业灌溉区、西班牙瓦伦西亚农业灌溉遗址都是享有较高声誉的农业灌溉遗产。

8. 历史文献

记录历史上的水利工程建设和水资源管理的文献，是重要的水利非物质文化遗产。从民间到博物馆，这些文献资料有丰富的保存，例如在法国蒙彼利埃国家档案馆就保存有大量中世纪以来的水利和水资源管理文献，蒙彼利埃干湖农业灌溉区的村庄中今天仍然有人专门保存着超过百年的水资源管理档案。

三 欧洲水利遗产的现状

欧洲今天仍然保存有大量的水利遗产，而且其中的很多仍然在使用。这些遗产的状态和欧洲人对于文化遗产的认识、价值评判、文物保护政策、保护与开发利用方式等有直接的关系。有些水利遗产虽然已经没有了原来的功能，但是在人们的保护应用中显示出了新的价值。概括而言，这些水利遗产的状况主要表现在以下几个方面。

1. 受到文化遗产政策的保护

欧洲的很多水利遗产由于有重要的历史和文物价值，受到了从国际到地方政府各层面文化遗产政策的保护。一些重要的水利遗产成为联合国教科文组织认定的世界遗产。例如目前世界上保存最完整、最壮观的两座罗马引水渠桥——法国南部的加尔引水渠桥和西班牙塞哥维亚引水渠桥，都被列入了联合国教科文组织世界遗产名录。其他的水利遗产，包括罗马城中的罗马大浴场和英国伦敦的罗马大浴场等，也都被列入了联合国教科文组织世界遗产名录。欧洲有完善的文物保护政策，包括水利遗产在内的历史文化遗产受到所在国文化遗产政策的保护，欧洲大量的运河就在多国签署的《欧洲运河宪章》的保护之下。

2. 作为城市文物性景观受到保护

在欧洲城市或者乡村中，只要是古代的水利遗存，不论是引水渠、喷泉还是水井、输水排水等设施，人们都会将其作为城市的景观精心加以保护。一个典型的例子是建于公元 80 年的罗马竞技场，由于它可以容纳 65000 名观众，为了满足观众用水需要，场中修建了 92 个喷泉，今天这些喷泉仍可以看到，多数都得以精心保护。

3. 仍然在发挥作用并得到保护

欧洲大量的运河仍然在使用中，尤其是在荷兰阿姆斯特丹、意大利威尼斯及英国的很多城市，运河直到今天还在发挥着供水排水、水上交通的作用。这些运河受到政府的保护，不仅有法律的保护，同时也有各种措施保护运河的设施以及功能完整性。罗马是喷泉最集中、最典型的城市，今天仍然拥有3000个修建于不同历史时期的喷泉，其中1200个仍然在流淌着清水，供人们免费使用。

4. 通过博物馆的形式加以保护

一些重要的水利遗产建成了博物馆，一方面是对其进行保护，另一方面是进行公众教育。例如上文提到的法国加尔引水渠桥、西班牙塞哥维亚引水渠桥、葡萄牙里斯本引水渠桥等，都建了专题博物馆，对引水渠桥的历史、建造方式和历史地位进行介绍，对重要的档案和实物进行保存研究。欧洲也是世界上水博物馆较为集中的地区，很多水博物馆对水利遗产保存发挥了重要作用。

5. 修建专题公园

一些重要水利遗址被建设成公园，进行活态地保护和展示。如今天的罗马城郊建有引水渠公园，公园宏大开阔，一条条古代引水渠遗存跨越其中，让人们对古代的引水工程有直观地了解，对水和人之间的关系有了更加深刻的理解。

6. 将水利遗产打造成旅游景点

在欧洲，一些水利遗产被开发成了旅游景点，供人们参观，产生了新的价值。

四　欧洲水利遗产带来的启示

欧洲水利遗产得到较好保护很重要的一个原因是公众有较强的保护文化遗产的自觉性。欧洲各国民众对水利和人类文明的关系有较好的理解，有学习水利遗产知识的自觉性。因拥有丰富的相关知识，在社会生活中能够识别水利遗产及其价值，对于水利遗产的重要价值也容易理解进而尊重，甚至抱有特别的敬畏之心，这是欧洲水利遗产得到较好保护的重要社会基础。这一点和很多发展中国家是有反差的，在一些发展中国家，人们的观念中水利遗产的地位可能会低于其他建筑遗产的地位。因此对水利遗产的保护必须建立在对水利和人类社会发展关系的深刻理解之上，必须对水利的重要价值有深刻的认识，才能自觉地加以保护，而不完全把它当作一种旅游产品。这是对我们有较大价值的启示。

（本文载于《中国水利》2018年第11期）

海外历史水景观的发展与启示

在海外的相关文献研究中，历史水景观指的是有特定的历史文化背景的水景观，以区别于自然的水景观。历史水景观一旦形成之后，吸引人们的就不完全是水的自然景色，同时也包括了它的历史和文化内涵，这就赋予了这些水景观特殊的内涵。今天，这些有特殊历史和文化内涵的水景观受到了人们越来越多的关注和开发，成为人们休闲娱乐、旅游的场所，同时也成为当地发展旅游业、进行水情知识教育的重要途径。本文将通过剖析海外历史水景观的形成背景、分析当代历史水景观的开发利用，以期在增加对海外水景观认识的同时，获得一些启示。

一　海外历史水景观的形成背景

历史水景观不是自然的景观，是人类对自然的景观或赋予其文化的意义然后加以利用，或者是人类改造治理水环境以后形成的水景观。水景观是人类进行水消费的一种产物，因此，它和人类社会的方方面面紧密相连。历史水景观总是和一定的思想、对自然的理解、社会发展过程、自然环境改造过程有直接的关系。经过人类构建的景观成为一种人类对自然的理解表达结果。历史上，水景观及其包括的社会文化内涵反映了不同的地域特点、宗教信仰、社会道德、社会秩序、审美等多方面的内涵。不同水景观的建设和消费往往都是人们价值观、社会、经济、文化形态的反映，在不同的民族和国家中有不同的理解。因此，水景观起源和发展是一个复杂的自然和社会文化交互运动的过程。同样，景观的设计和建设都会打上社会和政治变迁的烙印。[①] 这就使得水景观的内涵超越了一般性的自然水

---

① Susan C. Anderson，Bruce H. Tabb. *Water*，*Leisure and Culture European Historical Perspectives*，Berg，2002.

体，带来了无穷的魅力。水景观对于理解人类如何利用水及其文化价值都是非常重要的。尽管对于水景观的含义有不同的理解，但是总体而言，水景观强调突出文化背景、注重人类、自然和当地社会之间的关系。①

海外的历史水景观形成一方面和一些特殊的自然水景观有关系，另一方面是水利工程建设的遗产。这包括一些自然的水景观和特殊的社会文化背景的结合，但是更多的是历史上治理水环境以及水利工程所形成的水景观，如大坝建设、运河建设、水景观建设等。这些水景观的形成背景有的可能长达千年，有的可能只有几十年，但是由于它有丰富的历史和文化内涵，已经形成了历史文化遗产的特性，因此也被称为历史水景观。这些水景观有的是一些湖泊、河流的河段，但是由于它和一些特殊的历史发展事件和社会发展过程有关系，对当地的社会文化形成发展产生了重要的作用，从而成为著名的场所。

水是最生动的自然要素，它除了能够满足人们的生存生产需求以外，也能够激发人们的感官上的愉悦和思维上的遐想。因此，自古以来人们总是把自己的居住环境尽可能和水联系在一起。在距今两千多年前的古代罗马时期，水就成为城市和乡村环境建设不可缺少的要素。无论是城市建设还是乡村的居住区域建设，都会设置大大小小的水景观作为建筑的一个部分。包括城市中的河流设施、水池、喷泉以及住宅周边的水景等。水景成为罗马城市不可缺少的一个部分。而这些水景观除了有城市的装饰功能之外，还有很多其他的历史、文化甚至政治上的象征，例如一些水景观可能和神话故事有关系，也可能作为一个城市中心的象征、财富的象征，一些特定的纪念性的水景观修建，象征着某种政治权利。② 尤其是一些有钱人家族的居住建筑，都会配套修建不同规模的水景观。例如，罗马皇家别墅哈德良别墅中就修建有多个水景观，大的有半个足球场大。因此，在罗马帝国时期所形成的水景观的理念和建设模式，对后世产生了很大的影响。水景观的理念也从这个时代开始获得了较多的实践。

在罗马城市郊区有一处重要的历史水景观，这就是地处罗马西北 20 多公里外的内米湖（Lake Nemi）。这个湖泊是个天然湖泊，周长 5.5 公里。这里风景优美，空气清新，自古以来就是人们休闲娱乐的重要场所，

① Dylan Kelby Rogers. *Water Culture in Roman Society*, Brill, 2018, p. 81.

② Dylan Kelby Rogers. *Water Culture in Roman Society*, Brill, 2018, p. 81.

周边有很多达官贵人的别墅住所，今天这里是人们休闲、旅游以及举行婚庆等活动的重要地方，它的地位已经显得很平民化，成了罗马城市郊区的一个著名风景区。这个风景区之所以特别，还不完全在于它山光水色优美，也更在于它的深刻历史底蕴。这里从公元 1 世纪就开始成为罗马城市的供水水源以及周边一些农田的灌溉水源。古罗马城市的多条引水渠都是从这一个湖泊引水进城，它滋养了城市生活。罗马城市的市民饮用这个湖泊的水已经近 2000 年，历史上从这个湖泊引水进入罗马城市的饮水渠遗址今天在罗马郊区的饮水渠公园里仍然可以看到。在罗马帝国时期，这里也是罗马皇帝喜爱的地方，罗马皇帝卡里古拉曾经下令在这里建造了两艘大船，一艘献给了安迪娜米神庙，一艘作为皇帝的行宫。后来由于卡里古拉被推翻，这两艘大船被毁坏沉到水里。直到 1920 年将湖里面的水排干，这两艘大船遗骸才重见天日。遗憾的是在 1944 年这两艘大船的遗存又被德军烧毁。因此，这个湖泊给当代人思想境地中注入的不仅仅是山光水色，更是深厚的历史记忆和两千年来不可割舍的情感，形成了一种融自然和历史为一体的水景观。

欧洲最重要的历史水景观之一就是很多国家存在的运河水景观。在过去为了治理洪涝、发展水面交通等，欧洲修建了大量的运河。这些运河短的几公里，长的几十上百公里，同时，运河之间、运河和自然河流之间相互联通，形成了一个个运河网络。欧洲运河数量庞大。据统计，在欧洲有大大小小运河两万多条，在英国运河的长度超过 3000 公里。英国有 6460 余万人口中有一半居住在距离运河八公里的范围之内，可见运河与人民居住环境的密切性。在 18 世纪欧洲以英国为先头的工业革命兴起之后，运河上的水面运输进入了一个最繁忙的时期，运河成为极其重要的交通枢纽，为欧洲的工业革命奠定了重要的交通基础。但是在 19 世纪上半叶随着铁路的修建，运河的运输基本被废弃。直到第二次世界大战中，部分运河又被恢复作为水上货物运输渠道。到 20 世纪六七十年代，各国政府都对运河进行了积极的修复和保护，使它们成为具有重要历史文化内涵的水景观。在欧洲运河承载着深厚的历史文化内涵。专家们强调，如果不承认欧洲密集的河流和人工通航运河在工业、商业贸易和国家建设中所发挥的关键作用，就不能理解欧洲作为世界强国的崛起。运河水道甚至成为现代民族国家建筑的象征，和国家的构建和文化形成有密切的关系。[①] 整个欧洲的特点是与通航的运河和河流之间的相互联系紧密相关的现实，这些现实共同构成了独特的水景遗产，或称为水景，具有内在的自然和文化价值，无论是有形的还是无形的。[②] 可见欧洲的运河不仅数量庞大，同时这些运河网络也形成了巨大的水面景观，成为很多欧洲城市重要的水环境，如荷兰首都阿姆斯特丹、意大利威尼斯城等。

除了欧洲的很多水景观历史悠久以外，海外的很多水景观历史并不长。例如美国很多大坝建设形成的人工湖泊，就是既有现代意味的水利风景区。在美国的科罗拉多河上建有多座巨大的水坝，这些水坝在 20 世纪在体量等特征上都是世界上数一数二的。这些大坝的修建也形成了坝后巨大的人工湖。例如克伦大坝的修建形成了巨大的人工湖——鲍威尔湖。鲍威尔湖长 299 公里，周长 3150 公里，它在 1963 年 3 月 13 日开始实施蓄水，直到 17 年后的 1980 年才达到设计库容。由于它地处干旱的沙漠岩石地区，湖水十分清澈，被誉为世界上景观最美的人工湖泊之一，也是世界上著名的旅游地，每年吸引着大量的游客来这里度假旅游。再如修建著名的胡佛大坝阻拦科罗拉多河的河水而形成的米德湖，地处美国亚利桑那州和内华达州交界处。米德湖上溯 185 公里，宽 1.6—16 公里。面积 593 平方公里，蓄水量约 382 余亿立方米。这个巨大的湖泊淹没了科罗拉多河道两岸的广阔面积，也包括了很多当地人的村落。但是它如同一颗沙漠中的明珠，水质清澈、湖面宽广，映衬在金黄色的沙漠大地上和蓝天白云之下，景色十分优美。这种因修建水坝而形成的水利风景区不仅在美国，在世界各地是较为普遍的，著名的例如埃及阿斯旺大坝修建形成的纳赛尔湖等。

海外还有很多的水景观和城市水源有关系。也就是把城市的水源地建设成水景观，供人们游览参观、学习知识。在日本就有大量类似的水景观。例如，位于东京都西部、距离东京 100 多公里奥多摩湖，是由多摩川

---

① Hassan F. *Water History for our times*, IHP Essays on Water History, Paris: UNESCO Publishing, 2010.

② Eriberto Eulisse, Unveiling Venice's Waterways Heritage. From the Digital and Open-Air Water Museum of Venice to UNESCO's Global Network of Water Museums. in XiaoYun Zheng. The Cultural Dynamics of Water from history to the present age, IWA Publishing, 2021, p. 213.

上游截流的小河内水库形成的人工湖，1957 年建成，面积 4.2 平方公里，最深处 142 米。奥多摩湖是东京重要的饮用水源，东京人的 40%是喝这里的水长大的，因此它除了自然的供水价值以外，对人们的情感认同也有很大的影响。

二　海外水景观的发展现状

海外水景观的形成有或长或短的历史，然而它都是今天人们公认的人居环境的重要组成部分，往往都承载着深厚的历史底蕴和人们的情感、文化认同，有很多都已经形成了相关的文化现象。但是如何开发利用、保护等，不同的国家都有相关的策略。下面我们分别做一些探讨。

1. 水景观资源的开发利用

水景观作为人居环境的一个部分，发挥它的服务功能是非常重要的环节。因此，海外的水景观只要有条件的往往都被开发利用，使这些水景观具有娱乐、休闲、旅游观光等功能。欧洲过去有很多的水景观都是私人所有的，现在很多都已经国有化，包括私人的产业在内大多都已经向民众开放，成为公共空间。有很多历史文化遗产价值的水景观，同样已经转变为城市公共空间。这其中比较典型的就是欧洲的运河水道所形成的大量水景观，目前经过改造很多都已经成为公共休闲旅游景观。例如在英国，20 世纪七八十年代以后大量的历史运河都被修复，转变为城乡之间新的生态空间，供人们休闲娱乐。在 20 世纪 80 年代和 90 年代，运河上休闲划船者的数量增加，运河及其邻近土地的使用自此扩展到各种用途，包括在农村和城市地区散步、垂钓和骑自行车，近年来英国的运河和河流每年吸引了大约 1950 万游客。至 2016 年英国运河上登记在册的船只超过了 32000 艘，这些船只包括了观光船、餐厅船、水上旅行船、私家度假船以及一些私人的别墅性质的住宿船等。在未来，运河景观旅游休闲业还将会有很大的发展前景。①

在美国，由于修建大坝等水利工程设施形成的水景观，大多都已经建设成了水利风景区。事实上在作为一个水库被利用的同时，很早就考虑到

① Maarja Kaaristo，Steven Rhoden. *Everyday life and water tourism mobilities：mundane aspects of canal travel*，TOURISM GEOGRAPHIES，2017，Vol. 19，No. 1，pp. 78-92.

了它的休闲功能。例如1936年就建立了米德湖国家游览区，面积6055平方公里，沿科罗拉多河延伸386公里，沿途还包括了一些其他的小型湖泊、印第安人自然保护区、特殊的地质地貌区等。这个游览区里面形成了大量的休闲娱乐、科学研究、教育和探险的项目。在水面上设有包括划船、游泳、钓鱼、水橇等项目，规划有停泊游艇的区域。很多人使用私家车将自己的游艇从外地运载到这里，展开水上的旅游休闲。在一些水库中岛上还建有私人植物园、度假园等。在岸边上设有探险、徒步和登山旅游的等项目。目前米德湖是美国最大的水利风景区。在米德湖顺着科罗拉多河下行两百多公里，是著名的哈威苏湖城。这一座城市是由于修建帕克大坝而形成的哈威苏湖上建成的，在湖的周围发展起了旅游住宿、度假休闲为主要特征的旅游产业。①

2. 发挥教育功能、体现社会性

海外的很多水景观，尤其是大型工程类的水景观，很多都设有展览教育设施，如博物馆。到胡佛大坝及米德湖参观旅游，首先要参观的就是这个工程的博物馆，里面全面展示了这个工程建造的过程和工程技术要点、大坝建设的正反两个方面影响、今天面临的问题和挑战、应对的方式等，同时向游客印发免费宣传资料。这种现象很普遍。但是值得一提的是，很多水景观由于有深厚的历史文化底蕴，因此往往成为人们进行宣传工程知识以外的社会知识、生态知识乃至于地方传统文化认同教育培养的渠道。例如在20世纪的德国，人工瀑布、有机湖泊和生态池塘被用来帮助教育或影响公众，也就是说用这些水景观来帮助完成对于公众有关知识的教育、培养人们的生态价值观。

对水景观的开发利用体现着重要的社会价值，那就是水景观作为公共资源，应该为全民所有，共同享用。因此，海外的大多数水景观都是公共性的，即使收取的一定的管理费用也是很低廉的。在一些国家初期开发水景观资源时候忽略了社会公共性，经过民众的争取，这些价值也能够得到体现。例如欧洲小国摩尔多瓦就曾经经历过这个过程。②

对于美国的水利工程景观来说，有两个重要的考虑。一个方面是作为

---

① F. B. wildfang. *Lake Havasu City*, Arcadia Publishing, 2005.

② Maria Vodenska. *Water and Leisure in Moldova: A Social Perspective*. In Edited by Susan C. Anderson, Bruce H. Tabb. *Water, Leisure and Culture European Historical Perspectives*, Berg, 2002.

国家的公共资源，有义务对社会提供服务。因此随着大坝的建成，很快就把它建成一个水利风景区。如上面提到的米德湖 1936 年就建立了米德湖国家游览区。另一个方面的考虑是把水利风景区作为和社会沟通的一条渠道。因为在美国水利工程的建设往往具有较大的争议性，例如工程建设带来的环境影响、对当地老百姓的生计影响、气候影响等。通过水利风景区的建设，让人们在休闲娱乐过程中加深对工程的理解。

3. 加强对水景观类文化遗产的保护

由于海外的很多水景观有长久的形成历史，因此这一类文化遗产的保护都很受重视。各个国家都采取了很多方法，保护这些文化遗产使之能够获得可持续利用，避免在当前的城市化和旅游开发利用过程中受到破坏。例如在威尼斯，当地市政部门近年来加大了对于运河河道基础的加固。为了保护欧洲的运河，欧洲国家之间签订了保护运河的《运河宪章》，通过制度的途径对这些水利遗产进行保护。总之，各个国家都有相关的措施。这里特别值得一提的是，在保护、开发利用水景观的过程中，很多国家都非常注重它的“活态性”，也就是不使它成为一个孤单的物质实体，而是把人的生活放在里面。因此，在水景观的开发建设中，最大可能地保持人们原有的生活状态以及其历史在现实中的韵味。例如在日本东京的奥多摩湖，水库修建中有 9 个神社沉入湖底。然而，当地的有关部门鼓励原有的文化活动得到延续，因此，这些神社的节日祭祀活动并没有因为神社被淹没而停止，人们每年都举行相关的节庆祭祀活动，这些神社特有的鹿岛舞和狮子舞已被指定为东京都级文化遗产，代代相传。水利工程的建设，并没有改变当地原有的文化状态。

4. 通过信息化手段创新水景观的管理运营

目前各个国家都非常重视信息化手段在水利风景区管理过程中的应用，通过信息化手段提升管理运营水平，让访客能够很便捷地获得相关的信息和服务。在这个方面欧洲有一点是值得借鉴的。由于欧洲的很多水景观面积不大，同时可能也比较分散。但是今天通过信息化手段，就可以把这些水景观组织在一个信息空间里面。例如威尼斯的水博物馆项目，就是将威尼斯各地的水景观，包括公共的和私人的水景观通过电子地图连成一体，共同构成为一个威尼斯水博物馆，共同分享信息、提供服务、获得相关的利益、发挥共同的功能。这就使得分享的水景观的价值获得了提升，水景观资源获得了较好的整合，社会和经济功能都做到更大化。游客只要通过手机，购买一张门票，就可以畅享威尼斯各地的水景观。

三 几点启示

从上面的分析我们可以看到，水景观是包括了自然和人文属性为一体的一种水体。对水的崇敬和欣赏、对水的愉悦价值的追求使人类尽可能地将一些自然环境改造为水景观，或者人为修建符合自己审美和体验的水景观。这就是水景观的基本来源。这随后的岁月里，为了商业利益、发展旅游业或者其他社会政治诉求，水景观已经成为人类社会生活中十分常见的景观。从过去装饰性、私人化、文化内涵特定的水景观发展到了今天更具有社会性、多功能，聚自然、历史和现代性为一体的水景观，其中的很多也可以称为水利风景区。海外的水景观除了具有长期历史发展形象的历史文化内涵以外，同时今天也更强调休闲娱乐、旅游、科学研究和教育等作用，在人类的居住环境和社会生活中扮演着重要的角色。通过上面的简单探讨，对于海外的水景观我们可以得到以下几点简单的启示。

第一，海外的水景观一般都比较强调其历史内涵，即这个水景观是如何被建造的，它与一些重要的历史事件及当地的社会历史发展过程背景如何被融合在一起。因为任何一个水景观都必然有它的地理和社会的特殊背景。把这些背景与自然景观结合起来，就可以挖掘出更多景观的文化内涵，展示给当地人或者游客。这样水景观除了欣赏美景以外，也增加了体验者文化感知，是海外很多著名的水景观最重要的一个特点。

第二，海外的水景观一般都强调景观的文化价值。因为水景观的产生和存在，往往都和特定的文化联系在一起。一方面可能是某些文化影响到自然的水体，另一方面，也可能是在自然的基础上形成了新的文化。一个水景观包容了人们对于自然的认识和理解、地域文化认同、环境偏好、审美观等。这就是一个水景观的文化价值，其中包含的就是水文化。只有既有文化内涵和文化价值的水景观，才具有更大的社会、经济价值。

第三，水景观要处理好人和景观之间的关系。要在水景观中充分体现人的活动轨迹、人和自然之间的关系、以及由此延伸出来的相关文化现象。水景观不能只是一种人为改造的水体，进行一个水体建设的成果，这样就没有和当地社会与文化结合在一起，犹如是建设了一栋楼房，只有参观的过客而没有住家，这样就构不成文化。因此，水景观或水利风景区的建设一定要和当地的社会生活结合在一起，使之成为当地人居环境的一个重要组成部分，尤其不能把当地社会生活在建设过程中剥离出去。

第四，水景观的建设发展必须要有明确的思路，功能应多元化。一个水景观的建设不是单一的水体加工程。应该明确一个水景观建设的目的和建设的思维，也就是要向社会表达什么理念、提供什么样的产品。如前面所论述的，水景观建设应当更多地体现社会性和公共性，体现和环境的协调等。因此，水景观应该让尽可能多的人接触到、享受到水，应该提供更多元化的产品满足人们的需要，包括观赏风景、接触水体、休闲娱乐、美食、甚至音乐等。与此同时，更多的成为一个提供知识的平台，但人们能够了解当地水文化的历史和背景、接受水情教育。良好的，尤其是体量较大的水景观还应该发挥环境保护的功能，成为生物多样性的一个载体。

（本文载于《中国水利》2020 年第 20 期）

水卫生：人类生存和文明延续的基石

水是人类生存不可缺少的资源，与水相关的卫生发展则是人类文明得以延续的重要条件，即水卫生的发展。水卫生的内涵包括洁净水的供给、污水处理、沐浴、防治与水相关的疾病等直接影响到人类健康的层面。水卫生的发展，一方面是技术进步的结果；另一方面受到人们生活方式、思想观念、社会制度等文化因素的深刻影响。

在历史研究领域，水卫生史自 20 世纪 90 年代以来在国际学术界开始受到广泛重视并获得较快发展。学者们一方面研究水卫生发展的历史过程，例如探讨欧洲从古希腊罗马时代到近当代水卫生发展的历史；另一方面注重探讨水卫生与人类社会发展的关系，尤其是水卫生在人类社会发展进程中的重要能动作用。近年来，国际学术界将研究触角延伸到具体的国家和地区，以及与水卫生相关的微观研究中，例如水卫生与人口增长、水和疾病的关系、水卫生与军事史、水卫生与城市史等。水卫生在全球史、文明史、技术史、环境史等范式或范畴下的研究也是备受关注的热点。相比之下，在中文学术语境中，水卫生是一个尚未被系统提及的概念，与国际学术界有较大的差距。

芬兰著名水卫生专家 P. 朱蒂教授指出，水供给和水卫生是人类与这个星球上大水文循环互动连接最初的交汇点。水卫生涵盖的领域十分宽泛，综合国际学术界的相关研究，可将其内涵概括为清洁水的供应、污水处理、沐浴和水冲厕所等三个核心层面。

供水和清洁水是水卫生的第一个核心层面。人类社会早期，面对生存，人们首要解决的是水源问题。一旦定居下来，人类和水的关系开始发生变化，这一时期最重要的是获得清洁饮用水。为此，一方面要修筑供水设施，另一方面要对不能达到饮用要求的水进行净化。水井是人类最早的水净化设施，可以说是水卫生的起始。在中国、埃及、美索不达米亚、印度河流域等地的古老文明遗址中，都发现了水井。例如，在距今 6000 年左右的中国河姆渡遗址中发现的水井，其主要功能是过滤当地苦涩的地下水。在今天位于巴基斯坦的青铜时代早期城市摩亨佐达罗，考古学家们发现了数以百计的水井。水井的使用，使得人类饮用水的来源更稳定、更清洁。罗马帝国时期修建了基于引水渠的城市供水系统，改变了城市居民传统的用水方式，也由此带动社会的变革，促进了城市水卫生事业的发展。罗马帝国时期的城市集中供水原理至今仍然被广泛采用。

污水处理则是水卫生的第二个核心层面。污水不仅会污染人们赖以生存的生活环境，而且会导致疾病流行。因此，有学者指出，城市扩张发展的历史就是人们力求防范疾病、处理污物的历史。根据考古学的发现，在公元前4000年—公元前2500年位于今天伊拉克境内美索不达米亚地区的一些城市中，街道上已经有很多排水沟。在公元前3000年左右希腊克里特岛的米诺斯文明遗址、在印度河流域的哈拉帕文明遗址中，都有完整的排水系统被发现。在苏格兰的一些村庄中，考古学家也发现了与米诺斯文明同时期完整的排水系统。在中国，河南平粮台遗址中也发现了距今4000年左右的陶质排水管道，说明中国也有较早的排水历史。这些排水系统排泄雨水的同时，更重要的是排泄生活污水。到罗马帝国时期，污水排放从技术到制度均有了进一步的发展，是城镇建设中不可缺少的一个重要组成部分。

在中世纪，由于缺乏必要的污水处理设施，尤其是下水道，诸多欧洲城市遍地污水、粪便、垃圾，由此带来了包括鼠疫在内的流行性疾病，导致大量人口死亡。在英国伦敦，14世纪每隔一二十年就会有一次大的鼠疫传播；1563年鼠疫传播夺去了1.75万人的生命；1665年大鼠疫暴发更是夺去了8万人的生命。到19世纪上半叶，英国很多工业城市仍然是粪便、污水遍地，臭气熏天。1832年伦敦再次暴发霍乱，共有3.2万人染病身亡，随后的十多年间，霍乱一直没有停止。尽管这一时期人们还不知道污水与霍乱之间的关系，但是伦敦严重的水污染还是触动了人们对城市管理制度以及道德层面的思考，也因此成为基督徒们以宗教名义大声疾呼的话题。1846年，伦敦大主教向上议院提出了《公共浴场与浴室方案》并获得通过。1858年，由约瑟夫·巴扎尔盖特主持修建的伦敦大排水系统历时20年完工，解决了伦敦的污水排放问题，使伦敦成为一个令其他欧洲城市羡慕的干净城市，初步解决了困扰这个城市发展的顽疾。由于水卫生事业的进步，伦敦城市中居民患病率下降，人口增长加快，到20世纪前后伦敦人口每十年平均增长达到100万。

沐浴和水冲厕所是水卫生的第三个核心层面。考古学证实了人类室内沐浴和水冲厕所的历史可以追溯到青铜时代甚至更早。在印度河流域的哈拉帕遗址就发现了很多配备在家中的沐浴设施，最令人震撼的发现则是克里特岛上米诺斯文明遗址所展示的卫生设施。考古学家们在包括科罗索斯皇宫在内的克里特岛遗址中发现有 1000 多个房间配备了单独的沐浴室和水冲厕所，还包括用于宗教目的的公共浴室。在此之后，沐浴成为希腊人日常生活中必不可少的活动，尤其是富人家庭。对于一般民众来说，则是一种公共服务，由市政部门提供。在罗马帝国时期，公共浴室是城市建设中不可缺少的要素。帝国疆域中公共浴场无所不在，甚至往往首先被修建起来，很多耗费巨大的引水渠的修建仅仅是为了给公共浴场供水。公共浴场成为罗马文明的重要标志。沐浴不仅仅是为了洁净身躯，也成为一种社会生活时尚，成为罗马帝国时代社会教化的工具，是区分“野蛮”和“文明”的标志。一个典型的例子是，罗马帝国的军队都把沐浴设施作为军队的必要配置，军人甚至在沐浴以后才上战场，罗马军人相信清洁的身体是战斗力的体现。

水冲厕所的普及与古代希腊罗马时期浴室的发展基本同步。不论是富有的私人家庭还是公共浴场，基本都建有水冲厕所，可以使用沐浴的废水冲刷厕所。在古代罗马城市遗址中，如罗马、庞贝古城等今天仍然保留着一些水冲厕所。水冲厕所的普及在厕所史上也是革命性的，因为没有什么方法比水冲洗厕所更清洁、卫生、便捷，减少了疾病传播。水冲厕所又一次革命性的变革是 16 世纪末期发明的抽水马桶及相关的厕所设施。这项革命性的水卫生设施在世界各国的普及，对人类健康和文明发展做出了重大贡献，今天仍然是全球推广最多的厕所类型。如果没有这一项发明，人类居住区域的水环境将受到严重污染，尤其是大城市中疾病的流行仍然难以控制。

总而言之，人类历史发展的每一个重要时期，都可以看到水卫生的支撑。从一定意义来讲，人类的历史也是一部基于水的卫生发展史，其意义之重要并不亚于某些生产力环节上的革命。水卫生的发展，使得人类身体洁净、居住环境干净，以城市为中心的大规模聚居成为可能；保障了人类的生命安全和健康，推动了人类文明的进步。截至目前，全球仍然有 18 亿人口使用未经任何处理的饮用水，对与水相关的疾病没有任何防范。全球所产生的污水有 80% 尚未进行任何处理或者再利用，直接排放到自然环境中，严重威胁着人类自身的发展。加强水卫生体系建设，提高水卫生发展水平，依然任重道远。我们有必要从历史中吸取经验教训、获得启迪，这不仅是学术建设的需要，更是现实发展的需要。

（本文发表于《光明日报》2021 年 4 月 19 日，第 14 版）

国外节水面面观

目前人类正面临着日趋严峻的水危机。根据联合国《2018 年世界水发展报告》，目前世界上有 19 亿人口生活在水安全无保障地区，2050 年这个数字可能提高到 30 亿。气候变化不仅影响全球经济发展，也将导致贫困、社会不公平程度的加深以及水资源冲突等矛盾加剧。

为了应对水危机，世界上很多国家都在采取不同措施，而节水是应对水危机重要且有效的途径。节水不但成为一种全球共识，而且从生产到生活，从农村到城市，从社区到家庭，不同层面、不同领域展开，采取了包括政策、公众教育、技术推广、节水产品的推广应用等方法，取得了广泛成效，积累了有益的经验，值得互相借鉴。

一 实施节水战略

战略和政策在节水工作中起着至关重要的作用，各个国家围绕节水都制定了政策，比如水价改革、限制用水、鼓励节约用水、水的循环利用等积极政策。同时，也对节水进行有效的战略规划，对水资源利用进行战略管理，以达到节水的目的。

当前，很多西方国家采取的水需求管理战略就是一项近几十年来发展起来的重要节水战略。水需求管理战略包括了管理、经济、金融、技术、社会等方面，目的就是使一个地区、一个社区或者一个单位在用水过程中能够得到综合性的计划管理。

为了实施战略，还必须采取有效措施，一方面节约用水，另一方面提升综合应对水资源短缺的能力。总之，管理好需求是有效减少用水的重要环节。一项包括柏林、哥本哈根、塔林、萨拉戈萨四个城市的研究表明，这四个城市自 1995 年开始到 2015 年，由于水需求管理战略的实施，耗水量都有较大的下降。在这四个城市中，水需求管理战略最有成效的是开展了有效的供水管网改造和维护、大力普及节水技术、制定有效的政策法规、开展公众节水意识的教育等。

二 广泛开展公众节水教育

一切的节水工作都需要有公众的参与和支持，因此公众节水意识的培养是节水工作的重要环节。公民的节水意识与节水的成效直接相关，通过公民节水意识的培养和强化，能够有效地达到节水的目标，其重要性不亚于相关技术普及推广和政策应用。

因此，很多国家都把公众节水意识的培养作为一项长期的工作来抓。日本是公民水意识教育做得较好的国家。作为一个岛国来说，日本虽然是一个淡水资源相对丰富的国家，但是在节约用水方面非常严格，甚至显得有些苛刻。对公民水意识的教育从小就开始，从幼儿园、小学到中学一直延伸到社会的各个层面。日本的很多大城市都会结合“世界水日”举办城市的水周活动，通过水周活动集中普及节水知识。在水周期间举办各种活动。比如针对普通居民，举办征文比赛，对获奖者进行奖励。针对少年儿童也举办和水相关的绘画比赛和水知识竞赛。针对成年人，还会邀请专家进行各种专题讲座，包括水的历史、文化、经济和当代的水危机应对等，难能可贵的是很多官员都直接开办讲座。

事实上，日本的水公众教育主要体现在日常生活中。政府会经常通过各种媒体让市民了解所在城市的水资源状况，提醒大家节约用水。在日本东京，水博物馆就有十多个，例如彩虹水博物馆、东京都水道博物馆等。这些博物馆设施完善，展示技术先进，同时具有较强的体验性，主要功能就是开展水教育，让市民了解水的相关知识，增强公民的水意识。在日本的很多社区中还有社区主办的水学校，对社区居民定期进行水知识培训，而这些项目都很受社区居民的欢迎。由于有了丰富的水知识和较强的节水意识，日本居民在生活中节约用水蔚然成风。

三 大力推广家庭节水设施

节约用水的理论框架有三个维度：制度的维度、消费者的维度和节水设施的维度。除了制度和政策、水消费者以外，日常用水的用具也是节水的关键环节。

在西方国家，近几十年来都在大力推广节水设施，达到了较好节水效果。如果这些设施和政策环境、人的行为有效配合，将起到更好的节水效果。因此研究开发、推广使用家庭节水设施，一直是很多国家所关注的，并且把这些设施的使用纳入了政策环境中。

在澳大利亚的新南威尔士州，自 2005 年就出台了相关的制度规定，在新建和装修的住宅中必须要遵守水资源保护的更高标准，如必须安装双按键（大小水量控制）的抽水马桶和低流量淋浴喷头，建设家庭雨水收集设施以及花园必须建成低耗水量花园等。

美国佛罗里达州迈阿密戴德县对居民客户实施了节水激励措施。这些激励措施包括退税和淋浴喷头、厕所和洗衣机的换货计划。在政策的支持下，老百姓更换了低出水量的淋浴喷头、改造节水卫生间、使用节水马桶，同时也更换掉大容量的洗衣机，让洗衣机的容量和家庭的人口规模相吻合。措施实施后，专家们评估了居民的节约用水和用水趋势的转变。在第一年中，居民需水量减少了约 6.14%。在第二、三和第四年中，节水效果极其明显。这些节水措施为每户家庭每天节约 28 加仑（占总量的 10.9%）、34.7 加仑（占总量的 13.3%）和 39.7 加仑（占总量的 14.5%）的水。总之每采用一种以上的节水器具，与过去相比都可以明显地节约住宅用水。

今天在一些西方发达国家，对家庭用水都进行了精细化的控制，如上所述甚至控制到了家庭中的每一种用水设施，包括洗衣机、洗碗机、淋浴设施、马桶、浇花设备等。为了掌握这些设备的用水量，人们还制定相应的用水控制计划。在欧洲的一些国家出现了智能水表，可以精细地监测到家中的每一种用水器具的用水量，使人们能够监测掌控自己的用水目标。这都是精细化管理日常用水、达到节水目的的有效手段。

四　积极推进节水科学研究

节约用水具有普遍性，是全球性水资源可持续利用的共同目标。节约用水，不论是观念、方法、制度还是具体的措施都和当地的社会经济文化环境有直接关系。同时节水也是一个综合性的系统工程，同样涉及不同的社会、经济和文化环境。因此要做好节水工作，必须要对相关的社会经济文化环境进行深入的研究，把握问题的症结，提出有效的政策措施。因此关于节水的科学研究就成了节水政策制定和实施的重要支撑。

国际上关于节水的政策制度环境、水消费行为、用水的观念和相关的文化等，都有深入的研究，甚至研究到了消费心理的领域，节水科研也是国外节水工作的重要环节。

宏观战略方面，很多研究涉及实施水资源利用战略管理等政策制定和实施成效，例如水需求管理战略、需求侧管理战略等。通过这些研究，构建有效的水资源利用战略框架，从而达到科学高效利用水资源的目的。很多专家持续研究很多年，甚至跨越十几个国家来获得可靠数据，支撑节水政策的制定。例如马丁·斯蒂文哈根等专家就城市节水问题在欧洲进行了多年的关于居民用水需求政策的评估研究，产生了较大的影响。他们的成果《城市节水：欧洲四个城市的居民水需求管理政策评估》发表在知名的杂志《城市》2018 年第 79 卷上。微观研究方面，很多研究都深入到了社区和家庭中，研究居民的用水行为和用水方式、用水设施等与节水的关系，寻找不合理水消费以及节约水的细微环节，加以改进。

五　几点启示

通过对国外节水工作的一些考察。我们可以获得几点启示。

第一，节水是一项系统工程，它涉及制度建设、政策环境、社会适应、文化环境和相关的技术进步、节水产品的推广利用等，因此它不是一个单向的工作，需要全社会予以配合。

第二，实施节水的战略管理。把节水融入全社会的生产和生活过程中进行管理，改变生产方式和生活方式，以适应节水的要求，最大限度地降低对水的需求。

第三，要大规模地推广使用节水产品。节水产品的推广应用，一方面要有科技的研发和生产手段支持，另一方面要通过政策手段大力推广。

第四，大力营造节水的社会环境。营造节水的社会环境是节水工作的关键。没有良好的社会环境，节水工作就达不到最终效果。

（本文发表于《中国水利报》2019 年 9 月 19 日，第 4467 期）

专　　访

水文明探索中的苦旅者*

水文化研究缘起

徐：郑老师，我们知道您在民族学人类学、水的历史文化研究中都有建树，但是今天我们将访谈的话题集中在水的相关研究中。首先请您谈谈您为什么会关注水、选择水文化研究？

郑：首先，关于水的研究是我们这个时代非常迫切的主题。目前人类面临着前所未有的水可持续问题与水危机，因此水问题是全人类可持续生存发展的问题，必须加以关注，是社会科学研究不可再忽略的问题。其次，水其实也是充满魅力的，在不同民族中水展现出的文化现象也是丰富多彩的。我主要以水的文化和历史视野来研究，水在人类社会中如何塑造了人类的文明形态、塑造我们的社会模式、生活方式、思维和行为等，以及水文化的多样性等都有探究的巨大魅力，这也是水的人文研究对我的一种强烈吸引。在这一点上，民族学人类学有不可替代的学科优势，去深入观察分析水与人类社会的密切联系。今天，人类面临着共同的水困境，对水与人类文明的深入理解，是构建一种人水和谐关系的重要基础，也是化解水危机的重要途径，这一点今天在国际上已经是有明确的共识的。因此水文化的研究十分重要，不仅具有时代性，也有关注人类共同命运的意义。

作为一个学者，如果你能够在某个学术研究领域中找到你的兴趣，乃至幸福感，那你的致力就会变成很快乐的事，变成你的生活方式之一。比如说过去的 30 多年来，我关注的重点领域也包括对傣泰民族的研究，我感觉到这一生能够游历于这样一个伟大、充满魅力的文明中，是十分有幸福感的，学术上就会有快乐感。水也是一样的，当你畅游在博大精深、多姿

---

* 访谈者为云南省社会科学院研究员徐河珊、《中国社会科学报》记者曾江。

多彩的水文化中，当你穿越时空回到历史中，去感受水在人类社会发展中所扮演的角色、人类治水的巨大成就，以及我们今天仍然能看到的世界各地大量古代的水利工程遗存，从这些遗存中去探究背后的人类文明历程，比如说现存的1000多条古代希腊、罗马的引水渠桥，你就会在这其中回味无穷，乐于求索。所以我觉得如果要谈到激发个人的学术兴趣、在其中有一种学术快乐感，这些是非常重要的。

徐：您的学术基础是人类学民族学，请您结合一些具体案例讲讲您基于人类学民族学所做的水文化的研究。

郑：好的。我对少数民族的水文化研究的缘起是对傣族的水文化研究。

对环境问题的关注我开始得比较早。我大学本科学的是历史学。1983年我大学毕业分配到云南省社会科学院工作并被派到西双版纳基诺山区调研，首先遇到的就是森林权属划分带来的冲突。因此我对基诺山区的森林问题、基诺族的森林文化进行了深入的调研，写了多篇调研报告。也在此时，我就已经发现当地社会中存在着水的矛盾。1983年我在基诺山与橄榄坝相邻的大巴洒、小巴洒等几个村子做调研，同时也就到了相邻的几个地处山坝相交处的傣族村子。当我到了傣族村子后就听老百姓反映了一个相当严重问题：他们大量的水田变成“雷响田”，就是打雷下雨才能种的田，而没有了来自山区的河流的灌溉。在我印象中，西双版纳不可能缺水，而眼前越来越多的水田变成了“雷响田”，种了之后也少有收获，甚至绝收无粮。我说你们不是有来自基诺山的几条河沟吗，他们说你去看嘛，那些河里只有一小点水，特别是冬季那些河水都干了。那些河都是有赖于基诺山森林涵养水的，因为它是山坝结合部，照理来说不应该缺水。但是当地人说，过去几十年大量的砍树造成了森林的破坏，从1950年代开始的大跃进、大炼钢铁、“向森林要粮”等运动破坏森林，一直到了1980年重新划定林权过程中的一些失误，造成了基诺山的森林毁坏相当严重，以致很多河流干涸，造成坝区的老百姓没有水、生计难保。这次调研对我的感触是很大的。一些时节不但是河里没有水，连井里面的水都干了，老百姓因为没有水造成了很大的困难，傣族妇女习惯天天要洗澡，现在澡都洗不成。老百姓能做的就是祈雨的祭祀，求河神。据说为了水，在祭祀中金子都要往河里面丢。那个时候我也参加了一次祭祀活动。当时也了解到西双版纳一些村子因为争水而发生冲突、矛盾很大。因此那时我就感觉到水与社会的冲突，研究森林的问题就必须把水的问题研究结合起来。我将这些问题的调研写成了多篇调研报告，这是我最早的关于水、森林的研究报告。到 20 世纪 80 年代中后期，我在研究基诺族的同时也将调研拓展到了对傣族的研究，更感觉到水和傣族的整个社会的关系很密切，也就提升了我对水文化研究更多的兴趣。

我从那个时候就开始注意研究傣族的水文化问题。在 1995 年我就写了一篇《傣族的水文化与可持续发展》的文章，但是这篇文章投了多家杂志社都没有被接受，原因是当时基本没有人对水问题有兴趣，水问题还没有成为一个受人关注的问题。结果 1998 年，我将这篇文章写成了英文，投到了正在征文并将在英国召开的一个国际水历史大会，结果这篇文章被选上了，但这时离开会时间已经很近了，当时只有一个多月的时间也办不了出国手续，我没有能出席这次会议。2001 年在挪威召开国际水历史学会成立及第一次全球大会，我的文章作为来自中国的两篇文章之一再次入选，而且获得了全额资助，使我能够参加了这次会议。这是很重要的一个契机，这篇文章引起了一些国际学者的兴趣，使外界有机会了解到中国少数民族地区的水文化与现状，这也成为我的学术走向国际的一个起点。

尽管在此之前我已多次前往泰国、日本、越南等国进行过学术研究，但对水历史文化的聚焦是在 2000 年后。

对傣族水文化的研究到现在仍然是我很重要的一个研究领域，现在我对傣族的水文化的研究扩展到了水对整个傣泰民族历史发展过程中的影响，包括整个东南亚地区。我研究傣泰文化多年，先后已经六十余次到东南亚国家，掌握了大量资料，希望能出一些有分量的成果。

再举一个典型的例子，对红河流域水文化的研究。过去 20 余年来，对红河流域傣族、哈尼族、彝族等少数民族水文化的研究我也做了大量的调研工作。首先的研究基点是研究当地的少数民族如何利用水资源来构建以梯田农业为基础的一种文明，我已经发表了一些相关文章。立足于红河中国段少数民族水文化，拓展到了对整个红河流域的研究。从源头到源尾我进行了二次考察，应当说就我目前所知，从源头到源尾进行过红河全面考察的专家在国内还极少。我立足于将研究自然资源与少数民族社会相互动的文化现象与当代的环境保护相结合。同时，我也领导过一个与日本东京大学合作的研究项目，研究当地少数民族包括水在内的自然资源的可持续利用问题。

民族学人类学对水的研究更为深入直观，它能深入到一个民族的文化中去，观察水与一个民族从基础的生计到精神不同层面的联系及其形成的文化现象。水是民族学人类学不能忽略的领域，只是今天很多民族学家还没有敏感地认识到这一点。

学术思路：力求学贯中西

徐：您这些年广泛开展了国际学术交流和合作，这其中的体会是什么？

郑：首先就我个人来说，从1983年参加工作到现在，已经有37年的工作经历了，前期立足本土，做了大量细致扎实的调研工作。大学毕业以后很多年扎根在边疆少数民族村寨做调查研究并积累了大量的资料，成为我重要的学术经历，奠定了个人的研究基础。应该说这个路子是非常对的，我们应该鼓励一个学者长期扎根在一个地方，有自己的学术根基。但是我认为也不能长期只将自己的研究局限于一个地方，这样的路可能会越走越窄。在长期扎实对一个地方研究的基础上，应当多做些比较，尤其是在我们处于这样一个全球化的时代，我们与外界的接触越来越广泛，获得的信息量越来越大，获得的知识就越来越多，这样对你的研究思维的触动也会越来越大，这样肯定会激发你对科研的一种新的热情，激发你探索越来越多未知的兴趣。所以在这种背景之下，我觉得一个学者的思想会发生很大的变化，同时，科研的思路也会发生很大的变化。就包括我本人也是这样，自己的研究领域随着自己的努力在不断拓宽，毕竟在30余年的勤奋努力中，是有时间做很多事的。大家都知道，在过去的这20多年里，我将一半以上的时间和精力都花在了与水有关的研究上，但与此同时，在民族学人类学领域内我也有很多建树，多有论著，只是我个人的研究领域与过去相比已有了较大的拓展。

那么这种拓展有什么益处呢？是不是没有固守起始的一亩田地就会丧失根基甚至迷失方向了呢？我认为不是。我从上大学时就很敬佩一些大师能够学贯中西，他们能为人类知识的共通、理解与和平做出更多的贡献。我常常说，我很幸运处在一个好的时代，我的学术成长经历与中国的改革开放同步，自20世纪80年代以来，我有七八十次机会到国外去进行各种访学、研究、讲学，目前每年收到的来自国外的学术活动邀请应接不暇，和国际学术界接触地越来越多。在和国际学术界有了大量的接触之后，我觉得有几个方面的收获：一是获得了更多的知识，不论到哪个国家跟哪些学者交流，都能相互学习，学到新的东西。事实上国际学术界也比较单纯，大家的交往主要是知识的交流和沟通。你向别人表示学习的愿望，人家都会帮助你，甚至无私提供给你资料，近年来有很多国外学者送了我大量的资料，对我的研究很有帮助。再比如说国际会议，每年我都要参加一些国际会议，不论在国内还是在国外召开，大家就可以交流成果与知识，相互学习。二是在交流的基础上，有了一种合作的可能，大家合作起来做很多研究，这几年我在国际上做了很多合作。我们联合写一些书、论文，有了很多的成果。比如说我和一些国际学者联合撰写关于全球水历史的系列长篇论文，到现在已经有了 8 篇定稿或者已经发表了。这些都是内涵比较大的论文，比如说《全球下水道史》《全球引水渠历史阐释》《雨水收集利用的历史》《跨越数千年的全球厕所的演化》《城市供水史》等。这些论文的作者很多都是国际上知名的学者，十多位学者共同来完成一篇论文，我觉得这是过去很难做到的。因此学术交流的平台，带来了学术合作的可能性。这些国际合作的成果，其影响相对来说都比较大，个案来自很多国家，拓展了科学探索的空间，只有国际合作才能产生这样的成果。三是收获了友谊，这几十年的国际交流中遇到过的亚非拉美学者数以千计，和很多国际上的学者交了朋友，今天可以说做到了朋友遍天下，这也是我很珍视的。

徐：您在 2012 年当选为国际水历史学会主席，这些年做了一些什么样的工作呢？在对外宣传中国的水文明中做了些什么？

郑：首先，在国际上对水历史科学的认同度在不断增高，这是学者参与很广泛的一个学科，相关的背景可以参阅我写的一些介绍文章，如发表在《光明日报》理论版的《关于水历史》一文。

国际水历史学会（International Water History Association，简称 IWHA）是 1999 年由联合国教科文组织国际水文计划及联合国政府间水理事会（UNESCO-International Hydrology Program）协调组建的一个全球国际学术组织。学会成立目的在于进一步推进联合国千年发展目标，为全球水可持续提供智力支撑，尤其是吸取历史上的智慧与经验教训、传承全人类优秀的水历史遗产，同时整合很多国家已存在的水历史学会资源，推动全球水历史科学的发展，更好地服务全球水持续。国际水历史学会成立近 20 年来在全球做了大量积极而有成效的学术研究、学术活动和教育推广工作，已经成为一个有全球性影响的学术组织，在国际学术领域享有较高的声誉。

在此之前，我已先后担任过学会的执委、副主席，也在此学会工作中积累起一定的经验与履历，因此当选并不是突然出现的事。这样一个事实有多种因素促成：自己的工作能力、学术的认同度，当然也有学会章程中规定的学术负责人分布的地域性公平原则，欧洲人担任了多届，也应当有一个亚洲人。尽管如此，在上任之初困难也是很大的。作为一个在中国的学术环境中成长起来的学者，管理一个西方主导的国际学术组织，管理的经验肯定是不足的，能力也是有限的，有的学会领导也并不配合工作，甚至我感觉到管理团队中的个别成员可能是不服气的。如何才能够尽快地适应管理工作、使学会的工作有新的进步对我来说是一个巨大的挑战。但是我还是珍惜这次机会，积极应对挑战。首先是勤奋的工作，积极处理各种学会事务，我有的时候每天需要处理十余封电子邮件，有的时候还必须是即时讨论性回复，由于时差的关系，很多时候工作甚至是在深夜中进行的。同时我还有单位上的本职工作需要做，因此那几年我是非常疲惫的。但是勤奋的工作提高了学会的管理效率，这一点大家也是看得到的，大家都是兼职工作，因此这也是能够打动大家的。其次，积极推动学会工作的开展，我积极协调了很多次重要的国际学术会议和活动的开展，也推动了国际水历史学会和国际水协会等国际组织的合作，尤其是与联合国教科文组织的继续合作，这些都反映出学会工作的明显成效。最后，自己在科研上也要有进步，这几年我在中外水历史文化的比较研究中发表了一些英文论文，进行了很多学术活动，大家都是认可的。国际学术圈子总体上比较单纯，你真正付出了，你的能力显示出来了，大家会认可你，尊重你。当然我也有很多局限性，如国际旅行手续使我不能参加很多重要的活动，甚至是外方出经费的活动。我们国家有关部门也没有看重这块阵地的重要性，给予必要的支持。经过两年的工作后，各方面也就得心应手了。事实上，国际水历史协会主席的任期每届是两年，但是由于一些原因推延了换届，理事会做出了让我继续担任两年主席的决定，因此我前后任职 4 年，这在过去是没有的，我想这也是大家对我的肯定。作为一个来自中国的国际学术组织负责人，不丢中国人的面子，为中国的利益尽量做些力所能及的事，这是我是多年来一直遵循的原则，因此我也尽量这样做了。我相信很多人也会是从我身上来看中国人的，这是我的压力。我尽力工作、真诚待人、勤奋钻研，赢得了大家的认同，这一点是我今天感到欣慰的。一个外国朋友对我说，和一个中国学者成为朋友，改变了我对中国的看法和自己的工作规划。因此，我们今天常常说掌握话语权之类的话，我理解，真正有话语权的人，是用个人魅力去感染别人的人，而不是强词夺理的人。

关于宣传中国水文明问题。对中国这样一个古老的文明国家，它的治水历史，因为翻译工作等原因，西方人了解很少，对中国整个水历史是不了解不清楚的。甚至我发现尽管中国有博大精深的治水历史与水文明，但是在国际学术界对中国水历史的研究介绍大多数都是西方人做的，包括中国水利史、黄河研究、江南水利研究、都江堰研究以及早期传教士对中国水利社会的记述文献研究等，而由中国人的写的英文论著极少。也就是说，到了21世纪的今天国际学术界及社会对中国博大精深的水文明仍然知之甚少，或者说中国人对自己的水文明在国际学术界没有多少话语权，这一点让我很难过。因此我通过参与国际合作撰写论文，把中国的个案写进去，每一篇论文都有一部分是讲中国的。这样，至少使中国的元素，中国的文化在这些重要的成果中没有缺失，把中国的水历史介绍到国外，如中国的引水渠发展的历史、水井的历史、厕所文明史、城市供水史等，我觉得是这是非常有意义的。担任国际水历史学会主席后，使我有了更多的便利条件来做这些工作。

此外，在过去20余年间，我不断在国际上进行演讲，也产生了很多影响。在过去5年中我有11次应邀担任重要国际学术会议的主旨发言人，包括到国外很多大学进行演讲等，讲的都是中国的个案，这也就把中国的水文明宣传到了其他国家。很多时候在国外的演讲会听众都很多，有的有二三百人，当然也有少的数十人的，作为学术会议已很不错，通过演讲让很多外国的学者了解了中国的古老的水文明，理解了中国。

徐：请您再谈谈您是如何在国际学术空间中赢得地位的，这也许对青年学者会有启发。

郑：这些年做了很多，但我尽量保持低调，很少与别人讲。我觉得有几点是重要的。第一点是你要有自己的思想和成绩，你在国际上要获得认同和认可，首先你要有自己的思想，有你的成果。包括对少数民族水文化，中国的水历史，通过自己深入扎实的研究，给学术界提出一些新知识与观点，你才能获得认同。所以你就要扎扎实实努力做出成果。我这些年在国外各种刊物上发表的文章有几十篇。因此我觉得首先是你的科研能力，科研成果和你的学术思想要为人认可。

第二点是通过自己的一些科研活动，积极参加一些国际科研事务。当然成为国际水历史学会主席同时也是很大的机会和平台。有些时候，人家开会一定邀请我，给我一些待遇，把我看得很重，这是一般学者所不占有的先机。现在我在很多国际组织中都有职务。这些使自己有更多的机会，在国外很多国际会议虽然不是我组织的，但是他们也把我列为组织委员会成员，甚至名誉主席。

第三点是要有执着钻研的精神来赢得认可。很多外国人与我打交道后会有这样一种感觉：我是一个钻研精神非常强的人。当然这不是我装模作样，而是我的作风。只要有机会出访，走哪里，都会执着地让他们带我去做田野，收集资料、探讨问题。我珍惜每一次对外接触的机会，尽量将收获最大化。我太太今年跟我一起去美国，回来常常抱怨不是开会就是整天在野外跑，购物的机会只有最后一天的两个超市。如上面提到的，其实国际学术圈子有时候相对更单纯。它并不认可你是某某院的院长，大学的校长，而是以你的能力、人格的魅力、学术影响力来认可你。

徐：很赞赏郑老师的眼界和学术研究的广度。我感到这些年国内民族学人类学好像是有一种越做越窄的现象，您如何看？

郑：当然这种现象我感到是存在的，可能问题是关注社会现实发展不足，跟人类共同利益联系的联系不足。我去年去美国亚利桑那大学，我就感到他们的关注点和我们很大的差别，如网络化时代人类的生存状况、水问题、国际移民问题、当代的族群融合问题、气候变化问题等，都是当地人类学家关注的问题，我在的时候就有一个由人类学家主导的关于水伦理的国际会议召开。但是我们的很多研究仍然聚焦于婚姻、习俗、仪式等，真正对于社会的热点关注不够。我认识的一位越南民族学专家四五年前就出版了一本有关网络对越南青年人行为影响的专著，同样越南在三年前就召开了气候变化与人类遗产保护的会议，这些新颖的话题在国内当时还很少。因此我们的学术必须要拓展，如果你的眼界能够打开，学问可拓展的新领域在我们这个时代一生根本做不完。

就刚才你说的学贯中西来说，我觉得从上大学以来我就比较欣赏学贯中西的学者。比较欣赏学贯中西的理念。我觉得这是一种更为广阔的思维方式，也是一种更为广阔的学术方式。所以，当我 80 年代以后有机会走向国际，我就一直秉承这个观念，努力探索中国的学术，也努力探索西方的学术，这几年为了研究的需要，我一直在恶补西方相关历史知识，这是大家不知道的。至于最终能不能达到“贯”，能否“贯”得起来，另当别论，但是我总觉得中西有很多东西是相通的。学贯中西至少作为我的一个志向和追求，努力去做。

国际访水之路

徐：您是如何走上国际访水之路的？请结合一些实例做一些介绍。

郑：前面讲过，我的学术成长与中国的对外开放是同步的，这是我的幸运。因此我有机会走出国门，进行海外实地研究。从个人的兴趣志向开始一直走到今天。

作为我个人来说，田野工作是我最根本的工作方式之一，也有丰富的经验。在过去的几十年国际交流和国际研究经历中，我也努力地这样去做。只要有机会到国外，都会想尽一切办法去了解当地，研究当地，去进行一些有可能的田野调查，收集当地水的资料并进行实地调查研究。

比如说，人家请我去讲学、开会，我都会附加一些条件，那就是会后一定要安排我去做一些调查研究，一天也好、三天也好，你们一定要安排。往往你提科研上的要求，一般他们都尽量创造条件满足你。有的时候他们有相关项目，他们可以从公款中给我提供一些车辆、住宿的安排，没有项目，有些专家学者把我请到他们家中住，开他们的私人车，私人陪我去做调查。

这样，过去的这么多年来，我在世界一些地方做了很多调查。我这个人一般到哪里没有很多兴趣去玩风景点，最大的愿望是去博物馆看，去图书馆去收集资料，到田野现场点考察。2014 年我两次到希腊，除了开会就去做了几天扎实的田野研究。2016 年我到美国访学，一方面是到图书馆大量下载、复印资料，另一方面是实实在在地在学校的安排下对科罗拉多河和大格兰德河这两条大河沿着河道进行考察，奔走几千公里。今年，也就是 2017 年，我到了科罗拉多州，在科罗拉多大学的帮助下，对科罗拉多河上游进行了 5 天考察，这样完成了对科罗拉多河美国境内全流域的考察，观察到了这条河流从涓涓细流到一条奔腾不息的大河的过程，对我个人来说也是人生的一个壮举。很难得的是此次到美国还参加了三天当地傣族人的赕佛活动（当地约有1200名从老挝、中国迁去的傣族人），对当地傣族人的状况也有了一个了解，这也是难得的。美国的朋友说他们没有见过任何一个中国学者这样深入地对美国西部做过访水研究，他们为我做了很精心的安排，考察点都事先做了联系安排。又如对日本的田野研究，这些年我已经16次到过日本进行学术活动。上一次是2016年8月到日本，在会议后也是选择了一条有代表性的河流长良川进行考察。日本是个小岛国，河流不长，长良川是日本的一条一级河流，只有130多公里。我在日本有关单位的安排下，考察了这条河流的大多数河段，内容从历史上治理河流的洪涝、利用河水，直到今天如何建立起一种人水和谐的水文化等，进行了一个全方位的考察。这些考察工作，应该说作为中国学者来说，都是极少的。再举一个例子：红河流域的全方位考察研究。我主持过一个中越合作的红河流域研究项目，也是全流域考察，这也是有史以来第一次中越学者合作从源头一直走到源尾的考察，获得了大量珍贵的第一手资料。

因此哪怕我到一个国家一个城市只有几天，参加一个国际会议，我也要对这座城市的水环境做些调查，做一个了解，掌握一点资料。因此，一切研究，贵在长期的坚持与积累。现在我已经积累了几十个国外水相关研究的个案资料，从历史到文化，或深或浅，写下了几十万字的调研记录。我觉得正是因为有了这么一些经历，积累起了大量难得的资料，而这些研究及资料的掌握又会让你去不断拓宽自己的研究，这就是我刚刚说的，一个学者到了一定时候，你想限制自己的领域都很难。而且，只要你有热情，在不同的相关主题上做一些更广泛的研究是可能的，而且是很重要的。

徐：正好想问，今后郑老师您是否准备把这些国外积累的研究资料整理出版？

郑：对。现在已经有几十万字，陆陆续续地发表了一些。比如发表在《江河》杂志上，上面有我的一个专栏，每期都有一篇我的海外访水的文章，迄今已发了近10万字的文稿。但最终我决定要写成一本依据田野考察点的全球水文明史。如果要写一本全球水文明史，这个题目太大了，所以我定位在田野上，就是仅仅以我在田野点上的调查了解来写，这是有可能的。比如古代希腊，五六千年前就有人类最发达的城市水利，古代罗马在公元前后将水的治理发挥到了极致。治水历史比较短的，如日本三五百年，更短的是美国一两百年的治水史，我的田野点上的调查可以复原这一个历史跨度，可以复原一部水的文明史。将来我要写这部书。但是现在我想再积累几年，使自己的资料更丰富，这部书自然也就成了。我走到哪里，我除了田野调查，我还在当地大量的收集当地的文献资料，文献资料我也积累了很多。应该说，现在国内国外，我个人来说所积累起来的有关水文化和水历史的资料量还是非常多的。

徐：那您对中国的水历史是否也做了考察？

郑：是的，这些年我对国内的水历史也做了很多研究，也实地考察了很多现场，不断地延伸拓展自己的视野。这里特别要提到这几年我得到了水利部宣传教育中心、中华水文化专家委员会、《江河》杂志社等部门的大力支持，感谢他们为我提供了很多的条件，每年都邀请安排我参加一些考察活动。这几年我对黄河、海河、泾河等都做了一些考察研究，对浙江、江苏、陕西、河南、四川、贵州、新疆、江西等省区都做了一些调研，包括江苏、浙江古村落水系统、城市水利、大运河，新疆的坎儿井、山东的引黄灌溉、陕西的泾河流域文明等，积累了很多中国水历史文化的知识与资料。这样，同时掌握了大量的世界的和国内的资料，就可以做一个比较。我觉得海内外访水实际上做得越多，就会得到越多的感悟，越能领会其中的一些共通性，看到一些问题的实质，最终学问也就不分中国和外国了，而是人类共同的关注。

社会服务与学术奉献

徐：就我所知，您在做好自己的科研工作的同时，也努力运用学术服务于现实，实实在在做了很多事，请做一些介绍。

郑：一个学者的研究不能只考虑自己的发展，而是应当把运用自己的智慧与研究成果来服务社会作为最终定位，不论能做多少、做多大。

这方面的例子很多，就以 2009 年我关注干旱为例。大家知道 2009 年后云南省经历了百年不遇的大干旱。在 2009 年云南全省抗旱的过程中，我在云南率先组建了干旱研究的项目组开展研究。项目启动后，通过《云南社科要报》等向省委提供报告，多个报告受到了时任省委书记、省长、副省长的批示，直接进入了决策，多条建议被采纳落实。当时我第一个提出来，云南要解决干旱问题，不是完全靠水库，而是要靠小水窖，提出了建一百万个小水窖的建议，建议写进了时任省委书记的讲话稿，作为省委的要求在全省落实。全省推开了水窖建设的热潮，政府给一些补贴，社会各方面积极支持。果然因为有了水窖的建设，蓄了一定的雨水，第二、三年的干旱，对很多农民都受益了。在后面的调研中听到农民这样说：如果不是政府给补贴推行水窖建设，蓄了一些雨水，今年的干旱中就更糟糕了。当然目前水窖的规模已不是当初我提的一百万个，现在是五百万、六百万个了，说明它是云南解决农村用水的一条有效措施，成为重要的民生建设。

与此同时，针对干旱的治理，我提出了“干旱的长期治理”的思路，受到国内学术界认可。我认为干旱治理应该作为一种长期的过程，而不仅仅只是临时的。再如对旱灾的提早预防，2014 年全省面临严重春旱，我及时提出了工作建议报告并受到时任省委书记批示，云南省委发出了明传电报，全省紧急动起来做好抗旱准备。因为事先有了很多准备，抵抗旱情能力有所提高，减少了损失。还有，比如现在国家大力提倡海绵城市建设，收集利用雨水对于云南来说很重要，实际上我在约 2005 年就提出了这个问题，通过云南日报的内刊提出了云南应大规模地收集利用雨水的建议，尽管这个建议没有被采纳，但是毕竟作为一个学者提出来了，而且提得比较早。而现在国家已经把海绵城市建设作为一种指向，在试点城市进行建设。

作为一个学者，我也组织了很多有成效的学术活动。例如我先后组织了很多国际学术活动，促进了云南的学术交流，也使外界更多地了解了云南。2001 年在新平县组织举办了“花腰傣文化国际会议”、2003 年主持了在日本东京国学院大学召开的“云南少数民族文化与森林保护国际会议”、2005 年作为组织委员会主席之一主持了“水文化与水环境保护国际会议”、2008 年组织了“红河流域的民族文化与生态文明国际会议”、2013 年联合组织了“水在古代文明中的角色国际会议”、2015 年联合组织了“中国—希腊古代文明中的水智慧与成就”。这些国际会议都是当年云南省主题创新、规模较大的国际学术活动，大批中外学者通过这些活动的参与加深了对云南的了解，推动了云南对外的学术沟通和交流。当然，云南省党和政府也看到了这一些工作的成效，2013 年我被授予了“首届云南文化国际传授贡献奖”，这不仅是对我以往工作的肯定，更是一种鞭策。

此外，我先后在国外做过数十场学术报告，今天用一句时髦的话来说，就是对外讲好中国故事。这些报告的内容基本上都是以中国，尤其是云南为例的，听众也可谓数以千计。通过这些学术报告，让外国的学者们了解了中国、了解了云南，包括了少数民族文化、生态文化、社会历史等方面的内容。很多学者在听完报告之后，主动和我联系，甚至主动要求进行学术合作研究，这已经不是一两个个案现象。一些学者随后来到云南访问、旅游，都是受到我的报告内容影响的。我把一些国际著名的专家学者请到了中国，带到了云南，让他们爱上了云南，我想他们也会去影响他们周边的人的。我想这也是作为一个学者服务社会的特殊方式。

水历史的学科构建

徐：这些年您在中国大力推广“水历史”学科，是一种什么样的考虑？

郑：是的。我在中国第一个使用了“水历史”这个概念。同时我也是第一个将水历史这个学科系统引荐进入中国的学者，尽管目前对这一个概念仍然存在争议，但它也受到了越来越多的认同。我撰写的文章也发表在一些有影响的刊物上，如《光明日报》《中国社会科学报》《清华大学学报》等。这也表明这门学科受到了越来越多的关注。在中国，对水相关的历史研究被表述为水利史，在研究的过程对水利工程的历史较为侧重。在国际上，更通行使用 Water History，我也就直接把它翻译为水历史。总体上来说，中国使用“水利史”这一概念来概括关于水的历史研究，与国际上通行的“水历史”研究没有根本的矛盾，因为大多数的关注都是相同的。但是水历史这门学科更加关注包括水利工程在内的水事活动的社会影响，更专注水和人类社会、文明的关系，因此从这点上来说，水历史显然比水利史有更为广泛的内涵，是从一个更大视野来观察水和人类社会之间的关系。我想有一点是更加重要的，那就是更容易被非水利行业的学术界所接受。这就是为什么中国的水利史研究大多数集中在水利行业中，而非水利行业中对水利史的研究缺乏应有的关注的重要原因，甚至极少有终身从事水相关历史研究学者，一些学者尽管也会写几篇论著，但总体上来说还是属于客串性质，只有长期致力于这一个领域的研究才能算得上专家。因此水相关历史的研究这个圈子不论是在水利行业内外都不大。这一切使这门学科在中国发展显得十分滞后。因此我主张大力推广水历史研究，使这门学科更具有社会性和社会影响。水历史这门学科在中国的发展不仅是历史科学一个重要拓展，更是保护传承中国的传统水文化、服务于水的可持续利用的重要途径。使全社会拥有更丰富的关于水的历史知识，加深人们对于水和人类文明之间的关系理解，是水历史这门学科的使命和当代价值所在。这也是水历史近几十年受到包括联合国教科文组织在内的国际社会高度关注的重要原因。有了水历史这门学科旗帜，就可以整合资源，尤其是提高综合大学、社会科学研究机构的学者的关注。因此在未来这一门学科既是学术发展的新的增长点，也要更进一步研究学科的构建问题。这就需要更多的学者共致力。

曾：您在《中国社会科学报》2016 年 12 月 20 日刊文谈水历史学科的建构，请问您当前和今后一段时间计划做哪些研究项目和课题?

郑：目前我正在做，当然也是未来要做的主要有三个方面的工作。一是理论的构建，二是中国的水历史研究，三是东西方的水历史文化比较研究。在理论的构建方面，我将尽最大的努力积极推进水历史科学在中国的普及和发展。但是由于水历史是近年来在海外被积极推动的一门学科，因此理论建设仍然是这门学科建设一项重要的基础工作。客观而言，在海外水历史的理论建设目前已颇具建树，而我把水历史这一概念引进中国还不到 20 年的时间。因此它的理论建设仍是薄弱的，尤其是如何结合中国的实际进行建设发展，有效地服务于中国的水可持续以及对人类文明历史进程的理解，还需要进一步加强这门学科的理论建设和科研体系构建。由于我参与的国际学术活动较多，对国际层面上的理论和动态掌握也相对较多，因此我一方面积极向国内学术界介绍国际上的理论和动态，另一方面也积极地探索水历史在中国发展的路径。

关于中国水历史的研究，是我近年来极力在用功的，如上所述我从中国的西部和西南部边疆民族地区水历史到中国的内地一些城市、农村和河流的历史都进行了考察研究，并且撰写发表了一系列论文。总之，在未来的科研工作中我仍然将从自己的角度去探索中国的水历史，但是在定位上将以对外传播中国的水历史文化为重点，让世界更多地了解中国博大精深的水历史和水文化。

东西方水文明的比较研究是我个人最重要的科研志向。我希望通过比较研究，揭示水在人类文明发展过程中的动力关系，拓展对水的认知和共识，为今天全球合作应对水危机提供一种知识背景和文化资源。这项工作确实宏大，但也并非遥不可及，因我在这个领域内已经下了20余年的苦功，考察了30余个国家数以百计的水历史遗址，搜集了大量的文献，更重要的是和海外很多专家建立了联系和友谊。目前我已完成的一个项目是中宣部人才计划支持下的“全球水管理的文化动力”（本书已由IWA Publishing于2021年在英国出版），同时和一些国际上专家合作正在做中国和希腊古代文明中水思想和水治理比较研究、中国汉代和罗马帝国时期的水历史比较研究、美国西部的水历史、湄公河流域水历史等。这些方面的研究在不远的将来就可以看到成果。

曾：您不久前在希腊荣誉博士授予仪式上做了“中国古代贤哲的水思想及与古代希腊思想家水思想的初步比较”报告，有哪些主要观点？题目与我们这个访谈很关联。

郑：我的这个报告主要聚焦在中国春秋战国时期包括孔子、孟子、荀子、庄子等贤哲的水思想上。在这一个时期，中国产生了一大批思想家，他们的思想不仅包括了对自然世界、人生、社会、政治、经济等的思考，一个非常有意义的一个现象是他们中很多人的哲学中包括了对水的思索，他们都从对水的观察和思考中获得灵感和启发，去思考自然、人生、社会，思考社会伦理构建、国家治理、发展经济，城市建设，水灾治理，乃至于如何赢得战争。可以说，水思想是中国古代先哲思想体系中一个重要的构成部分。中国古代先哲对水的思考和从水中获得的启发，对中国2000多年来的社会产生了广泛的影响。例如孔子“智者乐水、仁者乐山”而展开对人生的思考，孟子“人性之善也、犹水之就下也”“人无不善，水无不下”的性善、仁政思想，荀子“水则载舟、水则覆舟”的君民思想，老子“上善若水”、水“利万物而不争”的处下思想等。在古代希腊的同一时期，也产生了一批伟大的思想家，包括柏拉图、亚里士多德等。他们同样也充满了对水的思索热情。比如柏拉图提出了水为一种自然构成的基本物质，思考了江河湖泊、泉水的来源，思索了社会中水分配管理的法则的问题。亚里士多德也同样思索了水在自然构成中的角色、降水的机理、河流的起源和相关的理论。他们的思想虽然偏重于水的自然机理的探索，但同样对社会产生了极大的影响。总之，不论是中国还是希腊，在同一时期东西方两个伟大文明中的先哲们的水思想中的很多要素是相通的，他们对水的一些基本法则的思考经历住了2000多年的时间考验，今天对于这些宝贵的思想的继承，对我们构建一种人水和谐的社会仍然是十分重要的。

曾：前不久希腊亚里士多德大学授予您荣誉博士学位，引起学界关注，请您介绍下此次授予仪式及相关情况。

郑：亚里士多德大学是希腊最大的大学，拥有学生近八万人，教授1500余名，学科包括大多数科学领域，拥有一系列在国际上领先的学科。

2017年5月31日，授予我荣誉博士学位的仪式在希腊亚里士多德大学哲学学院亚历山德罗斯纪念大厅举行。亚里士多德大学校长、全体教授委员会成员、相关学院院长及部分教授教师、学生一百余人出席了仪式。授予决议指出，荣誉博士学位是依据希腊国家相关法律及学位授予程序提名、严格考评基础上对科学研究及社会活动做出突出贡献人士的嘉奖。仪式按照学校传统隆重的方式举行。亚里士多德大学校长及相关教授在授予决议和致辞中高度肯定了我在科学研究及推动国际科学研究中作出的突出贡献，尤其是与希腊相关科学界的学术合作。在宣读授予决议后，相关教授介绍了我的科学研究及国际学术活动业绩，教授委员会主席为我穿上博士服并授予证书。

我随后做了“中国古代贤哲的水思想及与古代希腊思想家水思想的初步比较”的报告，受到了与会人员的好评。仪式后举行了小型音乐会以示祝贺。

曾：最后问一个宏观点的问题，在科学探索的道路上，您的信念是什么？

郑：在我的论文集《水历史与水文化探索》序言中，我写下了这样一段话，可以表达我对科学探索的信念：科学探索的道路本身就是一条孤独前行的道路，但这一条道路的前头一定有光明，难以确定的只是你最终能不能走到光明升起的地方。但是选择了就必须走下去，这是一个科学家的基本精神。

（载于《我们这一代：滇云人类学者访谈集萃》，学苑出版社2020年版）

水历史、水文化与应对全球水危机*

朱贺琴（以下简称“朱”）：郑教授您好！您是中国水历史文化的研究专家，曾任国际水历史学会的主席，可以说水文化一直是您学术研究的主线条，从红河流域、澜沧江—湄公河流域到尼罗河、科罗拉多河、威尼斯运河等，您已走过了三十余个国家进行考察研究。早期您从民族文化入手，研究了红河流域哈尼族梯田灌溉及云南傣族、藏族、纳西族等少数民族水文化，接着您对水的研究热情一发不可收，从古代中国水利遗址，活态的昆明水文化遗产，河流文化、水文化与当代水环境保护的关系等到海外的水历史文化等都进行了认真的考察研究。在看了您的著作和论文之后，我发现您的学术研究有几个大的转向，刚开始您致力于民族文化研究，接着您开始关注民族生态文化，后来您又专注于海外水文化的研究。这里我想问您，是什么原因促使您从少数民族文化开始关注民族地区的生态文化并转向水文化、水历史、水遗产的研究？

郑晓云（以下简称“郑”）：这个问题得从我刚工作说起。我大学期间学的是历史学，大学毕业后我被分到云南社会科学院历史研究所工作。云南省有26个民族，其中16个民族是云南省独有的，因此在云南做任何研究都离不开民族，任何学科往往都要和民族挂上钩。所以我到了社科院工作以后，并没有做历史研究工作，而是被分配搞少数民族研究。当时我们领导的思路还是比较明确的，要求每个人要熟悉一个当地的民族状况，我被分到了西双版纳，首先研究基诺族。所以到单位报到后仅一个月的时间，我就背起行囊到了基诺山区。在此后的六七年中，我每年都有半年以上在基诺山进行调查研究。基诺山就在西双版纳，因此在研究基诺族的同时也能很便捷接触到傣族，在20世纪80年代中期以后傣族研究也成为我重要的研究领域。可以说，傣族和基诺族是我一生的研究根基。

在基诺山的调研过程中，我研究时间最长的是一个名叫龙帕寨（官

---

* 访谈者为新疆大学中国语言文学学院朱贺琴教授。

方名称为亚诺村）的村子，就是有大长房的村子。长房是怎么回事呢？也就是一个家族的人们祖祖孙孙都住在一栋房子里面，比如说一个父亲有三四个兄弟，三四个兄弟在结了婚后可能又会有更多的孩子，子子孙孙不能分开住。但是房子本来就这么长，兄弟多了，房子只能越加越长，最多的时候有一百二十人余同时住在一个房子里面，小的也有十几个二十几个人住。在这个长房里面，每一个小家庭又有一定的独立性，它里面分成一格一格的房子，一家人就是一格，有一个火塘，一个火塘就代表一个家，所以有长房内十几个火塘，就有十几个家庭。长房居住制度也和村子的社会经济制度紧密相连，村子里的土地分配也是按照长房来分配的，土地分到长房以后，再分到火塘代表着的小家庭，过去一个火塘分三亩或五亩地。长房制是一种特殊的民族学现象，它实际上就是一个父系的大家族。经过长期研究后，我写成一本书《最后的长房：基诺族父系大家庭与文化变迁》。除了龙帕寨外，其他村子也有长房。长房制在 20 世纪 80 年代就解散掉了，现在再也没有了。因此我幸运地目睹了长房最后的解体过程。

基诺族居住在山区，当时 20 世纪 50 年代森林覆盖率高达 90%以上，这与传统的耕作方式密切相关。传统的耕作是采取林地轮歇耕作的方法种植陆稻，在划定的林地上进行轮歇耕作，一块地耕作两三年以后就放荒十余年后再进行耕作。耕地时要砍伐地上的树木，焚烧后把灰烬当作肥料。比如有 100 亩土地，每年只耕作其中的 20 亩，两三年以后再去耕作其他的林地，自然轮作，十多年以后第一年耕作过的土地上面又长出茂密的树林了。这是一个人和自然平衡的良好生态系统。我对基诺族传统的农耕做了很多调查，所以说这促使我对生态人类学、生态文明比较感兴趣，后来我重点研究生态环境和森林的关系问题，一直到 2000 年的时候，我还在做森林文化、森林和老百姓生计关系的研究。我们与日本的东京大学、日本国学院大学都有合作，对澜沧江—湄公河流域的森林保护问题进行研究。

朱：是啊，对生态文化的研究兴趣，可以使您从一个连续的、发展的、比较的视角看问题，从民族文化到对民族生态环境的关注，您离水文化越来越近，在多年的调查实践中，您能为我们分享一下您记忆深刻的田野经历吗？

郑：是的，基诺族居住在山区，傣族居住在坝区。说到一些事件还真是有，在 20 世纪 50、60 年代，山区毁林砍树开荒，向大山要粮食，向森林要土地，人们大量砍伐树木搞建设、炼钢铁、盖房子、扩大耕地，这使得基诺山的森林覆盖率从解放初期的 90%到“文革”结束后的 80 年代不到 50%，森林覆盖率下降了一半。基诺山其实是靠森林涵养水，整个基诺山就是一个绿色的水库，没有森林，从山里流下来的河水就少了，甚至有的河流就干枯掉。山区的水通过河流流到周边傣族居住的坝区，傣族是种水稻的，要靠山区的水来灌溉。森林砍掉就没有水流下来，造成坝区老百姓严重缺水。粮食减产，甚至连口粮都不能满足，大量的田，被当地老百姓叫作“雷响田”，就是打雷下雨才有水，不打雷不下雨就没有水。单靠雨水来种田，这在西双版纳历史上是不可思议的。

水的矛盾和危机使周围老百姓的生活变得太艰难了，甚至有的连生活用水都困难，洗澡也困难，种地也困难，为了水的问题，坝区老百姓和山上的老百姓时常发生争执，有时为了争水产生很大的矛盾。当看到这一切的时候，我也被深深地触动了，这就促使我开始对水的问题进行调研，写了当地关于水资源状况和森林保护的调查报告。与此同时，在对傣族村子的研究中，从另外一个角度我认识了傣族丰富的水文化。大家都知道傣族是一个爱水的民族，水对这个民族的精神世界、文化、制度、行为、生活方式等方方面面都有深刻的影响，尤其是作为傣族人民生计的根基——水稻种植，就离不开有效的水资源管理。水是傣族人民尊重的物质，水被神圣化，被崇拜，现实生活中他们有很多崇拜水的活动。男人女人每天收工都有洗澡的习惯，人们希望有好的水环境。水文化作为一种习俗在傣族民族文化中具有典型性，所以我对傣族的水文化问题很有兴趣。

客观地讲，不管是 20 世纪 80 年代也好，90 年代也好，水的问题是不太受重视的。无论你和官员还是学者谈论水问题，都很少有人有兴趣听，不像今天水问题成为一个全社会关注的热门话题。关于水问题，我曾经写过调查报告，也写了一些论文，但是那些文章多次投稿也没有杂志愿意发表，尽管如此我还是一直延续着我的研究兴趣。后来，我就遇到了一个契机。1999 年联合国教科文组织在英国召开了以国际水历史为主题的国际会议，我向大会提交了一篇论文，当时中国的学者不多，研究中国少数民族的就更少了，所以我的这篇文章很顺利地入选了大会。但是由于当时办出国参会手续很困难，时间不足因此这一次大会我没有去成。2001 年联合国教科文组织正式成立国际水历史学会，在挪威的伯尔根召开大会，大会再次邀请我去参会并承担了我所有的参会费用，这一次我去成了，从此与国际水历史学界有了很广泛的联系。这一切促使我更进一步致力于中外水历史文化的研究。

朱：您的机遇与其说具有偶然性，其实也有其必然性，这里既有您转向水文化、水历史研究的动因，也离不开您长期对民族水文化的专注。您能为我们介绍一下国际水历史学会和您坚定从事水历史文化研究的动因吗？

郑：好的。在国际上，水历史研究有较长的历史，在欧洲以及一些国家包括德国、英国、美国、芬兰等都有水历史学会，或者在历史学学术组织中有水历史的分科组织。1999 年国际水历史学会的成立被提上议题，2001 年在联合国教科文组织国际水文项目的协调下在挪威正式成立，成为推动国际水历史研究和交流的重要组织平台，今天也成为国际水科学研究有影响力的组织之一。学会出版了学术刊物《水历史》，每两年召开一次全球大会，目前已组织 10 次全球性双年水历史国际会议和其他一系列区域国际会议。学会以前爱尔兰总理、著名的水文学家詹姆斯-杜基之名设立了“国际水历史贡献奖”；和相关机构合作开展了一系列的水历史教学和科研工作。由于国际水历史学会的有效工作，使全球的水历史科研、教育、普及应用都有了一个更大的平台。这个学会虽然成立的时间不长，但是对应对全球水危机、配合联合国千年发展目标的实现发挥着重要的作用，因此目前已成为一个国际上有较高公认度的全球性科学组织，学会的会员或者朋友遍及世界各地。目前活跃的涉及水历史科学的组织还有国际水协会古代文明中的水与污水技术专业委员会、国际灌溉和排水组织历史专业组等组织。从 2001 年到现在为止，我参加了国际水历史学会的大多数全球大会，我也先后担任了国际水历史学会的执委、副主席，2012 年到 2015 年四年期间，我当选为国际水历史学会主席。关于国际水历史学科发展的详细情况，可以参阅我发表于《清华大学学报》2017 年第 6 期上的《国际水历史科学的进展及其在中国的发展探讨》一文。

随着参与国际水历史学会科学活动次数的增加，我不仅认识了国际上的很多科学家，同时也从国际学术层面上学习到了水历史科学的理念和研究方法，这对促进我的学术发展有非常重要的价值。我一方面通过国际接触和合作开展海外水历史的研究工作，至今已经调查了海外上百个水历史的遗址；另一方面我积极地把中国的水历史文化介绍到国外去，宣传中国深厚的水文明。可以说，过去 20 年来我的学术是在和国际的互动中发展的。

的确，我从民族学拓展到了水历史研究，既有偶然性也有您说的必然性。就必然性而言，一个是我看到了水有丰富的文化内涵，值得我做学问去研究它，再一个就是水危机变得越来越严峻，超乎了我当时兴趣之外的判断。开始我做水研究时，认为水重要，由于很多少数民族有丰富的水文化，所以我对水的研究主要是从少数民族开始的，傣族、纳西族、藏族等，水文化都非常丰富，使我对水产生了浓厚的兴趣，但是后面就不是兴趣的问题，而是一个现实问题，就是我们应该怎么应对水危机。从学术兴趣变成了一种强烈的责任，因此我现在的很多研究都与现实有直接关系。比如说 2009 年以后，云南发生了一百年未遇到的大干旱，持续了五年时间，当时的云南省省长让我马上成立课题组去研究，应对干旱问题，于是我领导的课题组花了很多精力去研究应对干旱问题的方法。我提出在云南建设一百万个接收雨水的小水窖，改革农村小水利，包括干旱的长期治理等建议，云南省委、省政府几乎都采纳了，这些都对缓解干旱做出了很大的贡献。所以现实会推动你去做一些超出学术，关注现实的研究，随着研究的深入，我已经自觉地把水文化研究纳入现实境况中了。

之所以关注现实是因为目前我们面临着前所未有的水危机。这里我可以给你一组来自联合国《2018 年世界水发展报告》的最新数据：目前世界有 19 亿人口生活在水安全无保障地区，2050 年这个数字可能提高到 30 亿。在水质量方面，全球有 18 亿人口使用没有经过任何处理的饮用水，对于水相关疾病没有任何防范。全球所产生的污水有 80%都没有进行任何处理和再利用而直接排放到自然环境中。在水灾害风险方面，受到洪水威胁的人口将在 2050 年从目前的 12 亿增加到 16 亿人，接近世界人口的 20%。由于气候变化的影响，人类到 2030 年将面临 40%的全球水资源赤字。随着水污染的加剧，地表水和沿海地区水富营养化将遍及全球。这一切将会对全球社会经济产生重要的影响，不仅影响全球经济发展，也将导致贫困、社会不公平程度的加深以及水资源冲突等矛盾的加剧。这种现状足以使每一个有责任心的学者投身其中，从每一个可能的侧面共同担负起化解水危机的责任。水历史、水文化研究是一种途径，使我有可能尽到一些有限的责任。我也在不断呼吁社会科学的不同学科加强对当代水问题的研究，因为当代的水问题不仅是技术问题，更多地还反映为社会问题。我撰写一篇名为《社会科学在应对当代水危机中的作用与发展》的论文发表在《中国社会科学内部文稿》2018 年第 6 期上，对相关问题进行了探讨。

朱：现实中的水危机、水困境是促成您从事水历史、水文明、水文化研究的直接动力，您的学术自觉意识也使您对水历史的研究有了一个更大的研究格局，您能结合您在世界各地调研、参加学术会议的经验，谈谈如何做水历史、水文明、水文化的研究，中国的研究现状如何？

郑：我常常讲我是比较幸运的，我的学术成长和中国的改革开放是同步的。20 世纪 80 年代初，中国对外开放，我也第一次跨出国门，第一次去泰国做学术访问就住了一个半月，随后这种机会越来越多，在国外学习、访问、交流，每到一个国家，哪怕是开会，我都会要求组织方安排一两天的时间去做学术考察。

我觉得目前在中国，社会科学界对水的关注和关心是远远不够的。我们很少有从哲学、经济学、社会学、宗教学、文化学的角度并几十年致力于水问题研究的社会科学家。而国外这方面的专家就很多，专门研究与水相关的音乐、文学现象、水景观的专家也很多，但中国基本没有。要成为一个专家，不是说搞两个课题做一下、发几篇文章，这样仅仅属于客串，专家要求长期甚至一生致力于一个领域的研究，这才能叫专家。所以国际水历史学会有一个国际水历史贡献奖，评奖的一个主要标准是要求一个专家要有证据证明有 30 年来不间断地从事水历史研究和科研组织推广工作经历，这样才有资格参报这个奖。

因为水是全人类的，我也有一个很明确的思路，就是我们关注水、治理水要全球合作。我们也要讲“水利益共同体”，这就是为什么我花那么多精力去研究国外，就是试图把全世界水历史、水文明、水文化做一个比较，把水在人类历史和文明中的融通关系揭示出来，让大家都知道，在所有的文明中，水都是最核心的要素。这种看法在我们中华民族也一样的，我们崇拜龙，龙是什么呢，龙就是水神嘛。我们中华民族发展到今天是跟治理水密切相关的。不管是少数民族，还是汉族，自古以来，水都处于生存发展的核心位置。现在条件越来越好，可以到世界各地去研究水、调查水，所以我这几年的研究，就是希望把中国的水文明与西方的水文明做一个沟通，对东西方的水文明架构有一个整体认识。

说到水文明，必须得承认，水文明和水文化是有差别的。文化可能是一个单一现象，比如说罗马的水文化和水文明，沐浴、水景观是一种文化现象，但是不同的文化现象构筑起来的就是一个大的文明体系，所以罗马帝国的水文明是立体的，当然水文明只是罗马文明中的一个组成部分，是作为一个亚文明存在的。中国也有水文明，是由各个民族丰厚的水文化共同构成中华民族有整体关系的水文明，这一方面值得我们将来认真地研究。

朱：郑老师，通过您对水文明与水文化的解释，我也发现，现在国家十分关心水问题。如十九大报告提到“必须树立和践行绿水青山就是金山银山的理念，统筹山水林田湖草系统治理，实施国家节水行动，加快水污染防治，加强水利、水运等基础设施网络建设，推进水土流失综合治理”。[①] 2019 年 2 月中共中央、国务院发布的关于“坚持农业农村优先发展做好‘三农’工作的若干意见”中亦提及“推进农村饮水安全巩固提升工程，加强农村饮用水水源地保护，加快解决农村‘吃水难’和饮水不安全问题”。[②] 似乎水文化、水文明的研究在中国还是和时代的发展要求有很大的差距。

郑：是的，您说的是非常正确的。随着我国实力的增强，我们治理水环境的技术已经达到国际一流了。一百年前美国人修在科罗拉河上的胡佛大坝是世界第一混凝土大坝，而现在中国的三峡大坝是世界第一混凝土大坝，我们三峡大坝能修、南水北调工程能够建设，还缺什么技术！至于资金也不是制约我们治水的根本问题，那么为什么水的这个问题到现在还是不能解决呢，我们到底缺什么？

实际上我认为，我们最缺的还是水文化，也就是善待水的价值观、爱护水环境的观念、知识，环境友好型的行为模式、相关的制度建设、社会生活中方方面面对水的关爱、节约用水的意识等。现在城镇化速度太快，年纪大些的人可能还会有一些对过去农村的记忆，其中就有很多和水的各种环境有关的互动记忆，而年轻的一代，先不说城里的孩子，即便在农村长大，也都是使用自来水。很多年轻人没下过田，没种过地，对于人和环境之间的关系没有切身的体会，他们怎么会了解水对土地的重要性呢？他

---

① 习近平：《决胜全面建成小康社会夺取新时代中国特色社会主义伟大胜利——在中国共产党第十九次全国代表大会上的报告》。

② 坚持农业农村优先发展做好“三农”工作的若干意见。

们对于怎么去管理水也不一定会去关心，反正现在什么都可以买，水在商店里就可以买到。这样水变成了可以买卖的商品，变成了一种日常消费品。水和人类社会有着那么密切深刻的关系，但是与水相关的教育，在年轻一辈那里却是非常欠缺，越是大城市越欠缺，未来一代一代的年轻人没有意识去关爱水，这样怎么能得了！

我在日本先后做了几年的教学和研究，我发现日本人很重视水观念的传授，他们教授小孩子爱护水、节约水的知识，会组织中小学生们到水博物馆接受教育，到河边体验水，水体验对学生们是很重要的，它可以在学生心里培育起保护水的意识。如果保护水的观念跟不上，就会出现经济项目建设与保护水资源的冲突。我在国外遇到这样一些项目，因为可能会破坏水源，为保护水源，这些项目再怎么赚钱都不给上。所以我认为，我们构建水文化是非常重要的，这应该是社会科学工作者的一种使命。

朱：刚才您提到中国水文化教育缺失的问题。其实且不说中国的中小学教育，即使是高校教育也很难见到相关课程的开设，您作为水文化方面的专家，能为我们介绍一下中国和外国关于水教育的一些情况吗？

郑：一些国家的水文化教育做得比较好。在欧洲等一些发达国家，水教育虽不是小学初中阶段强制性的课程，但它一定是教学中的一个组成部分，孩子们有义务去接受水教育，除正式教学之外，各种教学活动也必然会涉及水教育的内容。比如刚刚提到的日本，在东京大学旁边有一个东京都水道博物馆，这个博物馆始建于日本的明治时期，里面展示了东京给水与排水的整个历史。在日本工作的时候，我很爱去这个博物馆，因为博物馆里除丰富的展览内容以外，还有一个不大的图书馆，馆里收藏了很多日本出的与水有关的书，大概有三四千种。从这里陈列的书中就可以看到日本的人文社会科学对水的研究之多，有水和日本文化、日本人的水生活、日本水历史等，很多书仅从题目上就很有启发。待在这个博物馆，我就不需要到其他大学查资料去了。在博物馆里，我每次去都可以看到中小学生前来参观。在一些日本大学本科，也开设了关于水历史文化方面的选修课。在日本的很多社区中还有水学校，面向社区居民普及水文化知识。

美国很多大学也有与水文化相关的选修课，培养了很多水文化方面的专家。我认识国外很多水历史的研究专家，他们都出了很多书，有的人虽然在欧洲，但是在研究中国、研究非洲，比如说国际水历史学会的首任会长特吉教授，他拍摄了一部三个多小时介绍全球水历史的影片，目前已经翻译成中文等十几种文字在全球发行了，这个片子在国际上影响很大。从这里也可以看出，国外水情教育是从小学、中学到大学都没有间断的。

中国高校的水文化课程目前还很少开设，我计划下一步在湖北大学开《全球水历史概论》这门课，我之所以开设这门课，是因为我已经掌握了全世界 100 多个田野点的实地考察资料，也有大量的文献，可以让学生了解水在人类发展过程中所扮演的重要角色。这门课程一旦开设的话，应该是中国第一门《全球水历史概论》的课程。

朱：您在开这门课程的时候，实际上也大概确定了您未来几年的研究方向吧。您能谈谈您当前正在从事的研究与您的研究设想吗？

郑：我接下来的主要研究方向有两个，第一个是研究“水的文化多样性”，我想研究国内外不同民族文化和水之间的关系；第二个还是要做全球水文明的比较研究，我对希腊古罗马时期的水文明非常感兴趣，这在 2018 年及最近在《光明日报》理论版发表的《早期西方水文明的构建及其影响》《文明交替中的埃塞克亚灌溉系统》两篇文章中有简要概述。此外水在罗马帝国发展中的角色，古代希腊时期的水历史考查等都是我准备发表的成果。同时我会深入研究中国博大精深的水历史，把中国的历史文化介绍到国外去。我想尽量在中外水文明比较的基础上，构建中国水人类学。之所以研究水人类学或者说水民族学，主要还是想把我对少数民族的水文化研究纳入一个学科的范畴里来。因为水文化不能泛泛而谈，最好是在一个学科范畴里构建它的理论框架，这样才好交流对话，否则水文化太宽泛，有时候不容易理解。其实中国那么大，从云南、西藏到新疆，我们边地一带有丰富的民族文化多样性，因此也有丰富的水文化资源，正好可以形成研究优势。不同民族的学生都可以从自己的民族文化环境出发去研究水文化，就比如维吾尔族的学生能够写出坎儿井的水文化研究，塔吉克族的学生做高原山区水文化研究，这样对学生们来说是很便捷的，研究成果也会比较有新意。

朱：谈了这么多，我发现您的学术研究似乎有一根中心线，无论是您早期从事的民族文化研究，持续关注的生态文化研究，还是您对水历史、水文明、水文化的执着，都没有偏离这根中心线。

郑：是的。我最主要的研究领域有三个，第一个是少数民族历史文化研究，最有建树的就是基诺族和傣族研究，关于这两个民族我都出了几本书。比如傣族研究，我不仅研究中国的傣族，我还研究跨境的傣族，在云南周边一带，印度、缅甸、老挝、泰国、越南，也有同根同源的傣族，我称为傣泰民族，我都去做了研究，可以不谦虚地说，傣泰民族文化的海外研究，无论从田野的广阔还有持续的时间来说，国内目前还没有第二个人做到这一点。

第二个领域，主要致力于水的历史文化研究。这一点前面已谈过了。

第三个领域到现在我也还没有放弃，就是对文化认同问题的研究，这也是我比较有成就的一个方面。20 世纪 90 年代，我出版了中国第一本文化认同的研究专著《文化认同与文化变迁》，后来第二版的时候，编辑建议改名叫《文化认同论》，现在已经出版了第三版，印刷也超过 10000 多册了，引用率有 470 多次，在中国社会科学著作里算是一本高引用率的书。

过去我关注的是民族之间的认同、社会之间的认同，当然也关注城市之间的文化认同，现在我对生态环境问题比较感兴趣，我打算研究生态认同、环境认同。人类的认同总是与时代和环境变化相关的，也就是说认同本身也是在变化着的。今天我们人类就应该在共同的环境利益上，在对待水的问题上达到更多的认同，包括理解水、保护水环境、节约用水、公平的水分配、国际河流管理合作等。

其实从我对傣族文化研究开始，以及全球水历史文化的研究，生态问题的研究，这些大的领域到最后可能殊途同归，都是可以串起来的，把文化认同、水的问题、环境问题、民族文化融合在一起。因此要说我的学术研究有什么主线的话，那么经世致用、追逐前沿、融会贯通，就是我个人努力遵循的一条主线。我认为一个人做学问，既要踏踏实实钻研问题，也要努力了解学问的前沿，站在学问的前沿。同时要熟悉自己的研究领域，使不同学问融会贯通，这样必然能使自己主攻的研究方向获得更大的突破。经世致用，这是强调学问的实用价值，让学问在推动学术发展中有价值，也在服务现实社会发展中有价值，这是一个学者的责任，也是学术研究的终极意义。

朱：感谢郑教授的精彩解答，让我们了解了过去被忽视的水历史，认识了水文明、水教育的重要性，同时也了解了您治学的很多理念，相信这篇访谈对从事水的人文社会科学研究者会有所启发。

（原文载于《社会科学家》2019 年第 8 期）

社会科学不可缺位水问题研究*

从小在昆明长大、目睹了高原明珠——滇池遭受严重污染，又就水问题研究造访了意大利、西班牙等 30 多个国家的郑晓云，是湖北大学历史文化学院教授、法国水科学院院士，他对人类面临的共同难题——水安全有着清醒而深刻的认识。

记者：当前，全球面临着怎样的水资源问题？

郑晓云：在当代，人类面临严峻的水危机。根据联合国《2018 年世界水发展报告》，目前全球有 19 亿人口生活在水安全无保障的地区，到 2050 年这个数字可能提高到 30 亿。在水质量方面，全球有 18 亿人口在使用未经任何处理的饮用水；而全球所产生的污水有 80%没有进行任何处理和再利用就直接排放到自然环境中。由于气候变化的影响，人类到 2030 年将面临 40%的全球水资源赤字。这一切将会对全球社会经济产生重要的影响。

反观中国的水安全，形势也不容乐观，水资源地域分布不均、水旱灾害并存、城乡水资源短缺、水环境污染严重。一些省市普遍存在缺水问题，北京、天津、山东、河北、辽宁等都处于人均每年拥有 1000 立方米水资源的严重缺水指标之下。

记者：为什么说水问题是一个非常严重的社会问题？

郑晓云：除了自然因素，严重的水污染和水资源短缺既与人口增长、经济发展、生活方式有关，也与制度、伦理、相关的社会文化和正确的发展观缺失有着直接关系。虽然人类利用水资源的技术手段已经发展到了较高阶段，近百年来创造了一个又一个水利工程奇迹，但是人类却一直未能化解水危机，这说明工程技术手段不能完全解决人类面临的水问题。

水，具有自然和社会的双重属性。而如今，人类社会的水危机越来越多地表现为社会问题，因此，通过社会科学研究去认识水危机问题的深层次原因，从人类社会中寻求解决之道、制定科学的水资源管理战略、实现

---

* 访谈者为《光明日报》高级记者任维东。

水危机的综合治理等，已受到国际社会的广泛重视。可见，社会科学对水问题的研究必不可少，这已逐渐成为国际共识。

记者：水问题如此严峻，目前我国社会科学界在这方面的研究处于怎样的水平？

郑晓云：与国际学术界相比，中国社会科学对于水的研究起步晚，还存在较大的差距。

一是社会科学对于化解当代水危机、实现可持续发展的重要性还没有达成共识，对水问题研究的学术关注、研究成果产生和应用等都较为有限；二是没有围绕水问题的研究探索形成社会科学不同学科相关的理论、分析框架和研究方法，如水经济学、水法学、水社会学、水历史学、水人类学等亚学科；三是没有形成一支社会科学不同领域内长期关注水问题研究的专业队伍，一些关注水问题的社科专家也没有形成对水问题的持续性研究；四是缺乏相应的支撑性成果，相关的学术著作数量不多，没有形成认识中外水文明历史、化解当代水危机的支撑性成果体系。

记者：面对当代严峻的水危机和生态文明建设、实现可持续发展的现实需要，我国学界应当如何在社会科学领域加强对水问题的研究？

郑晓云：我认为，社会科学对水问题的研究不能再缺位，应当重视和充分发挥它的现实应用价值。

首先，要构筑社会科学对水问题的研究体系，包括从历史学、伦理学、人类学等基础学科到社会学、经济学、法学、管理学等应用性学科的研究，并鼓励不同学科形成对水研究的专门化分野。同时，应当鼓励目前已有研究的学者坚持长期研究，并引导年轻学者关注水问题，形成支撑性的成果产出机制和成果。这些都有待高校和研究机构进一步努力。

其次，国家层面对此应给予更多规划和支持。面对日益严峻的水危机，应该发挥中国社会科学的组织优势，重视培育推动社会科学对于水问题的研究，把这个领域的研究作为社会科学发展创新的重点领域，从国家层面进行全面规划和项目扶持，更好地促进水问题研究的发展，缩小与发达国家的差距。

最后，要积极参加国际学术交流。水问题往往具有国际性，加强社会科学水问题研究的国际交流是提升水平、达成共识的重要途径，将有利于促进中国社会科学与水相关学科的发展，服务生态文明建设。

（本文发表于《光明日报》2019 年 4 月 13 日第 12 版）

构建“水友好型社会”需要认知水的多维价值*

3月22日是世界水日。联合国教科文组织把2021年世界水日的主题确定为“Valuing Water”，即“价值化水”或“赋予水价值”。

当下，全世界仍有22亿人在生活中无法获得安全饮用水，联合国的目标是希望到2030年为所有人提供水和环境卫生。我国是全球人均水资源最贫乏的国家之一，人均水资源仅为世界平均水平的1/4。因此，深入理解水的价值，关爱水环境、珍惜水资源具有重要意义。

在湖北大学历史文化学院特聘教授、中国长江文化研究院院长郑晓云看来，深入理解水的价值，是关爱水环境、珍惜水资源的重要思想基础。利用郑晓云到昆明滇池进行水问题调研的机会，记者对他进行了专访。

记者：您认为，当前人们对水价值认知的简单化有何表现？

郑晓云：在位于中国西南的某个干旱山村，一个女童将学校发的矿泉水省下来带回家给生病在床的妈妈。在这个故事中，水成为亲情的载体，体现出无比珍贵的价值。如果我们能为贫困山区的民众解决好用水短缺的问题，不仅能够体现出水在扶贫工作中的价值，也进一步彰显水在保障人们公平发展中的价值。

令人遗憾的是，尽管水在人类社会中有复杂的价值体现，但在现代生活中，人们对水的价值理解却变得简单化了，水往往被看作一种消费品。在很多人的观念中，我们打开水龙头、走进商店就可以获得的水，就是用金钱可以衡量价值的商品，而对其复杂的社会、文化价值的理解却越来越淡薄。这直接影响到人们对水的价值判断和态度，进而影响到对待水的行为。可以说，水价值的复杂化和水认知的简单化，在当代社会已成为一组影响到水资源可持续利用的突出矛盾。

记者：在水危机日趋严重的今天，如何准确理解与把握水的价值？

---

* 访谈者为《光明日报》高级记者任维东。

郑晓云："水是什么"，似乎人人皆知，但很多人关于水的知识的了解非常贫乏，对于水的价值认知趋于简单化，这必然会影响到人们对水的价值判断，进而影响到人们关爱水、珍惜水的态度和行为，不利于构建人水和谐的关系。

水不仅是一种维持生命的自然物质，还是人类社会和文化的重要构建要素，在驱动人类社会的发展过程中产生了重要作用——没有水，人类的生命不能延续，人类的社会不能维持。

水在人类社会中具有多维价值，值得我们去深入了解。

一方面，水构建了人类社会的生产力。人类早期的文明，包括两河流域的苏美尔文明和尼罗河畔的古埃及文明，都是建立在水利灌溉基础上的。中华民族数千年的发展历史，也是一个利用水资源、善兴水利的历史。在世界各地，人们利用水作为动能驱动各种生产工具，用于提水灌溉、推动石磨加工食品、带动工具加工生产生活用具等。水能在欧洲工业革命的过程中也产生了重要作用。近代以来，水能转换为电能对人类社会的发展进步更是起到了巨大的推动作用。如今，水电已经成为人类最重要的清洁能源之一。

另一方面，水对人类社会的构建也产生了重要作用。没有水，就没有人类文明的形成和发展。人类总是优先选择在水资源丰富的地方（包括大河流域、湖泊、泉水畔）居住，开发利用水资源和水环境、管理和分配水资源，形成了人们相互之间的社会关系——"水利社会"。在中国，京杭大运河不仅沟通了南北交通和贸易往来，也促进了文化的融合；同时，在运河两岸，一系列大城市因河而兴，包括淮安、扬州、镇江、常州、苏州、杭州等城市。在世界其他地方，例如美国西部和西南部城市的兴起，水资源的供给都起到了关键性的支撑作用。

记者：如何从文化的角度来认识水的价值？

郑晓云：水不仅支撑着人类的社会生活，还深刻地影响着人类的精神世界。水对人类的习俗、信仰和文化的产生、发展具有重要的构建和支撑作用，它让人们的情感获得激发、思想获得启迪、身心获得愉悦——没有水，人类的文化将黯然失色，人类的文明将不可延续。

自古以来，人类就敬重、敬畏水，形成了广泛的崇拜、祭祀水的仪式——水不再是普通的自然物质，而是一种神圣的灵性象征。中国古代形成的龙崇拜，就是一种影响广泛的文化现象，对水资源的保护起到了积极作用。古代先哲哲学思想的形成，大多受到水的启迪，无论是西方的柏拉图、亚里士多德，还是中国的孔子、老子等，都对水有深刻的观察、思考与感悟，从而影响到其思想体系的构建。此外，在水的启迪和激发下，人类创造了丰富的文化艺术，包括音乐、文学、绘画等。

记者：构建“水友好型社会”，需要从哪些方面入手？

郑晓云：节水是一种社会行为，而支撑这种行为最重要的因素就是人们对于水的认知和价值观。因此，构建水友好型社会，就必须让全社会科学认知水、理解水的多维价值，把水看作一种同人类生存繁衍息息相关的物质，甚至把对待水的行为上升到道德层面，而不应将水仅仅视作一种普通的商品，简单用钱去衡量它的价值。在此基础上，做到人人关爱水、珍惜水——这也将成为生态文明建设的重要社会基础。

为此，科学家要通过科学研究、科普讲座和成果发表等方式，向公众普及水的历史文化知识和多维价值理念，让更多人知晓水在人类社会发展过程中扮演的重要角色。政府应该通过建设水博物馆和水文化体验场所、举办各种宣传教育活动、投资制作更多的传媒产品等，积极推动水文化知识的社会传播，培育科学、节约、高效用水的社会理念。总之，要通过各种渠道，让全社会都参与到学习水知识、认识水价值和关爱水资源的活动中，构建起真正的“水友好型社会”。

（本文发表于《光明日报》2021年3月21日第3版）

加强国际合作　搞好水文化研究*

众所周知，水是人类生命之源。今天，世界各地都不同程度地出现了水问题和水危机。

根据联合国《2018 年世界水发展报告》，目前世界有 19 亿人口生活在水安全无保障地区，2050 年这个数字可能提高到 30 亿人口；在水质量方面，全球有 18 亿人口使用没有经过任何处理的饮用水，对于水相关疾病没有任何防范；全球所产生的污水有 80% 都没有进行任何处理和再利用而直接排放到自然环境中。中国是世界上严重缺少水资源的国家之一，我国许多大城市都严重缺水。

日益严重的水问题、水危机已经引发了越来越多、越来越严重的社会问题。作为一种应对当代水困境的有效手段，水文化的运用不仅有广阔的前景，同时也有迫切性。

在最近参加湖北大学与希腊亚里士多德大学联合主办的“水与文明：人类命运共同体视野下的水历史探索”国际研讨会期间，记者专访了法国水科学院院士、湖北大学特聘教授郑晓云先生。

记者：在水危机严重的今天，我们应该如何认识水文化？

郑晓云：水文化是一个全球性的话题。早在 2006 年，世界水日的主题就是“水与文化”。在人类历史发展过程中，水文化产生于人类与自然环境长期的互动过程中，存在于世界上不同民族、不同国家、不同地区及不同文化背景的人群之中。

大量的研究表明，水文化作为人水关系的表现形式，在人类社会中产生了积极的影响，尤其是在维持人与水环境之间的良性关系方面起到了积极作用。水文化不仅是人类保护水环境的一种重要基础，同时也是人类享受水的高级形式。在中国西南的很多少数民族之中，历史上的水环境保护主要依赖于人们对水崇敬的观念、宗教观念、社会规范以及相关的技术

* 访谈者为《光明日报》高级记者任维东。

等，各民族的水文化体现了人水之间特殊的关系，同时也保护了水环境。从藏族等少数民族人民将河流、湖泊视为神圣的地方加以保护，到傣族、哈尼族、壮族人民将水看作是创造世界的物质、人类和自然之间的神圣媒介、人的生存的根本，从而在社会中创造出丰富多彩的水文化，实现了人水之间的和谐，都表明水文化是人水之间和谐关系的基础。

不论我们今天是否对水文化加以总结研究，它都已经长期、客观地存在于人类社会中。当人类和自然发生互动关系，尤其是和水发生关系时，人们就产生了对水的认识、水的观念、管理水的方式、社会规范、法律，对待水的社会行为、治理水和改造水环境的技术，以及通过文学艺术、宗教、物质建设等方面表达出来地对水的感受、认识、应用、管理、治理等构成水文化的要素。因此，水文化是人类文化中长期存在的一种核心构成要素，对今天来说，不同民族、国家、文化背景下产生的传统水文化都是人类文化重要的组成部分和文化遗产。

在当代社会生活中、我们不能仅仅依靠技术和工程的手段去化解当代的水危机，而必须通过建立人类对水的科学的价值观、行为模式、制度和规范，也就是通过人类自身的约束和努力，通过文化、技术与工程的途径去应对我们面临着的日益严峻的水危机，这一观点已经受到了国际社会越来越广泛的认同。

随着水问题成为全球性的共同话题，水文化也跨越时空成为一个全球性的，可以为不同民族、不同文化背景的人及不同学科的科学家共同对话的领域，并且在水环境保护和建设中得到越来越广泛的应用。然而客观而言，水文化作为一门学科或一个专门的研究领域都还很年轻。

记者：在您看来，水文化在中国作为一个较为年轻的学科与国际上存在着怎样的差距？

郑晓云：从差距上来说，我认为中国的水文化研究有三个方面与国际上有较大的差距。第一个方面是中国的水文化研究行业性的特点较浓厚，从事水文化的研究和应用的科研人员大多数来自水利行业，近年来水文化研究和应用主要也是由水利部门推动的，这本身无可厚非。但是与此同时，社会上（尤其是非水利行业）从不同的学科领域开展水文化研究的专家学者还很少，成果也不多。大学、社会科学研究机构这些主要承担科学研究任务的机构中涉及水文化相关研究无论是专家群体还是科研成果都是不能和水利行业相比的，这一点和国外的现状有鲜明的反差，因此水文化研究在中国还不是一个社会化的领域。在国外涉及水文化研究和建设的专家学者往往并不一定是水利行业的从业人员，更多的来自于高校和科研机构，这一点中外形成了鲜明的对比。

第二个方面是关注的内容。中国的水文化研究目前主要是探讨和水相关的文化现象、文化建设等问题。国外的水文化研究则注重于水和人类社会发展的关系、水文化和可持续发展、关于水的伦理道德问题、水文化和人权问题、关于水的传统知识及应用问题等，在学科层面上也更注重从政治学、社会学、人类学、哲学等学科去研究水和人类之间存在的文化现象。水文化已是一个社会化的领域，没有更多的行业化色彩。

第三个方面是我国水文化的应用和公众的参与程度还比较低。目前水文化已经开展了很多研究，但是水文化研究的成果在实践中应用程度和一些发达国家有较大的差距；公众对水文化参与分享程度都较低，没有成为水文化分享、拥有和实践的主体。在水文化普及程度较高的国家，例如日本，政府和民间机构每年都会主办大量的活动，例如聘请专家学者进行关于水的公众演出，举办与水主题相关的绘画、摄影展览、音乐会、征文、水周等。

记者：从国际上看，水文化研究是如何开展的？

郑晓云：1999 年，在联合国教科文组织政府间水文理事会的倡导和协调下，国际水历史学会正式成立，之后在英国、挪威、埃及、法国等举办了多次全球性国际会议。自 2000 年起，联合国教科文组织展开了关于水与文化多样性的讨论，并且于 2007 年正式设立了“水与文化多样性项目”，提出了“水的文化多样性是可持续的关键”的理念。目前已开展了关于世界各地水文化多样性——水相关文化的数据库建设，2009 年 10 月 1 日在日本京都召开了“水与文化多样性国际研讨会”，并且在积极致力于将水与文化多样性问题纳入政府间的正式对话中。联合国教科文组织环境教育研究所已经决定将水文化的相关教育作为系统性的教育内容，开展相关的学位教育。

除了联合国层面上水文化建设活动之外，水文化相关研究在越来越多的国家受到关注和重视，有越来越多的学者致力于其中的教育、研究和推广工作。比如越南，已经设立了一个国家水文化建设项目，将水文化建设纳入国家的生态建设体系之中；在美国，很多大学都开有水历史、水和人类文化多样性的教学课程，一个重要的信号是美国人类学家协会已经成立了水人类学分会，水人类学的概念已经正式成为一个相对独立的人类学领域。

记者：中国水问题学术界应当与国际相关学界怎样通过开展合作来提升自己？

郑晓云：中国学术界近年来大力推动水文化的发展，大力拓展水文化的理论与运用研究，开展国际交流，取得了有目共睹的成就，同时水文化的建设已上升到国家的层面上，为中国水文化的建设与发展提供了更大的机遇。因此作为一个新兴学科而言，水文化研究不仅在国际上有广阔的前景，也是中国学术创新的一个重要机遇，只要加强学科建设，中国就有可能将水文化建设成为一个在国际上领先的新兴学科。应当大力加强水文化的学科建设与研究工作，鼓励不同学科的科研人员从不同的学科对水文化进行研究，包括水文化的理论、历史上形成的文化现象、当代的文化及其建设与运用等，将水文化建设成一个新兴学科。应当注重培养水文化研究与教学的人才，鼓励大学与科研单位设立水文化教学与科研机构。

缩小中国与水文化较发达的国家之间的差距，全社会更广泛的参与是一个关键。从科学研究的角度说应当有更多学科的学者参与到水文化的研究中来，从社会的角度讲应当让全社会都拥有更丰富的水文化，享受到水文化建设的成就，使水文化成为中国生态文明建设的重要内容。

因此，应当大力加强水文化的运用，一方面继承人类历史上形成的优秀的水文化，另一方面则需要根据当代不同的人类居住环境特征与发展的需要，建设相适宜的水文化。在应对水危机、保护水环境的过程中，大力加强水文化的运用，将水文化运用到提高公众对水的认识、培养水环境友好行为、建设人水和谐关系、水环境建设与保护中，开展水文化宣传与普及，在改造水环境、建设水设施的过程中注入更多的文化因子。

加强水文化的研究、建设和应用，不仅要注重物质层面上的水文化建设，例如水景观的建设、亲水场所的建设等，更重要的是意识和制度层面上的建设，提高人们对人水关系的认识，强化可持续利用水的制度建设和行为建设，这是缩短中国和国外的水文化建设差距的重要环节。同时，我们也要关注水文化研究和应用的前沿问题，例如如何通过水文化建设去应对气候变化、水文化和构建当代可持续发展相关的文化认同的关系、如何以水文化作为手段促进水环境保护、水文化如何应对当代的水危机等，都是一些有待于中国学术界进行探索解决的前沿问题。

（原发表于《光明日报》2019 年 5 月 30 日第 14 版）

附录：中国水历史文化与海外比较研究

（英文论文）

Chinese and Greek Ancient Urban Hydro-technologies: Similarities and Differences*

INTRODUCTION

Revisit the past then to know the unknown

Confucius (551–479 BC), Ancient Chinese philosopher

Most future facts are based on those in the past

Aristotle (384–322 BC), Ancient Greek Philosopher

Both Confucius and Aristotle, the great ancient philosophers, teach that present and future events can be altered, and disastrous repeats can be avoided through knowledge gained from past events. China and Greece were the ancient civilizations in the east and west. Subsequently, both civilizations deeply influenced other civilizations both regionally and across the world. Water management played a significant role in both civilizations and it has been demonstrated that many principles and technologies were generated and developed by both the ancient Chinese and Greeks through out their long histories. As a result, they significantly influenced the ancient world broadly and some elements are still functioning up till this present time. This study comprises the following: hydrogeology, aqueducts and water impounds, water and wastewater mains, runoff management, agricultural irrigation, as well as the use of water for recreation purposes (Angelakis et al. 2005). It is worthy noting that water is a key dynamic in civilization's growth process worldwide and not just for human life. Due to the ancient civilizations in the east and west, a series of scientific

---

* A. N. Angelakis is a co-author.

and cultural fields were achieved originally in their ancient periods including hydro-technologies. Thus, the difference and similarities of the ancient water management and hydro-technological development of both countries does not just reflect the differences geographically, but could also show evidence of the uniform principle of water management beyond this within the civilizations. Simultaneously, it is also valuable to add new knowledge of historical water management comparatively among the civilizations and learn the lessons from history for sustainable water management. Accordingly and selectively, a comparison of urban water management and hydro-technologies developed through the long history of ancient Chinese and Greek civilizations was undertaken in this study.

In the early period of this within Chinese urban development, places near major rivers were strongly considered as the sites for building a city, especially rivers like the Yellow River and Yangtze River. Indeed, all the influential ancient cities in China were built close to major rivers. These rivers includes a series of the most influential ancient capital cities such as Anyang, Changan, Luoyang, Kaifeng, Nanjing, Hangzhou, Beijing, etc. For example, Anyang, the oldest capital city of China, was built along the banks of the old Heng Shui river. Changan, today's Xi'an city, was built close to eight rivers including the Wei, Jin, Lao, Feng, etc., and became the capital city for 1700 years under thirteen dynasties. Kaifeng city was located between the Yellow River and Huai river. In addition, Nanjing city is located at the south riverside of the Yangzte river, etc. (Jin 2005) Being situated near rivers, the city had a convenient water supply and irrigation system, which later also made transportation convenient.

At the same time, the city also faced high flooding risk from the rivers. Accordingly, the ancient founders and governors of the cities always gave serious attention to combat urban flooding. Even later, many cities were built near the major canals, for example the Grand Canal Jinghan. However, the situation did not change (Tang et al. 2012). It is also a fact that the early Chinese civilization was developed in the Yellow River basin. Accordingly, major cities were also developed in the Yellow River basin before the Nan-Bai dynasties (420-589 AD). After the Nan-Bai dynasties, the major cities along the Yangtze river were developed. This outnumbered the Yellow River basin hundreds of years later, alongside with the economic development of the basin (Dong 2004). Anyway, ancient Chinese, like the other early first human civilizations of Mesopotamia, Egypt, and the Indus river valley, were developed around the alluvial regions. Thus, this was located on the plains surrounding a river. As a result, water supply, wastewater, and stormwater management became an integral part of the first urban services (Ruddell, 2012).

The earliest event of water governance recorded in Chinese documents, as well as in popular folklore, was the story of Da Yu The Great Governance of water which was formed the Xia dynasty of China (ca. 2000 BC). However, in the 2nd millennium BC in China, food and water was in abundance without having a centralized government to organize large irrigation projects like in Mesopotamia or Egypt (Ruddell, 2012). Da Yu The Great led the river governance successfully and therefore became the first king when the first dynasty in early China was formed.

The Qin dynasty (ca. 221–206 BC) was the first unified imperial dynasty of China, which was formed after the conquest of six other states by the state of Qin. It was a short dynasty of 15 years, but before the Qin emperor founded the dynasty and during the dynasty, some great hydro-engineering were accomplished such as Zheng Guo Qi Aqueduct, Du Jiang Yan Barrages, Ling Qi Canal and so on. These projects profoundly influenced local development, including urban development, from their early stage up till now.

After the civil war that followed the end of the Oin dynasty in 207 BC, China was reunited under the rule of the Han dynasty (ca. 206 BC-220 AD) –one of the most flourishing dynasties of China. During that period, a technological revolution occured in China with the extended territory, establishment, and trade beyond the two the major rivers. The establishment of the Han dynasty and its power and prosperity also brought a bloom in the period of urban development. Cities and towns were built in all the territory based on the orders of the central government. Accordingly, water supply, sanitation, and drainage systems were developed in the urban areas. Also, agricultural farms and irrigation systems occurred in a diverse environment. A remarkable achievement of urban hydro-technology in the period shows that a model of urban water system was formed at the capital city, Changan, which had a significant influence on Chinese urban water system construction broadly in subsequent dynasties (Zheng 2015b). After the Han dynasty, China experienced a series of dynasties. Thus, more and more large cities were constructed as a result of the national blooming, population growth, trade development, and territorial development like major canals and the construction of irrigation systems. Along with these processes, the urban hydro-technologies were improved and developed to meet the demands of urban water supply, drainage, transportation, and industry. The main feature of the historical urban hydro-technologies development in China was dependent on rivers to manage the urban water. However, the purpose of a drinking water service was not included in the public urban water system construction until later in the 19th century. Before a tap water system was constructed in some large cities, people usually used wells or obtain water from the ditches nearby for drinking. Later in the 19th century, the daily use of tap water systems was getting popular in major cities. In most cities in the 1960s, it replaced wells and ditches as a daily water resource.

Chinese technological achievements and water culture appears to be autonomous. This means that there was no influence from abroad. Unlike other early civilizations (e.g. Indian and Mesopotamian), which had links with their western civilizations, Chinese early civilizations were characterized by cultural as well as political cohesion and continuity. This, however, was due at least, in part, to geography, bounded by deserts, steppes and oceans such as Siberia in the north, the great Himalayas in the west, and Pacific Ocean in the south.

On the other hand, the first human settlements in Greece, dating to the Aceramic Neolithic period, used cattle, sheep, goats, pigs, and dogs as well as domesticated cereals and legumes. The ancient Knossos in Crete was the site of one of these major Neolithic (later Minoan) sites. Consequently, Crete was the centre of Europe's first advanced civilization - the Minoan civilization (Mays et al. 2007). Archeological evidence suggests that a high civilization was developed in Crete and in the islands of the south Aegean sea (e.g. Santorini) during the Minoan era (ca. 3200–1100 BC). Furthermore, a systemic urban water system has been discovered in the Knossos palace town in the Minoan era. Among other evidence, this can be demonstrated by the advanced techniques used for water management during that period (Koutsoyiannis et al. 2008; Angelakis et al. 2012; Angelakis 2016, 2017).

Beginning ca. 1600 BC, the Mycenaean civilization took over on the mainland of Greece and the advanced Minoan water technologies were expanded to the Hellenic mainland by the Mycenaeans (Angelakis & Spyridakis 1996). Thereafter, in the Archaic and Classical periods of Hellenic civilizations, aqueducts, cisterns, and wells similar to the Minoan and Mycenaean originals were also constructed. It should be noticed that the development of water science and engineering in Greece appears not to be linear, but are often characterized by discontinuities and regressions. Greek technological achievements were not totally forgotten during the Greek Dark Ages, such as ca. 1100–650 BC. 'Bridges' from the past to the future are always present and, albeit often being invisible to those who cross them. A characteristic example of survival is provided by the several types of cisterns developed in Minoan and Mycenaean times which are still widely used in many anhydrous Hellenic islands. In addition, a continuous evolution of the engineering of cisterns whose 'bridges' have several historical periods has been clearly indicated (Angelakis et al. 2012).

However, the scientific and engineering progress of the age made possible the construction of more sophisticated structures in Classical Greece. During the succeeding Hellenistic period (ca. 323–67 BC), significant developments relevant to water supply and to a hygienic lifestyle were achieved in Crete and other islands in southeastern Greece. Hence, this period is based on Minoan knowledge (Angelakis & Spyridakis 1996). During this period, impressive accomplishments were achieved in hydraulics, such as in the construction and operation of aqueducts, cisterns, wells, harbours, water supply systems, baths, toilets, and sewerage and drainage systems. However, during the Hellenistic period, Greece did not stand in the cultural foreground during this time, nor did it play an influential role in international politics.

Later on during the Roman period (ca. 67 BC–330 AD), the Hellenistic hydro-technologies were expanded in size and in scope. Public buildings, often with fine mosaics, toilets, sewers, drains, and other hydraulic works, were established in a number of cities, especially in the capitals. In addition, public engineering works like buildings and roads and the first larger scale aqueducts and cisterns were constructed (e.g. the Gortys' aqueduct and cisterns in Aptera) (Davaras 1976). The Romans did not add much to the basic Hellenic knowledge, but enlarged the scale significantly. However, new technologies were invented, namely Roman concrete, the so-called 'opus caementitium', which enabled the economic construction of even longer canals, huge water bridges, and long tunnels on soft rock (Fahlbusch 2010).

From 961 to 1204 AD, Greece was a part of the Byzantine Empire. Thus, very little progress in water hydro-technologies was achieved. Also, during the Ottoman period (1669-1898 AD), water was connected to religion, and the Ottomans maintained and operated water constructions that were mainly developed by Romans and Venetians (Angelakis et al. 2012).

By the end of the 19th and the beginning of the 20th centuries, the Greek state was established and the modern water technologies were being developed. This can also be seen in other parts of the world. They were based on past technologies as well as on deep wells, pumps, pipes, etc.

A number of scientific fields of water resources management were developed by both the ancient Chinese and Greeks through their long histories. The major focus of these fields include: hydrogeology, aqueducts and water impounds, water and wastewater mains, runoff management, agricultural irrigation, as well as the use of water for recreation purposes (Angelakis et al. 2005). In this review, a comparison of water management and hydro-technologies was developed through the long history of the ancient Chinese. Also, a study of Greek civilizations was undertaken. The major historical periods which are chronologically considered in this study are shown in Table 1 below.

Table 1 The major historical periods considered in this study

Years (ca.)	Period of China	Period of Greece
7000-1000 BC	Xia dynasty Shang dynasty Zhou dynasty	Neolithic (ca. 7000-3200 BC) Bronze Age (ca. 3200-1100 BC) Mycenaean (ca. 1600-1100 BC) Dark Ages (ca. 1100-750 BC)
1000 BC-330 AD	The Spring-autumn Era (ca. 770-476 BC) Fighting-states Era (ca. 475-221 BC) Qin dynasty and Han dynasty (ca. 221 BC-220 AD)	Historical times Archaic (ca. 750-500 BC) Classical (ca. 500-336 BC) Hellenistic (ca. 330-67 BC) Roman (ca. 67 BC-330 AD)
330-1453AD	The Three States Era The Two Jin Era The South-North dynasties Sui dynasty Tang dynasty Song dynasty Yuan dynasty	Byzantine times (ca. 330-1538 AD) Ottoman period (ca. 1538-1821 AD) Present times (1821-present)

THE PERIOD CA. 7000-1000 BC

Early prehistoric civilizations, including Chinese, bloomed in plain-areas closed to rivers. Here, water for agricultural development was readily available (e. g. Mesopotamians near the rivers Tigris and Euphrates in Asia, Egyptians near the Nile in Africa, and Indians near the Indus river).

According to archeological discoveries early Chinese urban history dates back 5000 years. The earliest town ruins were discovered by the archeological digs in recent years in Liangsu Runis, Zhejaing Province, namely Liangsu culture. The earliest discovery of these ruins began in the 1930s. In recent years, the continuing excavation has found that there is a royal palace with a town existing in ca. 3000 BC, and the cultural relevance covered a large areas of today's east China, including Shanghai, Zhejiang, and Jiangsu provinces. According to the dig, the town, with a size of 3 million m2, 1. 50-1. 70 km from east to west, and 1. 80-1. 90 km from south to north, is the largest town at the Neolithic period of China discovered so far. One of the most important discoveries in this site is that there is a complex urban hydro-system that was existing both inside and outside the town. It was constructed with ten dams and a long dyke to defend the flood and store water for urban supply. The main body of the dams was built by the interlining of grass and clay (Figure 1). Furthermore, the hydro system covering an area of about 100 km^2 is the earliest large scale hydro engineering, and is also seen as the earliest urban hydro-engineering project discovered in China so far (Yubo et al. 2006). However, it is a fact that there were not many cities of such a scale existing at that time.

Figure 1 | Liangsu Culture dam in which grass and clay are interlining.

Before the first Chinese unified country was established in 221 BC by the Qin emperor, there were six local kingdoms located at the two major rivers basin and even more existed in earlier history. Accordingly, there were many cities that was also established inside the kingdoms. More especially, the capitals became the centre cities. In addition, the urban hydro-technologies also developed in this age. Due to the fact that most Chinese cities were established near river basins, the urban water supply was not a major problem. Nevertheless, urban drainage was a major problem due to the flood risk. Consequently, urban drainage technology was developed at the early urban historical age.

According to archeological discoveries, dated back to 2300 BC, the urban drainage facility was built in the cities. The earliest drainage facility was discovered in the old town, Pingliangtai town of today's Henan province. However, what was remarkable from the discovery was that the pottery was used for the construction of the downcomer pipe inside the town (i. e. earthen pipelines for drainage) was found to be used in building an underground drainage system under the street (Henan Institute for Cultural Relic 1983). In ca. 10th-15th century BC in the Shan dynasty, urban development in Central China was developed into a golden age, and many major cities were formed near the Yellow River basin. Urban drainage was also improved accordingly. Archeological discoveries from Xihaocheng town, today's Yanshi city of Henan province, show that a systematical drainage system had been built inside the city. According to the archeological works, the city was around 1.9 million m2. Also, there was an underground sewer with a length of 800 m which served as the main urban drainage sewer from the East Gate to the palace. Inside the palace, there were branch downcomers which formed a well-designed drainage system for draining rainwater and waste water. Hence, the underground sewer with a breath of 1.3 m and a height of 1.4 m directed water from the palace and town into most places (The Museum of Qi Kingdom Old city Site of Ling Zi District 1988). From about 1100-221 BC, many kingdoms were established in Central China close to the Yellow River basin and Yangtse River lower basin as a result of it. Thus, many cities were formed, and they brought a golden age to the history of China's cities. Along with urban development, urban drainage techniques also improved to a great extent. Archeological discovery shows that the urban drainage developed to a high level in Lingzi city, the capital of Qi kingdom in today's Zibo city of Shandong Province. During that time, Lingzi city was a major city with a population of 300000 and 15 km2 in size. A complex water supply and drainage system was built combined with river, drainage ditch, pipeline, and a moat. The city was built close to the river and was linked with a fosse. Also, three sewer networks were built in the city, gathering waste water and storm water into the fosse and again directing it to flow into the lower reach of the river. According to archeological digging, a major draining station was found under the west Rounding Town-Wall. The structure was made of stone with a length of 43 m and a breadth of 7 m. However, it leads water from the city and cross the wall into the river. The draining station has 15 outfalls which were distributed in three floors i. e. five outfalls per floor. Anyway, the drainage system of Lingzi city was the oldest and biggest one in ancient China from archeological discovery so far (Fan 1987). Also, it has been listed in China's National Important Relic Protection Site (Figure 2). However, the urban drainage technology reflected the high level of urban hydrotechnology at that time.

Figure 2 The Draining station of Lingzi city

(with permission of Xiao Yun Zheng).

By contrast, ancient Greeks avoided the establishment of their major urban centres close to rivers, lakes, or rich springs (Angelakis 2016). Observing carefully the locations of these centres, it should be noticed that most of them were established in the driest areas. The exact reason for this is not known, but it may be assumed that ancient Greeks considered a dry climate to be more convenient or healthier; thus, it was probably for protection from floods and water related diseases (Koutsoyiannis et al. 2008; Koutsoyiannis 2012).

The major Hellenic civilizations chronologically shown in Table 1, which lasted for millennia, were established in uphill places or in small plains existing between mountainous areas under water scarcity (Yannopoulos et al. 2015). This was the case in both continental and insular ancient Greece (Zarkadoulas et al. 2012). Thus, wisdom in management appears to have been the solution to several water resource problems rather than technological development

(Angelakis et al. 2012). The water demands of the first towns, built on hills, were met by springs. When the water needs increased due to agriculture, groundwater exploitation was expanded with the construction of wells (Voudouris 2012). It was known that the cultural and technological achievements in ancient Greece were mainly due to limited water resources, as stated by Plato (428–348 BC) that 'the need induces creativity'.

The most significant characteristic of the Minoan civilization was their peaceful living in the environment and with neighbours. Although the Minoans dominated in the Mediterranean for almost two millennia, they were not directly or indirectly involved in any of the numerous wars and/or conflicts that occurred in the region (Angelakis 2016). For that reason, the Minoan era was named by A. Evans (Evans 1921 – 1935) as Pax minoica (or the Minoan peace), a period when cities did not have walls. It should be concluded that Minoans were living in harmony in the environment and they concentrated on technology, art, and culture. The Minoan technological achievements were passed on to Mycenaeans and then to Archaic and Classical Greeks. These technological developments that were unprecedented in the world's history are shown by the numerous paradigms on water resources technologies used and water, wastewater, and stormwater management by Angelakis (2016). In addition, few relevant paradigms follow.

Dams had been constructed in Greece since the Bronze age. In the Minoan era, the best known are those found in the valley of Choiromandres, located on the eastern end of Crete, with strong slope and direction from east to west (Angelakis 2017). In ca. 2nd millennium BC, Minoans attempted to regulate the flow of the stream through a system of two dams, in order to protect arable land from erosion after heavy rainfall, and also to irrigate their fields (Figure 3 (a)). It seems that the construction started in the Palaio – palatial period (ca. 1900–1700 BC). The highest has a length of 27 m and a height of 3.10 m, whilst the thickness of the base is greater than that of the crest (Angelakis 2017). A channel in the eastern surface of the rock functioned probably as a spillway. Similar hydraulic structures are found on the island Pseira (Mochlos), located in the gulf of Mirabello in northeastern Crete (Betancourt 2012).

Later on, Mycenaeans extended this technology. During a flood (ca. 1250–1200 BC), a stream south of Tiryns abandoned its bed and shifted to the north of Tiryns. To protect the lower town from future floods, the inhabitants of Tiryns installed an artificial river diversion consisting of a 10 m high and 300 m long dam and a 1.5 km long canal (Figure 3 (b)). The dam is a huge earthen embankment lined with Cyclopean masonry across the earlier western streambed (Koutsoyiannis & Angelakis 2004).

Figure 3 Prehistoric Greek dams:

(a) remnants of the upper-main dam Choiromandres and irrigated area (with permission A. N. Angelakis) and (b) remnants of the Tiryns dam; east face and detail of Cyclopean lining of east face (photos from http://devlab.cs.dartmouth.edu/history/bronze_age/).

One of the salient characteristics of the Minoan civilization was the architecture and operation of the hydraulic drainage and sewerage systems in palaces and other settlements. Of all the total infrastructure of the Minoan palace at Knossos, nothing was more remarkable than the complex but very functional sewers and drains, passing through the municipal facilities of the palace and its neighbouring districts. Evans (1921–1935) and MacDonald & Driessen (1988) described these hydraulic structures and proposed their original form with particular reference to their architecture and performance (Figure 4 (a)). Another advanced Minoan drainage system seems to be found in the villa of Hagia Triada (Figure 4 (b)). This system has been admired by several visitors, including the Italian writer, Mosso (1907), who visited the area in the early 20th century. During a heavy rain, he noticed that the pipes functioned perfectly and he recorded the incident saying: I doubt if there is another case of a stormwater drainage system that works 4000 years after its construction. Also, the American Gray (1940) said: you can doubt whether the modern sewerage and drainage systems will operate at even a thousand years. Therefore, the Minoan plumbers planned and constructed projects that functioned for centuries; unlike today, if a project operates well for 40–50 years, it is considered to be satisfactory (Angelakis 2017).

Figure 4 Minoan sewerage and drainage systems:

(a) the output of the central system of the Knossos palace and (b) part of the central system of the villa Hagia Triada (with permission of A. N. Angelakis).

THE PERIOD CA. 1000 BC–330 AD

This period is an important period to shape the unified state and the urban water system, and also to drive the generation of the urban hydro-technologies in Chinese history. As mentioned above, the first unified country, Oin, was a short dynasty of 15 years, but the following dynasty, Han, was a powerful one for more than 400 years. However, there are many large cities that were formed during this dynasty. The most important urban hydraulic work was the urban water system design and construction of the capital Chang' an city which was considered as a model of urban water system that broadly influenced the urban water system construction in subsequent dynasties in China (Zheng 2015a).

According to archeological discovery, a complex water system was built in the city and it performed the functions of water supply, drainage, storage of water, and ship transportation. The city was found at the south side of Wei Shu river, but the water supply was from Jue Shui from the south of the city. Thus, it flows to the north into the town. Similarly, it also flows across the palaces and the city (this part is called Ming Ditch (9 km of length)), and then out of the town into Wei Shui river. The other branch of Jue Shui river also flows across parts of the town and then into the Wei Shui river. As a water system, series of hydraulic engineering were built to accomplish separate functions. For example, 10 large ponds were built for sluice, and the most famous one, which still exists today, is called Kunming Pond. This pond performs the functions of rain-water sluice in summer, and water storage and supply in winter. Outside the town, a fosse (length of 26 km) was built around the town. It was connected with the city river, Ming Ditch, and it also performs the function of a sluice of rainwater from the town. The water systems were connected to each other and to the water supply; rivers, ponds, drainage sluiceways, fosses, and drainage rivers.

Influenced by the urban water system construction of Chang' an city, the model of water system in an ancient city usually combines the following. (a) Water supply system: being a canal or river to introduce water into the city. (b) City's rivers: rivers or canals flowing inside the city as a water-cycle system with the functions of water supply and drainage. (c) Draining channel: a network of draining channels was built in palace and resident areas. However, someare underground whilst some are upper channels for draining waste water and rainwater into the city's rivers. (d) Ponds: built or naturally linked with the city's rivers and functions as a sluice and waterscape. (e) Fosse: a canal commonly built to surround the town which performs the function of defense and sluice, and the canal is linked with the city's water system. (f) Draining river: the river that passed the city or canal to direct water from the city into the lower basin of the river with the function of draining water from the town. By this systemic design, water was introduced from the nearby river to supply the city, and after cycling in the city through the water system, it then flows into the lower basin of the rivers. Also, the drained waster and rainwater from the town also flows into the lower basin of the river as well (Zheng 2015a). If rainstorm comes, the city's rivers, ponds, and round town-fosse perform the function of sluice for the storm water to reduce the risk of flooding.

Archeological discovery, in recent years, also shows that urban hydro-technology had been developed at a high level in Chang' an city. For example, in 2008, a major brick sewer was found in the old Chang' an town. This discovered sewer is 2 m in width and 40 m in length. Remarkable features of this sewer are: (a) it is the largest Han sewer discovered so far that shows the draining capacity was strongly considered; (b) brick was used as the building material and, basically, it was a very expensive material at that time but people considered its value for drainage; and (c) its arch structure could be considered as an advanced technique for sewer construction at that time because it was the first discovery. At the same time, compared with the later constructions, flagstone was more popularly used as the cover of the sewer in other Chinese cities (Figure 5).

Figure 5 The brick structured sewer of Han dynasty:

(a) the brick structured sewer was in the dig work and (b) the large arch sewer was discovered for the first time (Feng 2008).

Consequently, daily water supply for urban residents was not considered enough by public urban water system construction in ancient China when compared to some European countries like Greece, Italy, and so on. The water system is usually considered as the urban infrastructure, but the final water used facility was neglected. Accordingly, wells were used popularly as the final water structures in residential areas. Before the unified Oin dynasty was established, there were many cities existing inside the kingdoms. Also, archeological discovery shows that wells were popularly used for daily water supply in the cities. For example, wells were popularly used for daily water supply in Yun city (ca. 5th century-279 BC), the capital of Chu Kingdom located on the north bank of the Yangtze river. Excavation of the ruins has discovered more than 400 wells inside the city. Among them, there are 256 that were found along a zone of 1000 m in length which could be considered as a main residential area (Dong 2004).

The structural feature of the well was developed in different ages. According to archaeological discovery, the early well (around 3000 BC) was built with wood, and the form was usually square. In the Fighting-States period (475-221 BC), the well walls were built with earthenware since it was a very popular structural material at that age.

An earthenware well of early Han dynasty, that was discovered in Yeng county, Hebai Province, is shown in Figure 8 (a). It is evidence that earthenware was used for the building of wells at that time. According to the report, about 40 wells were discovered in the same ruins. Each well was 5-7 m in depth and 1. 3 m diameter (Figure 6). In Han dynasty (202 BC-220 AD) and subsequent dynasties, the wells which were built with brick became more popular, and were stronger and diversiform (Chong 1991). But in Han dynasty, wells were still built with wood, earthenware, and brick. Sometimes, the wells were a mixed construction built with wood and earthenware (Zheng 2104).

In Greece, during Classical times, the introduction of the Hippodamian system in city planning is a significant novelty, which during the Hellenistic period and up to modern times, influenced urban water, wastewater, and rainwater systems markedly (Kollyropoulos et al. 2017). Kassope, Miletus, and Olynthus are considered as very good examples of ancient cities built on a rectilinear street grid of a Hippodamian plan in Greece (Hippodamus of Miletus, 498-408 BC). Their drainage and sewerage systems were very advanced and had a high performance (Tuttahs 1998; Zarkadoulas et al. 2012).

In addition to the town, the theatres in ancient Greece have impressive

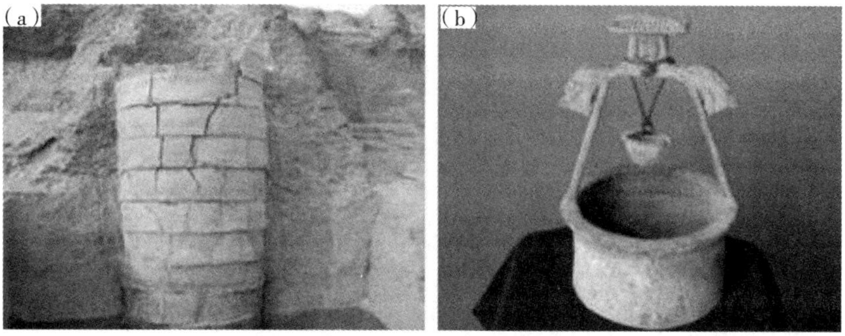

Figure 6 Chinese wells:

(a) built with earthenware in early Han dynasty and (b) an earthen model of a well in Han dynasty.

drainage systems. For example in the Aegean island Delos the theatre had a perimetrical open channel, built from the same material as the theatre, which collected the rainwater and drained it to a large vaulted cistern, located 200 m west and downwards of the theatre (Kollyropoulos et al. 2015). The storage water was one of the major water source of the waterless island, mainly for the theatre neighbourhood.

In Classical and mainly in Hellenistic times, the following were also established: admirable balances between structural and nonstructural (institutional) measures; largescale (e. g. the Peisistratean aqueduct) and small scale (wells and cisterns) projects; and the interests of the public for large-scale works and the private for small-scale works sectors (Koutsoyiannis et al. 2008). In Athens for example, there were two main streams, Ilisos and Kephisos. Also, the small springs in the area could not meet the demand of the city and the water supply was based on wells, both public and private (Figure 7). Over 400 wells were found with a great variation in depth, which ranged from 2. 5 to 37 m since the early Classical period (Angelakis 2016). The well known as the 'Peisistratean aqueduct' was constructed during the Peisistratus tyranny (546-527 BC), which was considered as the most important public hydraulic work at that time. At the same time, the famous Eypalineanόρυγμα (tunnel) was constructed in the Aegean island Samos (Voudouris et al. 2016).

After democracy was established in Athens (ca. 510 BC), wells were

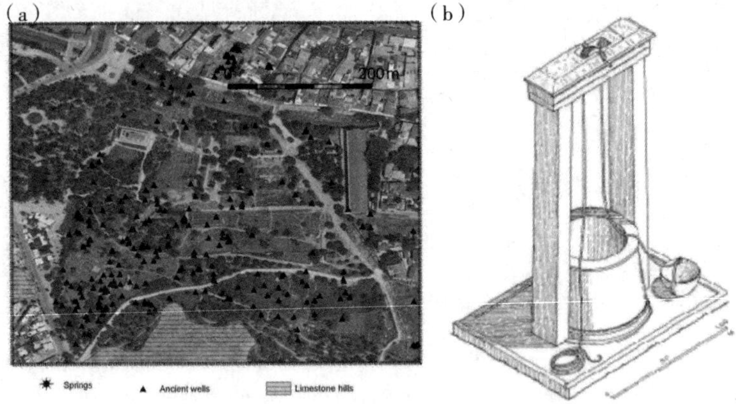

Figure 7　Classical period wells:

(a) distribution of ancient wells around the Athenian Agora (data from the American School of Classical Studies at Athens) (Angelakis & Voudouris 2014) and (b) sketch of typical well (Camp 2002).

gradually complemented or replaced by cisterns. The construction of cisterns was a known practice since earlier times; for instance, several of them from the 6th century BC have been found inside the Acropolis wall to the left of the Propylaea (Koutsoyiannis et al. 2008). Water cisterns were constructed in several places in Greece during the Hellenistic times.

Apart from the applied technologies for water supply and drainage and sewerage systems in urban centres, the ancient Greeks developed legislative frameworks for water management. The first known regulations were introduced by Solon, the Athenian statesman and poet, who was elected archon in 594 BC and shaped a legal system by which he reformed the economy and politics of Athens (Koutsoyiannis & Patrikiou2013; Angelakis 2016). He established, among others, a legal system to regulate and encourage the use of wells, which is described later on by Plutarch (45–120 AD), from whom we learn:

> 'Since the area is not sufficiently supplied with water, either from continuous flow rivers, or lakes or rich springs, but most people used artificial wells, Solon regulations considered; wherever there was a public well within 710 m, this was to be used; where it was farther away, one

could dig one's own. But if having dug to a depth of 18.30 m, one did not find water, one was permitted to fill a five-gallon pitcher (20 L) twice a day from one's neighbour's well. It is pointed out that, after passing his legislation, Solon went into voluntary exile to avoid being pressured into amending his legislation' (Plutarch, Solon, 23).

In the implementation of public projects in ancient Greece, it was a common practice to announce the project specifications by writing on marble steles erected in public sites. This was done so that everyone would have known all project details and, simultaneously, it was difficult to breach the contract project. (a) An interesting paradigm is the Contract for the construction of flood drain at the sanctuary of Amphiareion, dedicated in the late 5th century BC to the hero Amphiaraos. It is situated in the hills of Oropos, and is located 37 km northeastern of Athens. Hence, the contract was dated 335-322 BC. (b) Another interesting paradigm is the contract for draining and exploitation of the lake Ptechae in Eretria in central Greece (probably identified with the Dystos lake in southern Euboea). Other regulations protected surface waters from pollution (MacDowell 1978). An epigraph of ca. 440 BC contains the 'law for tanners', who are enforced not to dispose their wastes into the Ilissos river (Pappas 1999).

As the urban public systems grew and aqueducts transferred water to public fountains, private installations like wells and cisterns tended to be abandoned. As the latter would be necessary in times of war because the public water system would be exposed, the owners were forced by regulation to maintain the wells at a good condition and ready to use (Korres 2000).

The entire regulatory and management system of water in Athens must have worked exceptionally well and approached what today we call sustainable water management. For example, modern water resource policymakers and hydraulic engineers have, in recent international conferences, emphasized the nonstructural measures in urban water management and the importance of small-scale structural measures like domestic cisterns. Such cisterns have two advantages: they reduce stormwater quantities and potential flood risks, and increase water availability by providing a source of water for use (like watering of gardens) (Angelakis 2017).

THE PERIOD CA. 330–1453 AD

After the Han dynasty, there was a series of dynasties which existed in Chinese history until the Qing dynasty ended in 1912. Unfortunately, many large cities, especially the capitals, were destroyed by civil war during the replacement of the dynasties. However, on the other hand, China also experienced some powerful dynasties and blooming periods that brought the opportunities of rebuilding their cities, for example, the new Chang'an city during the Tang dynasty; Kaifeng city during the Song dynasty; and Beijing city during the Yuang dynasty, etc. In the Tang dynasty, one of the most powerful and prosperous Chinese dynasties, the Jing – Hang Canal network was constructed finally. It also brought rapid urban development along the canal. Also, many influential cities were developed along the canal at or after this period, for example, Hangzhou city, Suzhou city, Yangzhou city, etc. The main feature of the urban water management and the hydro–technologies development after Han dynasty is the continuous management of the river for urban water supply, drainage, flood control, ship transportation, industrial demand, recreation, and so on. This is based on the fact that most Chinese cities were built close to rivers or canals. This situation changed after the 1960s.

Shaoxi City is a paradigm. Being located at the west of Zhejaing Province, Shaoxi city is a very famous city not just because of its long and important history or local culture, but it also has a typical urban water system. The history of Shaoxi city dates back to 2500 years ago. From the original history of the city, the city was found with abundant water. There are 43 rivers from the Kuai Ji Mountains to the north flat, which bring abundant water to this region. Consequently, the city was built with a convenient water resource, but the urban water system was an artificial one. In Tang dynasty (618–907 AD), the Zhe Dong canal was built to link Shaoxin town. It brought more water resources to the city. In Song dynasty (960–1279 AD), the water system of the city was formed with supply rivers, urban rivers, moats, lakes, and rivers. What was remarkable was that many urban rivers were built inside the town. Also, after a river has been built, the streets and houses were built close to the riverbanks, therefore forming a water net inside the town. In the Qing dynasty (1636–1912 AD), a complete water system was combined with 33 rivers inside the town, 60 km of total length, two moats (inside and outside town), and 27 lakes and ponds. Thus, they were all linked to each other as well as to the water systems outside the town. For instance, eight out of nine town-wall gates were mainly for river crossing, as there was linkage of the rivers with Zhe Dong canal, lake Jian, and other rivers. Therefore, the water system perfectly performs the function of water supply, cycle, use, drainage, and transportation; thus, it also sustained the local social life (Qiu 2012).

As well as hydro-technologies, hydroengineering and especially dam related technologies were also reflected in institutional design and management. Tuo Shan Yuan dam is a key hydro work for Ningbo city which was built in 884. Located at Yun Jiang river upper basin, it was built for the purpose of seasonal water regulation, urban water supply, drainage, and against seawater reversion; however, it performs a function with other three floodgates even today and has played a key role in the urban history of Ningbo city (Yuang 1984). The dam with a length of 134.4 m and width 4.8 m was built with flagstones (Figure 8 (a)). At the same time, another stone dam in Ningbo city was built to regulate the water of Qian Dong Lake for urban water supply and irrigation. It is used to store water during the dry season and allows water across it for drainage during rainy season. In addition, it is still functioning until this day (Figure 8 (b)).

Inside Ningbo city, ancient people used floodgates in the urban water system to regulate the water level to store water and for drainage. Stone tablets were built to measure the water level in the urban water system so as to regulate the water level by the floodgates. It was built from 1253–1258 (Song dynasty) and was continually rebuilt in subsequent dynasties. These reflected advanced urban hydro-techniques at that time.

By contrast, the Athenian example described earlier manifests admirable

Figure 8 Chinese dams:

(a) the Tuo Shan Yuan dam and

(b) the Qian Dong Lake dam (with permission of Xiao Yun Zheng).

balances between structural and nonstructural (institutional) measures; large-scale and small scale projects; and interests of the public sector for largescale works and private sector for small-scale works (Koutsoyiannis et al. 2008). Today, similar solutions are often sought for both in developed and developing countries, as neither the public nor the private sector alone can provide sustainable solutions to water supply (Koutsoyiannis et al. 2008). In modern Athens, the responsibility for the management of the water supply system was initially assigned to the municipality and the central government; then (in the 1920s) it passed to a private company, which about 50 years later became a public organization that was re-privatized 6 years ago. However, these forward and backward changes clearly indicate that such a balance between private and public interests has not been established to date (Koutsoyiannis et al. 2008).

Also, in the region of Thessaloniki in the North Country, the same more or less water supply management regime exists. For the rest of the country, the responsibility of water supply management has been undertaken by Municipal Enterprises for Water Supply and Sewage due to a mixed pattern among private and public sectors.

CONCLUSION

China and Greece are two old countries in the east and the west each with a very long history, and with a long distance between them. However, there were common philosophical grounds in both ancient China and ancient Greece, such as Confucius and Socrates with regard to the core of ethics, Meng Zi and Plato with regard to the basic principles of justice, and Xun Zi and Aristotle in terms of philosophical realism. We do not know why and how that happened. But the fact remains that it happened. Archaeologists and historians believe that the designs for the ca. 8000 life-like clay warriors discovered near the tomb of China's most famous Emperor could have been influenced by ancient Greek sculptures, which arrived in China more than 1500 years before the travels of Marco Polo (Jarus 2013; Kennedy 2016). Whether this same possibility holds for water resource design achievements need further confirmation. In conclusion, there are many differences as well as similarities and valuable lessons to learn on water resources management, especially those in urban areas, in both countries. The first major similarities are as follows:

(a) Water deeply embedded the civilizations of both countries and became the dynamic fact of their civilizations' development. A unique historical phenomenon was that during a similar era, around ca. 800-200 BC, there were many great philosophers in China and Greece who have influenced not just in both countries, but also east and west societies for more than two thousand years. Many of them deeply thought about the natural features of water and were inspired by water to structure their philosophy. For example, Guanzi (723-645 BC), Laozi (571-471 BC), Confucius (551- 479 BC), and Xunzi (313-238 BC) in China were inspired by water to form their philosophy and thought about the universal origination and its structure, human life, morality, social management, state governance, urban construction, etc. (Jin 2003). At the same time, Thales of Miletos (624-546 BC), Herodotus (484-425 BC), Plato (428-348 BC), Aristotle (384-322 BC), Theophrastus (371-287 BC), and others in Greece thought and discussed the role of water in the construction of the nature and the origination of water, rivers, lakes, and water cycle, rainfall, Nile flooding, water law, etc. They began hydrology as a science as well as believing that the natural principle of water could be used in building their philosophy without involving the divine (Biswas 1970). Actually, hydro-techniques started in China and Greece as early as ca. 2000 BC, but in around 600 BC. Greek philosophers developed the scientific views of natural phenomena for the first time ever with water as one of the most important matters (Koutsoyiannis & Angelakis 2003). This phenomenon was in coincidence with Chinese philosophers who developed water from native use into philosophic and scientific views, putting cultural and social attributes into water, and bringing expansive influences to the world. This phenomena was unique in the human history of the ancient Chinese and Greek civilizations which also included the principles of hydro-technologies.

(b) Both countries were cradles of many hydro-technologies which included urban hydro-technologies, such as wells, dams, fountains, aqueducts, cisterns, water sanitation, etc. Many of the technologies were generated from two ancient countries locally, but were later separated, improved, and developed into larger geologic areas. For example, the Etruscan civilization included water management that was strangely influenced by Greece, flourished in the Roman Era, and remained unsurpassed until the end of the 18th century AD (Dragoni & Cambi 2015).

(c) Systematic design and construction of the urban hydrosystem were the major similarities of both countries in ancient times. The case of the Knossos ruins on Crete discovered a systematical urban hydro-construction that was combined with aqueduct, water distribution, drainage, cistern, sanitation, etc. In the case of China, the systematical urban water system was built as early as the construction in large scale in Asia. These hydro-technologies were generated and applied locally in both countries, but it formed many principles for the later ages.

Thus, both countries had many similarities of the urban hydro-technologies in their ancient civilizations. However, according to the geographic difference of both countries, there were many differences among both as well. Some of them are as shown below:

(a) Earlier Chinese civilizations (as others, e. g. Mesopotamian, Egyptian, and Indus valley) bloomed in large river valleys, which had water in abundance. However, Greece does not have large rivers, and the early civilizations were established in small plains located between mountains. Therefore, the water management was in line with these features, for example, spring water and rainwater for water supply was a priority.

(b) Large-scale and systemic urban hydro-technologies were developed in Greece earlier than China on account of the urban history of both countries. Basically, China is an agricultural based country. Its early urban development started at around 400 BC in central areas, but for the case of Greece, the systemic urban hydro-construction began in the Minoan age around 1900 BC on the island of Crete.

(c) According to the differences in geographical characteristics, urban Chinese development was strongly dependent on rivers. Since early times, the management of the rivers for urban water supply, cycling, and drainage were the main water institutional tasks. Also, urban hydro-technologies were developed in line with those conditions. Such technologies were mainly dam, floodgate techniques, and irrigation practices. On the other hand, Greeks usually lived in dry areas under very low water availability which developed cisterns for the storage of both rain and spring water, aqueduct for transporting spring water to the urban areas, and as well as the use of groundwater. In addition, they developed urban water distribution and wastewater and stormwater management systems since prehistoric times.

(d) Ancient Chinese urban water management was strongly focused on the water systemic design which logically depends on a river to construct its urban hydro-network. Thus, Greek ancient urban water management was more technological in the urban hydro facilities. Comparatively, the urban hydro-technologies in Greece were developed earlier than those of the Chinese.

(e) Usually, Chinese ancient urban water systems were builtas a part of urban infrastructure. However, it neglected public water service. Technologies such as water supply by canals, urban river, and drainage facilities were built inside a city. In most cases, there is no water distribution system. River water was used for washing and irrigation. Usually, well water was used for potable use.

(f) In both civilizations, the large-scale urban hydro-works was usually operated by the governments, but the small-scale works were operated by the residents. The similar thing at this point is the well. Wells were used popularly in ancient cities of both counties as thefinal facility of groundwater use. This therefore brought together the urban hydro-technology similarity to both. In addition, water harvesting was a common practice in Greece since very early times, which was in use in China since the 3rd millennium BC (Oweis et al. 2004).

Finally, it is now well documented that modern day water technological principles have a foundation dating back three to four thousand years. These achievements include technologies such as dams, wells, cisterns, aqueducts, water distribution systems and sewerage, and drainage facilities. In both countries, these technologies have played an important role in the process of civilization growth and in national development. Also, it shows that the use of traditional knowledge may play a major role in solving some of the present day and future water resources sustainability issues, especially in developing parts of the world. Today, a lot of urban water related problems (e. g. rainstorm flood, water shortage, pollution, and city drainage) are strongly related to changes in and/or distraction of the historical urban water systems (Zheng 2015b).

ACKNOWLEDGEMENT

This paper is dedicated to the China-Greece 2017 Year of cultural exchanges and cooperation.

REFERENCES

Angelakis, A. N. 2016 Evolution of rainwater harvesting and use in crete, hellas through the millennia. *Water Sci. and Tech. Water Supply* 16 (6), 1624-1638, DOI: 10. 2166/ws. 2016. 084.

Angelakis, A. N. 2017 Hydro-technologies in Minoan era. *Water Sci. and Tech. Water Supply* 17 (4), 1106-1120, DOI: 10.

2166/ws. 2017. 006.

Angelakis, A. N. & Spyridakis, S. V. 1996 The status of water resources in Minoan times – a preliminary study. In: *Diachronic Climatic Impacts on Water Resources with Emphasis on Mediterranean Region* (A. N. Angelakis & A. Issar, eds). Springer–Verlag, Heidelberg, Germany, pp. 161–191.

Angelakis, A. N., Koutsoyiannis, D. & Tchobanoglous, G. 2005 Urban wastewater and stormwater technologies in ancient Greece. Water Research 39, 210–220.

Angelakis, A. N., Dialynas, M. G. & Despotakis, V. 2012 Evolution of water supply technologies in Crete, Greece through the centuries. In: *Evolution of Water Supply Through the Millennia* (A. N. Angelakis, L. W. Mays, D. Koutsoyiannis & N. Mamassis, eds). IWA Publishing, London, UK, Ch. 9, pp. 227–258.

Angelakis, A. N. & Voudouris, K. 2014 Evolution of Geohydrology through the centuries with emphasis on the Hellenic civilizations. In: *Proc. of the* 10*th Hydrogeology Conference*, *Thessaloniki*, Hellas 8–10 October 2014, pp. 71–96.

Betancourt, P. P. 2012 *The Dams and Water: Management Systems of Minoan Pseira.* INSTAP Academy Press, Pennsylvania, USA.

Biswas, A. K. 1970 *History of Hydrology.* North–Holland Publishing Company. Amsterdam and London, UK, pp. 31–41.

Camp, J. 2002 *Wells and cisterns in ancient Athens.* 7 Days of Kthemerini 24–3–2002, Athens, Greece (in Greek).

Chong, L. S. 1991 A Exploring on Form of Chinese Old Well. *Agricultural Archaeology* No. 3, pp. 79–83, Beijing, China.

Davaras, C.1976 *Guide to Cretan Antiquities.*Noyes Press, New Jersey, USA.

Dong, J. H. 2004 *The History of Chinese Urban Construction.* China Construction Industry Press, Beijing, China, pp. 73–82.

Dragoni, W. & Cambi, C. 2015 Hydraulic structures in Ancient Rome. *42nd IAH Congress on Hydrogeology: Back to the Future*, Rome, Italy, 13th–18th September 2015. Mid–Week Technical Field Trips, MT1 Field Guide, Wednesday 16th September 2015, 15 pp., published by the IAH Conference Committee.

Evans, S. A. 1921–1935 The Palace of Minos at Knossos: *A Comparative*

Account of the Successive Stages of the Early Cretan Civilization as Illustrated by the Discoveries. Macmillan and Co., London, 1921 - 1935, vols I - IV. Reprinted by Biblo and Tannen, New York, NY, USA.

Fahlbusch, H. 2010 Introduction: Political Situation, Attitude to the Water and necessity of transfers. In: *Water Engineering and Management in Classic Civilizations. Water Engineering and Management Through Time - Learning From History* (E. Cabrera & F. Arregui, eds). CRC Press, Taylor and Francis Group, New York, Leiden, London, UK, pp. 75-115.

Fan Chun Tai1987 An ancient draining station was discovered in Old Lingzi city. *The Space of Water Engineering* No. 6, pp. 37-41.

Feng, G 2008 *Photo of Han Chang' an Sewer*. Available online: http://news.xinhuanet.com/photo/2008-10/24/ content10247383.htm (accessed on 2 January 2014).

Gray, H. F. 1940 Sewerage in ancient and medieval times. *Sewage Works Journal* 12 (5), 939-946.

Henan Institute for Cultural Relic. 1983 Brief report of testing digging at long shan culture old city site of Huai Yang pingliangtai of henan. *Cultural Relic* No. 3, pp. 43-46.

Jarus, O. 2013 Terracotta Warriors Inspired by Ancient Greek Art. Live Science Contributor, http://www.livescience.com/41828-terracotta-warriors-inspired-by-greek-art.html.

Jin, H. C. 2003 *Chinese Culture and Water*. Chang Jiang Press House, Wehan, China, pp. 463-613.

Jin, H. C. 2005 City and water in ancient China: with case of old capital cities. *The Journal of Hai He University* 7 (4), 23-27.

Kennedy, M. 2016 Ancient Greeks 'may have inspired China's Terracotta Army'. *The Guardian*, 20 October 2016.

Kollyropoulos, K., Antoniou, G. P., Kalavrouziotis, I. K., Krasilnikoff, J. A., Koutsoyiannis, D. & Angelakis, A. N. 2015.

Hydraulic characteristics of the drainage systems of ancient Hellenic theatres: a case study of the theatre of Dionysus and its implications. *Journal of Irrigation and Drainage Engineering* (ASCE) 141 (11), 04015018-1-9, DOI:

10. 1061/ (ASCE) IR. 1943-4774. 0000906.

Kollyropoulos, K., Georma, F., Saranti, F., Mamassis, N. & Kalavrouziotis, I. K. 2017 Urban planning and water management in ancient aetolian makyneia, western Greece. *Water Sci. and Tech. Water Supply* 17 (3), 621-631.

Korres, M. 2000 *Water supply of Athens in antiquity*. Workshop: 'Water and Environment', EYDAP, Athens, Greece (in Greek).

Koutsoyiannis, D. 2012 Water control in the Greek cities. In: *Water Systems and Urbanization in Africa and Beyond Uppsala*.

Univ. of Uppsala, Sweden, 1-2 March 2012.

Koutsoyiannis, D. & Angelakis, A. N. 2003 Hydrologic and hydraulic science and technology in ancient Greece. In: *Encyclopedia of Water Science* (B. A. Stewart & T. Howell, eds). Marcel Dekker, Inc., New York, USA, pp. 415-417.

Koutsoyiannis, D. & Angelakis, A. N. 2004 Agricultural hydraulic works in ancient Greece. In: *Encyclopedia of Water Science* (B. A. Stewart & T. Howell, eds). Marcel Dekker, Inc., New York, USA, pp. 1-4.

Koutsoyiannis, D. & Patrikiou, A. 2013 Water control in Ancient Greek cities. In: *Water and Urbanization* (T. Ostigard, ed.).

National Technical University of Athens, Athens, Greece, pp. 130-148.

Koutsoyiannis, D., Zarkadoulas, N., Angelakis, A. N. & Tchobanoglous, G. 2008 Urban water management in ancient Greece: legacies and lessons. *Journal of Water Resources Planning and Management* 134, 45-54.

MacDonald, C. F. & Driessen, J. M. 1988 The drainage system of the domestic quarter in the palace at Knossos. *British School of Athens* 83, 235-358.

MacDowell, D. M. 1978 *The Law in Classical Athens*. Thames and Hudson, London, UK.

Mays, L. W., Koutsoyiannis, D. & Angelakis, A. N. 2007 A brief history of urban water supply in antiquity. *Water Sci. and Tech. Water Supply* 7 (1), 1-12.

Mosso, A. 1907 Escursioni nel Mediterraneo E gli Scavi di Creta. Treves, Milan, Italy.

Oweis, T., Hachum, A. & Bruggeman, A. (eds) 2004 *Indigenous*

Water Harvesting Systems in West Asia and North Africa.

International Center for Agricultural Research in the Dry Areas (ICARDA), Aleppo, Syria.

Pappas, A. 1999 *The Water Supply of Ancient Athens.* Eleuphtheri Skepsis, Athens, Greece (in Greek).

Qiu, Z. R. 2012 *The Water Culture of Shaoxi.* Xio－Ling Press House, Beijing, China, pp. 100－112.

Ruddell, M. 2012 *Comparison of the Development of Early Civilizations of Mesopotamia, Egypt, India, China, and Mesoamerica. See*: https://rudyruddell.wordpress.com/2012/12/28/comparison－of－the－first－civilizations/ (accessed April 2018).

Tang, X. M., Wang, Y. H. & Li, Y. P. 2012 Chinese Grand Canal: *Its Form of Heritage and Evaluation on the Value.* China Water & Power Press, Beijing, China, pp. 3－17.

The Museum of Qi Kingdom Old City Site of Ling Zi District The Drainage Network of Qi Kingdom Old City Site. *Archeology* No. 9, pp. 33－37.

Tuttahs, G. 1998 *Milet und das Wasser, ein Beispiel für die Wasserwirtschaft Einer Antiken Stadt.* Universität GH Essen, Essen, Germany.

Voudouris, K. 2012 Diachronic evolution of water supply in eastern Mediterranean. In: *Evolution of Water Supply Through the*

Millennia (A. N. Angelakis, L. W. Mays, D. Koutsoyiannis & N. Mamassis, eds). IWA Publishing, London, UK, Ch. 4, pp. 77－89.

Voudouris, K., Tsatsanifos, C., Yannopoulos, S. & Angelakis, A. N. 2016 Evolution of underground aqueducts in the Hellenic world. *Water Sci. and Tech. Water Supply* 16 (5), 1159－1177, DOI: 10.2166/ws.2016.054.

Yannopoulos, S. I., Lyberatos, G., Theodossiou, N., Li, W., Valipour, M., Tamburrino, A. & Angelakis, A. N. 2015 Evolution of water lifting devices (pumps) over the centuries worldwide. Water 7, 5031－5060.

Yuang, Y. l. 1984 Tuo shan Dam: the ancient hydro－engineering of Ningbo city. *Ningbo Normal College* No. 4, pp. 96－99.

Yubo, F. & Feng, Y. 2016 http://news.163.com/16/0803/14/BTI4OMP1000146BE.html (accessed 21 December 2016).

Zarkadoulas, N., Koutsoyiannis, D., Mamassis, N. & Angelakis, A. N. 2012 A brief history of urban water management in ancient Greece. In: *Evolution of Water Supply Through the Millennia* (A. N. Angelakis, L. W. Mays, D. Koutsoyiannis & N. Mamassis, eds). IWA Publishing, London, UK, Ch. 10, pp. 259–270.

Zheng, X. Y. 2014 From the Water Structure to Water Culture: a brief History of Well of China. In: *The Proceedings of 10th International Hydrogeological Congress of Greece* (K. Voudouris, G. Stamatis, C. Mattas, T. Kaklis & N. Kazakis, eds). Thessaloniki, Greece, pp. 61–68.

Zheng, X. Y. 2015a Drainage in ancient China: historical wisdom and lessons. *Finnish Journal of Environmental History* 1, 31–39.

Zheng, X. Y. 2015b The ancient urban water system construction of China: the lessons from history for a sustainable future. Int. *J. Global Environmental Issues* 14 (3/4), 187

（本文载于国际知名学术期刊《水科学与技术：水供给》（*Water Science & Technology: Water Supply*）2018 年 12 月第 6 期）

The Yangtze River Water Culture: The Historical Crystal and Current Energy

The Yangtze River is the longest river in China and the third longest river in the world, next only to the Amazon River in South America and the Nile River in Africa. The length of the Yangtze River is 6397 kilometers, with a basin of 1.8 million square kilometers. The Yangtze River has a huge amount of water, with an annual runoff of more than 970 billion cubic meters, or nearly 1 trillion cubic meters, nearly 17 times that of the Yellow River (which has a mere 580 cubic meters, is second longest river in China). The Yangtze River has nurtured the southern land of China. Since the Song Dynasty (960 – 1279 AD.), it has developed economically and prospered culturally. Therefore, it was called the "mother river" of the Chinese nation together with the Yellow River.

Yangtze River is not just a big river, it was also the driver of Chinese civilization. It driven the development of agricultural and urban civilizations historically, made the basin to be the most important agricultural areas and driven the establishment of a series of influential cities along the river, like Wuhan, Chongqing, Nanjing, Shanghai, etc. and many other big cities in its tributaries. It also constructed the local societies, lifestyles and cultures which were resulted of water understanding, use, management and living along with the river. Consequently, it also formed rich water-related culture, the Yangtze River Water Culture.

It is different to defining the term of the Yangtze River Water Culture, but it could be considered as the cultures which are generated driven by water management and living with the river. It is characterized with the river what are rich in water resources, water forms like tributaries, lakes in its nature, and rice cultivating based agriculture, mass fishing in lake, water transportation and river cities, canal based water networks, stable settlement and life, etc. obvious characteristics which are compared with the Yellow River.

The Yangtze River water culture should be included in aspects as below:

(a) The rice paddy agricultural based water management. The Yangtze River basin, especially the mid and downstream basins are with rich water resource and diversified water form, brings advantageous conditions for rice paddy agriculture. Therefore, the basin was developed as the main paddy agricultural areas of China from its early history. It is suggested that Yangtze River mid-downstream was the original place of rice cultivation that was dated back to 10000 years, it is also formed the foundation of Yangtze River Civilization. (Yoshinori Yasuda, 2013) Water management was matched with this character to made dam and canal for irrigation. Consequently, mass dams and canals were constructed from ancient times in the basin, especially in the river's tributaries and affiliated lakes. Water resources management also driven formation of local social relations, lifestyles, faiths, etc. A typical case is the Du Jiang Yan Dam in Chengdu city, an ancient dam constructed in 251 BC. to introduce a tributary of Yangtze River into the Chengdu flatland for irrigation by canals. It is functioning until today. The ancient water management also remained mass historical cultural heritage to today, included tangible and intangible heritages, consisted as important part of Yangtze River water culture.

(b) The urban water management. As mentioned above, there are many influential cities are established along Yangtze River and its tributaries, affiliated large lakes in the ancient times. The river brings convenient water transportation and natural defining conditions to drive the city's construction to be the politic and economic centers. For example, Nanjing city from a small city becomes a series of local states and the national capital city historically was because its location where at the riverbank. Depended on this situation, a remarkable achievement of water management was that there were many largescale canals were constructed to connect other rivers and lakes, formed a series of large water networks depended on Yangtze River. For an example, the Qin Huai He river of Nanjing City, is a small river in length of 130 Km, but it becomes one of most influential and famous river of China due to the canals construction to connected Nanjing City and other water systems that was formed a large and strategical water transportation network. (Xiao Yun. Zheng, 2018) These achievements are effective driven the urban development in Yangtze River basin. The river driven cities and large scale water transportation have generated mass water related urban cultures as well. Anyway, all the cities along the river are characterized with the river culturally that is different with other cities in China. (Xiao Yun. Zheng, 2015)

(c) The social culture which was formed by the river. The agricultural and urban development which depended on the river nature and water management also driven the construction of the basin social and cultural features. Locally, the identity, psychological states, lifestyle, arts, faith, food, etc. are usually characterized with the river historically. for example, the unique rice culture and garden culture along the river, etc. Regionally, the reginal civilizations were formed in the sections of the river basin depended on geographical features of the basin. For example, the Ba – Shu civilization, Jing – chu civilization, etc. these civilizations are characterized with the reginal feature of the Yangtze River basin. (Li Xueqing, 2011)

Geographically, Yangtze River is a big river with the sectional features. Geographical features of the basin formed the cultural features of the sections. Accordingly, traditional understanding and research of the Yangtze River culture are usually focused on the reginal culture but lack of the general understanding, especially the culture of upstream was often neglected. Currently it is valuable and necessary to exploring Yangtze River water culture in a holistic horizon, to understand how the river driven the national civilizational development under the current national strategy of Yangtze River Holistic Protection and Yangtze River Economic Blet Construction.

What is valuable to exploring the water culture of Yangtze River is that it will benefits us to understand how the river driven the basin civilizations' s origination and development historically and increase the understanding the water sustainability of the river, and then take good cares to the river. The basin civilizations ware constructed driven by the river, consequently we can continue maintaining the civilizations and reconstructing new culture following the river's life.

Reference

Li Xue Qing edited (2011), A History of Yangtze River Culture. The Jiangxi Education Press.

Xiao Yun. Zheng (2015), Urbanization and the Life of a River: Constructing the River Culture of Yangtze River Upper Basin, in Exploring the Water Culture and Water History of China, China Social Sciences Press.

Xiao Yun. Zheng (2018), A Small River and the Big Capitals: The Logic of Qin Huai He River Management of China, The Finish Journal of Environmental History, Vol. 1.

Yoshinori Yasuda (2013), Discovery of the Yangtze River Civilization, in Yoshinori Yasuda Editor Water Civilization From Yangtze to Khmer Civilizations, Springer Japan.

(本文发表于《国际水协会与国际水历史学会“古代文明中的水联合专门委员会”通讯》2021 年 1 月号。〈*Newsletter of Joint IWA/IWHA Specialist Group on Water in Ancient Civilizations*〉, Januray 2021)

A Small River and the Big Capitals: The Logic of Qin Huai He River Management of China

Introduction

China is a country with huge rivers. Accordingly, the country was developed basically to rely on rivers due to its geographical environment. Therefore, most ancient Chinese cities were established at the basins of rivers. These cities make use of rivers for urban water supply. The urban water system was constructed to depend on rivers as sources of water. Also, the logic of water management of the urban water system aims to manage rivers to meet the demands of urban development, water supply, drainage, irrigation, transportation, and defense. By this logic, the urban water system which was constructed depends on rivers. However, this usually changed the natural situation of a river to the building of an urban water system which includes the river, canal, dam, lake, etc (Zheng, 2015). Consequently, the logical idea was the most important priority for urban water management. Thus, this feature was also reflected typically in the historical management of Qin Huai He River.

With the length of 110 km, Qin Huai He River is a small tributary of the Yangtze River. It is located in today's Nanjing City, Jiangsu Province of China. However, it is one of the most famous rivers in China, while Nanjing City is one of the most important historical cities. The city served as a capital of more than ten dynasties in the Chinese history. Also, it was the capital of the Republic of China before 1949. Therefore, the history of Qin Huai He River management was closely related to the historical capitals. The reach of the river flowing inside the urban area at a length of 10 km made Qin Huai He River the busiest, most flourishing and cultural place in China.

Figure 1 Current Qin Huai He River reach inside the city

(Zheng, 2015, F. 1).

The sources of Qin Huai He River were from two upper rivers, Jiron River and Lishui River. Two rivers meet and then become the mainstream of Qin Huai He River. Finally, it flows into Yangtze River. Historically, the logic of water management of the city depends on the Qin Huai He River for the needs of urban development, water supply, transportation, urban defense, etc. (The Editing Committee, 2001)

Today, it is a fact that there is lack of a good public understanding of the historical role of the river in the urban development generally. Actually, the popularity of the Qin Huai He River is not just because of the fact that it was once the capital centre, but also because of the development of Nanjing City from a small town to a large city. This development was driven by successful river management in history. This paper aims to discuss the historical process of water management and its logic in different ages, water management and development of Nanjing City before 1950s for better understanding of water management, and the urban development of Nanjing City. Thus, it is also a good case for understanding the correlation between rivers and urban development in China.

Water Management in the Period of the Six Dynasties (211 AD–598 AD)

The first establishment of the capital in today's Nanjing area began from 229 AD. Mr. Suen Qian, the lord of local state, Wu, chose this place to establish the capital due to its geological superiority: Mountain Shitoushan and faces the Yangtze River and the Qin Huai He River. The capital was named as Jian Ye Du Cheng after its establishment.

Before Han Dynasty (202 – 220 BC), Qin Huai He River was a free flowing river. Thus, after Jian Ye was established as the capital, the management of the river began in a large scale to meet the developmental needs of the city. These needs include the urban water supply, economic demands, transportation, and defense. The logic of water management in this period was to connect the rivers in this area to build a large local water network to meet the above purposes. Therefore, many canals were built to connect the rivers including the Qin Huai He River and lakes of the local area. As a result of this, a water network was formed by the constructions, but the native situation of the river changed a lot in the process.

During the dynasties period, the main projects included building a canal to connect the Qing Xi River and the Qin Huai He River. Qing Xi River originated from Chung Shan Mountain. Therefore, this was the largest river in eastern Jian Ye Du Cheng. It was also connected with the Lake Qian Wu. Accordingly, it was an important river at that time. After the canal was built between the Qing Xi River and Qin Huai He River, more water was introduced into the urban area. It became important for water transportation from Qin Huai He River to cross the urban area to the Qing Xi River. Unfortunately, Qing Xi River was blocked after Tang Dynasty (618–907 AD) due to reconstructions of the urban walls. Thus, before that, it was the most important urban river for water supply and transportation in the city.

Other main projects include the construction of Yun Du canal and Jurong Zhongdao canal, or also called Pogangdu, to connect the Lake Tai Hu and Qan Tan Jaing River. After these projects, Qin Huai He River was connected with

Lake Tai Hu which is one of the five largest fresh lakes. In addition, Qan Tan Jaing River is regarded as the largest river in today's Zhejaing province (Yao Han Yan, 1987). Accordingly, a larger water network which depends on Qin Huai He River was formed. This network extended the water transportation of Qin Huai He River which brought about economic flourishing in the Nanjing area. Rice and various other goods could be transported from neighboring provinces to the capital city that supported the local economic development and population growth, as well as the development of many towns along the rivers due to busy trade (Guo Li An, 1984). It is worth noting that Qin Huai He River is very important for the defense of the capital city. Also, there were many wars which took place at the Qin Huai He River delta during the Six Dynasties period. Qin Huai He River, as a native line of defense, protected the capital city effectively. Accordingly, Qin Huai He River played the roles of defense and economic artery, and represents the symbol of the local kingdom's capital (He Yunxian & Jing Chen, 2015).

Water Management in Tang Dynasty (618–907 AD)

In Tang Dynasty, the width of Qin Huai He River was diminished to from 100 m or more to 70 m due to a change in the waterway of the river. It was also partly due to the rapid population increase along both banks of the river that resulted in appropriation of the riverbanks. Its role of defense was also getting faded out. One of the important historical events during this period was that central China was unified by Sui kingdom in 581 AD. This was after about 300 years' separated rule and fighting among the kingdoms. Accordingly, Nanjing city also lost its status as the capital city immediately because the Sui emperor chose Chang' an City as capital, and large parts of Nanjing were destroyed in the wars. However, it was a flourishing capital city for hundreds of years. Also, dense population and rapid economic reviving required the reconstruction of the city. Therefore, while the new city was being built, Qin Huai He River was considered an urban river. Through this consideration, the basin of Qin Huai He River downstream was designed to be the urban area. Thus, Qin Huai He River was ensphered inside the town by the town walls.

Figure 2　The Eastern Floodgate of Qin Huai He River

(Zheng, 2015, F. 2)

The most important event for water management soon after Tang Dynasty was the construction of outside Qin Huai He River. In later Tang Dynasty, the power of the centre government was weakening, whereas the local rule was gaining power. As a result, it became an opportunity for the local states to reconstruct their cities and increase their power. Nanjing City was also rebuilt and its size was substantially increased during this period. After the main waterway of Qin Huai He River became the urban river, flood risk was increased due to dense population along the downstream of the river. Meanwhile, a moat along the new southern urban wall was also necessary for urban security. So, in 930 AD, a canal connected Qin Huai He River and surrounded the south of the city. After that, it flowed into Yangtze River which is called Outside Qin Huai He River. This river was built as the moat of the city. It served as defense and was used for the draining of urban flood. Therefore, the reach of the river flowing inside the city was called Inside Qin Huai He River until today. After the Outside Qin Huai He canal was built, the downtown of the city was moved to the area which was surrounded by Outside Qin Huai He River. As a result, a new form of the city was structured until the nineteen century. After the Outside Qin Huai He River was built, there were two waterways from Qin Huai He River to Yangtze River that effectively reduced the flood risk in the city.

In summary, the water management during this period was focused on two projects: the Qin Huai He River which was considered to be an urban river, and the Outside Qin Huai He River which was constructed. Thus, these changes brought significant aftermaths to the city. Firstly, more population could be accommodated by enlarged urban area as both sides of the riverbanks were included into the urban area. Later, the downtown was moved to the eastern area of the city after the Outside Qin Huai He River was built in 930 AD. Through this change, the city was enlarged again. Secondly, based on the aftermath of the rivers, the main stream of Qin Huai He River was getting narrowed due to appropriation of the riverbanks that reduced its capacity of drainage. As a result, Outside Qin Huai He River began to play the main role of flood drainage. Unfortunately, it was often silted up due to its limited capacity. As a result, the waterway of Yangtze River was changed in some places that influenced the connection of Outside Qin Huai He River and drainage smoothly. Consequently, how to keep the connection between Qin Huai River and Yangtze River unblocked has become a major problem in subsequent centuries.

Water Management in Song (960–1279 AD) and Yuan (127–1368 AD) Dynasties

After Tan Dynasty, the urban basin of Qin Huai He River was getting silted up due to the large-scale exploitation of the Yangtze River downstream basin that caused the change of waterway of Yangtze River and the change of good connection between Yangtze River and Qin Huai He River. Meanwhile, the waterway of Inside Qin Huai He River was also silted up due to the embezzlement of the riverbanks and agricultural development in the upper basin. Also, the urban area was flooded frequently during the summers (To To & Oa Lu Tu, 1345). Consequently, water management in this period was focused on two aspects: to dredge up the waterway of the rivers and to build more canals for drainage. A series of canals was then built or dredged from Song Dynasty to the Yuan Dynasty (1368–1683 AD) to structure a new urban water network. This network was connected with the rivers of Qin Huai He basin, canals of urban area, and Yangtze River. The main canals included Yin Shan He, Xin Kai River etc, at the mouth area of the Qin Huai He River to Yangtze River. This increased the capacity of the drainage. After that, the canals were also used for water transportation (Chen Kaiyu, 1667). As a result of these constructions, flooding was effectively controlled and the capacity of water transportation that also brought about economic prosperity was increased. The fact was that industries and trades were obviously developed along the rivers and canals. As a result, many towns were formed. According to the historical record, the trades flourished depending on the rivers network. However, not just rice, but also bamboo, wood, oils, botanic medicines, foods, etc, were transported by boats from the provinces of Szechwan, Hunan, Hubei, Jiangxy, and Anhui (He Yunxian & Jing Chen, 2015b). When Nanjing City was considered to be the place for construction of the capital city of Yuan Dynasty, large amounts of wood were required. Therefore, Xin Kai River also became the main transportation route for wood from Yangtze River that brought a flourishing period of trade and urban development along the river.

Water Management in Ming (1368–1644) and Qing (1616–1912) Dynasties

In 13 September, 1638, Emperor Zhou Yuan Zhang, the founder of Ming Dynasty, established the capital of Ming Dynasty in Nanjing. Nanjing was officially named and still uses the same name. The city was first established as the capital of the united country, Ming Empire, based on its history. Accordingly, the city was reconstructed on a large scale after it was established as the capital. After decades of construction, a major city surrounding the urban walls for 33.6 km was formed. Population and economy were increased continually after the new dynasty was established. During the wars that took place during the replacement of the dynasties the population increased from one hundred thousand in the early establishment to seventy hundred thousand in 1660s (Fan Jinming et al., 2012). At the same time, these increases also brought more environmental appropriations which included the rivers and increased flood risk once again. Consequently, purposed for more effective drainage, more new canals were built like Shan Xin He River, Zhoug Xin He River, and Xia Xin He River. Furthermore, these canals connected with Qin Huai He River and Yangtze River to raise the drainage from Qin Huai He River to Yangtze River. On the other hand, it also functioned effectively as a means of transportation later. More goods, especially wood, which were transported from Yangtze River to the urban area by these waterways, pushed the prosperous development of shipbuilding industry in the urban area. Thus, Nanjing city became one of the largest shipbuilding bases in China. The famous navigator, Mr Zheng He, is a good example. His large marine started from Nanjing and navigated towards the south ocean seven times. Also, the large boats were built inside Nanjing city and by the canals to Yangtze River. After then, it navigates to the ocean.

During Ming Dynasty, an important hydraulic project was Tian Sheng Qiao He River or also known as Yan Zhi He River construction. After the capital was established in Nanjing and by rapidly increasing population, a large amount of rice, goods, and tributes had to be transported to Nanjing City from the surrounding provinces or more distant places. Traditionally, the transportation was arranged by boats along Yangtze River to Nanjing. This route is not just very long, but also very dangerous due to stormy waves on the broad river. Accordingly, in 1395, a canal connected Qin Huai He River and Lake Shi Jiu Hu. Then, it was connected with the rivers in the surrounding provinces including Zhejiang, Anhui provinces, which were built. With a length of 15 km, this canal was built to be very difficult in cutting the Rock Mountains. After the canyon was cut, the cliffs of both sides of the waterway became red. Therefore, this canal is also called Yan Zhi He River, which means "rouge river". This river is very important because it connects two large river basins together, Lake Tai basin and Shui Yang Jiang basin. Thus, the goods no longer take the waterway of Yangtze River to Nanjing, just by the rivers to get to the Lake Shi Jiu Hu. Then, it moves through Tian Sheng Qiao He River to Qin Huai He River, and finally reaches Nanjing City directly from surrounding provinces. As a result, this effectively diminished the haul distances and reduced the risks. Furthermore, the waterways of Qin Huai He River also extended its connection to the larger basin in central China. Nevertheless, this situation was changed after the capital of Ming Dynasty was moved from Nanjing to Beijing in 1421 AD for political reasons. Consequently, the importance of the waterways for transportation was reduced due to the absence of goods and tributes needed to be transported not to Nanjing, but to Beijing. Through this change, the waterway was getting silted up, even given up in some historical periods. Even so, this canal is a very important historic hydraulic project.

Figure 3 The waterway of Yan Zhi He

(Zheng, 2015, F. 3)

Anyway, Ming Dynasty is an important age for the water management of Qin Huai He River. There are some canals which were built to connect the rivers, especially the Tian Sheng Qiao He canal which extends the connection of the Qin Huai He River to other basins of central China. However, this formed a more broad water network which depends on the Qin Huai He River. It functioned up to early 1950s which also influenced the forming of the urban form of Nanjing City in subsequent centuries after Ming Dynasty.

Even so, the fact still remains that the water network did not solve the water problems. In Nanjing City, during the Ming and Qing Dynasties, there were three problems related to water: flooding, silt, and pollution. From Ming Dynasty, the population continued to increase in the eastern areas of China including the Nanjing area. Furthermore, large areas of land were developed as farmland which caused more and more appropriation of land resources and resulted in land erosion along the rivers. In early eighteenth century, the population in Nanjing City was almost one million, making it the largest city in eastern China at that time (Fan Jing Ming 2008). Accordingly, this situation also caused more and more appropriation of the river banks for constructions and silt in the waterways. Therefore, the Inside Qin Huai He River had become a narrow river. Meanwhile, the climate change caused frequent flood during 1551-1621 AD in southeast China (Zhang Piyuan & Gong Gaofa 1979). Anyway, both reasons brought frequent flooding in the Nanjing area. In the urban area, huge floods plagued.

Figure 4 The most historic part of Qin Huai He River at evening

(Zheng, 2015, F.4)

Nanjing City frequently for centuries after sixteenth century. Century, which causing disaster at a heavy cost (Luo Xaio Yu, 2014a). At the other side, Nanjing City was also suffering from water pollution as the city had developed into a major center of silk manufacturing in China at that time. Also, there were vast manufactures along the rivers for dyeing and washing the silks; bringing heavy river pollution (Luo Xaio Yu, 2014b). Consequently, water management in this period was not to build more canals, but to focus in the dredging of the rivers and in trying to raise the natural flow of the river to decrease pollution. However, a series of projects was implemented under this purpose to dredge the silt and introduce more water into the city in order to clear the waterways. Unfortunately, facing rainstorms and floods, people cannot but changed their way to stop the flow of water into the urban area during the Emperor Dao Guang period (1820-1850 AD). The local government closed the floodgates to stop water from the Qin Huai He River to flow to the urban area. However, the Outside Qin Huai He River was used as the drainage river. It was useful to stop the flood provisionally. However, at the same time, it caused more water pollution inside the city due to water flows. Anyway, how to dredge the silt of waterways and how to manage the urban flood were two major problems for almost the whole period of Qing dynasty. The local governments started vast projects in solving the water problems. During this period, it was effective; but in general, the urban flood, pollution, and better water supply was not managed after the nineteen century due to frequent wars and declining of the economy (Xu Zhi 2012).

Conclusions

The history of Nanjing began from a small capital town of the local state. However, it grew into a major city as the capitals of a series of dynasties in Chinese history were founded in Nanjing. One of the most important factors for this growth is water and water management. The city is located at the delta of Yangtze River and Qin Huai He River. It backs the Stone Mountain (Figure 5). The current floodgate of Inside Qin Huai He River mouth to Yangtze River. (Zheng, 2015. F. 5) which is good for defense. Water management through the

Figure 5 The current floodgate of Inside Qin Huai He River mouth to Yangtze River
(Zheng, 2015. F. 5)

built canals which connect the rivers and lakes constructed a frame structure of waterways for urban development and water transportation. It did not just increase the economic-politic connection with neighboring provinces but also increased its political status in China. Accordingly, the urban development during its nearly two thousand years of history always relied on water management. Once the rivers and canals are managed, the urban area extends and the economy undergoes development.

In summary, the logic of historical management of Qin Huai He River relied majorly on three purposes: (1) To construct a broad water transportation network; (2) To meet the purpose of urban development; and (3) To control flooding as well as develop irrigation. Accordingly, successful water management supported the urban development of Nanjing City. Also, it supports the construction of a large water transportation network with the main water systems of eastern China. Thus, this results in the establishment of a series of dynastic capitals in history as well as today's international metropolis, Nanjing City. Therefore, there is no other river that is more eventful, important, and cultural than the Qin Huai He River in the urban and politic cultural history of the Chinese.

Reference

Chen Kaiyu (1667). *Kan Xi Jiling Prefecture Record*, Vol. 6. Written in 1667. Nanjing Press., 2007.

Guo Li n (1984). *The Situation and Role of Qin Huai He River in the History of Nanjing City. The Journal of Nanjing Normal University*, No. 4, 1984. pp. 80-85.

Fan Jing Ming (2008). *The Exploring on Economy of Nanjing in Ming Dynasty. National Economy and People' Livelihood: the Research on Socio-economy History of Ming-Qing Ages*. Fujian People's Press, 2008. p. 466.

Fan Jinming et al. (2012). *Volume Ming Dynasty*, The General History of Nanjing. Nanjing Press, 2012. p. 2.

He Yunxian & Jing Chen (2015a). *The Study on the Cultural Heritage of Nanjing Qin Huai He River Basin*. JiangShu People's Press, 2015. p. 9.

He Yunxian & Jing Chen (2015b). *The Study on the Cultural Heritage of Nanjing Qin Huai He River Basin*. JiangShu People's Press, 2015. p. 11.

Luo Xaio Yu (2014a). *The Water Environment and its Management of Nanjing Inside River in MingQing Dynasties. The History Studies*, Issue 4, 2014. p. 52.

Luo Xaio Yu (2014b). *The Water Environment and its Management of Nanjing Inside River in MingQing Dynasties. The History Studies*, Issue 4, 2014. p. 56.

Yao Han Yan (1987). *The Outline of Chinese Hydraulic Engineering History. The Hydraulic Engineering and Power Press*, 1987. p. 129.

The Editing Committee (2001). *The Hydraulic Engineering Record of Jiangshu Province*. Jiangshu Ancient books Press, 2001. Vol. 55.

To To & Oa Lu Tu (1345). *River Record. Song History*, written in 1345. China Book Bureau, 2003. p. 138.

The Editing Committee (2001). *The Hydraulic Engineering Record of*

Jiangshu Province. Jiangshu Ancient books Press, 2001. Vol. 55.

Xu Zhi (2012). *The Research on the Flood Management in Qing Dynasty*. The Academia, No. 10, 2012. pp. 99-101.

Zheng Xiao Yun (2015). *The ancient urban water system construction of China: the lessons from history for a sustainable future*. *International Journal of Global Environmental Issues*. Vol. 14, Nos. 3/4, 2015. p. 188.

Zhang Piyuan & Gong Gaofa (1979). *Some Features of the Climate Changes in China from Sixteen Century*, The Journal of Geography. Vol. 3, 1979. pp. 26-29.

Zheng Xiao Yun (2015), F. 1, F. 2, F. 3, F. 4, F. 5. With permission of Zheng Xiao Yun.

（本文发表于《芬兰环境史》〈*Finnish Environmental History*〉2019 年第 1 期）

Tuo Shan Yan Dam and City Ningbo: Exploring the Historical Logic of Urban Water Management through a Big City of China*

1. Introduction

Being situated at the midpiece of Chinese coastline and the south wing of Yangtze River delta, Ningbo City is an influential historical and commercial city in Zhejiang Province of China, with population of 7.85 million①. Currently, it is one of the most important port cities and the commercial centers of the Yangtze River delta south wing, it keeps the position of the largest port of the world from 2008②. It is also the east estuary of the Jinghan Canal③ to the sea, accordingly it is the main place of the east of China which links to the ocean. With a long history, the early residence in this area was dating back to 7000 years ago according the archeological discovery near Ningbo City, named Hemudu Culture, one of the earliest human residences which is discovered in China so far. It was under the local administrations in different periods in the history but current site of the city was begun in 812 AD, the Tang Dynasty, the capital of Min Prefecture was moved to current site that begin its urban history

---

* Shen Ji Min is a co-author of this paper.

① Statistical Bulletin of the National Economic and social Development of Ningbo City 2015. http: //www. tjcn. org/tjgb/201604/32666_ 4. html (accessed on 12 December 2016).

② Yu Yong Jing. Ningbo Keeps the Position of the Largest Port of the World for 8 Years Continually. *Ningbo daily*. 20 Dec. 2016. p. 1.

③ Jinghan Canal is the longest canal in China also in world, with length of 1797 km, crosses a geographical area from Ningbo city in east of China to Beijing in the north of China. As a historic influential canal, it was listed into the UNESCO WORLD HERITAGE in 2014.

until today for more than 1000 years.

China is a river based country in history to shaping the rural residence, city and agriculture, industry, transportation, etc. accordingly in the early age of the Chinese urban development, the major rivers nearby places were strongly considered as the site for building the city, especially rivers like Yellow River basin and Yangtze River basin. However, all the influential ancient cities in China were built close to the major rivers. Being situated near rivers, the city had convenient water supply and irrigation system, which later also made transportation convenient. Ancient Chinese water urban water management was strongly focused on the water systemic design logically depended on the river to construct its urban hydro-network①. Ningbo City is a case in point to meet the features above. In 812 AD, current site was selected as the place to build the new city of the local prefecture government, based on the site where the meet place of the three rivers is located, such as Yu Yao Jiang River, Feng Hua Jiang River and Yong Jiang River, of which these rivers, Yu Yao Jiang River, and Feng Hua Jiang River are originated from the mountains then meet together and become Yong Jiang River which flows into the East Sea. But after the new city was built, water was not enough for urban supply in spring, autumn and winter, the dry seasons due to rapid population growth. In addition, the salinization strongly troubled the city due to sea water which flows backward into the inland around 30 km, there are no cultivation and drinking along the basin after the salty sea water flows backward. Therefore, how to increase the urban water supply and stop the salty disaster becomes an urgent business to the local government. Subsequently, Tuo Shan Yan Dam was built to meet these purposes in 833 AD by the local county's government, Mao county. After the dam and its matched system were built, water supply was increased effectively in same time the salty disaster was reduced, irrigation for the agriculture in surrounding of the city was also increased simultaneously. This situation had become a key fact

① Xiao Yun. Zheng. The Ancient Urban Water System Construction of China: The Lessons from History for a Sustainable Future, Int. J. Global Environmental Issues. Vol. 14, Nos. 3/4. 2015, pp. 187-199.

that it supported the urban development for more than one thousand years. This paper aims to discover the construction of Tuo Shan Yan Dam and its logic of design systemically which played a key role in development of Ningbo City in 11th century, and for better understanding of the historical water management in China, especially how to manage the urban water based on the rivers. Therefore, the logic of water management, construction of the dam and its matched system, its social influences up to today will be discussed in this paper.

2. The Logic of the Water Management from 11th Century

Mentioned above, the meet place of the three rivers was selected to build the new city of the Min prefecture's capital in 812 AD. After the new city was built, rapid population growth and economic development by the sea trade brought shortage of urban water supply by the fact that water supply was mainly relying on Feng Hua Jiang River. At same time, the disaster of salinization by sea water flows backward was deteriorated in this situation, usually it could flow backward for 3 km above of the Tuo Shan Yan Dam site. Therefore how to increase urban water supply and improve the agricultural irrigation in surrounding countryside have become an urgent business to the local governments. A series of projects were considered but the Yin Jiang River, the main tributary of Feng Hua Jiang River management was strongly considered to be the key project.

Yin Jiang River, a main tributary of Feng Hua Jiang River, originates from Si Ming Shan mountain, with length of 69.4 km and width of 100–130 m before Tuo Shan Yan Dam and 90–100 m after Tuo Shan Yan Dam. Along with the river, there are many small tributaries flowing into it. As the source of a series of rivers, Si Ming Shan mountain has large range and high sea level one in the local, the peaks with sea level of 750–900 m[①]. Rainfall is concentrated seasonally in summer, and it is a fact that Yin Jiang River is a short river and it receives water from many tributaries on the way, and the altitude difference, caused often huge flooding along the basin, this situation also brought often disaster to the local residences, local people were suffering in this situation for

① The Editing Committee. *Yong Jiang River Book*, Zhonghua Book Bureau, Beijing, 2000. p. 48.

long before Tuo Shan Yan Dam was built. For increasing the urban water supply and reducing the flood risk, the local government decided to build a dam on the waterway of Yin Jiang River.

The proposal of building Tuo Shan Yan Dam was proposed by the governor of Mao County of the local, Mr. Wang Yuan Wei. After times of investigation, he proposed to build a dam at the mouth of the Tuo Shan valley of the Yin Jiang River that starts the river's reach to the flat basin. The reasons to select this place for building the dam are: (a) here is the narrow place between the valley and flat basin that is easy for construction; (b) it is possible to stop water by the dam and elevate water level of the river then lead it into other waterway for water supply to the flat basin; (c) it was possible to stop seawater flows backward into the valley area then to save the salinization disaster; (d) it can regulate water seasonally.

The proposed logic of building the dam and matched system is: the dam stops water and elevates water level of the river in Yin Jiang River in the dry season then diverts water into Nan Tang River which links with the Yin Jiang River and locates at upper dam for hundreds miters. Based this propose, 70% of river water will flow in Yin Jiang River and 30% flows into Nan Tang River in the rainy season, but in counter 70% flows into Nan Tang River and 30% flows into Yin Jiang River in the dry season. Therefore the river water was regulated seasonally for increasing urban water supply and irrigation in the countryside and reducing the river flood risk.

After the dam was built, 70% of the Yin Jiang River water was diverted into the Nan Tang River in the dry seasons due the elevated water level by the dam, then water led into two sub-rivers. Water from Nan Tang River flows into the city from the South Gate, then gets and stores in Lake Ye, Lake Ri, and the urban rivers. It was remarkable that not just water supply of the city was increased effectively by this project, but it also performs to store fresh water in the lakes and urban rivers for regulation of the water supply seasonally. This change increased the capacity of urban development and supported the city for subsequent more than one thousand years. Other river led water to west flat area of Yin Jiang River, accordingly irrigation was improved effectively in this area and it promoted the agricultural development nearby, it was also supported urban development.

In the rainy season, 70% water crosses the dam and continues flowing in the river and 30% flows into the draining river Nan Tang River. But considering the capacity of drainage in this river, three floodgates were built that severed to regulate water seasonally, draining more water from Nan Tang River into other rivers in rainy season.

After Tuo Shan Yan Dam was built, a hydro-system based on it was built for drainage, urban water supply, water storage, irrigation, stop sand, ship transportation, etc, in thereafter year.

In 1255, three floodgates were built at Nan Tang River where the eastern Yin Jiang town is located, the link place of the canal between Yin Jiang River and Nan Tang River to increase drainage of Nan Tang River to Yin Jiang River (see No. 3 at Fig. 1). It means part of water flows from Yin Jiang River to Nan Tang River will be drained into Yin Jiang River to reduce flood risk in Nan Tang River and to the city in rainy season. But in the dry season, floodgate will be closed to keep water in Nan Tang River. After times of rebuilding until 1924, this dam was built as a stone dam with length of 320 m.

Fig. 1 The sketch map of the dam and rivers nearby①

In 1524, a dyke called Guang Tang was built on theNan Tang River where

① Figure 1 with permission of Xiao Yun. Zheng.

Fig. 2 (a) Tuo Shan Yan Dam in different angle; (b) Tuo Shan Yan Dam in different angle①

Fig. 3 (a) The dam during the raining season; (b) The dam during the dry season②

Fig. 4 Stone tablet of water-level at Ningbo City③

is just about 500 m close Tuo Shan Yan Dam (see No. 2 at Fig. 1). This dyke

① Figure 2 with permission of Xiao Yun. Zheng.

② Figure 3 with permission of Xiao Yun. Zheng.

③ Figure 4 with permission of Xiao Yun. Zheng.

starts from north Yin Jiang town stretch across the river then ends at place near the bank about 15 m to form a bay, therefore proposal of building this dyke was to increase water level for water supply to residences of the north bank and ship transportation in the dry season, but during the rainy season, water can cross the dyke into the river.

After the water was introduced fromYin Jiang into Ningbo city, it was flowed into the Lake Ye, Lake Ri and urban rivers, finally it was led to Yong River from the east gate of the city after it was cycled in the urban water system, this situation was in line with the ancient logic of Chinese urban water management. But seasonally, the water yields from the rivers were different, therefore urban water balance becomes a key project for water security. How to solve this problem for the ancient people was to use floodgates in the urban water system to regulate the water level for storing water and drainage. Thus a stone tablet of water-level was built inside the city for measuring the water level in the urban water system so as to regulate the water by the floodgates. The example shown at Fig. 4 was built during 1253–1258 (Song Dynasty) and continued rebuilding in thereafter dynasties. After this facility was built, the urban water system was severed perfectly to the urban water regulation to keep water in the dry season and drainage in the rainy season.

Anyway, Tuo Shan Yan Dam and its matched facilities constructed a hydro-system to Ningbo City and the neighbouring areas, functioning in urban water supply, irrigation, stop salinization, storage of fresh water, ship transportation, etc., from ninth century, of which the functions, the most important one is water supply and stopping the salinization disaster to the city, it brought possibility to the urban existence and development based on the fact that dated back to around two hundred years before the dam was built, there is no a stable circumstance to develop a capital city of the local prefecture due to flood, water shortage and salinization. A document written in 1147 described the importance of Tuo Shan Yan Dam as:

Tuo Shan Yan Dam is bearing in a heaviness, thousands hectare of the farmland are no trouble to be irrigated perfectly in the seven distracts of the countryside, and it store water to be the lakes and flows smoothly into the river to coping the trouble of drought and flood, all of it is benefited from Tuo Shan Yan Dam.

*After the dam was constructed, the river and draining river are divided, the saline water is not come again but fresh water flows into loughs fully. It flows into the urban area and rounding around the villages, the paddy fields of the seven distracts are all irrigated rely on the dam*①.

Accordingly, it could be saying absolutely, Tuo Shan Yan Dam and its hydro-system had functioned a key role to the city's existence from ninth century up to 1987, a large dam and its reservoir called Jiao Kou Dam, was built at upper Yin Jiang River main riverway, it controlled flood and function in water supply of the city.

3. The Aspect of the Dam's Engineering

What is worth to be noted to Tuo Shan Yan Dam is that it is the first flag-stone structure dam recorded and found in China so far. It is not just remarkable in its systemic logical design to build a hydro-system depending on the dam but also its engineering achievement creatively in that time.

Withlength of 113.6 m, altitude of 3.05 m and width of 3.5 m, it was built with flagstone and big wooden pillars. The first record of its structure was in 1242 by Wui Jian as:

*The dam was covered by flagstone, but it likes a house that inside of it is empty and supports by big wooden pillars. While the river in flooding, it is filled in sand to protecting the dam but it will be moved after water returned*②.

① Wui Jian. Siming Tuo Shan Yan Dam Water Management Book. *The Record of the Riverway of Zhejiang and Explaining in Map*, China Water & Power Press. 2014. Beijing. p. 74.

② Wui Jian. Siming Tuo Shan Yan Dam Water Management Book. *The Record of the Riverway of Zhejiang and Explaining in Map*, China Water & Power Press. 2014. Beijing. p. 74.

According to the legend, first stage of construction of the dam was to put some big wooden pillars into the river to stop water because it was impossible to construct the dam by stones directly as a result of riptide. There are ten workers who died during the wooden pillars were put into the river. Thus after water was stopped by the pillars, flagstones are able to be used to build the body of the dam above the pillars.

It is a fact that the structure of the dam's main body is not known well so far. According to the historical record, the dam was built on the big wooden pillars which lie on the bottom of the river, above the pillars, the main body was built with 36 storey flagstones. So its altitude was debated for long and described in the publications from 4 m to 27 m differently. In 1995, a scientific test shows that the centre of the dam is 3.85 m of altitude, and both ends are 2 m, it is arched dam benefits to against sink. According to this research, the bottom of the dam's foundation was built with interlayer of clay and dinas which are 3.7–6.4 m of altitude above the river's conglomerate bottom. Above the foundation, the dam body was built with flagstones[①]. The dam was built with three steps, the first step is bottom which was covered with flagstones with width of 8–15 m. The second step is made altitude above the first step 1.2 m and width of 1.63 m, and third step is made altitude above second step 0.75 m. There are 152 flagstones used to build this dam with length of 2–3.3 m, width of 0.5–1.6 m and thickness of 0.2–0.35 m[②]. The structure is shown at Fig. 5[③].

Another remarkable hydro-technology in this area in the ancient time is the floodgate. The water supply from the rivers in Ningbo and neighbouring areas is strongly featured in seasonal difference, therefore seasonal water balance was also important for the local water management. Accordingly, floodgate was used popularly to meet this propose. Depended on this technique, water was regulated

---

① Shen Zhi Lan and Chen Wan Feng. *More about the mystery of Tashan Weir in Tang Dynasty*, *Science and Technology Review*. No. 11, 1995. Beijing. p. 19.

② Yan Yan et al. *The Riverway's Water Culture: Ningbo of Zhejiang*, Printed by The Center for Research and Education of Water Culture. 2012. p. 37.

③ The original map from Chen Shi. A walk to Tuo Shan Yan Dam, Impressions of Yinjiang. Ningbo News. No. 18. 2014. Ningbo.

in rivers, lakes and urban water system effectively. It closes and opens based on the water situation. Floodgate also performs the functions of stopping sand and sea water flow backward into the urban rivers, etc. According to the historical record, after the dam was built, three floodgates were built at the places where distance to the dam was 7. 5 km, 9 km and 22. 5 km, to regulate water depended on the seasonal water level, during the rainy season. The floodgates will be open for drainage but during the dry season, the floodgates will be closed to keep water for urban supply①. But unfortunately, these floodgates were destroyed on the history. Fig. 6 shows the gate-pillar of a floodgate relic at upper Tuo Shan Yan Dam (see No. 1 at Fig. 1) to stop sand and regulate river water which was built in 1242, it was closed and opened by planks and hand operated depending on water level. There are some scales at the gate-pillar to measure the water level. Anyway, these are reflected in advanced urban hydro-technique at that time②.

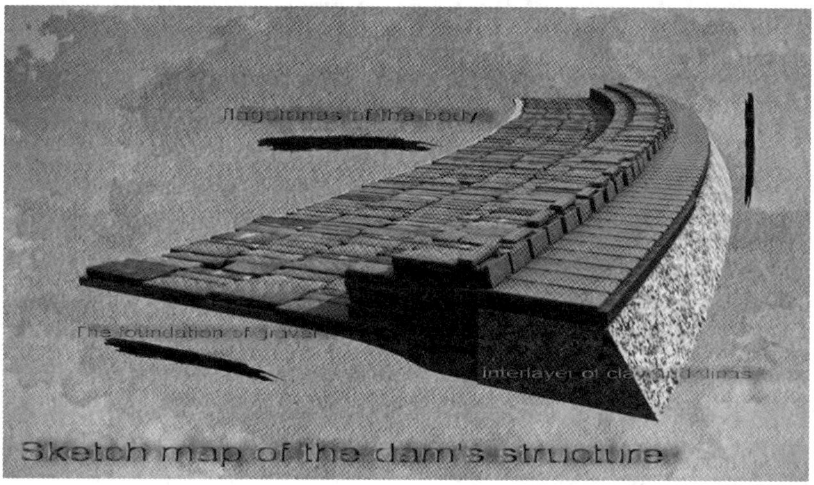

Fig. 5 The sketch of Tuo Shan Yan Dam's structure.

① Shen Zhi Lang. *The Miracle of Ancient Chinese Water Conservancy: The Famous Tashan Weir Constructed in Tang Dynasty*, *Science and Technology Review*. No. 4, 1992. pp. 48-51.

② The Editing Committee. *Yong Jaing River Book*, Zhonghua Book Bureau, Beijing, 2000. p. 48.

Fig. 6 The relic of stone pillars of the floodgate①

4. The Influences of the Social Aspect

It is greatly worth to note that Tuo Shan Yan Dam is not just a stone structural construction, but also deeply influenced the local people's spiritual world and social life by its great achievements.

After the dam was built, the local people were saved from saliniztion disaster and the agricultural productivity was increased effectively by improvement of the irrigation. Some towns were formed along the rivers, for example, the Yinjiang Town beside the dam is a famous one. But most important is the improvement of water supply to Ningbo City that brings a stable circumstance for the city's long development. All of these was embedded in the local spiritual world and practiced in the real life by the ways of memory, gratefulness and worshipping the builders of the dam for one thousand years.

According to the historical record, the dam was built organized by the governor of the local county, Mr. Wang Yuan Wei. In 831, during his birthday dinner, he stated the proposal of building a dam to solve the troubles of wa-

① With permission of Wang Wei Nan.

ter. Then he paid very hard works for this project for two years, the construction of the dam was finished in 833, and troubles of flood, water shortage and salinization disaster were solved obviously in a short time. Consequently, local people celebrate the construction and show their gratefulness to the governor Wang and ten young men who paid their life for the construction in aftertime every year.

On 3rd March, 6th June and 10th October of Chinese calendar every year, the local people take three times celebration to the dam, it had become fair until today. The fair is mainly used to worship the former governor Wang and other dead people because they have become the gods ideally in the local in subsequent years, of which governor Wang Yuan Wei was understood as the water god to control the local water and bless local people to have a good situation of water. Local people also built a temple to worship them beside the dam, and after times rebuilding, it is a large one today. The temple includes two main buildings, the main building is for worshipping governor Wang Yuan Wei and another smaller one is for worshipping ten young men and other people who greatly contributed to the dam and water management. During the temple fairs, thousands people from the local and neighboring areas gathered together at Yin Jiang town where the dam's location to worship the gods, take part in fair market, enjoy performances, foods, recreation, etc. But among the activities, most important one is the parade carrying the statues of the gods including governor Wang and other ten young men as well as pray in the temple to the gods's tatues. There are many rituals that will be taken during the fairs simultaneously.

After the governor Wang was recognized as the water god by the local people, this phenomenon has influenced a broad areas in the east Zhejiang Province. There are more than 30 temples which were named Tuo Shan temple in east Zhejiang Province to worship governor Wang[①]. The temple is a place not just to bless the luck and show gratefulness but also for educating people to learn from Mr. Wang how to be a good person

Anyway, it is few to find a case like Tuo Shan Fair in China that the

---

① Li Guang Zi. *Tua Shan Fair and its Faith. The Journal of Shangqiu Occupational Technologies College*. No. 3, 2011. pp. 72-73.

people keep their memory to their heroes of water management through rituals in the real life. Accordingly, the memory becomes their religious faith integrallty for more than one thousand years. What is important to the water management is that this ritualistic religious memory has been functioned perfectly to keep and enhance the ideal of water management, and encourage people to management water continually generation after generation. Therefore, this memory has become the cultural foundation of the sustainable water management and subsistence.

Fig. 7 (a) Parade with Wang's statue; (b) Parade with ten man's statues①

5. Conclusion

Tuo Shan Yan Dam is a small dam but it is in line with historical logic of water management of Chinese to manage river to meet the demands of urban water supply, drainage, defense, extension, transportation, etc. The ancient Chinese are wise to design a hydro-system depended on a key river project just like Tuo Shan Yan Dam. It is not difficult to find similar cases in China, for example, Song Hua Ba Dam in Kunming City②. The key project and systemic design are two important features of ancient water management, it also reflected their wisdom in that time. Therefore, as a small dam, Tuo Shan Yan Dam func-

① Originality photos at a walk to Tuo Shan Yan Dam. Impressions of Yinjiang. Ningbo News. No. 18. 2014. Ningbo.

② Xiao Yun. Zheng. *Water management in a city of southwest China before the 17th century. Water Science & Technology: Water Supply* | 13. 3 | 2013. pp. 574-581.

tioned an important role in the local water management and meets a series of purposes perfectly, mainly as: (a) regulation of the river water; (b) save the flood; (c) stop the salinization; (d) urban water supply; (e) storage of flesh water; (f) irrigation; (g) ship transportation. And it is a miracle that it has been functioned for more than one thousand years. This dam also greatly contributed to the local development especially the urban development of Ningbo City, which becomes a fact that the city was developed relied on this dam as key infrastructure before 1950s. It also influenced the local social life and folk religious faith, created a cultural phenomenon depended on the dam and it performed an important role in the local water management simultaneously.

Anyway, how to find what are the key project and logical design for water management is still important for a sustainable urban water management in present urbanization, it is also valuable to learn from the history.

(本文载于《地球科学与工程》〈*Earth Science and Engineering*〉2017年3月第3期)

The Evolution of Sanitation in the Rural Area of Southwest China: With Case of Dai Villages of Xishuangbana, Yunnan Province

1 INTRODUCTION

Sanitation, in general terms, refers to facilities and customs of water related to the daily life of human beings, for example, toilet, bathing, daily water supply including both supply and storage of water, domestic wastewater treatment, rural water environment (water environment surroundings, water quality and water supply conditions and so on) and culture factors which shaped its formation. By use of water, water related facilities, the sanitation, have been getting developed as well as brought producing of related customs and cultures at the same time, enhanced the mankind's quality of life and health as a whole . Therefore, evolution of sanitation is one of the important mark of human civilization. Evolution of sanitation also directly linked with local environment due to sanitation is not only the result of utilization of environmental resource, in particular use of water, but also a necessity to sustain a harmonious relationship with local environment, because that the evolution of sanitation in one hand improved mankind's living quality, on the other hand also imposed great pressure to the environment in terms of water consumption and discharge of wastewater, therefore, sanitation condition is also an important benchmark to evaluate situation of local environment.

China is obvious featured in dual social structure of rural and urban imbalanced development. Compare with urban areas, sanitation change in rural areas has its own particularity, especially for ethnic groups, sanitation development closely linked with their ethnic culture.

The modern sanitation development in the rural areas of China was beginning in 1950s, the residing area of Dai peoples with case in this research. Dai is an ethnic nationality in China with their traditional ethnic culture, especially it is remarkable that their traditional ethnic culture is deeply embedded in water and reflected salient features of water which comparing other ethnic minorities in the region of Southwest China. (Xiao Yun. Zheng 2005) Acorrdingly, the modern evolution of sanitation was closely linked with the traditional Dai ethnic culture, in particular with water related culture, so the change from traditional sanitation to the present times not only connected with the changes taken place in the living conditions of Dai peoples, but also connected with the change of the traditional Dai ethnic culture.

While sanitation development has been improved Dai people's quality of life, it also brought challenges to the local environment by increased discharge of domestic wastewater. Therefore, observing the change of sanitation and the challenges brought about by sanitation development will help us to better understand water management in Dai villages and find ways to sustaining the water environment. This paper focused on the Dai villages in Xishuangbanna Prefecture of Yunnan Province, China, arms to investigate the sanitation transformation and changes of related culture, in particular the impacts with the local environment by the improvement of sanitation.

2 Sanitation in the Dai traditional society

Dai is an ethnic nationality in China, mainly concentrated distributing in the south part of Yunnan Province of China with total population around 1332000, (Condition of Yunnan Province 2008) 323.596 of them settled in Xishuangbanna Prefecture (The Statistics Yearbook of Xishuangbanna Prefecture, 2011). It is also a transboundary ethnic group with close branches of Tai ethnic groups found in Vietnam, Myanmar, Laos, Thailand and India. Dai in China mainly settled in the areas of Xishuanbanna, Lincang, Simao and Dehong, prefectures of Yunann Province.

Most part of the area Dai settled are tropic or subtropical area with plentiful rainfall as well as the Dai concentrated residing near the rivers with nice water environment. Accordingly, traditional Dai village was usually found in where near the water source conveniently which providing conditions for daily life included the traditional sanitation as well as convenient irrigation for paddy fields. In the history, Dai people has cultivated a set of cultural tradition such as, for example, the water festival, collective bathing, well related custom, storage of domestic water, etc, in line with its traditional sanitation habits and relevant facilities and fit into the local environment and kept to the present times, but in summary, the sanitation facilities in Dai society is comparatively simple due to easy availability and use of water in their daily life. The features of traditional Dai sanitation could be summarized in the following sections.

2.1 Personal sanitation

Bathing: bathing is the requisite custom in Dai's daily life as well as also a kind of important culture in their traditional society. Settled in the tropic area, with good water environment is a salient characteristic of the Dai residency, therefore there are always rivers streams and ponds around the villages of Dai as well as many wells built in the Dai house which greatly facilitate use of water for bathing. Dai much like bathing in their daily life, going to bathing everyday become a habit for Dai people from their childhood. For the baby, one or two times bathing will be taken by mother every day, children like bathing in river, pound or use well water inside the house even many times in one day for fun or cool. Aged people also take bathing every day at veranda of house usually. Adult usually take bath in the river or well nearby after work but most typical bathing custom of Dai is they used to meeting together to bathing in the evenings after their daily work in the nearby rivers and streams. Anyway, bathing is not only a need to clean their body but also a collective occasion of daily life, it is combining socializing and entertaining, for example, the villagers taking this occasion to exchange information and chat while bathing and also women washing clothes, vegetables by the way. It also with many customs likes in the Dai villages of Xishuanbanna, men usually in the upper stream and women in the lower stream while bathing. (Figure 1).

Toileting: Before 1960s, evacuation were most done naturally without toilet

Figure 1　The Dai traditional bathing in the rivers

because most Dai villages are surrounded with the forest and plants, that is, people usually taking evacuation in forest nearby or even back of their house traditionally. Another reason is because livestock growing freely in the nearby forest, human excrement quickly would be eaten by the livestock. For villages located next to river, people also evacuate to the bank, therefore, not much pollution as a whole but in case of high temperature, affection disease also was likely to spread.

2.2　Water facilities of daily life

Well of Village. In spite of the fact that Dai villages were found along the river, but in the past, Dai people are not used to drink directly from rivers due to quality of river water is unstable seasonally, or Concern unhealthful also because of people take bath in the river, so they only drink from wells because of the quality of the water from well is much better and stable then river water, even today there are many villages still use well for drinking. Accordingly, it is a tradition that every village has one or more wells mainly for drinking that usually built while a village was founded, and people get water from the wells everyday is also a requisite work and an important custom (Figure 2). In the past, people used pottery wares, now the buckets are most made of metals. Because the wells of the village are one of most important facility in people's life, it is also considered as a holly place by locals. Villager usually construct a beautiful architect above each well to show their respect of the wells, at the same time, relevant customs also formed including forbidden of washing clothes and bathing around the well.

Figure 2 The well in the Dai villages, it is the important place for the daily life traditionally

House well. In Dai villages, most families dig well at their house for convenient water (Figure 3). However, according to the traditional customs, water from the house well is only used for bathing, poultry and washing, not for drinking because quality of water from the well is not good enough due to the Dai villages usually located at the foot of a mountain, the aquifer is easy to be polluted by soil also chemic fertilizer from the mountain because of rubble planting in recent years.

House water storing. Traditionally, the villagers usually wash clothes, vegetables and other things in the river but get the drinking water from wells every day, they storing drinking water usually in a pottery ware in their house (Figure

4). The pottery bucket usually could store water 10-15L, each house will has two to three pottery buckets to store water for one day use, and as the pottery bucket is good for air ventilation so it is good to keep water quality accordingly.

Figure 3 The house well

Figure 4 The water storing pottery

2.3 Tap water

It is after 1980s that Dai Villages in Xishuangbana began to use tap water, we will discuss this change late.

3 TRANSFORMATION OF SANITATION IN DAI AREAS

Resultingly convenient water use and small population number compared with land coverage in before 1960s of Dai areas, where simple sanitation is enough to go for years in the past, since 1980s, with the rapid increase of population and economy as well as social progress, sanitation conditions have been greatly changed to getting rid of various spread of infectious diseases and keep a modern living quality in Dai areas.

3.1 Water supply

There are two types of the tap water in the Dai area, one is the pipe water from the local dam or well, local people built dam or well where village nearby then use pipe to introduce water into the villages, other one is the tap water from waterworks into each house by the water supply network. The first stage is the dam water usually before 1980s but now some remote villages still use it due to the tap water from waterworks did not reached them yet, or lower cost to use the dam water. The tap water from waterworks was started after 1980s pushed and invested by the governments.

The history of tap water use in Dai areas is short. For example, in Jinghong town, the capital of Xishuangbanna prefecture, the first waterworks was built in 1976 (Jinghong County Book, 1996). In Menla County, the water supply began in 1970s. At the beginning, the local people dug wells and pumping water into the houses, and later on, in 1981, the first waterworks came into being and started supplying in 1985 (MenLa County Book, 1994). The waterworks in this area all invested by the local governments to improve water use especially inside the towns, but late many villages near the town have had chance to use tap water as well.

Tap water in rural was started in 1980s. At the first, all the tap water systems in the villages were invested by the shares of village and villagers, why villagers like to do that was due to convenient water use inside the house. The water was from small dams and ponds where village nearby and introducing water into village then houses through water pipes. In year 1988, 65% of the villages of

Xishuangbanna have been covered by tap water (Xishuangbanna Prefecture Book 1998). However, as the water was coming from the natural stream, both unstable in terms of supply and quality, especially, water comes from the pipe always mixed with soil and dirt in the raining season.

Since 2000s, the new water supply has been developing in the Dai area due to some waterworks were built in the towns, so the Dai villages which close to the towns has begun to use tap water, tap water became more stable and quality being improved. However, for the last few years, because of the water price is costly for the villagers, for example, 2 Yuan per cubic meters and 3 Yuan in subarea of Jinhong City (The Statistics Yearbook of Jinghong County 2011), in addition to unregulated extra charges, many villagers felt unbearable. This explained why many villagers dug their wells to get free water or allocated cost to find water sources around their villages and built pipe system for house water. In subarea of Jinhong City, villagers also drink bucketed water from water companies popularly due to it is easy for drinking with an electric water cooker also better taste then the tap water.

3.2 Current situation of water use

Currently, the general situation of water supply in Dai villages is a multiple way including:

Water supply. For recent years, tap water use has been popularized in Dai villages, and directly linked with water enterprises to supply to the villages. Usually, Dai people only use tap water for bathing or washing, only part of villages use it as drinking water because of the villagers likes drink water from well following their tradition, good taste and stable quality also their idea about village well.

Drinking water. According to the tradition, Dai people used to go to wells for drinking water, this is because of the good water quality in these old wells also its special taste, sweet taste in many old wells. For example, there is an old well in the Manfeilong village, Damonglong township of Jinhong City that offers good quality water, and villagers loved it very much so until to today villagers still go to this well for drinking water. Every two to three days usually, the villagers will drive tractors or motorbikes to carrying drinking water from the well. In contrast, for those villages closed to cities, people usually drink from the bucketed water for sale.

Pipe water. As a result of the costly tap water from the waterworks, many villagers found the way to allocating the cost to construct pipe facility to introduce water into their house. In this way, they could invest once and enjoy free water for many years. Also at the same time, the water source they found usually with good quality. Today, it is a status that more and more villagers who their village near to mountain is choosing to build pipe to introduce free water to their house.

Courtyard well. For freely water use, many villagers built well in their courtyard, but water from the well usually is used only for daily washing or animals drinking.

3.3 Sanitation change

After 1980s, with rapidly development of small scale rural manufacture, in particular, the rubber－machining factories as well as plantation of cash crops, rubber and sugarcanes and so on, a lot of chemic fertilizer has been put into use and the drainage of waster water is getting more polluted in rural areas. The water environment in Dai villages are getting worse with most streams and ponds been polluted, this case resulted the traditions of bathing in the nearby stream and river has been abandoned.

But anyway, cash plants has remarkable increased the income of Dai villagers, brought chance to them to improve their daily life, one of the major change is more and more villagers rebuilding their house in recent years.

When the villagers rebuilding a house, they always incorporated with bathing facilities inside their house as a result of the availability of tap water makes bathing at home more conveniently. In the past, if bathing at home, villager have to go to carrying water from the river, therefore, generally, bathing at home is more difficultly. Since the popularization of water supply facilities, it is convenient to bathe at home to facing the water environment pollution where their village nearby, so family bathing become popular as well. Today, most houses incorporated with bath room that brings bathing conveniently at home after work, totally changed collective bathing tradition in the river (Figures 5 and 6).

Figure 5 The new house in a Dai village.

Figure 6 The solar facility for bathing.

3.4 Popularization of toilet

Since the beginning of 1960s, toilet has been introduced and put into use in rural areas (Jinghong County Book 1996). It was required by the governments that one or two toilets have to be built in a village. For convenience of cleaning, some toilet were built near the ditch in the village, and introduced water to clean the toilet. This project made the promotion of toilet use popularly in the Dai villages. In fact, the promotion of toilet use in Dai villages do has ups and downs because that in one hand, it changes the toileting tradition and on the other hand it needs new investment. In that period, because of the lack of toilet paper, people use bamboo piece instead of paper. In this way, bamboo pieces piled up in the toilet and took away plenty of space and make the promotion of toilet use difficultly.

Since the beginning of the new century of 2000, economy has been developed rapidly in Dai areas. Also because of plantation of rubber and other cash crops, the villagers's income also increased dramatically so that more and more people began to reconstruct their house mentioned above. In this period, while planning their new house, toilet usually included with the design. Usually, they choose to build toilet on the side or back of the house. But, because of the absent of tap water also not all the house with a well to clean the toilet in many villages, it is difficult to promoting use. Situation in recent years, because of the availability of pottery toilet bowl from the market and convenience of water supply, toilet became popularly in Dai villages not just the villages nearby the town but also in the remote area. Ordinary Dai families used to have one toilet in each floor, decorated with ceramic tile and use pottery toilet bowls, this change totally changed the toileting tradition of Dai (Figure 7).

3.5 The changes of the wastewater management

Traditionally, discharge of domestic wastewayer was usually done by discharging to the house surrounding. Traditional Dai house are pile dwelling style with two stories in which living in the second floor and the first floor used as storage or animals raising. Kitchen was also on the second floor, therefore, house sewage was discharged to the underground under the kitchen. This kind of sewage discharge could not make much pollution in the conditions of small village, fewer people and not much houses in the past. Another reason for not much pollution was because at that time people used to go to the nearby streams to wash clothes, vegetables and bathing, few washing inside their house exempt of table ware so there was not much discharge of sewage.

Figure 7 The bath room incorporated with the house

After 1990s, with the popularization of rural electricity, in particular, some household electrical appliances, domestic water consumption amount has been surging up. During this period, washing machines also came into rural household in large numbers. Today, washing machine almost has been used in every house of Dai family, and daily washing are completely done at home. Since then, with also the popularization of tap water, the villagers started bathing, washing vegetables and washing clothes and so on at home, which greatly increased the amount of domestic sewage discharge. According to the survey by authors in the Dai village Mangfeilong, Damenglong Township in Jinghong county, the domestic water consumption was 5L per person per day in 1980s and 20L in 1990s, but it is increased to 30L currently. Resultingly, from the early of 2000s, rural sewage discharge has become a serious problem as increased sewage directly discharged to the ground without sewage pipe, resulted in serious surrounding pollution. In the summer time, not only did bad smell coming out, many household wells also been polluted. As a solution, gutter ways were built along each side of the main road in the village, each house discharged their domestic sewage into the gutter way and then further discharged into the nearby rivers. However, this still did not effectively increased improvement of the polluted environment in the villages at all.

Thereby, many villages started to build sewer under the decision of the Villagers' Administrion Group of the village . In the Mangfeilong village, Damenglong Township of Jinhong city, in 2002, the village has allocated fund to construct underground sewer for discharging of domestic sewage, and further discharge it into Liu Sa River one kilometer away. Today, more and more villages have been built sewer system, as domestic sewerage. For example, Mangzhangzai Farmer's Committee in the countryside of Jinhong City is combined with 14 natural villages, 12 of them have completed underground sewer. Since then, whenever new houses being build, the owner has to pay for the sewer system and link house sewerage to the main sewer. In this way, water pollution inside the village has been saved a lot in recent years, wells inside the house yard in these villages has turned to clean again.

A paradigm which brings related data of the currently situation of sanitation from Damenglong Township, Jinghong City is shown in Table 1. The date shows that Damenglong Township as a mid level area on the development in Jinghong City, water supply has reached most houses and most of the Dai villages in this area have built waste water facilities, most houses have built incorporated with bath room and toilet so most villagers can take bath in their house. But more than 50% household still get drinking water from the well that follows their tradition, simultaneously the index in the table also did not get 100% by the limitation of their income condition.

Table 1 The sanitation situation of the Damenglong Township, Jinghong City (1)

FC*	population	household	with villages	Village with sewerage
Manjinglei FC	4925	1072	9	5
Mannankan FC	2301	469	5	4
Manlong FC	1960	457	4	4

Table 2 The sanitation situation of the Damenglong Township, Jinghong City (2)

FC	Drinking well water (household)	using tap water (household)	with bath \ toilet (house)
Manjinglei FC	920	1072	957
Mannankan FC	227	242	450
Manlong FC	320	457	457

*FC = Farmer's Committee, the local administration unit under the township.

(Damenglong Township Government Office, 2012)

4 EVALUATING THE IMPACT OF THE DEVELOPMENT OF SANITATION

The social changes

Since 1970s, sanitation in rural Dai areas has significantly improved. Water supply in addition to the availability of electricity enabled convenient use of water pump which greatly increased the amount of water being used at home to make life more and more easily, which also promoted the popularization of home bathing and toilet as well as related sanitation facilities including washing machines and other appliances. At the first, the price was a problem to use the electricity due to imperfect electricity supply network in the villages that cased difficulty to share the cost among villagers equally but a long with the improvement of the electricity supply network and increased income, rising electricity use is a tendency in the villages.

The popularization of toilet and bathing facilities inside house has been changed traditional sanitation style as its natural way in the past. Due to the increased amount of water consumption, also resulted in sewage pollution in surrounding environment. From early 2000s, for solution of domestic sewerage, more and more Dai villages began to construct sewer system and make it with functions of waster water and rain water drainage in the raining season of summer.

Overall, as a result of the development of water supply, wastewater treatment and increasing idea of sanitation, sanitation development in Dai areas has greatly improved the quality of local people' s daily life and their health as well as reduced the spread of infectious disease by improved rural environment. For example, hookworm disease used to rankled Dai areas, and according to epidemiology survey which showed that toileting without toilet was a main cause of the disease. According to the survey of 1960 in Jinhong City of Xishuangbanna Prefecture, 46. 3% of the Dai population have been affected by hookworm disease. To tackle this problem, local government took measures to prevent and cure the disease by both applying drug therapy and improvement excrement management, especially, promoting use of toilet. Resulted by this efforts, sample survey done in 1979 showed that the number of patient suffered from hookworm disease has dropped down to 11. 43%; while in the survey done in 1993, there was hardly any hookworm patient to be found. Among the most important reasons lay behind were rural toilet popularization and other sanitation conditions improvements (Jinghong County Book 1996). Improved water supply also should be accountable because it not only improved water quality but also promoted use of toilet and made it possible to improve bathing conditions. All these mentioned above are taken during the sanitation development and progress in Dai areas in past decades which greatly improved living qualities and health of Dai people.

Environmental impacts

In recent years, water supply in rural areas has been developed rapidly, but a result of increasing of population as well as bathing, toilet facilities, washing machine, and washing related items at home, water consumption in rural areas keep on increasing which resulted in increased domestic waster water pollution. At present, there are a small number of villages have installed sewer facilities, therefore, most villages still faced waster water pollution.

In addition to domestic waster water pollution, excessive use of fertilizers and pesticides in scale plantation of cash crops are also factors which caused environment pollution in recent years. The growing of cash crops are usually in the highland slope above residential area, in such a case it easily gets the residential area to be polluted by permeating through the ground surface. At the same time, in Dai rural areas today there are still many small rubber processing factories that charging sewage directly into rivers, which seriously polluted the rural environment. For example, Manjingbao village in outskirt of Jinhong City, due to the sewage charged by local rubber factory, water from the wells is no longer drinkable, resulted an old water well with its traditions so far has been abandoned in this village.

Another problem could not be neglected is that waster water discharged into rivers directly by those installed sewage pipes from the villages. also bringing pollution to the rivers. For example, in the watershed of Liu Sa River in Jinhong City, more and more sewage pipes directly discharge waste water into this river, and eventually resulted in ever increased pollution, imposing new challenges to the environment management in Dai areas.

Water environment issue also impacted upon the local people's health and living circumstances. The Dai's life closely linked with the local water environment traditionally, Dai people not only engaged in close contact with waters around, but also garner various kinds of traditional food from natural environment, especially from water. For example, collecting aquatic plants as well as fishing for small fish, shrimp and crab. But resulted by water environment pollution in past decade, it became a threat to health if touch up water or eat polluted food from water. The most serious of all is imposed by drinking water shortage in many villages (Zheng Xiao Yun 2005) (Figure 8 and Figure 9).

Figure 8 Good quality water is important for making traditional food

Figure 9 Water cultural plants is Dai's favor in food structure

Cultural impacts

The sanitation development in past decades also changed many traditions in Dai society, which include Dai's tradition of water use and water management. It is a fact that water related traditions are not only simple customs, but directly linked with cultural traditions prevailed in the whole society that shaped Dai as an ethnic group with deeply understanding to close to, tend to and protect water. The traditional water related culture of Dai was rooted in their long history, their ancestors used to migrate a lot on the history, but they always chose to settle down in the places where closes to river. Also according to the legend of Dai, everything in the universe came from water, so their universal view, religions, living style, social norms and customs are all closely connected with water, built above the interactive relationship with water. For example, bathing in nearby river is not only a need to clean one's body, but also an important part of social life traditionally. Again, the public wells in every village also functioned as a facilitating place for communication, reflected in the group of women meet and talking around the well after work. Therefore, women all attach great importance to go to wells everyday traditionally. Before they go, they all dressed up and make themselves look more beautiful. From this example, we could see that going to wells for water has special social intention for Dai women (Figure 10). However, with changes took place in terms of water use, the social life of Dai is also rapidly changing, impacted negatively upon water's sustainable use (Zheng Xiao Yun 2005) (Figure 11 and 12).

5 CONCLUSION AND DISCUSSION

The traditional sanitation of Dai peoples has been inosculated with their culture and local environment. After 1950s, the traditional situation of sanitation has been getting changed by changing water supply situation, and after 1980s, the change of the situation of sanitation was into a rapidly period. More water supply facilities were developed by the local governments as well as increased income from local economy brought possibility to people to build or rebuilding their house also incorporated with toilet, bathroom and other water facilities in-

Figure 10 The villagers getting water from the well

Figure 11 Binge during the water festival

Figure 12 Dropping water during the ritual

side it. It is a major change compares their traditional sanitation that improved their living quality in fact but the traditional model of water using and related custom also being changed a lot as well, accordingly brought water pollution to the locals due to increasing water consumption and domestic sewerage as well as imperfect sewerage facilities in this process.

Improvement of modern sanitation in the Dai area was driven by the now model of water supply and the governmental policies, the economic development and the change of lifestyle what people followed outside, but it is also a fact that the water pollution in the village based area has caused impossible for people to keep their traditional way to take bath and use water out of their house, even the traditional culture related water that formed their social relationship and life-style are keeping differently due to this change, accordingly current impact of sanitation development on environment is mainly the pollution by wastewater due to incomplete sewer system construction and wastewater control of rural industry, in some areas, it has become the most serious pollutant source, consequently, it is worth to note that worsened water environment will reduce the achievement of sanitation development in past decades if we do not have effective measure to meet it.

To sum up, the development of sanitation in one hand greatly improved the local people's qualities of life and health, on the other hand also exert negative impacts due to changes took place in water environment, that is, while sanitation developed, this development also impact negatively on local people through deterioration of the water environment, including water quality, water pollution and water supply, etc. With the improvement in sanitation been achieved, the amount of water consumption in urban and rural areas has been surging up, brought dramatic increase of domestic sewage discharge. In rural areas, due to the fragile infrastructures, domestic sewage discharge brought an even great threat to the environment.

Currently, sustainable sanitation development in the Dai areas requires good water environment and water supply, so we have to pay attention to keep good water environment, control domestic and the rural industry wastewater, treat the rural water pollution. It is worth to considering suggestions as bellow:

Promote the construction of wastewater disposal facilities not just in the urban area but also in the rural areas to meet the trend of growing amount of wastewater discharge. The sewer system construction is a real necessary for the rural reconstruction in line with current national policy of New Rural Reconstruction, in this case it is better to institutional invested by governments and villagers. Currently, the sewer system has covered 63% of the rural areas (The Statistics Yearbook of Xishuangbanna Prefecture 2011), but mainly covered the rural area near the towns, the remote villages still in lower coverage.

Then, the end wastewater disposal facilities are also important to be built, if the sewers only take wastewater into the rivers will pollute the environment at same way. So, more wastewater disposal plants should be built in the towns as well as promote construction of the biological purification facilities in the villages to treat the domestic sewerage.

Acknowledge

Mainly the data used in this paper was from thefieldworks in 2011~2013 by Author.

REFERENCE

Damounglong Township Government Office (2012). The Rural Statistics of Damounglong Township.

The Editing Committee (2008). Condtions of Yunnan Province. Yunnan People's Press. Kunming, China.

Edited by Xishuangbana Dai Nationality Autonomous Prefecture Statistics Bureau (2011). The Statistics Yearbook of Xishuangbanna Prefecture. Printed by the editor. Jinghong.

Edited by Jinghong County Statistics Bureau (2011). The Statistics Yearbook of Jinghong County. Printed by the editor. Jinghong.

The Editing Committee (1994). Men La County Book. Yunnan People's Press. Kunming, China.

The Editing Committee (1996) Jinghong County Book. Yunnan People's Press. Kunming, China.

The Editing Committee (1998) Xishuangbanna Prefecture Book. Yunnan Peoples Press. Kunming

Xiao Yun. Zheng (2005) Water Culture, Water Environment and Healthy Daily Life of Dai Nationality. Globalization and Ethnic Culture. China Book Press, Beijing, China.

Xiao Yun. Zheng (2005) The Water Culture of Dai Nationality and Its Sustainable Development. TheIdeological Front. Vol. 6, 2005

（本文原载于《几个世纪以来卫生和废水处理技术的演变》一书，国际水协会出版，〈The Evolution of Sanitation and Wastewater Technologies Through The Centuries, IWA Publishing, 2014, UK〉，2014年，英国）

后　　记

这本论文集所收录的是我本人在2015年以后所撰写的有关水历史文化问题研究的主要文章。其他还有一些文章由于探讨的内容相近，因此没有收录。另有十余篇在海外发表的英文论文限于本书的容量而没有收入。在2015年我曾经在中国社会科学出版社出版过一本论文集《水文化与水历史探索》，因此这本论文集也就算是一个延续。

在过去的八年多时间里，学术有了较快的发展。这些论文记录着我学术探索的思想轨迹，也是这个领域学术发展的点滴印记。在这一本论文集中，首先是对水历史的学科内涵、前沿动态以及在中国的发展问题进行了进一步的探讨，力求推动水历史学科在中国的发展。其次是对水文化进行了更深入的研究，在国内首先提出了水文明的研究话题，探讨了水文明的内涵、结构和学科发展问题，以期推动水文明的研究，用文明的方式去应对当代的水危机、探索水可持续的新途径。再次是对现实问题进行了探讨，也开拓了一些新的领域，例如长江水文化的研究。最后是进一步进行国际合作，发表了一些有创建性的学术研究成果。令人欣喜的是，论文集中的很多文章都发表在国内外重要的学术刊物上，包括《中国社会科学内部文稿》（二篇）、《清华大学学报》（哲学社会科学版）等刊物，获得了学术界好评。因此相信这本书也反映了水的人文研究的前沿，有助于学术交流并且能和这个领域的同仁共同推动社会科学领域对水的研究。

这本书尽管是由论文和相关的文章构成的，但是在形成这些成果的过程中得到了国内外很多学界同仁的大力帮助，在研究的过程中还得到了很多地方政府领导和工作人员的大力支持，在传播过程中得到了新闻界的很多朋友的鼎力相助。因此这一项成果是一项学术探索的成果，也是一项凝聚友谊的成果。在取得任何学术成就的时候，我从未敢忘记对社会的感恩。就让我借此文集作为对社会和帮助过我的每一个同事、亲戚、朋友的回馈。

郑晓云

2023年8月于昆明